U0086542

從心出發

你要保守你心，勝過保守一切，
因為生命的泉源由心發出。

時兆文化

雖生活在多事之秋，
但我們很快就要回家了！

From the Heart

Ellen G. White

懷愛倫｜著
吳滌申・李少波｜譯

前言

使徒保羅在弗4：11中，列舉了聖靈的五種主要恩賜：使徒、先知、傳福音的、牧者和教師。許多人認為懷愛倫具有先知的恩賜，但她的生活與服務證明，她還具有其他的恩賜。怪不得她不將自己的工作性質，只限於是一位先知而已。她曾寫道：「我的使命包括先知的工作，但還不止於此。」（《信息選粹》第一卷，原文第36頁）

懷愛倫的著作可以分為四大類。第一類是主題書籍，涉及善惡大鬥爭、教育、健康、佈道和其他重要題目。第二類是從1855年至1909年的《教會證言》，每一篇都論述不同的主題。第三類是5,000多封信函。而這本靈修書籍的選材則來自第四類，就是她在各教會期刊上發表的5,000多篇文章。她曾為主要的期刊撰稿，先是《現代真理》，後是《評閱宣報》和《青年導報》，繼而是《時兆》和北美的其他期刊。她在歐洲和澳大利亞從事宣教服務期間，也常在當地的刊物中發表文章。

在她的先知服務期間，特別是在她的中晚年，她幾乎每週都在一份或幾份期刊上發表一篇文章。這些文章成為她與教友之間的定期聯繫管道。多年以來，這些文章都印在期刊的封面。這本靈修書籍《從心出發》的素材即源於此。

這些文章中有許多是專為出版而寫的。有些是她的講稿，有些是旅行筆記，有些是她的寫作記錄，特別是關於善惡大鬥爭的故事，有些是信函，有些摘自她的書，有些則為她的書籍提供素材。她無疑是一位多產的作家。她的著作足有10萬餘頁，給教會和世界留下了非常珍貴的遺產。

　　這本靈修書籍源於教會期刊上所發表的5,000篇文章，證明了她勉言的多樣性。她對教會的領袖說話寫信，經常參與教會會議的重大決策，對教會的傳道事工負有特別的責任。她有關聖經人物的文章，對今天仍富有教育意義。她非常關心每一個教會的信徒，也經常論述才幹、光陰和金錢的使用。她有力地支持教會信仰的各項要道，而其著作始終以聖經為依據。她的文章表明她具有豐富的聖經知識，並且她強烈提倡讀經、祈禱和屬靈生活的其他要素，高度重視十分之一和樂意捐所提供的經濟支援。她最喜歡講述基督生平的各方面，包括基督的比喻。

　　懷愛倫一生的服務跨越70年。她在1844年17歲時第一次見異象，於1915年逝世，享年87歲。本書沒有足夠的篇幅涵蓋她所有的主題，所涉及的內容也只是一個範本。

《從心出發》是她第20本靈修書籍。懷愛倫在遺囑中曾指示「懷愛倫著作託管委員會」從她的文稿中彙編成書籍。讀者從此書中可以看到她去世以後所彙編的許多書籍。若沒有這樣的遺囑，許多適宜有益的信息就不為人知了。懷愛倫生前曾從她的著作中，彙編發表了許多書籍；善惡大鬥爭的題目曾幾經擴充。《喜樂的泉源》一書是由懷愛倫和她的同工編輯的；九卷《教會證言》也是她編輯作品的代表，另外還提到她所編輯的許多書籍，因此本書的彙編方式是她生前做法的延續。

　　數十年來，懷愛倫的期刊文章一直被複製重印，在許多信徒的私人藏書和各教會、學校及其他機構中均可見到。今日我們也可在網路上和光碟中看到，但之前從未將它們精選彙編成一本靈修書。祈願這本《從心出發》書中的信息，每天可引領讀者與耶穌更加親近。

懷愛倫著作託管委員會

出版序

　　近年來，本社編輯部在挑選靈修書籍的選擇上都非常謹慎，並以懷愛倫師母的著作為優先考量。2010年懷著託管委員會從懷愛倫的眾多文章中精選彙編成這本靈修書，我們便立即著手安排中文版的後續編譯工作，很高興這本全新的每日靈修書籍《從心出發》終於誕生了。

　　《從心出發》的內容其實是「先知的心聲」，顧名思義，它所講述的是懷師母對末世人們的鼓勵和勉言，但此書與她其他書籍最大的不同在於：此書的取材完全來自於她尚未出版的文章，並特別製作了一份介紹她畢生宣教聖工的年表。

　　由於是摘錄自懷師母所寫的各種文章，故英文原著中有許多刪節號，但為了讓讀者在閱讀上不受過多符號的干擾，所以我們省略了其中一部分的刪節號，儘量使版面上的文字呈現連貫性。此外，內容所採用的聖經經文也以淺顯易懂的《和合本修訂版》為主，並為了盡量忠於原著，我們在翻譯、校對、修潤上都以專業分工的方式進行，務求在詞句上更能表達出懷氏原著的涵意，期望此書能讓讀者有著耳目一新的感覺。

　　願上帝的靈與我們同在，讓我們在閱讀此書時能「時時警醒，常常祈求」（路21：36），領受到從天而來的靈糧，並從中體會到懷愛倫先知對我們的諄諄教誨。

時兆出版社編輯部　謹識

作者簡介

　　懷愛倫是基督復臨安息日會的創始人之一，亦是作家、講演者和顧問，教友相信她具有預言的恩賜。她於1827年11月26日出生在美國緬因州戈勒姆，是羅伯特‧哈門和友尼基‧哈門夫婦八個孩子中的一個。

　　她積極為教會服務70年，著作浩繁，計有10萬多頁的文稿。單是她留給教會的這份珍貴遺產，也佔用了她畢生的光陰。

　　但她對教會的服務遠不止寫作。她的日記講述了她的公共服務、旅行、個人之工、待客、訪鄰和身為人母與家庭主婦的事蹟。上帝在這些活動中大大賜福於她。她的志向和願望，她的滿足和喜樂，甚至她的憂傷——她的整個一生——都是為了推進她所愛的聖工。

　　懷愛倫以世界上著作被翻譯成最多語言，和美國歷史上著作被翻譯成最多語言的女作家而聞名。例如她的小冊子《喜樂的泉源》，就已被譯成100多種語言。

　　她畢生獻身為上帝和人民服務，於1915年7月16日逝世，坦然無懼地倚賴她一生所信的主。

`

1

January

你們總要省察自己是否在信仰中生活；
你們要考驗自己。（林後13：5）

From
the
Heart

1月**1**日　　　舊歲與新年

你們總要省察自己是否在信仰中生活；你們要考驗自己。

（林後13：5）

新年已經來臨，但我們在迎接它的到來之前，先要止步自問：那些已永遠成為過去、留有記錄的年日將如何呢？……上帝不許我們在這重要的時刻專注於其他事情，而不花時間來進行嚴肅、坦誠和緊要的自省！我們現在應當把關係到永恆利益的事擺在面前，而把次要的事情放到後面。

我們誰也不能靠自己的力量表現基督的品格。但如果耶穌住在我們心裏，那住在祂裏面的靈，就會在我們身上顯示出來；我們的一切缺欠就會得到供應。在這新年伊始之際，誰願尋求在屬上帝的事上獲得真實新穎的經驗呢？要儘量糾正你們的錯誤，彼此承認你們的過失與罪惡，把一切苦毒、憤怒和怨恨都拋開。讓恆久的忍耐、仁慈和愛心成為你們的一部分。這樣，凡清潔的、可愛的、有美名的事，就會在你們的經驗中成熟。

我們每一個人都需要培植基督的恩典，心裏柔和謙卑，堅持真理而不動搖；因為惟有這樣，我們才能繼續成聖，有資格在光明中承受聖徒的基業。讓我們用完全的克己來開始這新的一年吧！讓我們為具有更清晰的識別能力而祈禱吧！……讓我們可以隨時隨地為基督作見證。

我們的光陰和才幹是屬於上帝的，要用來尊榮祂。我們應當熱切努力，讓亮光經由我們的生活和品格放射出來，照亮通往天國的道路，把人從滅亡的寬路引到聖潔的窄路上。

教會需要堅強的人。主的葡萄園中需要有成效的工人，需要願意做工使教會變成基督的形像，而不是效法世上風俗習慣的男男女女。我們要麼，得到一切；要麼，喪失一切。但願我們留心保守自己在基督的一邊，就是有收穫的一邊，為天國做有把握的工作。——《時兆》，1883年1月4日。

警醒禱告

> 萬物的結局近了。所以,你們要謹慎自守,要警醒禱告。(彼前4:7)

我們的救贖主非常清楚人類的需要。祂屈己取了人性,所以了解我們的軟弱。基督的生活是我們的榜樣。祂凡事受過試探與我們一樣,知道怎樣搭救受試探的世人。

基督親身承擔了我們的軟弱。祂既具有人類的軟弱,就需要從祂天父那裏尋求力量。祂經常到林中、湖邊或山間懇切禱告。祂囑咐我們要警醒禱告。正因為疏於警醒和嚴格的省察己心,才導致自滿和屬靈上的驕傲。我們若不深深意識到需要來自上帝的幫助,就不會誠懇由衷地祈求神的救援。

不停的警醒對禱告很有助益。……凡喜愛思考上帝的人,都有堅固的保障。這樣的人必能敏捷地辨別危害自己屬靈生命的危險,而且危機感必促使他向上帝呼求幫助和保護。

基督徒的人生有時似乎危機四伏,難以履行義務。但我們道路上的烏雲和周圍的危險,絕不會在遲疑不祈禱的精神之前消失。不信的心此時會說:「我們無法逾越這些障礙;我們還是等到能看見道路通暢吧!」但信心卻勇敢地敦促我們前進,凡事盼望,凡事相信。

敬畏上帝的人務必天天獻禱,求祂保守他們的心免除邪惡的慾望,加強他們的心力抵制試探。

聖經勸勉我們要「靠著聖靈,隨時多方禱告祈求,並要為此警醒不倦」,還勸我們「要謹慎自守,要警醒禱告。」(弗6:18;彼前4:7)這乃是基督徒的保障,使他們在四處環繞著重重危險的道路中得到庇護。——《評閱宣報》,1881年10月11日。

人人都可明白

你的話一開啟就發出亮光，使愚蒙人通達。（詩119：130）

聖經提供了最有效的教育方法，和人所能獲得的最有價值的知識之源。人的理解力能適應要求它研究的題材。若專注於無足輕重的事物，從不做出認真的努力以求領悟偉大永恆的真理，理解力就會衰弱和萎縮。因此聖經作為培養智力的工具，是極有價值的。以恭敬受教的精神研讀聖經，會擴展加強人的心智，過於任何其他的研究。聖經直接引導人思考最高尚、最尊貴、最偉大的真理，也引導我們思考那一位無窮的萬有創造主。

我們看到那亙古常在之主聖德的彰顯，也聽到祂的聲音，好像與先祖和眾先知交談一樣。我們得見祂旨意的奧祕，就是凡有思想的人都曾注意到的重大問題的解釋。但這些問題若沒有啟示的幫助，人的智力是無法領悟的。聖經向我們的思維展示簡明而卓絕的神學體系，提供連兒童也可以領會的真理，但這些真理仍是那麼深奧，足令最強大的心智望洋興嘆。

我們的救主並沒有忽視學問，也不輕視教育。但祂卻揀選無學問的漁夫來從事福音的工作，因為他們並未受過世上虛偽的風俗和遺傳的教育。他們原是一班有著良好天賦，和謙卑樂意受教精神的人，是一班祂可以教導以承擔祂大工的人。

博學的律法師、祭司和文士不屑於接受基督的教導。他們倒想要教訓祂，並常常試圖如此行，結果卻受到那暴露他們愚昧與譴責他們愚行的智慧之君所挫敗。他們驕傲固執，不願接受基督的話，卻對祂說話的智慧感到驚訝。……然而這位謙卑「教師」的言行，已由那些與祂朝夕相處而無學問的門徒記錄下來，從那時直到如今，一直在男男女女的思想中發揮活潑的能力。——《評閱宣報》，1883年9月25日。

熱切的祈禱

義人祈禱所發的力量是大有功效的。（雅5：16）

耶穌是我們今日的救主。祂正在天上的至聖所為我們懇求；祂也必赦免我們的罪惡。我們究竟是毫不猶疑地倚靠上帝，如同倚靠穩固的根基，還是先在自己裏面尋找某些義（自以為義）之後，才來到祂面前呢？這兩者會使我們在世上的屬靈狀況完全不同。

主愛我們，容忍我們，甚至在我們對祂忘恩負義、全然忘了祂的慈憐、懷著不信的惡心之時，仍是這樣。……讓我們做出一番完全的改變吧！讓我們培養「愛」這棵寶貴的植物，並樂於彼此相助吧！

聖經為我們提供了豐富的應許。救贖的計畫非常宏大。對我們的供應並非狹窄有限。我們不必信賴一個月或一年以前的憑據，而是在今日就可以得到耶穌活著為我們代求的保證。

我們若要幫助別人振作起來，自己必須先飲於那永不乾涸的泉源。我們有特權熟悉我們的力量之源，握住上帝的膀臂。我們若願有屬靈的生命和活力，就必須與上帝交通。我們可以向祂傾訴我們真實的需要；獻上懇切的請求，表明我們認識到自己的需要，且願盡力回應我們的祈禱。我們必須聽從保羅的命令：「要從死人中復活，基督要光照你了。」（弗5：14）

馬丁路德是一個常常祈禱的人。他以做工和祈禱為他的要務。……他先是祈禱，繼而靠著上帝的應許勇敢地前進。在上帝的幫助下，他震撼了羅馬教會的權勢，動搖了那個教會在各國的根基。

上帝的靈要與那些住在基督裏，並與祂交通的謙卑工人合作。當你們沮喪時，要祈禱，向他人緊閉雙唇；把所有的黑暗都留在心裏，免得你們在別人的路上投下陰影，單單把這黑暗告訴耶穌。當求謙卑、智慧、勇氣和信心的加增，好使你們在祂的光裏得見曙光，且在祂的愛裏歡喜快樂。只要信，你們就必看見上帝的救恩。——《評閱宣報》，1884年4月22日。

1月5日　　禱告的重要性

但以理卻立志，不以王的膳和王所飲的酒玷污自己。 (但1：8)

祈禱沒有得到我們應有的了解。我們祈禱不是為了告訴上帝祂所不知道的事。主對每個人的祕密都瞭若指掌。我們的祈禱不必冗長，也不必高聲。上帝洞察隱衷。我們可在暗中禱告，而那位在暗中察看的主就必垂聽，並在明處報答我們。

祈禱並不是為了使上帝有所改變；而是要使我們與上帝和諧。祈禱不能代替本分。……祈禱不會償還我們欠上帝的債。基督的僕人應當依賴上帝，就像但以理在巴比倫的宮廷那樣。但以理知道祈禱的價值和目的。他和他的三個同伴被王選中進入巴比倫宮廷時，向上帝獻上的祈禱蒙了應允。

還有一班俘虜被帶到了巴比倫。主讓這些人與家人分離，來到了拜偶像之地，因為他們長期陷入偶像崇拜，主就讓他們在巴比倫拜偶像的習俗中，遂了他們的心願。

按屬世的智慧看來，但以理和他的三位同伴，在巴比倫的宮廷中有著一切利益的保障，但他們的第一個大考驗，也是在這個方面：他們的原則與王的規定和安排產生了衝突。

但以理和他的三個同伴並沒有認為：國王既規定了他們的飲食，他們就必須享用。他們就這事獻上祈禱並且研究聖經。他們所受的教育使他們即使在被擄中，也覺得自己需要依靠上帝。……但以理與他同伴的表現是每一個青年的榜樣。他們有禮貌、親切、恭敬，具有溫柔與謙遜的美德。

當包圍我們的種種影響要使我們離開上帝時，我們必須孜孜不倦地懇求幫助和力量，否則就不能制服驕傲、勝過試探的權勢，因這權勢必使我們陷入罪惡的放縱中，遠離救主。——《青年導報》，1898年8月18日。

以利亞祈禱的教訓

> 以利亞與我們是同樣性情的人，他懇切地祈求不要下雨，地上就三年六個月沒有下雨。他又禱告，天就降下雨來，地就有了出產。（雅5：17－18）

以利亞的經驗給我們帶來許多重要的教訓。他在迦密山上求雨之時，信心受到考驗，但他堅定地向上帝提出他的要求。他六次懇求，仍沒有得到應允的跡象，但他仍以堅定的信心在施恩寶座前懇求。他若在第六次祈禱時灰心，他的祈禱就得不到上帝的應允。……我們上帝的耳朵並非閉塞聽不見我們的祈求。如果我們願意驗證祂的話，祂就必尊重我們的信心。祂希望我們將自己一切的利益與祂的利益融合在一起，這樣，祂就能放心地賜福我們；因為福氣雖已賜給我們，但我們仍不可將榮耀歸於自己，而要將一切讚美都歸給上帝。

上帝不一定在我們第一次向祂祈求時就答應我們，因為如果這樣，我們就可能會認為，自己理應得到祂所賜的一切福氣和寵愛。我們就不會省察己心，看看自己是否懷有什麼罪惡，反會變得粗心大意，不了解我們可依賴祂，也不覺得自己需要祂的幫助。

以利亞謙卑到了不將榮耀歸於自己的地步。這就是主垂聽禱告的條件；因為那時我們會把讚美歸於祂。

我們要相信上帝的聖言，無論有沒有什麼感覺上的表現。我以前常求上帝使我有感情的飛躍，但我現在不求這個了。……我像以利亞一樣，再三將我的請求呈達施恩的寶座；當主見我認識到自己的無能和軟弱時，就賜下福氣。

我已將保守自己靈命的事交與上帝，就是那信實的造化之主。我也知道祂必保守我所交付祂的，直到那日。

讓我們口唱心和地讚美祂吧！若有人喪失了信心，但願他們今天就尋求上帝。主已應許，我們若全心尋求祂，就必尋見。——《評閱宣報》，1891年6月9日。

世界的救贖主經常獨自去祈禱。有一次祂的門徒離祂不是很遠，可以聽到祂的禱告詞。他們深為祂的禱告所感動，因為祂的禱告充滿了活力，深達他們的內心。主的禱告不像他們自己所獻的禱告，也不像他們從別人口中所聽到的禱告。當耶穌回到他們中間時，他們就對祂說：「主啊，求你教導我們禱告，像約翰教導他的門徒一樣。」（路11：1）

向我們的天父禱告，具有很深的意義。我們可以把我們不完全的感恩祭獻在祂腳前，承認我們全然不配承受祂的慈愛和憐憫，陳述我們的需要，承認我們的罪惡，向祂提出祂自己的應許。

耶穌教導我們的祈禱，句句意味深長，應予以研究並實踐在生活之中。……它表達了我們需向天父提出的基本要求。

在主禱文中，堅定、力量、懇切、溫柔和崇敬結合在一起，表達了其作者的神聖品格。

在會中作冗長的禱告聽來沉悶乏味，不能為接下來的證道預備人心。基督的禱告與這些冗長重複的禱告顯然不同。法利賽人以為話多必蒙垂聽，所以就做冗長乏味的禱告。

基督禱告的範例與外邦人的禱告形成了鮮明的對比。在一切虛假的宗教中，儀文和形式取代了真實而實際的敬虔。

基督責備文士和法利賽人，是因為他們做了自以為義的禱告。……這等做來叫人聽的禱告，得不到上帝的任何祝福。……但謙卑總是被主所認可的。祂說：「你們祈求，就給你們；尋找，就找到；叩門，就給你們開門。」（太7：7）——《評閱宣報》，1895年5月28日。

得勝的禱告

只要凡事藉著禱告、祈求和感謝，將你們所要的告訴上帝。

（腓4：6）

上帝讓禱告成為我們的本分。宇宙的財富都屬於祂。屬世和屬靈的財富都由祂支配。祂的財富能供應人的每一需要。我們的氣息從祂而來；我們現世所享有的每一福氣都是祂的恩賜。我們不僅依賴祂得現世的福氣，而且依賴祂得恩典和力量保守我們，免得落在試探的權勢之下。我們天天需要生命的糧帶給我們屬靈的力量和活力，就像我們需要飲食來維持我們的體力，使我們筋骨有力一樣。我們雖為軟弱、疑惑和試探所困，仍能在需要中就近耶穌，而祂必不讓我們空手而去。我們必須養成藉著祈禱尋求上帝引導的習慣；必須學會倚靠祂；我們的幫助乃是從祂而來。……

我們必須深切意識到自己的需要。我們必須感覺到自己的軟弱和對上帝的依賴，並且懷著憂傷痛悔的心來到祂面前。我們的祈求必須以完全的順服來獻上；必須使每一個願望都與上帝的心願和諧一致，祂的心願就必成全在我們身上。

我們若行在光中，像基督行在光中一樣，就可以帶著聖潔的勇氣來到施恩的寶座前。我們可以懷著活潑的信心提出上帝的應許，並迫切陳詞，呈獻我們的請求。儘管我們軟弱犯錯而且不配，但「我們的軟弱有聖靈幫助。」（羅8：26）……我們一旦提出了自己的請求，就不要放棄，而要像雅各在整夜與天使較力時那樣說：「你不給我祝福，我就不讓你走」（創32：26），如此，便能像雅各一樣得勝。

基督徒只有藉著警醒祈禱，運用活潑的信心，才能在撒但帶來攻擊他們的試探中保持純正。……要不斷地對自己的心講信心的言語：「耶穌說過祂會接受我，我相信祂的話。我要讚美祂；我要榮耀祂的名。」撒但會在你近旁，暗示你感覺不到任何喜樂。要回答他說：……「我做每一件事都很快樂，因為我是上帝的兒女。我信靠耶穌。」──《時兆》，1884年5月15日。

在基督裏有根有基

義人要興旺如棕樹，生長如黎巴嫩的香柏樹。祂要像一棵樹栽在溪水旁，按時候結果子，葉子也不枯乾。凡祂所做的盡都順利。（詩92：12；1：3）

上述經文描寫了那些在基督裏有根有基之人的幸福狀態。然而，總是有些人，有這樣的危險，就是只滿足於表面工夫，心靈不以上帝為碇泊之所，甘願飄來飄去，作撒但試探的玩物。

你開始意識到自己品格上的缺陷嗎？不要感到無助和灰心。要仰望耶穌，祂知道你的每一個弱點，同情你每一項軟弱。……承認並且離棄我們的罪，並不是恥辱。那些知道自己的罪卻繼續在罪裏，並因他們彎曲的道路使他們親愛的救主憂傷的人，才有恥辱。認識我們的錯誤比一陣快感更值得重視，因為前者表明上帝的靈在爭取我們，天使也在我們周圍。

要本著真誠悔罪的心，來到十字架跟前，把你的重擔卸在那裏。要向上帝悔改，因為你違背了祂的律法。要相信我們的主耶穌基督會赦免你的過犯，使你與天父和好。要相信上帝所說的，把祂的應許放到你心裏。

且看那疲倦的旅客艱辛跋涉於荒漠炎沙之中，沒有任何隱蔽之處保護他免受熱帶驕陽的炎曬。他的飲水業已用盡，也無任何消解口渴之物。他的舌頭腫脹起來。他蹣跚搖擺像醉漢一般。家鄉與親友的幻影在他的腦海中出現，他自以為要在這可怕的荒漠中死亡了。這時，前面的人突然發出歡呼聲。原來遠處有一株蒼翠茂盛的棕樹在凄涼的荒漠中出現了。

棕樹怎樣自活水的泉源吸收養料，在沙漠中呈現繁茂常綠，照樣，基督徒也可以自上帝慈愛的源頭汲取豐盛的恩澤，好引導疲憊困乏，憂心忡忡，在罪孽的沙漠中行將淪亡的人，要往那只需取飲便得存活的水源那裏去。——《時兆》，1884年6月26日。

禱告的感人榜樣

你們若常在我裏面，我的話也常在你們裏面，凡你們想要的，祈求，就給你們成全。（腓4：6）

祈禱已成為獲得福氣的唯一途徑。先祖們都有祈禱的習慣。上帝為他們施行了許多大事。雅各在離開父家前往異鄉的時候，懷著謙卑痛悔的心祈禱，主就藉著夜間的異象應允了他。他看見一個梯子，爥爥生輝，梯子的底部安在地上，梯頂直達最高的天。……後來他返回父家時，曾與上帝的兒子整夜較力，直到破曉，並得了勝。主向他保證：「你的名字不要再叫雅各，要叫以色列，因為你與上帝和人較力，都得勝了。」（創32：28）

約瑟常常祈禱，在那引誘他離開上帝的環境中，得蒙保守不犯罪。當他受試探要偏離純潔正直的道路時，他說：「我怎能行這麼大的惡，得罪上帝呢？」（創39：9）

摩西勤於祈禱。他被稱為世上最謙和的人。他因自己的柔和謙卑而受到上帝的尊榮。他忠誠地履行了所委託給他高貴而神聖的職責。當他帶領以色列人經過曠野時，百姓多次因自己的怨言和悖逆而幾遭滅頂之災。但摩西卻來到真實的能力之源；將案件呈於主前。

但以理是一位禱告的人，上帝賜給他智慧和堅定，抵制每一種引他陷於不節制之網羅的影響。他在青年時期，靠著全能者的力量，成為一個道德上的偉人。

囚禁在腓立比牢獄中的保羅和西拉，雖因所受的鞭打而痛苦，腳上套著木狗，仍然禱告、唱詩、讚美上帝。天使從天上奉差遣來拯救他們。大地在這些來自天上使者的腳下震動。牢獄的門豁然敞開，使被囚的得了自由。……我們應該不斷放鬆在世界所握住的，緊握那屬天的。——《時兆》，1884年8月14日。

1月11日　形式的禱告與信心的禱告

你們禱告，不可像外邦人那樣重複一些空話，他們以為話多了必蒙垂聽。（太6：7）

禱告有兩種——形式的禱告和信心的禱告。只是口頭上重複慣用的言詞而心中不感覺需要上帝，那是拘於形式的禱告。……我們在一切禱告中，都要極其謹慎，由衷而發地說出心中的需要。一切華麗的辭藻，遠不如一個聖潔的心願有價值。最流暢的禱告若不能表達心中的真情，不過是一套虛浮重複之詞而已。但那出乎至誠的祈禱，將心靈中簡明的要求陳述出來，猶如向一位世上的朋友求助那樣，希望得到所求的——這才是出於信心的禱告。那位去聖殿禱告的稅吏，便是一個虔誠崇拜者的範例。他自覺是一個罪人。他最大的需要使他發出心中熱切的願望：「上帝啊，開恩可憐我這個罪人！」（路18：13）

要與上帝交談。我們必須對祂述說我們實際生活中的事。我們一切的愆尤過犯都擺在無窮的主眼前。那記錄完整無缺。我們的罪過沒有一件被漏掉。但那曾為祂古時的僕人行奇事的主，也必答應信心的祈禱，赦免我們的罪過。祂既已應許我們，就必成就。

當我們呈上請求之後，就應盡力使之實現，而不要等上帝為我們去做我們自己所能作的事。……上帝的幫助要與人的努力、熱望和精力相結合。……我們不能自己疏於祈求，卻仗賴他人代禱的支持，因為上帝並未為我們作這樣的安排。連上帝的能力，也無法把一個不肯為自己出力的人帶到天國。

我們這樣步步攀登那通向上帝聖城的光明天梯時，多少次會灰心洩氣，來到耶穌的腳前，因我們的失敗而哭泣啊！……但我們不可停止努力。我們若依上帝的規律來奮鬥，那規律就是實行耶穌的旨意，並且長成祂的形像，這樣，人人都能進入天國。暫時的失敗應使我們更加依靠基督。我們應該懷著勇敢的心、堅決的意願和專一的目的加緊前進。——《時兆》，1884年8月14日。

聖經的宗教是實際的　　1月12日

在上帝——我們的父面前，清潔沒有玷污的虔誠就是看顧在患難中的孤兒寡婦，並且保守自己不沾染世俗。（雅1：27）

聖經的宗教不是一件可以隨意穿上脫下的衣服。它擁有滲透一切的感化力，使我們忍耐克己地跟從基督，行事為人效法祂的榜樣。……這種宗教教導我們每當遭受苛刻與不公平的待遇時，應當恆久忍耐。

然而上帝的聖言若成了我們生活中固定的原則，我們所必做的每一件事，我們的每一句話，每一個小小的舉動，就都會顯示我們是屬於耶穌基督的，連我們的思想也都降服於祂。我們若把上帝的聖言領受於心裏，就必從心靈中除去自負自恃。我們的人生必成為一種為善的能力，因為聖靈必使我們的思想充滿上帝的事。我們會實行基督的宗教，因為我們的意願與上帝的心意完全一致。

「要查考聖經。」其他書不會給你如此純潔高尚的思想。你從別的書中也得不到深刻的宗教經驗。當你花時間自省，謙卑地祈禱，認真研究上帝的聖言時，聖靈就會接近你，將真理啟示在你心中。

唯有聖經是我們信仰的準則。它來自生命樹的葉子。以它為糧，將它領受到我們的心靈中，我們就會茁壯成長，好實行上帝的旨意。

我們若不以領受上帝話語的靈糧來接受基督的信仰，就無權進入上帝的城。我們既以地上的食物為生，培養自己喜愛世間事物的品味，……就不能賞識天上純淨的水流。

耶穌說：「離了我，你們就不能做什麼。」（約15：5）我們若住在基督裏，緊緊依靠基督，由基督扶持，從基督汲取營養，就會照著基督的樣式結果子。我們便會住在祂裏面，並在祂裏面行事為人；如此，我們就與祂合一且與父合一了。這樣，基督的名在信主的上帝兒女身上得榮耀。這就是聖經的宗教。——《評閱宣報》，1897年5月4日。🔊

他們把人的規條當作教義教導人；他們拜我也是枉然。（太15：9）

凡希望瞭解真理的人，對研究上帝的道不必抱什麼顧慮；但在研究之前，需放棄一切偏見，中止一切成見，側耳傾聽上帝藉著祂的使者所傳達的聲音。心中偏愛的觀念，以及長期實行的風俗和習慣，都要接受聖經的檢驗；若是上帝的道與你的意見相左，那麼，為了你靈命的緣故，不要與聖經較力。許多人想從聖經中得出似乎有利於他們錯誤觀點的見證而自毀靈命。你當詢問：「真理是什麼呢？」而不是問：「迄今為止我所相信的是真理嗎？」不要用你從前的信念解釋聖經，稱有限之人的某個道理為真理。你當問：「聖經是怎麼說的呢？」

要下定決心，若是你從前的理論不符合聖經的道理，就必須放棄。你蒙召要作出殷勤的努力，查明何為真理。不該以此為一個苛刻的要求；因為我們蒙召要為今生暫時的福氣辛勞；而且我們若不肯挖掘真理的礦山，並運用一切心力腦力去理解，就不可能指望獲得天上的財寶。

要當心，免得你根據錯誤的教訓閱讀上帝的道。猶太人就是在這方面犯了致命的錯誤。他們宣稱，聖經的解釋不可與以前拉比的解釋不同。他們既添加了自己的遺傳和律法，並給它們披上了神聖的外衣，就因他們的遺傳而破壞了上帝之道的果效。耶穌基督——上帝的道——若不曾來到世上，人類就會完全喪失對真神的認識。

撒但處心積慮地曲解聖經，使我們誤解上帝的聖言。……一切宗教文獻，一切要道和信條，無論被人視為多麼神聖，只要與聖經的明文相矛盾，就必須棄絕。——《評閱宣報》，1902年3月25日。

耶穌降世為人，在人間行走時經常祈禱。祂的祈禱是多麼懇切啊！祂常常整夜伏在又濕又冷的地上痛苦地懇求！可是祂仍是上帝無罪的愛子。連基督都感到需要與祂的父交通，在呼求天父時顯得如此懇切，我們更該何等奮發全心與上帝較力啊！因為祂已召我們承受救恩；我們又經常遭受狡敵的猛烈試探，須依賴神恩得力方能勝過。

撒但總是暗示說禱告僅僅是形式而已，對我們毫無用處。他受不了我們向他強大的對手求助。當我們發出熱切的禱告時，黑暗的眾軍都會戰慄。他們既擔心自己的俘虜會逃脫，便在他們周圍形成一道阻隔之牆，使天上的亮光不能達到他們的心靈。但他們若在悲痛無助中仰望耶穌，懇求祂寶血的功勞，他們富有同情心的救贖主，就會垂聽出於信心的真誠恆切的祈禱，差派大能的天使增援拯救他們。當這些全能的天使披著天上的甲冑前來幫助被追捕得發昏的人時，黑暗的使者就退卻了，深知他們的戰鬥失敗了，且有更多的人正在逃脫他們的權勢。

你若指望得救，就必須祈禱。要花時間。禱告時不要匆忙，漫不經心。要求上帝在你身上施行徹底的改變，讓聖靈的果子在你裏面結出，使你藉著敬虔的生活，如明燈發光，照亮世界。

要花時間祈禱。而當你祈禱時，要相信上帝必垂聽你；要將信心結合在你的祈禱中。讓信心持住福氣，你就必得福。

凡本著信心向上帝獻上的真心懇求，都必蒙垂聽。這樣的祈禱絕不會落空。但聲稱我們的祈禱須總是按我們所希望的方式成就特別的事，乃是自以為是。上帝非常有智慧，不會犯錯；非常良善，不會留下一樣好處不給行為正直的人。——《時兆》，1886年11月18日。

要靠著聖靈，隨時多方禱告祈求。（弗6：18）

我們不一定總是能進入密室去禱告尋求上帝，但我們可以隨時隨地向上帝呈上請求。沒有什麼東西能阻止我們以懇切祈禱的精神舉心向上。在擁擠的街頭，在業務洽談時，我們都可以向上帝提出請求，懇求祂的指導，就像尼希米在亞達薛西王面前提出自己的請求時那樣。我們無論在何處，都可與主親密交通。我們應將心門不斷敞開，並邀請耶穌作一位天上的貴賓住在裏面。

我們周圍雖可能有污穢敗壞的氣氛，但我們不必呼吸其有害的毒氣，還是可以活在天國純淨的氛圍裏。藉著至誠的禱告，把心靈提拔到上帝面前，就可關閉每一扇門戶，拒絕讓雜亂的想像和不聖潔的思想進入。那些敞開心門接受上帝扶持和祝福的人，會行在比地上的氣氛更聖潔的氛圍中，且與上帝有不斷的交通。……我們的心要不斷地嚮往耶穌的同在和恩典，以便擁有神聖的光照和天上的智慧。

我們需對耶穌有更明確的見解，更充分地領悟永恆之事的價值。上帝的子民心中要充滿聖潔的榮美，而且這事是可以成就的，我們應當尋求上帝展示天上的事。

我們保持與上帝非常親近，以致每逢意外的考驗，我們的思想自然會轉向上帝，就像花兒轉向太陽一樣。向日葵的臉總是朝著太陽的。若使它背向陽光，它就會扭轉自己的莖幹，直到再次面向陽光為止。但願每一個已經把心獻給上帝的人，都轉向那公義的日頭，急切仰望接受從耶穌的面上照出來的榮耀光輝。

主本無義務賜給我們祂的恩寵，可是祂卻發言保證，若是我們遵從聖經中規定的條件，祂就會履行祂的約。世人常做出承諾卻不兌現。我們往往發現自己信任了別人，卻如倚靠壓傷的蘆葦。但主絕不會令信靠祂的人失望。——《時兆》，1889年12月16日。

向那位偉大的醫生禱告，求祂醫治心靈，必帶來上帝所賜的福。禱告使我們彼此相聯；也使我們與上帝相聯。禱告使耶穌臨近我們的身旁，並給與發昏困惑的人，新的力量和新的恩典。藉著禱告，病人受到鼓勵，相信上帝會同情看顧他們。一線亮光就會透入無望的心靈，成為活的香氣叫人活。禱告已經「制伏了敵國，行了公義，得了應許，堵住了獅子的口，滅了烈火的威力，……打退外邦的全軍。」（來11：33－34）當我們聽到有關殉道者事蹟的報告時，就會明白這段話的意思了。

當我們救恩的元帥，天上榮耀的王，在約翰所寫到的那些人面前打開記錄時，我們就會聽到這些勝利。約翰寫道：「這些人是從大患難中出來的，他們曾用羔羊的血把衣裳洗得潔白。」（啟7：14）

我們的救主基督在凡事上受了試探與我們一樣，可是祂沒有犯罪。祂取了人性，成了人的樣式，祂的需要就是人類的需要。

祂傳道服務時每行一件事之前，先作禱告，使祂所行的事成聖。祂一直與祂的父交通至生命的結束。當祂被掛在十字架上時，從祂的嘴唇仍發出了痛苦的呼求：「我的上帝！我的上帝！為什麼離棄我？」（太27：46）然後祂以直達地極的聲音呼喊道：「父啊，我將我的靈交在你手裏！」（路23：46）……救主在山上或曠野整夜的祈禱時間，對於祂預備應付次日所要遇見的試煉，乃是必要的。

在信的人凡事都能。凡誠心誠意來到主面前的人都不會失望。我們竟能有效地禱告，不配而常犯錯誤的凡人，竟擁有向上帝提出要求的權力，這是多麼奇妙的事啊！……我們說出的話，竟能上達宇宙大君的寶座。──《評閱宣報》，1900年10月30日。👤

在路上祂和我們說話，給我們講解聖經的時候，我們的心在我們裏面豈不是火熱的嗎？（路24：32）

基督死後，兩個門徒從耶路撒冷前往以馬忤斯，路上談論著主被釘十字架的一幕幕景象。基督親自走近他們，卻沒有被那兩個悲傷的行人認出來。他們的信心已經與他們的主一起死了，他們的眼既因不信而盲目，就沒有認出他們復活的救主。耶穌既走在他們身旁，就渴望向他們顯示祂自己，但祂僅僅作為一位同道行人陪伴著他們，說：「你們一邊走一邊談，彼此談論的是什麼事呢？他們就站住，臉上帶著愁容。」（路24：17）他們對這個問題感到驚訝，就問祂既在耶路撒冷作客，還沒聽說一位說話行事都有大能的先知被釘死了嗎？他們悲傷地說：「我們素來所盼望要救贖以色列民的就是祂。」（路24：21）

基督說：「『無知的人哪，先知所說的一切話，你們的心信得太遲鈍了。基督不是必須受這些苦難，然後進入祂的榮耀嗎？』於是，祂從摩西和眾先知起，凡經上所指著自己的話都給他們作了解釋。」（路24：25-27）

門徒們忽略了與基督之死的預言有關的寶貴應許，然而當主使他們想起這些應許時，信心就復甦了。基督向他們顯示自己的身分之後，他們便驚呼：「在路上祂和我們說話，給我們講解聖經的時候，我們的心在我們裏面豈不是火熱的嗎？」（路24：32）

我們若願查考聖經，我們的心就會火熱，因為聖經的真理向我們的悟性敞開了。當我們接受聖經中像珍珠般散布著的寶貴應許時，我們的盼望就會燿燿生輝。當我們研究那些敬愛上帝、與祂同行的先祖和先知的史蹟時，我們的心就會洋溢著曾激勵過他們的精神。

有人問，各教會中缺乏屬靈能力的原因是什麼？答案是：我們容許自己的心被引誘離開了聖言。……永生上帝的道不僅是寫下來的，而且是說出來的。它乃是上帝對我們說話的聲音，就像我們能用耳朵聽見的聲音一樣明確。我們若認識到這一點，就會何等敬畏地打開聖經，何等懇切地查考它的篇章啊！——《評閱宣報》，1903年3月31日。

研究聖經增強智力　　　1月**18**日

我切慕你的訓詞，求你因你的公義賜我生命。（詩119：40）

「聖經都是上帝所默示的，」「能使你……有得救的智慧，」「叫屬上帝的人得以完全，預備行各樣的善事。」（提後3：15-17）聖經最值得我們尊重關注。膚淺地研究上帝的道，既不能滿足它對我們的要求，也不能使我們受益於它的應許。……雖然每天讀幾章，牢記規定數量的經文，卻不仔細思考經文的意思，是不會得到多少益處的。

研究一段經文，直到心中明白了它的意義及其與救恩計畫的關係，顯然比熟讀多章經文卻漫無目的，沒有得到明確的指教要有價值得多。我們若不懇切研究聖經、虔心祈禱，就不能從上帝的道中得到智慧。聖經有些經文固然很明顯，不致誤解，但也有許多經文的意思不能一目了然，因為真理不在表面。

最能使人心有活力、增強智力的，莫如研究聖經；最能提高思想、加增技能的，莫如聖經。聖經含有最能使人高尚的真理，我們若研究聖經到應有的地步，必可開闊心胸，堅定人生的宗旨，提高品格，成為一個現代不可多得的人。

在世上所充斥的的書籍中，聖經乃是萬書之書，是最值得我們研究和景仰的，無論其他書籍多麼有價值，都不足與之相提並論。聖經不僅記載了這世界的歷史，而且描述了將來的世界。它含有的指示涉及宇宙的奇妙；它向我們的悟性啟示了那位創造天地之主的品格。

研究聖經的人乃是在與先祖和眾先知交談，與那用高尚的語言表述的真理相接觸，這真理陶冶人心，提拔人超脫地上的事，升達不朽來生的榮耀。人間的智慧怎能與上帝偉大莊嚴的啟示相比呢？──《時兆》，1893年1月30日。

必須親自研究

求你使我明白你的訓詞，我要默想你的奇事。（詩119：27）

儘管研究聖經對人的心靈來說無非常重要，但聖經在世上的書籍中並沒有被尊崇到應有的位置。當我們在查考聖經的篇章時，思維會關注莊嚴永恆的景象。我們就看到上帝的兒子耶穌來到我們的世界，從事不可思議的戰鬥，打敗了黑暗的權勢。無限的上帝竟會同意讓祂的兒子降卑受辱，好使我們升高到與祂同坐寶座的位置，這是多麼奇妙，多麼不可思議啊！但願凡研究聖經的人，都默想這個偉大的事實。他們這樣研究聖經，就必得以淨化、提升，成為高尚。

在啟示的領域，遍佈著天上真理、平安和喜樂的泉源。這些泉源是每一個尋求者可以找到的。上帝默示的話語，常在心中深思，就會成為源自生命之水的活泉。……當我們用禱告的心研讀聖經時，聖靈就會就近我們，向我們解開我們所讀經文的意思。

上帝的話語展開之時，總是會顯著地啟發並加強人的才能。因為上帝的話語一解開，就發出亮光。

若是我們信仰的柱石經不住調查的考驗，我們現在就該知道了，因為固步自封且以為誰也不該干涉我們的主張乃是愚蠢的。要使凡事都受聖經的查驗，因為聖經是我們信仰和教義的唯一準則。

我們必須親自研究真理，不該依賴別人替我們思考，無論他是誰，無論他處在什麼地位，我們都不要指望任何人作我們完全的標準。我們要一起商議，也要彼此順服，但同時我們要運用上帝賜給我們的才能，學習何為真理。

我們每個人都必須尋求上帝的啟迪，以培養一種能在上帝的大日經得起考驗的品格。——《時兆》，1893年2月6日。

耶穌將天父表明出來　1月**20**日

你從世上賜給我的人，我已把你的名顯明給他們。（約17：6）

假如貧窮和沒有學識的人不能明白聖經，那麼基督到我們世上來的使命就沒有用處了，因為祂說：「主的靈在我身上，因為祂用膏膏我，叫我傳福音給貧窮的人；差遣我宣告：被擄的得釋放，失明的得看見，受壓迫的得自由。」（路4：18）基督吩咐人要查考聖經，這吩咐不單是對法利賽人和撒都該人說的，也是對周圍的平民大眾說的。

聖經若不是貧富或各色人等都能明白的，那救主還有什麼必要告訴人要查考聖經呢？查考那絕不能懂的東西有什麼益處呢？

每一個有理智的人都有責任查考聖經。人人都應確知得救的條件。

法利賽人和宗教教師們嚴重地誤表了上帝的品格，以致基督必須來到世上，好把天父表明出來。撒但狡詐地引誘男女，把撒但的屬性歸諸上帝；但救主掃除了撒但在上帝寶座前所施的沉重黑暗。這黑暗阻止上帝慈悲仁愛的光線照在我們身上。

基督親自取了人性，使上帝之愛的光輝不致滅絕人類。當摩西祈求說：「求你顯出你的榮耀給我看」（出33：18）時，主把他放在磐石穴中，然後從他面前經過。當腓力求基督將天父顯給他們看時，祂說：「看見我的就是看見了父。……」（約14：9）

主用清楚明白的話教導世人知道，祂向人類表現的溫柔憐憫和仁愛，正是祂天父的屬性。祂所提出恩典的要道、喜樂的應許，祂所表現仁愛的行為、神聖的優美，無不源自眾生之父。在基督身上，我們便可看到永恆的上帝向人類實施無限憐憫的計畫。——《時兆》，1894年8月20日。

管家的本分

施捨的,要誠實。（羅12：8）

無論如何也不可忽略慷慨施捨的義務。然而人無論貧富,都不可有片時以為他們向上帝的奉獻,能彌補他們基督徒品格上的虧欠。偉大的使徒保羅說過:「我若將所有的財產救濟窮人,又犧牲自己的身體讓人誇讚,卻沒有愛,仍然對我無益。」（林前13：3）

上帝要我們奉獻禮物與供物,是要在我們心中培養慈善的精神。祂並不倚靠我們的金錢,以支持祂的聖工。祂藉著先知的口宣布:「林中的百獸是我的,千山的牲畜也是我的。」（詩50：10）

上帝原可讓天使作祂真理的使者。祂原可用祂自己的聲音,使人知道祂的旨意,像祂在西奈山頒佈律法時一樣。但祂已決定使用男男女女來做這項工作。我們唯有在達成上帝造我們的神聖目的時,生命才是一項福氣。上帝委託給我們的一切財富,若不用來滿足我們自己的日常需要和我們周圍之人的需要,並且藉此推進上帝在地上的聖工來榮耀祂,就會成為一種咒詛。

天上至尊的君王放棄了祂的最高統治權,祂與父同在的榮耀,甚至祂自己的性命來拯救我們。而今我們要為祂做什麼呢?上帝不許自稱為祂兒女的人為自己活!……凡是最先、最好的都理當屬於祂。……祂要求我們,在今生將自己的一切才幹,都交給兌換銀錢的。

我們不應視十分之一為我們奉獻的上限。猶太人除了十分之一以外,還要向上帝奉獻許多供物。從前的人不像我們享有福音帶來的福氣,尚且這樣做,難道我們不應照從前的人所做的,去支持上帝的聖工嗎?隨著現代聖工在地上的擴展,求助的呼聲也在不斷增長。

除非我希望無窮的天父終止向我們賜恩,我們不應不耐煩地喊叫說:「奉獻是無止境的嗎?」。我們不但應忠心繳納原屬上帝的十分之一,還應奉獻其他的貢物於上帝的府庫中,作為感恩祭。但願我們懷著快樂的心情,將祂所賜一切恩惠的初熟的果子——我們最好的財產和至善至聖的服務,獻與創造主。——《評閱宣報》,1886年2月9日。

積蓄財寶在天上

要在天上積蓄財寶；天上沒有蟲子咬，不會銹壞，也沒有賊挖洞來偷。因為你的財寶在哪裏，你的心也在哪裏。（太6：20－21）

世人一心想著吃什麼？喝什麼？穿什麼？卻將永恆置之度外。有些人並不看主耶穌基督為世界唯一的希望。……祂為世人而死，但他們卻專注於為自己追求那短暫而不必要的暫時事物。雖然他們有祂用無限代價為他們買來的天上永恆住所，他們卻疏於為那適合在那兒久居的品格做準備。

當世俗的事吸引了我們的心，占據了我們的注意力時，我們的全副精力就用在事奉自我，而把敬拜上帝看作無關緊要的事，讓宗教的權益屈從於世界。然而為救贖人類付出代價的耶穌，卻要求人把天國的事放在比世俗的事更為重要的位置上。祂要人不再沉迷於積蓄地上的財寶，停止耗費錢財去奢華宴樂，追求他們並不需要的事物。

選擇將財寶積蓄在天上，我們的品格就會塑造得像基督一樣。世人會看見我們的希望和計畫，是用以推進真理和拯救失喪生靈的。……

我們把財寶保存在天上，就與上帝保持了活潑的連結。上帝擁有地上的全部財富，也供給我們生活上所需的一切屬世福惠。每個人都可以得到那永恆的產業。……以獲得永生的方式生活才是最高的智慧。這事是可以成就的，只要我們在世上不為自己活，乃為上帝活，把我們的財產轉移到那永不朽壞的世界。用我們的財產推進上帝的聖工，我們不穩定的財產就存在一個永不倒閉的銀行裏了。……為了造福他人所做的每一個犧牲，每一次將錢財用於上帝的服務，都是把財寶積蓄在天上。——《評閱宣報》，1896年4月7日。

我要給你們一顆新心

我也要賜給你們一顆新心。（結36：26）

聖經已顯明上帝的心意，自始至終都是耶和華的啟示。對人類來說，聖言具有上帝的能力。聖經的真理不只是至高者情感的表達，更是祂所說的話語。凡以這些真理為自己生命一部分的人，必在各方面成為新造的人。雖然他們並沒有得蒙賜予新的智力，但因著無知的罪惡，使得黑暗蒙蔽了他們的悟性，然而現已除去了。

「我也要賜給你們一顆新心，」意思是我要賜給你一種新的意念。這種內心的改變總是伴隨著對基督徒本分的清楚認識，對真理的領悟。我們對真理的認識隨著我們對上帝聖言明白的程度而增進。凡以祈禱的精神仔細研究聖經的人，必獲得清楚的理解力和正確的判斷力，好像他們因歸向上帝，在智力上已經達到了更高的水準。

上帝的話若得到應有的研究和順從，就會發出亮光和知識。研讀聖經會增強人的悟性。藉著與最純潔，最高尚的真理接觸，心智就會增長，品味就會提高。

我們依賴聖經了解世界的早期歷史，以及人類的被造和墮落。離開了聖經，我們只能依靠傳說和推測，而接受錯謬必定造成心智的軟弱。

我們需要有關地球起源、天使的墮落以及罪惡進入世界的權威性歷史。若沒有聖經，我們就會被虛假的學說所迷惑。

心思會受制於迷信和虛謊的壓制。……基督徒不論在什麼地方，都可以與上帝交往。他們可以享受聖潔科學的才智。

要堅持「經上記著說。」要從心中排除強加於人的危險學說。人若接受這些學說，思想就會受到束縛，無法在基督裏成為新造的人。——《評閱宣報》，1904年11月10日。

獻上得勝禱告之時　　1月**24**日

這是耶和華採取行動的時候，因人廢棄了你的律法。（詩119：126）

主快來了！邪惡與背叛、強暴與罪行，正充斥世界。受痛苦被壓迫之人的呼聲上達於上帝，祈求伸張正義。惡人非但不因上帝的忍耐與寬容而軟化，反而在頑梗背逆上變本加厲。我們所處的是一個顯然腐敗的時代，人已拋棄宗教的約束，拒絕上帝的律法，不屑一顧。這聖潔的律法遭受了非同尋常的蔑視。

上帝慨然賜給我們片時的延緩。凡上天所賜給我們的每一項能力，都當用來從事主所指派我們的工作，拯救那正在無知中滅亡的人。警告的信息要在世界的每一個角落傳揚開來；不可有絲毫的耽延；必須在世界各黑暗地帶傳揚真理；必須應付並克服所有的障礙。有重大的工作要完成；這項工作已經交託給凡明白現代真理的人。

現在是持住那為我們力量之膀臂的時候。大衛的禱告也當成為傳道人與平信徒的禱告：「這是耶和華採取行動的時候，因人廢棄了你的律法。」（詩119：126）上帝的僕人要在廊子和祭壇中間哭泣，說：「耶和華啊，求你顧惜你的百姓，不要使你的產業受羞辱。」（珥2：17）上帝一直都在為祂的真理行事。教會的仇敵，這些惡人所設的計謀，乃受制於祂的權能和祂統治萬有的旨意之下。祂能感動政治家的心，能轉消惱恨祂真理和祂子民之人的憤怒，正如只要祂下令，河水也能轉向一樣。

祈禱會推動那無所不能者的膀臂。那位指揮天上眾星有序運行，其命令控制深淵波浪的主——這同一位無窮的創造主，必為祂子民行事，只要他們憑著信心求告祂。祂必抑制一切黑暗的權勢，直到警告傳遍天下。凡肯聽從的人，就會為祂的降臨預備妥當。——《評閱宣報》，1905年12月14日。

你的話是我腳前的燈，是我路上的光。（詩119：105）

我有主所賜明確的信息要傳給自稱相信現代真理的人。……
聖經是上帝向祂子民說話的聲音。我們在研究這活潑的聖言時，要記住上帝正在藉著祂的聖言向祂的子民說話。我們要使這聖言成為我們的顧問。……我們若認識到查考聖經的重要性，就會何等殷勤地研究聖經啊！……我們就會把聖經當作上帝對我們的心願之確據來閱讀研究。

要以特別的興趣來研究聖經，因為它包含有限人類所能擁有的最有價值的信息；它為我們指出了道路，使我們能為人子在天雲中降臨作準備，拋棄罪惡，穿上品格的白袍，進入基督對門徒說祂去為他們預備的地方。

我們若不接受上帝的道為心靈的食糧，就會錯過為人預備好的最大財寶，因為這道乃是給每一個人的信息。……若是順從，這道就使人有屬靈的生命和力量。對於接受的人來說，在活潑的經驗中進入生命的純潔靈性之流乃是永生。

上帝的聖言是我們的光，是基督給予祂產業的信息，這產業是祂用自己的血為代價所買來的。聖經是為指導我們而寫的。我們若以此聖言為我們的顧問，就絕不會走入歧途。

屬靈的生命是由供應心靈的食糧建造的。我們若吃上帝的聖言所提供的食物，就必得到屬靈和心智上的健康。

我們各人正在決定自己永遠的命運。能否承受永生，全在乎我們自己。我們是否要實踐上帝的聖言，即基督偉大的課本所給我們的教訓呢？聖經是提供給人類的最偉大、最簡潔、最易懂的書。惟有這本書能預備人享受可與上帝的生命相比的生命。──《評閱宣報》，1906年3月22日。

道成肉身

因為祂教導他們正像有權柄的人，不像他們的文士。（太7：29）

上帝的兒子披上人性，降格到祂想要拯救之人的層面。在祂裏面沒有詭詐或罪惡。祂是純潔無瑕的。但祂披上了我們有罪的本性，用人性披覆了神性，以便與墮落的人類交往。祂設法為人類贖回，亞當因悖逆而使自己和世人所喪失的一切。基督以自己的品格，向世人彰顯上帝的品格；祂不求自己的喜悅，而是周流四方行善事。祂人生三十多年的經歷，完全顯示純潔無私之愛。

聽祂講論的人，因為祂的教訓而驚訝。我們會感到驚奇嗎？「祂教訓他們，正像有權柄的人，不像他們的文士。」文士和法利賽人的教訓，乃是不斷重複無稽之談和幼稚的遺傳。他們的主張和儀式是根據古時格言和拉比言論的權威，輕浮而無益。基督並不講述平淡無味的言論和人的學說。祂對聽眾講話像一個具有更高權柄的人，把重大的題目陳明在他們面前。祂的呼籲也使他們心悅誠服。許多人不能保持沉默，說出了眾人的看法：「從來沒有像祂這樣說話的！」（約7：46）

聖經展示上帝對我們的全部旨意。……我們無論處在什麼環境中，都需要這道的教導。它是信心與行為的全備準則，因為它是上帝對人心說話的聲音，指示祂家庭的成員要切切保守自己的心。我們若研究這道，而非僅僅閱讀這道，它就會向我們敞開知識的寶庫，使我們能善用上帝所賜的每一個才幹。

凡存著謙卑好學的心，尋求上帝聖言的指導，決心了解救恩條件的人，都會明白聖經所說的話。

我們需要謙卑己心，真誠而恭敬地查考生命之道；因為惟有謙卑痛悔的心才能看到亮光。……主是對那些在祂面前謙卑己心的人說話。——《評閱宣報》，1907年8月22日。

1月27日　　道對於我們的意義

你當竭力在上帝面前作一個經得起考驗、無愧的工人，按著正意講解真理的話。（提後2：15）

聖經裏含有一套簡明完整的神學與哲學體系。這是一本使我們有得救智慧的書，告訴我們怎樣到達那永遠幸福的居所，告訴我們救贖計畫中所顯示的上帝之愛，還傳達了一切知識中最重要的知識，就是關於基督的知識。祂是上帝所差來的，是我們救恩的創始者。離開了上帝的話，我們就不知道有這樣一位主耶穌基督，祂曾經到過我們世界上來，也不知道祂所具有的神性；就是祂原與天父同在所證明的。

聖經不是單為學者寫的。反之，它是為一般人預備的。關於我們得救所需要的偉大真理，昭明若午日。除了那些隨從自己的判斷，而非上帝明顯旨意的人之外，沒有人會走錯路或迷失方向。

上帝的話會糾正品格中每一個錯誤的特性，從內心到外表塑造整個人，降卑他的驕傲和自高，引導他把基督的精神帶入生活的大小事中。上帝的話教導人始終不渝地忠於公義和純正，同時不失仁慈與憐憫。

我們愈研究聖經，就會愈賞識它。研究聖經的人不論讀到哪裏，都會發現有上帝的愛和無窮的智慧擺在他面前。凡經歷真正生命轉變的人，上帝的話是他們生活中的喜樂和安慰。上帝的靈在跟他們講話，他們的心就像澆灌過的園子一樣。

從研讀上帝聖言而獲得的知識，是堅定不移，前後一致而影響深遠的。沒有其他知識可以與之相比。在這廣闊的世界中，即或沒有其他的書，上帝的聖言若藉著基督的恩典在生活上實踐出來，也會使我們在今世得以完全，並具有配享受將來不朽生命的品格。凡研讀聖言，相信這是真理，並將它接納於自己品格中的人，就必在那位包括一切又住在各人之內的主裏面得以完全。感謝上帝！把這些可能性都擺在人面前。──《評閱宣報》，1908年6月11日。

奉我的名

你們若奉我的名向我求什麼，我必成全。（約14：14）

當時門徒還不瞭解救主無限的資源和能力。祂對他們說：「直到現在，你們沒有奉我的名求什麼。」（約16：24）救主說明，他們成功的祕訣在於奉祂的名祈求力量和恩典。祂要親自在父面前為他們懇求，祂要以每一個謙卑懇求者的祈禱為祂自己的祈禱，替他在父面前代求。每一句誠懇的祈禱，必為上天所垂聽，禱告的詞句或許有欠通順，但只要句句出自內心，就必上升到耶穌所供職的聖所之中。祂要將我們的祈禱獻到天父面前，其中不再有一句結巴彆扭的話，卻要滿載著祂那完美品格的美麗和芬芳。

耶穌吩咐門徒要「奉我的名」祈求。跟從基督的人，務要奉祂的名侍立在上帝面前。由於為他們付出之犧牲的代價，他們在主眼裏是有價值的。

當主的子民低估自己時，祂就感到很失望。上帝希望祂所揀選的子民，按照祂在他們身上所付出的代價來估量自己。上帝需要他們，不然，就不會差遣祂的兒子用這麼大的代價來救贖他們。祂有使用他們之處；所以，當他們為榮耀上帝的名，向祂提出最高的要求時，祂是非常喜悅的。如果他們相信祂的應許，就可望成就大事。

然而奉基督的名祈求，還意味著我們要接受祂的品格，表現祂的精神，並作祂的工。救主的應許是有條件的，祂說：「你們若愛我，就會遵守我的命令。」（約14：15）祂救人，不是讓人留在罪中，而是要救他們脫離罪惡。那些愛祂的人要以順從來顯明他們的愛心。

真正的順從都是出自內心的，是與基督同在的一種心靈工作。我們若同意，祂就會使我們的思想與目的同祂一致，使我們的心思意念完全符合祂的心意，以致於當我們順從祂時，也就是實現我們自己的興致了。這樣，我們的心意受了冶煉和聖化，就必以事奉祂為最大的喜樂。——《評閱宣報》，1910年7月14日。

凡父所賜給我的人，必到我這裏來；到我這裏來的，我總不丟棄他。

（約6：37）

耶穌住在我們中間時，祂自己是常常禱告的。祂傳道服務時每行一件事之前，都先禱告，禱告也使祂所行的每一件事成為聖潔。

祂從與天父交通之中得到安慰和快樂。我們的救主、上帝的聖子，尚且覺得必須禱告，我們軟弱負罪必死的人，豈不更當覺得必須不住地切心禱告嗎？

不要因為你犯了錯誤，你的生活由於過失而暗淡，就以為你的天父就不愛你，不聽你的禱告了。……祂那充滿愛的心靈必同情我們的憂傷，甚至我們還沒說出口，祂就已經動了慈心。……沒有什麼大事是祂承受不了的，因為祂托住諸世界，治理宇宙的一切事務。也沒有什麼與我們平安有關的事，在祂看來是微不足道的。在我們的歷史中，沒有一頁是黑暗到祂不願意閱讀的。也沒有什麼煩惱是祂難以解開的。不論人是如何墮落，何等卑劣，都可從基督那裏獲得拯救的。

我們如果常將主擺在面前，讓我們的心不斷地向祂表示感謝和讚美，我們的宗教生活就常具有新的氣象。我們的祈禱要採取與上帝談話的方式，如同與朋友談心一樣。祂要親自將祂的奧祕告訴我們。我們便會時常獲得耶穌與我們同在的那種甜蜜愉快的感覺。

我們竟能有效地禱告，不配而常犯錯誤的必死之人，竟擁有向上帝提出要求的權利，這是多麼奇妙的事啊！我們還能要求什麼比與無限的上帝相聯繫更高的權利呢？軟弱有罪的人竟有權與他的創造主談話。他們說話竟上達於宇宙大君的寶座。

環繞寶座的彩虹，乃是上帝信實的保證。在祂並沒有改變，也沒有轉動的影兒。……當我們來到祂面前承認自己的不配與罪惡之時，祂已擔保祂自己要垂聽我們的呼求，並將祂寶座的尊榮，作為實行祂對我們所說之話的保證。──《時兆》，1902年6月18日。

我們的一切奉獻都應當甘心樂意，因為這些財物是上帝認為適合放在我們手中，要在世上推進祂的工作，使真理的旗幟能飄揚在大街小巷上的。倘若所有承認真理的人，都在十分之一、禮物和捐獻方面，把上帝之物歸還給祂，上帝的家便會有糧。行善的工作就不會再依賴心血來潮的無定禮物，也不會隨人的情緒而隨時變更。上帝的要求會受到歡迎，祂的聖工也會被視為配得到祂託付我們手中錢財的一部分。主是我們神聖的債權人，祂藉著先知瑪拉基向我們發出了十分明確而重要的應許。我們是否把上帝自己的東西歸還給祂，對我們而言意義重大。祂給祂的管家一部分錢財供他們支配。他們若願意實行祂的要求，祂就會祝福他們手中的錢財。

福音所規定支援上帝聖工的唯一計畫，就是把維持祂聖工的尊榮留給人。

凡領受祂的恩典，默想髑髏地十字架的人，不會對捐獻的比例發生疑問，只覺得最貴重的奉獻都是微不足道，實在無法與無窮上帝之獨生子的偉大恩賜成比例。藉著克己，最貧窮的人也會有辦法，把一些東西歸還給上帝。

富有的人不要認為只要奉獻他們的錢財就夠了。……父母和孩童不要看自己是屬於自己的，覺得可以隨心所欲地處置他們的時間和財物。他們是上帝贖買的產業；祂要他們把體力貢獻出來，並把收入帶進上帝的倉庫。

每一個人是否都會想到：作基督徒意味著克己犧牲，在必要時，得為了那捨命使世人得生命的主而獻出自己的性命呢？——《評閱宣報》，1896年7月14日。

1月31日　　說上帝預言之使者的禱告

耶和華與摩西面對面說話，好像人與朋友說話。（出33：11）

〔這是懷愛倫在1903年全球總會會議上的禱告〕

我們在天上的父，今天早上我們帶著我們的現狀來到你面前，非常貧窮而且全然依靠你。求你幫助我們清楚地認識到我們必須成為怎樣的人，必須形成怎樣的品格，以便預備好在我們上帝的城中與天上的家庭合一。

我的父啊，我們怎樣才能傳揚你的良善，你的慈悲和你的仁愛呢？我們只有把它們珍藏在自己的心裏，並在我們的經驗中彰顯出來。你知道你已經把這件事告訴你的僕人。

你的傳道人在這裏。他們的工作是傳揚聖經的真理。我求你使他們清楚地認識到自己作為你羊群的保護者和牧者的責任。……讓他們了解自己的軟弱，並願那使人成聖的靈臨到他們。

那些在我們的機構中的負責人也在這裏。……他們沒有在自己的行為上給世人一個正確的榜樣。他們沒有認識到別人正在看著他們是否因真理而成聖。

求你原諒我們的過犯，饒恕我們的罪！顯明我們的虧欠之處。求你的聖靈臨到我們身上。世界正在罪中淪亡，我們求你在這次的聚會上，把這負擔放在我們身上。

你已把這些事展開在我面前，唯有你能預備人的心思意念來聽從這信息，因為那些離棄了起初愛心的人，若不歸回，承認必須在自己的心裏做成這項工作，你就會很快來到，把燈檯從原處挪去。

我們必須再次經歷轉變和成聖，得以配傳主的信息。

我的父啊，求你拆毀障礙，讓我們每一個人都能誠心地認罪。願上帝的靈進來；願你可稱頌的名盡得榮耀。阿們！——《全球總會公報》，1903年4月2日。

2
February

我兒啊，你要在基督耶穌的恩典上剛強起來。

（提後2：1）

From the Heart

在主裏聖潔

這話很難，誰聽得進呢（約6：60）

「這話很難，誰聽得進呢？」正如有些門徒聽到從大教師基督的口中所說的熱切真理時一樣，有些自稱跟從基督的人也傾向如此說。許多人會認為主把路弄得太窄了。當我們談到為基督的緣故捨己犧牲時，他們就會認為我們講得太多了。你們或許較喜歡聽我們講論基督徒的獎賞。我們知道忠心的人必承受萬有，但我們的重要問題應當是：「祂來的日子，誰能當得起呢？祂顯現的時候，誰能立得住呢？」（瑪3：2）誰要被數算，配得那將要賜給得勝者極重無比的寶貴獎賞呢？那些與基督的苦難有分的人，也必與祂的榮耀有分。

聖經告訴我們，人非聖潔就不能見主。我們的生活若不純正，就不可能預備好在純潔神聖的天國中與聖潔無罪的天使同住。那裏不能有任何罪惡。任何不潔，都不能進入上帝聖城的珍珠門戶。我們要解決的問題是：我們是否願意轉離一切罪惡，遵守上帝賜給我們的條件，成為祂的兒女。祂要求我們與世界分離，成為王室的成員。

我們無疑相信基督快來，因此覺得有必要懇求男男女女為人子的降臨作準備。……我們希望你們也屬於那群在上帝寶座前俯首敬拜的人當中，並一同呼喊說：「配得，配得，配得，為我們被殺的羔羊是配得的。」

當你完全準備好，勝過自己的罪，離棄自己一切的罪孽時，你就達到承受永生的條件。

你們想要等待更好的時候來到時才做準備，這是不妥的。今天就是更好的時候。若有人願意聽祂的話，就不可硬著心。今天就要聽從仁慈的邀請。要放棄你的驕傲、你的愚昧、你的虛榮，將你的心完全降服上帝。要帶著你的才幹和所有的影響力來到祂面前，將這一切毫無保留地放在祂腳前。祂曾為救贖你而死在髑髏地的十字架上。——《評閱宣報》，1870年4月12日。

我們為天國犧牲什麼？　2月**2**日

你要盡心、盡性、盡意、盡力愛主你的上帝。……要愛鄰如己。

（可12：30—31）

我們在耶穌裏看見了美麗、可愛和榮耀。我們看見祂有無比的優美。祂曾是天上的至尊。……天使崇拜愛慕祂，在祂面前俯首屈膝，樂於聽從祂的命令。我們的救主卻放棄了一切。祂離開自己的榮耀、王權和光輝，降到這個世界，為叛逆、違背了祂父親之命的人類而死。基督屈尊降卑，拯救墮落的人類。祂喝了苦杯，換給我們福杯；是的，祂為我們喝盡了苦杯；許多人雖然知道這一切，卻選擇繼續留在罪惡和愚妄中；然而耶穌仍在邀請他們。……上帝聖言的真理必須對我們產生影響，我們也必須持守這些真理。我們若如此行，真理就會對我們的生活產生聖化的影響，使我們預備好承受榮耀的國，以致當寬容時期結束時，我們可以見到君王的榮美，永遠住在祂面前。

如今的問題是：「我們願意犧牲嗎？」……「你們務要從他們中間出來，跟他們分別；不要沾不潔淨的東西，我就收納你們。我要作你們的父，你們要作我的兒女。這是全能的主說的。」（林後6：17—18）這是何等寶貴的應許啊！

你以為信奉上帝的真理會降低自己的身分嗎？……真理總是能提拔接受的人。……它使我們有純正的品格和生活，適於加入天上榮耀國度的社會，否則我們就絕不能見到天上的居所。

當你周圍的人不願意順從基督對他們的要求時，真理會不會因而要求你，獨自堅守崗位事奉上帝呢？會不會要求你，在感覺上是從他們中間分別出來呢？肯定會；這就是你必須背負的十字架，這使得許多人要說：我無法順從真理的要求。但是基督說：「人若愛自己的父母、弟兄、姐妹過於愛我，就不配作祂的門徒。」……祂為你犧牲了一切，你為祂做這樣的犧牲豈是太大呢？——《評閱宣報》，1870年4月19日。

在恩典中長進

我兒啊，你要在基督耶穌的恩典上剛強起來。（提後2：1）

追求上帝的國和祂的義，應當成為我們人生的目標。執行這道命令並非兒戲；不論需要作出什麼自我犧牲，順從這條命令都會使我們今生來生獲益。我們要專心注視上帝的榮耀，這樣就必在我們主救主耶穌基督的恩典和知識上長進。我們愈懇切殷勤地尋求上帝的智慧，就愈會在真理中站立得穩。

我們不能總是在屬靈的知識和經驗上像小孩子那樣。隨著我們在真理的經驗上長進時，我們不能總是用剛接受基督之人的語言來表達我們的思想；我們的祈禱和勸勉要在理智上成長。一個10歲的孩子，若說6歲孩子的話，聽起來會不順耳。同樣地，一個成年人說話，若像小孩子那樣幼稚，聽起來會多麼難受啊！

已經有了幾年基督徒生活經驗的年輕人，不應說猶疑的話，好像一個在基督裏的嬰孩一樣。自稱為基督徒的人，缺乏長進，又聽那些沒有長大成人，有基督長成的身量之人，怎樣談論上帝國的事，就顯出他們的幼稚來。

許多自稱跟從基督之人所做的見證，表明他們在基督徒的生活中已變成了侏儒。他們的語言缺乏真實、深切和理智的經驗。

我們不應學習粗俗的語言，熟悉人間的談吐，以致對迦南的語言感到新奇陌生。

基督徒應在基督的門下作忠實的學生，不斷學習更多天國的事，更多上帝的話語和旨意，更多真理，並學習如何忠心運用所獲得的知識去教導別人，帶領他們先求上帝的國和祂的義。我們要對聖經有理智的認識，因為我們若不在上帝的聖言中尋找上帝之義的寶藏，又怎能知道上帝的心意和道路呢？我們應當親自了解真理，明白我們主的預言和實際的教訓。——《青年導報》，1894年6月28日。

假冒的成聖 2月**4**日

你說：我是富足的，已經發了財，一樣都不缺，卻不知道你是困苦、可憐、貧窮、瞎眼、赤身的。（啟3：17）

親愛的弟兄：獲悉巴特利特弟兄的狀況，得知撒但正假藉他以推動基督徒聖潔為名，在印地安那州區會引起背叛，我們為此感到痛心。你和我們都完全相信生活的聖潔是必要的，好使我們能在光明中與眾聖徒同得基業。我們主張必須以聖經的方式達到這種狀態。基督祈求天父使祂的門徒藉著真理成聖。使徒們也傳講說，要藉著順從真理潔淨我們的心。

那自認是基督教會的，卻充滿了欺人之談。它的一個顯著特色就是，教友愈熱衷於流行的成聖觀念，就愈少重視現代真理。他們中許多人公開反對上帝的安息日、第三位天使的信息和健康改良，卻自稱是成聖的人。他們中有些人幾乎到了無可救藥的地步，竟以為自己是不可能犯罪的。這些人當然就不能進一步使用主禱文了，因為主禱文教導我們要祈求使我們的罪得蒙赦免。他們也不怎麼用得着聖經了，因為他們自稱是受聖靈引導的。

這是何等可怕的欺騙啊！他們以為自己在基督裏完全了，卻不知道自己是困苦、瞎眼、可憐、貧窮、赤身的。

我們警告那些在印地安那州區會和別處的眾弟兄。我們的立場始終是：真正的成聖必經得起審判的考驗，是藉著順從上帝和真理而得到的。

上帝正在帶領一班子民，然而撒但一直致力於引誘一些人批評這個基督的身體，從而使他們脫離這個身體，自取滅亡。自從傳揚第三位天使的信息以來，自欺的人就這樣沿路倒斃。那些受狂熱盲從帶領的人，會逐漸感到與那些完全拒絕真理的人和諧一致。他們的行徑若不受阻止，早晚會列身於我們最惡毒的反對者之中。〔由懷雅各和懷愛倫共同簽名〕——《評閱宣報》，1878年6月6日。

挽回犯錯的人

> 若是你的弟兄得罪你,你要去,趁著只有他和你在一起的時候,指出他的錯來。他若聽你,你就贏得了你的弟兄。(太18:15)

如果你的鄰舍或朋友犯錯,被過犯所勝,他們自己受了傷害,你為他們而憂傷,就要遵循聖經的原則。「若是你的弟兄得罪你,你要去,趁著只有他和你在一起的時候,指出他的錯來。」(太18:15)當你去找你認為有錯的那一位時,要留心以溫柔、謙卑的精神說話,因為人的怒氣並不成就上帝的義。除了用溫柔、親切、慈愛的精神,其他方法都不能使犯錯之人回轉。你要注意自己的態度,任何表露驕傲自滿的神色、姿態、話語和聲調,都要避免。你要謹慎,不要有一點高抬自己的言語表情,也不要提出自己的善良和義行來和對方的過失相對照。謹防用鄙視、傲慢和輕蔑等極其疏遠人的態度。小心避免任何憤怒的表情,即使要用坦白的直言,也不要有指責、嘲罵指控、激憤等的表示,只要表現真誠的愛。最重要的,不要有惱恨或惡意的形色,也不要發出苦毒和令人傷痛的言詞。

要謹記,責備的成效大部分都要靠賴責備時的態度。不可忽略作誠懇的禱告,好使你們具有謙卑的心,也使上帝的天使可以在那些你們打算去接觸的人心中運行,叫他們因感受上天而來的影響得以軟化,叫你們的努力奏效。

你向別人說了弟兄姐妹或鄰舍的壞話,而在此之前,你並沒有按照上帝明確吩咐的步驟去找他們,你或許為此找藉口說:「我是心裏難過忍不住才說的。」你為什麼難過呢?你難道沒有明明忽略了自己的責任——沒有遵照「耶和華如此說」嗎?你心中有罪咎感,是因為你沒有趁著只有你和犯錯的人在一起時,指出他的過錯來。

有時最溫和最親切的責備,也達不到良好的效果。在這種情況下,你們原先希望別人因秉公行義、停止犯罪、學習行善而得到福氣,之後這福氣倒要回到你們自己的身上。如果行錯的人堅持犯罪,你仍要好好地對待他們,把他們交託給你們的天父。——《評閱宣報》,1879年7月17日。

屬靈生活的祕訣

人若不是從水和聖靈生的，就不能進上帝的國。（約3：5）

常有人問，為什麼教會沒有更多的能力呢？為什麼沒有更充滿生機的敬虔呢？原因是教會沒有誠誠實實地依從上帝聖言的要求，沒有愛上帝為至上，也沒有愛鄰舍如同自己。問題的關鍵就在乎此。這兩條誡命，是律法與先知一切道理的總綱。只要全然依從上帝這兩樣要求，教會中就絕不會有不和睦的事，家庭中也不會有不協之音。就許多人而言，所下的工夫太膚淺了。外在的形式取代了內在恩典的工作。……真理的理論已扭轉了人的頭腦，但內心中的偶像還沒有清除出來。

當保羅對誡命有了深刻的認識時，他就說：「罪活起來，我就死了。」（羅7：9）在這些虛偽矯飾的日子裏，有許多假裝的生命轉變。真正感悟有罪、因罪而心裏憂傷、向自我死、天天勝過品格的瑕疵，以及重生──保羅說一切的舊事已過，都變成新的了。這樣的工作許多人竟茫然無知。他們將真理移植到他們屬肉體的心中，行事為人跟以前無異，仍表現好像往常一樣的不良品性。

要先使樹變好，然後它才會結出好果子。上帝的聖靈在人心中的工作是虔誠的人生所不可或缺的。接受真理的人必須把聖靈接到心中，為他們造清潔的心，使他們遵守祂的誡命，成為行道的人。

世人對聖經沒有作應有的多方研究，也沒有以它為人生的準則。若憑良心遵守它的教訓，作為品格的基礎，人生就有堅定的宗旨，是任何商業投機或屬世事務所不能影響的。如此培養的品格，有上帝聖言支持，必能在試煉、艱難與危險的日子，如中流砥柱一般。良心須蒙啟迪，人生也因喜愛心裏所接受的真理而成為聖潔，然後在世上自會散發救人的感化力。──《評閱宣報》，1879年8月28日。

活的教會

你們是怎樣離棄偶像，歸向上帝來服侍那又真又活的上帝，等候祂兒子從天降臨。（帖前1：9—10）

　　一個活的教會必定是一個作工的教會。實際的基督教必產生認真的工人，推進真理的事業。……我們渴望見到真正的基督徒品格表現在教會中。我們渴望見到教友擺脫輕浮不敬的精神；我們切願他們認識在基督耶穌裏的崇高恩召。有些承認基督的人，盡最大努力要使自己的生活和行為表現出自己的信仰，可值得推薦在道德高尚的人面前，好引他們接受真理。但也有許多基督徒連保守自己的心在上帝的愛裏也不感到自己有責任，他們不但沒有藉著自己的影響力造福他人，反而成為那些專為人作工、警醒和禱告之人的負擔。

　　那些存心謙卑，藉著自己可效法的行為，努力高舉基督之真理的人，在上帝的聖言中以精金來代表；那些以表現自己為念的人，則以鳴的鑼和響的鈸來代表。

　　我們懇勸與上帝有聯繫的人，要懷著信心懇切祈禱，不要就此止步，要為淨化教會而邊祈禱邊作工。現在需要在道德上，有堅定意志的男男女女；他們不會受任何不聖潔的影響力所陶冶和折服。

　　無論男女，若不全心投入聖工並將一切都算為有損的，為要對基督有卓越的認識，就不能成功地事奉上帝。那些有所保留，不肯把一切全獻上的人，不能做基督的門徒，更不要說作祂的同工了。獻身是必須完全的。

　　耶穌已去為警醒等候祂顯現的人預備地方。他們將在那裏與純潔的天使和蒙贖的大軍相會，並要加入他們同唱讚美與得勝之歌。在那裏，救主的愛環繞著祂的子民，上帝的城也因祂臉上的光而光彩耀耀。那城由各樣的寶石裝飾，城牆又高又大，門是珍珠的，街道是精金的，好像透明的玻璃。——《評閱宣報》，1880年6月3日。

基督徒的賽跑

我們……就該卸下各樣重擔和緊緊纏累的罪，以堅忍的心奔那擺在我們前頭的路程。（來12：1）

這節經文用保羅時代非常有名的一個公開賽事，來說明基督徒的賽跑。那些選手要經歷艱苦的訓練過程，實行最嚴格的克己，使他們的體能處於最佳狀態。然後他們要竭力爭取一個會朽壞之桂冠的尊榮。結果是有些人永遠無法康復了。由於可怕的勞累，選手有時會倒在跑道上，口與鼻鮮血迸流。有些人則用盡最後的氣力，緊緊抓著那讓他們付出如此昂貴代價卻華而不實的東西。

保羅把跟從基督的人比作賽跑的選手。這位使徒說：「他們不過是要得會朽壞的冠冕；我們卻是要得不會朽壞的冠冕。」（林前9：25）保羅在這裏作了一個鮮明的對比，使自稱為基督徒的人，他們所付出的微薄努力相形見絀。他們為自己自私的放縱辯解，不肯藉著捨己和嚴格的節制習慣置身於可以成功得勝的境地。凡參加公開競賽的人，都因成功的獎賞而歡欣鼓舞，躍躍欲試。在基督徒前頭也擺著一個獎賞，是給忠心跑到底之人的。他們若贏得了那獎賞，將來的祝福便有了保證。那極重無比永遠的榮耀是為得勝者保留的。

在賽跑中，榮冠放在選手看得到的地方，若有人受試探片刻鬆懈，就可注目那獎賞而受激勵，發出新的活力。照樣，天國的目標也擺在基督徒眼前，影響並激勵眾人的熱心和熱忱。

眾人都參加賽跑，但得獎賞的只有一人。……基督徒的賽跑卻不是如此。凡認真而有恆心的人都會成功。快跑的未必能贏；力戰的未必得勝。最軟弱的聖徒若全力以赴，為基督的緣故甘心忍受缺乏和損失，也必與那最強壯的人一樣得到永不朽壞的榮耀冠冕。——《評閱宣報》，1881年10月18日。

信心就是勝利

向著標竿直跑，要得上帝在基督耶穌裏從上面召我來得的獎賞。

（腓3：14）

我們能擁有的最大福氣就是正確地認識自己，看到自己品格上的缺陷，並靠著上帝的恩典予以修補。

我們今天是不是比一年前離上帝更近呢？我們並不屬於自己，我們的光陰和才幹都屬於上帝，每一才能都要用來實行祂的旨意，並增進祂的榮耀。如果我們把這樣的原則一天又一天實行出來，我們的宗教經驗就會有何等大的改變啊！我們的品格就會有何等大的變化啊！

我們可以籠罩在上帝的應許裏。這些應許會像一道火牆環護在我們周圍。我們應該知道如何運用信心。信心乃是「上帝所賜的」（弗2：8），但運用信心的能力卻是我們的。信心若是靜止不動，對我們就毫無益處。但我們若能操練信心，它就會把握住一切福氣。信心乃是人用來抓住無窮上帝之力量的手，是基督的恩典所更新之人的心，藉以與那偉大愛心共鳴的媒介。信心扎根於上帝的應許，以上帝的應許為保證，因為祂言出必行。耶穌來到有罪、無助、貧乏的人跟前說：「凡你們禱告祈求的，無論是什麼，只要信你們已經得着了，就為你們實現。」（可11：24）。要相信，領受應許，並讚美上帝，因為你確實領受了你所求於祂的東西；而當你最需要時，就會體驗到祂的祝福並得到特別的幫助。

許多人心中的問題是：「我怎麼才能得到幸福呢？」我們的目標不應是生活過得幸福，當確實在謙卑順從的路上找到幸福。保羅是幸福的。儘管他蒙召要忍受苦難、鬥爭和考驗，他卻再三聲稱自己享有極大的安慰。他說：「我滿有安慰，在我們一切患難中格外喜樂。」（林後7：4）這位大使徒的全部精力，都用在為將來不朽的生命作準備。而當他即將離世時，他能在聖潔的勝利中歡呼說：「那美好的仗我已經打過了，當跑的路我已經跑盡了，該信的道我已經守住了。從此以後，有公義的冠冕為我存留，就是按著公義審判的主到了那日要賜給我的。」（提後4：7-8）——《時兆》，1884年5月22日。

捐獻——出於愛的習慣　　2月**10**日

每人要照自己的收入抽出若干，保留起來。（林前16：2）

捐獻是福音宗教的一部分。救恩的計畫是以犧牲為基礎的。耶穌離開天庭，成為貧窮，使我們因祂的貧窮可以成為富足。祂在地上的生活是無私的，表現出卑辱和犧牲的特徵。僕人豈能大過主人呢？我們既享有祂為我們成就的偉大救恩，豈可拒不跟從我們的主，不像祂那樣捨己呢？世界的救贖主既為我們受了那麼多的苦，我們既是祂身上的肢體，豈可活在無謂的自我放縱中呢？切萬不可。捨己乃是作門徒的必要條件。

我們的元首基督在救恩的偉大工作上帶了頭。但祂已把那工作委託給祂在地上的信徒。這項工作的開展離不開錢財。祂已賜給祂子民一個計畫，為興旺祂的聖工籌集足夠的錢財。十分之一的制度就是為此而設立的。它可以回溯到摩西的時代，甚至可以追溯到亞當的日子。主在很久以前就賜下了這個明確的制度，要求人為信仰的目的向上帝奉獻禮物。

上帝並不強迫我們向祂的聖工奉獻。我們的行動必須出於自願。祂不願用不樂意的奉獻補充祂的府庫。祂在定期捐獻計畫中，原是要使我們與造我們的主有更親密的關係，且使我們同情關愛我們的同胞，從而使我們負有責任，摒除自私，加強無私慷慨的性情。我們容易自私自利，向慷慨的行為關閉心門。主計畫藉著要我們定期奉獻禮物，養成捐獻的習慣，視之為基督徒的本分。使我們的心藉著一次奉獻敞開之後，不會就此關閉心門，變得自私冷淡，並且能持續進行另一次奉獻。……

每個男女和兒童都可成為主的司庫。

上帝計畫我們在推進祂的聖工中負一部分責任，乃是為了我們的益處。藉著使我們成為祂的同工，祂尊榮了我們。祂已命定自己的子民必須合作，以便培養並保持運用行善的愛心。——《時兆》，1886年5月18日。

2月11日　　　基督徒的安息

凡勞苦擔重擔的人都到我這裏來，我要使你們得安息。我心裏柔和謙卑，你們當負我的軛，向我學習；這樣，你們的心靈就必得安息。因為我的軛是容易的，我的擔子是輕省的。（太11：28-30）

世上充斥不安、考驗和艱難。這是仇敵的領土，我們四面受試探的圍攻。耶穌說：「在世上你們有苦難，但你們要有勇氣，我已經勝過世界。」「我把我的平安賜給你們。」（約16：33；14：27）

我們的救主把祂的要求說成是軛，把基督徒的生活說成是負軛。但它與撒但的殘暴權勢和罪惡加在人身上的重擔迥然不同。基督說：「我的軛是容易的，我的擔子是輕省的。」當我們努力過基督徒的生活，負責任盡義務時，如果沒有基督的幫助，這軛是難負的，擔子也是不堪忍受的。然而耶穌並不希望我們這樣做。

許多人自稱到基督面前來，同時卻堅持自己的道路，那就成了痛苦的軛。自私、貪婪、野心、愛世界、和其他某種懷藏的罪，破壞了他們的平安和喜樂。

基督徒應在自己的一言一行上努力代表他的主，使祂所指派的服務顯現出吸引力來。但願沒有人因長期陰鬱，或因述說自己的考驗、困難、捨己與犧牲而使宗教令人生厭。

要讓人看到你對基督的愛，乃是長存的動機；你的信仰並不像一件外衣可以按環境的需要脫下再穿上，這信仰是一種原則，沉著、穩定、不會隨時改變——它將統管你整個人生。

無論你人生的際遇如何，都要記得你是在事奉基督的行列中。要表現一種知足感恩的精神。你的擔子或十字架無論是什麼，都要奉耶穌的名抬起來，靠祂的力量來背負。

愛耶穌的心是不能隱藏的，而是會發出感化力，並自然地顯露出來。……它使膽怯的有勇氣、懶惰的殷勤、愚拙的聰明、拙口笨舌的有雄辯之才，使潛伏的理智甦醒，獲得新的生氣與活力。……基督的平安比地上一切的財寶更有價值。——《時兆》，1885年12月17日。

發展像上帝的品格　　2月**12**日

聖靈的果子就是仁愛、喜樂、和平、忍耐、恩慈、良善、信實、溫柔、節制。（加5：22—23）

人選擇做什麼樣的人，就會成為什麼樣的人。品格不會藉著接受教育而獲得的，不會因積聚財富或博得屬世尊榮而獲得的，不會藉由他人代我們從事人生的爭戰而獲得的。品格必須進行追求、為之努力、為之奮戰，還需要有目的、意願和決心。要塑造上帝所喜歡的品格，需要恆切不倦的努力。若要站在以馬內利大君血染的旌旗下，在審判的日子得蒙悅納，使我們的名字留在生命冊上，就必須不斷地抗拒黑暗的權勢。我們的名字登記在生命冊上，得以在天使中間永存不朽，豈不比名震一時，享譽全球更有價值嗎？如果我知道耶穌對我微笑，悅納我的行為和做法，那麼無論遭遇什麼，苦難多麼大，我都會樂天知命，在主裏快樂。

你從祭壇上點火了嗎？那麼就讓它在好行為中照亮你周圍的人吧！你要振作起來，藉著你神聖的影響力和懇切的努力傳播亮光。

我們必須為上帝和天國作工，使用我們全部的力量和信心。不要被今生暫時的事物所欺騙。要思考永恆利益的事。我希望與上帝有更親密的聯絡；我想要在榮耀的國裏唱救贖之歌；我希望那不朽的冠冕戴在我頭上；我希望用不朽的舌頭唱歌讚美祂，祂曾放棄榮耀來到世上拯救淪喪的人。我想要讚美祂；我想要尊祂為大；我想要榮耀祂。我需要那不朽的基業和永恆的產業。我問你，如果我最後喪失或得到天國，我對世上的事有什麼在乎呢？它們對我有什麼益處呢？但我若能緊緊仰望天國，就必影響我的同胞；我就有一種影響力，不斷迫退世上邪惡的潮流，領人進入安全的方舟。——《評閱宣報》，1886年12月21日。

蒙聖靈引導

看哪，我將你銘刻在我掌上。（賽49：16）

我們可以追求的道路有兩條。一條引我們離開上帝，將我們關在祂的國度之外。在這條道路上，充斥忌妒、紛爭、兇殺和一切惡行。另一條道路，是我們應當遵循的。追求這條道路會找到喜樂、平安、和諧與愛。……我們最需要的，乃是耶穌胸懷中所洋溢的愛。這愛若在心中，就必彰顯出來。我們若有耶穌基督的愛在心裏，怎麼會不愛別人呢？祂的愛若在我們心裏，就不會不表現出來，而會顯示在我們的言語和面臉部表情上。

我們曾對我們的長子（亨利・尼可爾斯・懷特，1847－1863）抱有極大的希望，指望能依賴他，並莊嚴地把他獻給上帝。當上帝取去他的生命時，當我們在他死時闔上他的眼時，我們心中感到悲痛欲絕，但有一種無法形容、無法言喻的平安進入我的心中。我想到了復活的清晨；想到將來，偉大的賜生命之主要來打破墳墓的禁錮，把死了的義人從他們滿是塵土的床上召出來。祂要使被擄的出監牢。那時我們的兒子就會再次站在活人中間了。這裏有平安，這裏有喜樂，這裏有無法形容的安慰。

基督離開世界時，把一項任務交在我們手中。祂在世時，親自推進了祂的工作；但當祂升天時，就讓跟從祂的人繼續祂的工作。又有人繼續門徒所留下的工作，一直到今天，我們要在自己的時代做這項工作。

我們不必獨自行走。我們可以把一切憂愁、悲傷、煩惱、考驗、痛苦和掛慮帶來，對那側耳傾聽的主傾訴。祂在天父面前用祂自己寶血的功勞代求，展示自己的傷痕——「我的手，我的手！」「我將你銘刻在我掌上。」祂向上帝舉起被釘傷的手，祂的懇求蒙了垂聽，天使便奉差迅速飛來為墮落的人類效力，來提拔和扶持他們。——《評閱宣報》，1887年1月4日。

加法和乘法

願恩惠、平安，因你們認識上帝和我們的主耶穌，多多加給你們！

（彼後1：2）

我們要信靠的，不是自己的信心，而是上帝的應許。當我們因為以前違犯祂的律法而悔改，並決心今後要順服祂時，我們就當相信上帝因著基督的緣故，悅納我們、赦免我們的罪。

黑暗與灰心有時會臨到我們的心，似乎要全然勝過我們，但我們不應放棄自己的信心；不管有沒有感覺，我們必須始終注目耶穌。我們還當忠心履行已知的每樣義務，然後靜心信靠上帝的應許。

我們今天可能感覺不到昨天的平安與喜樂，但我們應以信心的手緊握基督的手，在黑暗中信靠祂，正如在光明中一樣。

撒但會向你耳語：「你是個大罪人，基督無法救你。」你在承認自己實在罪孽深重不配時，可以用一句話應付那試探者：「我靠賴主贖罪的功勞，承認基督為我的救主。」

我們若讓自己的心多思考基督和天上的世界，就必得着大有能力的激勵和支援，為主作戰。……我們若長期讓自己的心思考屬世的事物，就很難改變我們的思想習慣。我們耳濡目染之事，往往令我們的心志受到吸引。但我們若要進入上帝的城，瞻仰耶穌的榮美，就必須養成習慣，在此世上用信心的眼仰望祂。

成聖是一項不斷進步的工作。彼得的話向我們說明了前進的步驟：「正因這緣故，你們要分外地努力。有了信心，又要加上德行；有了德行，又要加上知識；有了知識，又要加上節制；有了節制，又要加上忍耐；有了忍耐，又要加上虔敬；有了虔敬，又要加上愛弟兄的心；有了愛弟兄的心，又要加上愛眾人的心。」（彼後1：5-7）我們若實行這裏所提示的方針，就有了永不失腳的保證。凡這樣實施加法以獲得基督化美德的人，就有了把握：上帝會按照乘法將祂聖靈的恩賜厚賜與他們。——《評閱宣報》，1887年11月15日。

2月15日　　與造我們的主聯合

凡說自己住在祂裏面的，就該照著祂所行的去行。（約壹2：6）

我們若想承受永生，就有一番偉大的工作要做。我們須除去不敬虔的心和世俗的情慾，度公義的人生。許多人教導說，得救只需要相信耶穌；但真理的道怎麼說呢？「信心沒有行為也是死的」（雅2：26）。我們要「為信仰打那美好的仗；要持定永生。」（提前6：12）背起十字架、捨己、與肉體作戰，並日日跟隨救贖主的腳蹤行。對我們來說，除了耶穌之外別無拯救，因為我們乃是藉著信靠祂才得以接受能力成為上帝的兒女；但這並不是轉瞬即逝的信心，而是行基督所行之事的信心。

活潑的信心藉表現犧牲的精神，及忠於上帝的聖工而顯明。凡具有如此信心的人，都是站在以馬內利大君的旌旗之下，與黑暗權勢作勝利的戰鬥。

在耶穌裏的真信心導致人捨己。無論人自稱有多麼崇高的信仰，但若高抬自己和放縱自我，耶穌的信心就不在他心裏了。真基督徒藉著每日獻身的生活表明他們不是屬自己的人，乃是用重價買來的。

無論何人若主張遵不遵守上帝的誡命，那是無關緊要的，他根本就是不認識基督。……以為在得救的事上沒有你當作的事，乃是一種致命的錯誤。你要與上天的各種力量合作。

那些與耶穌有聯繫的人，乃是與創造並維持萬有的主聯合。他們擁有一種能力，是世界所不能授予，也不能奪去的。然而雖有偉大高尚的權利賜予他們，他們卻不應單因享福而沾沾自喜。他們既是上帝諸般恩典的管家，就應該為他人謀福。

我們是看守自己弟兄的人。基督「祂為我們的緣故捨己，為了要贖我們脫離一切罪惡，又潔淨我們作祂自己的子民，熱心為善。」（多2：14）在我們裏面成就這種熱心的信心才是唯一的真信心。枝子若常在真葡萄樹上，就會結出果子表現出這種結合，因為「憑著他們的果子就可以認出他們來。」（太7：20）——《評閱宣報》，1888年3月6日。

天國的屬性　　2月**16**日

求你用真理使他們成聖；你的道就是真理。（約17：17）

我們寬容時期的每一刻都是寶貴的，因為這是我們建造品格的時期。我們應該極其殷勤地注意培養我們屬靈的性情，看守我們的心，監護我們的思想，免得不潔之物玷污心靈。我們應該努力保持心智的各項能力處於最佳狀態，以便盡力事奉上帝。不應允許任何事物破壞我們與上帝的交通。

我們在這世上有一項工作要做，不可讓我們專注於自我，而忘記上帝和同胞對我們的要求。我們若切心尋求上帝，祂就必用聖靈感動我們，祂知道我們的需要，因為祂熟悉我們的每一弱點，祂希望我們下工夫不以自我為中心，使我們的思想、言語和行為變得仁慈親切。我們必須停止思想自己，不再談論自己，不再只想到自己的需要和缺乏。上帝希望我們培養天國的屬性。

我們既記得自己的過犯在上帝面前是何等的大，就當怎樣耐心地寬容自己弟兄的過失與錯誤啊！我們怎能向我們的天父祈求說：「免我們的債，如同我們免了人的債。」（太6：12）而同時卻以責難、怨恨、苛刻的精神對待他人呢？上帝希望我們更仁慈，更有愛心，也更加可愛，更少批評懷疑。但願我們都能擁有基督的靈，知道如何對待我們的弟兄和鄰舍！

在自稱跟從基督的人中，有太多的人試圖藉顯揚別人的錯誤來原諒自己的缺點。我們應該效法耶穌的榜樣，因為祂被罵不還口，只將自己交託那按公義審判人的主。……祂是天上的至尊，但在祂純潔的胸懷中，並沒有給報復的精神留地步，而只長存著同情和仁愛。

我們或許不會記得自己所做的某件好事，它或許會從我們的記憶中消失。但在永恆的歲月裏，每一個救人的行動，每一句安慰上帝兒女的話語，都將彰顯出光彩來。這些為基督的緣故所做的事，會成為我們快樂的一部分，直到永遠。——《評閱宣報》，1891年2月24日。

現在你們要轉向我，我就轉向你們。（瑪3：7）

撒但不斷指出那些自稱上帝兒女之人的罪惡和錯誤，並用他們的缺點來奚落上帝的天使。上帝的子民如何在祂面前擺正位置呢？上帝在〈瑪拉基書〉中回答了這個問題。祂說：「萬軍之耶和華說：『……現在你們要轉向我，我就轉向你們。』」我們全心全意地尋求主，就會尋見祂。

但以理拿定主意忠於天上的上帝。他決意不吃王的膳，不飲王的酒。他的三個同伴也決心不羞辱上帝，不拜尼布甲尼撒王在杜拉平原所設立的金像。當我們像上帝的這些忠僕一樣下決心事奉主時，主就會扶持我們，使我們持住祂的能力。

眾天使驚訝地看到世人對上帝的忘恩負義。上帝曾為他們做了很多事，不斷賜予眷愛和恩賜，他們卻忘恩負義。眾人忘記了上帝的要求，沉湎於自私和世俗。

何時我們不運用上帝的福氣榮耀祂，祂就不能在土地和牲畜上賜福給我們。祂不能把自己的財寶委託給那些會濫用的人。主用最清楚明白的話告訴了祂的子民，祂向他們所要的是什麼。他們要繳納自己全部財產的十分之一，並要從祂所賜給他們的錢財中奉獻禮物。祂的憐憫和福氣一直是豐富而全面的。祂賜下雨水和陽光，使菜蔬生長茂盛。祂賜下節令，使撒種和收割的時節按序而來。上帝永遠可靠的良善，要求人向祂獻上某種更好的東西，而不是忘恩負義和健忘。

我們豈不該轉向上帝，以感恩的心呈上十分之一和供物嗎？主已清楚地說明我們的本分。我們若疏忽實行祂的要求，就無可推諉。主已把祂的貨財放在祂眾僕人手中，要他們公正地處理，使福音傳遍天下。為在世界傳播祂真理所做的安排和準備，不是靠著時機而行。──《時兆》，1890年1月13日。

讓你們的光照耀出來

2月18日

但實行真理的人就來接近光，為要顯明他的行為是靠上帝而行的。

（約3：21）

基督在登山寶訓中向人指出：個人的虔誠乃是他們的力量。他們要使自己降服於上帝，毫無保留地與祂合作。高談闊論與形式禮儀，無論是多麼冠冕堂皇，都不能使人心善良，不能使品格純潔。對上帝真誠的愛，乃是一種積極的原則，一種淨化的力量。

猶太民族曾居於最高的位置；他們建起了又高又大的牆把自己圍起來，不與外邦世界交往；他們稱自己為特蒙上帝眷愛的忠心子民。但基督指出他們的宗教缺乏救人的信心，只是枯燥苛刻教義的組合，混雜著各樣犧牲和供物。他們特別講究實行割禮，卻不教導必須有一顆純潔的心。他們口頭上高舉上帝的誡命，實際上卻沒有高舉。他們的宗教只是別人的絆腳石而已。

他們至此雖在宗教問題上有無可爭議的權威，但他們現在必須讓位與那位大教師和一種沒有界限，不分等級、地位、種族和國別的宗教。基督所教導的真理原是為全人類設計的。唯一的真信心，乃是那生發仁愛並且潔淨心靈的信心；它乃像酵一樣能改變人的品格。

基督的福音意味著實際的敬虔，一種提拔接受者脫離本性墮落的宗教。凡注目上帝羔羊的人，知道祂是除去世人罪孽的。真宗教會使人生和品格全然改變，與文士和法利賽人的生活迥然不同。

上帝賜下亮光不是要人把它自私地隱藏起來，而不深入那些坐在黑暗中之人的心。人力乃是上帝指定通向世界的管道。救主不但沒有教導祂的子民隱藏他們的光，反而對他們說：「你們的光也要這樣照在人前，叫他們看見你們的好行為，把榮耀歸給你們在天上的父。」（太5：16）——《評閱宣報》，1895年4月30日。

聖靈不僅使人成聖，也指出人的罪。除非聖靈指出我們的罪，否則我們不可能悔改自己的罪孽。因此，我們去接觸感化墮落之人時，多麼需要有聖靈同在啊！我們若不與這種天上的力量聯合，就會徒勞無功。

在拯救罪人的工作上，我們與天使必須合作無間，將上帝的真理教導未曾聽見的人，好叫他們得以自由，脫離罪惡的捆綁。惟有真理能使人自由。要把這藉由認識真理而來的自由傳給凡受造的。我們的天父、耶穌基督，以及天使都關注這項偉大神聖的工作。我們蒙賜予崇高的特權，要藉著無私的努力拯救罪人脫離毀滅的陷坑來彰顯上帝的美德。凡順從聖靈啟迪的人，都蒙使用，成就上帝所策劃的這個目標。

我們要更清楚地看出，承認我們的救主是祂教會全備的供應。唯有祂能使祂子民的信心完全。

我們務須為聖靈的運行多留餘地，以便上帝的工人可以同心協力、奮勇向前，像一隊團結一致的士兵一樣。……完全獻身為上帝服務，會沿路顯明步步蒙聖靈塑造的影響。

上帝希望祂的教會用信心持住祂的應許，並在各地祈求聖靈的能力幫助他們。

但願脆弱的人類，認識到天軍的統帥，正在帶領並指導著祂地上盟軍的行動。基督自己乃是更新的能力，藉著聖靈的力量在每一個精兵心裏運行，並藉著他們作工。人人都要成為祂手中的工具，為救人而工作。每一個渴望為主效勞的人，只要真正跟從基督，都會得到主所賜的一個位置。在基督的事業中，每一個人都有自己的責任要負。上帝聖靈的效能，會使凡樂於順從祂指導之人的工作有效。——《評閱宣報》，1895年7月16日。

勇於做但以理

2月20日

你暫且去吧！等我有機會時再來叫你。（徒24：25）

我們無論怎樣罪孽深重，身處何種境遇，只要我們願意悔改相信，來到基督面前，信賴祂為我們個人的救主，上帝仍可拯救我們到底。然而一個知道真理，卻緩於實行真理之人的處境是多麼危險啊！男男女女尋求娛樂自己、滿足口味、屈從肉體，疏忽已經顯明的本分，隨便探究某種他們所不知道的東西，是多麼危險啊！

耶穌說：「應該趁著有光的時候行走，免得黑暗臨到你們。」（約12：35）要實行向你顯示的每一個真理的教訓，靠著上帝口裏所出的一切話生活，然後你就會跟從耶穌了，無論祂去哪裏，你必跟從。……主並未拒絕賜祂的聖靈給凡求祂的人。當良心受感信服時，為何不聆聽，不留心上帝聖靈的聲音呢？因每一次的猶豫與拖延，我們都使自己置身於愈來愈難以接受屬天亮光的處境中，最終似乎連告誡和警告也不可能打動我們了。於是罪人愈來愈容易說：「你暫且去吧！等我有機會時再來叫你。」（徒24：25）

當初拖延猶豫、抵制亮光和一切知識的人，本有良好的願望，想在便利之時再作改變。但狡猾的仇敵正在他們的路上，設法用不易察覺的惡習繩索來捆綁他們。品格是由習慣形成的，在下坡路上走一步就是為走第二步做好了準備，第二步又為以後的步伐作了準備。

上帝的兒女要在彎曲悖謬的世代中如明光照耀。但他們若不養成正確的習慣，就會讓步於本性的傾向，會變得自足自恃、自我放縱、輕率莽撞、貪婪、報復、不受約束、任性固執、盛氣凌人、心驕氣傲、愛宴樂、不愛上帝等。

但以理的品格說明罪人靠著基督的恩典能達到何種境界。他的智力和靈力是堅強的。……聖靈要在我們裏面作一位神聖的居住者。所以我們心中要對上帝充滿感恩與愛。——《評閱宣報》，1897年6月29日。

成為上帝的兒女

凡接納祂的,就是信祂名的人,祂就賜他們權柄作上帝的兒女。

（約1：12）

我們若能賞識這個來自天上的大福氣,它就會給我們帶來何等大的好處啊!我們竟獲得特權,在靈命得救的事上與上帝同工。對於我們的要求就是接受和相信。我們要接受基督為我們個人的救主,並繼續信靠祂。這就意味著住在基督裏面,在任何時候、任何環境下,在基督裏面把代表祂品格的信心展示出來,就是生發仁愛並且潔淨心靈一切污穢的信心。

我們每個人都必須獲得親身的經驗。任何人都不能依賴他人的經驗或行為得救。我們務須各自認識基督,以便正確地向世人表現祂。……我們無論誰都不可寬恕自己急躁的脾氣、畸形的品格、自私、忌恨、嫉妒或身心靈的任何污點。上帝召我們乃是要得榮耀,也有美德。我們要順從這呼召。

我們怎能脫離那曾為天庭尊貴天使之撒但的權勢呢?他曾全然美麗,充滿魅力,賦有強大的智力。他因自己崇高的地位而以為自己與上帝同等。我們怎能識透他虛假的理論,抵制他的試探呢?唯有藉著親自認識我們的主耶穌基督。若沒有上帝的幫助,我們就不可能逃脫撒但所預備要欺騙人心的試探和網羅。

我們要照祂所行的去行,緊緊跟隨祂的腳蹤,表現祂的柔和謙卑。……基督的服務是純潔而高尚的。祂所行過的路並非一條取悅自我、或自我滿足的路。祂對祂的兒女說:「若有人要跟從我,就當捨己,背起自己的十字架來跟從我。」（可8：34）天國的代價是降服於基督。通向天國的道路乃是服從命令。「當捨己,背起你的十字架來跟從我。」基督的行程怎樣,我們也必須怎樣。祂所走的路,我們必須走;因為那條路正是通向祂為我們預備的住處。──《評閱宣報》,1900年4月24日。

敬虔加上知足的心 2月**22**日

耶穌見他變得很憂愁，就說：「有錢財的人進上帝的國是何等的難哪！」（路18：24）

救主的這句話意義深刻，需要我們認真研究。……許多人靠斤斤計較和損人利己發了大財；他們以自己奇嗇交易的精明為榮。在這樣的情況下得到和增添的每一塊錢上，都帶著上帝的咒詛。

富人要比以前受到更嚴峻的考驗。他們若經得起考驗，消除自己品格上不誠實不公平的瑕疵，作忠心的管家，把上帝的物歸給上帝，主就會對他們說：「好，你這又善良又忠心的僕人，……進來享受你主人的快樂吧！」（太25：23）

基督說：「一個人不能服侍兩個主；他不是恨這個愛那個，就是重這個輕那個。」（太6：24）法利賽人是貪愛錢財的。他們聽見這些話，就嗤笑祂。但基督轉而對他們說：「你們是在人面前自稱為義的，你們的心，上帝卻知道；因為人以為尊貴的，是上帝看為可憎惡的。」（路16：14-15）

保羅在寫信給那因信主而作他真兒子的提摩太說：「敬虔加上知足就是大利。因為我們沒有帶什麼到世上來，也不能帶什麼去；只要有衣有食，我們就該知足。但那些想要發財的人就陷在誘惑、羅網和許多無知有害的慾望中，使人沉淪，以致敗壞和滅亡。貪財是萬惡之根。有人因貪戀錢財而背離信仰，用許多愁苦把自己刺透了。」（提前6：6-10）

保羅希望提摩太銘記，要教導人破除那經常臨到富人的騙局。他們因自己有錢，就覺得比窮人優越。他們把自己的利得當成了敬虔。

崇高聖潔的事業需要我們的奉獻。把金錢投在其上會帶來更高尚更永遠的快樂，遠超過把金錢花在個人的滿足，和因貪財而只知自私地積儹財寶上。——《評閱宣報》，1899年12月19日。

什麼是信心？

信就是對所盼望之事有把握，對未見之事有確據。（來11：1）

基督的義歸給我們，不是因為我們自己有任何功勞，而是上帝白白的恩賜，這是多麼寶貴的觀念。上帝和人類的仇敵撒但不願讓這個真理顯明出來；因為他知道，如果眾人完全接受了這個真理，他的權勢就會被打破。如果他能控制人的心思，使自稱為上帝兒女的人陷入疑惑、不信和黑暗之中，他就可用試探勝過他們了。應當鼓勵人對上帝的話懷著單純的信心。上帝的子民必須持守上帝大能的信心；因為「你們得救是本乎恩，也因著信；這並不是出於自己，而是上帝所賜的。」（弗2：8）凡相信上帝已因基督的緣故赦免了他們罪的人，不該因試探而不奮勇向前，為真道打那美好的仗。他們的信心應當日益堅固，直到他們不單在言語上，更在其基督徒的生活上宣布：「耶穌的血就洗淨我們一切的罪。」（約一1：7）

信心就是信靠上帝——相信祂愛我們，並知道什麼是對我們最有益的。信心就是這樣引導我們不隨從自己的計畫，選擇祂的道路。信心是接受祂的智慧，代替我們的無知；接受祂的能力，代替我們的軟弱；接受祂的義，代替我們的罪。我們自己和我們的生命都是屬祂的；信心是承認祂的主權並接受其福惠。真誠、正直、純潔均是被指明為人生成功的祕訣。……每一向善的願望或抱負，都是上帝的恩賜。信心從上帝領受生命；唯有這種生命才能產生真正的長進與效能。

應當說明如何運用信心。上帝的每一個應許都是有條件的。我們若甘願實行祂的旨意，祂的一切力量就屬於我們。祂所應許的一切恩賜，都在祂的應許之中。……正如橡樹的生命在橡樹果子裏面，照樣，上帝的恩賜也一定在祂的應許之中。

那能使我們接受上帝恩賜的信心，其本身也就是一種恩賜。……如果遵照上帝的話運用信心，它就必增長。我們若要增強信心，就必須時常使它與上帝的話結合。

凡信靠上帝聖言的人，自己雖然完全無能為力，卻往往抵擋了全世界的權勢。這些人是世上真正的高尚人物。他們是王室的成員。——《評閱宣報》，1908年12月24日。

> 我們是祂所造之物，在基督耶穌裏創造的，為要使我們行善，就是上帝早已預備好要我們做的。（弗2：10）

按上帝的形像所塑造的品格，乃是我們能從今生帶到來生的唯一財富。……當視每一寸光陰如寸金一般，不要浪費於閒懶之間，也不要虛度於愚妄之中，而要用來爭取那更高貴的財富。不要讓心中充斥無足輕重的事物，如此，方可使思想得到提高，心靈得到擴展。要把握一切可以利用的機會，增強你的智力。不要滿足於低標準；不可半途而廢，而要藉著忠心的努力、時刻的警醒和懇切的禱告，得到從上面來的智慧。

要珍視由查考上帝的聖言而獲得的每一線光。今天要負起上帝所託付你的工作，並試試靠著基督的力量，可以成就多少善工。要以上帝為你的顧問。

基督在提出祂的要求時，記得我們人類的本性。祂親自取了我們的性情，給我們帶來了道德的力量，與人的努力相結合。……我們的精神可以與祂的靈保持一致，從而使我們的思想和目標與祂合而為一。

我們要均衡地培養並善用智力、道德力和體力，在知識的造詣上達到最高的標準。

聖經中的但以理，在與他的三個朋友一同被擄到巴比倫之時，只是一個青年，卻在宇宙和未曾墮落的諸世界面前，在叛逆的世界面前，樹立了光輝的榜樣，證明上帝的恩典能為罪人成就何等的事。……處身於異教國家放蕩、貪食和揮霍的惡習之中，並非他自己的選擇。他卻定意事奉耶和華，與上帝合作，作天上君王的忠實子民，站在基督的旗幟之下。

在今生所形成的品格，會決定來生的命運。今生有價值的東西，在來生也是有價值的。我們的將來，是由我們現在受什麼樣的影響所決定的。……我們當負基督的軛，學祂的樣式。——《青年導報》，1899年8月17日。

2月25日　行上帝的道路，而非自己的道路

耶和華啊，求你將你的道指示我，將你的路指教我！（詩25：4）

有時我們會聽到自稱跟從基督的人說：「如果我粗魯無禮，講話率直，愛發脾氣，你不要感到奇怪；我就是那個樣子的。」

你叫我們不要感到奇怪！難道上天對這種表現不會感到奇怪嗎？因為救恩的計畫已經制定，無限的犧牲在髑髏地的十字架上已經獻上，為要使你反照出耶穌的形像。你那個樣子能進入天國嗎？假如有人來到珍珠門前說：「我知道自己一直是粗魯無禮的，生性愛撒謊和偷竊；但我想進入天上的住所。」這樣的性情能進入天城的門戶嗎？不能！只有遵從上帝道路的人才能進去。

「我就是那個樣子」的藉口，不能為先天與後天的犯罪行為傾向來開脫。基督徒都知道，為了把基督教的原則帶入日常生活，是非常需要基督的恩典。

與基督合作的青年會發現自己的道路充滿錯誤，需要糾正。這些缺點在建造品格時就像朽木一樣。但願誰也不要保留這些材料，誰也不要辯稱有權堅持自己的不完全，說「我就是那個樣子」來原諒自己。那些為自己辯解，不肯為基督的緣故放棄自己道路的人，必自食其果。

你想努力行在真理與公義的道路上嗎？那就不要因試探而喪膽。你的確會受試探，但要記得試探並不是罪；也不表示上帝的不悅。祂雖容許你受試探，卻用能力衡量著試探。祂賜給你能力，使你能抵抗並勝過試探。正是在試探和考驗的時候，你才能衡量自己對上帝有多信靠，估計你基督徒品格有多穩定。

不要說：「我不可能勝過。」靠你自己的力量你是不能勝過的，但那位大能者會幫助你。要向祂祈禱說：「耶和華啊，求你將你的道指示我，將你的路指教我！」——《青年導報》，1902年10月2日。

毫無疑惑的信心

2月26日

那人信耶穌所說的話，就回去了。（約4：50）

在迦百農城中，一個大臣的兒子患病快要死了。他父親設法救他，卻是枉然。一個使者匆匆來到大臣的官邸，要求見那大臣。他說他剛從耶路撒冷趕來。在加利利有一位上帝的先知，有人宣稱祂就是大家期盼已久的彌賽亞。……或許祂能治好這孩子。

大臣聽了之後，臉上的表情從絕望變為希望。……他在預備出發時，心中生出的希望加強了。天尚未破曉，他就啟程去加利利的迦拿，聽說耶穌已到那裏去了。

他找到了耶穌，懇求祂前去迦百農醫治他的兒子。耶穌回答說：「若不看見神蹟奇事，你們總是不信。」（約4：48）這個大臣確實一定的信心，否則他就不會在兒子的危急時刻長途旅行了。但基督希望加強他的信心。

這位父親以心碎的懇求呼喊道：「先生，求你趁著我的孩子還沒有死就下去吧！」（49節）他擔心隨著時光流逝這位醫治者就越治不了他的兒子。……救主渴望把他引到完全的信靠上，就回答說：「回去吧，你的兒子會活！」（第50節）

「那人信耶穌所說的話，就回去了。」那大臣既得到保證，說他所懼怕的死亡不會臨到自己的兒子，就沒有提出任何問題，也沒尋求任何解釋。他相信。他一遍又一遍重複那句話：「你的兒子活了。」

救贖主話語的能力，像閃電一樣從迦拿傳到迦百農。那孩子就痊癒了。在床邊守候的人屏息關注著生與死之間的搏鬥。當高燒在瞬間消失時，他們便滿心驚奇。他們既知道那父親心急如焚，便去把這個喜訊告訴他。他只問一個問題，孩子是什麼時候見好的？他們告訴了他，他就感到心滿意足了。……現在他的信心得到了兌現。

當在我們為基督作工時，需要更表現出如這位大臣毫無疑惑的信心。……完全信靠救主的人會發現天門敞開，裏面充滿上帝寶座的榮耀。——《青年導報》，1902年12月4日。

使曠野如伊甸，使沙漠像耶和華的園子；其中必有歡喜、快樂、感謝，
和歌唱的聲音。（賽51：3）

天國洋溢著一種氛圍，就是處處聽聞頌讚的美好旋律；當天與地相接觸之時，便有了音樂與詩歌，就是「感謝和歌唱的聲音」（賽51：3）。

當初新造的地球，美麗而毫無瑕疵，在上帝的笑容之下，「晨星一同歌唱；上帝的眾使者也都歡呼。」（伯38：7）人類的心也這樣用讚美的歌聲與上天配合，回應上帝的良善。人類歷史的許多事件，都是以聖歌的形式流傳下來的。

聖經中詩歌的歷史，充分說明音樂與詩歌的用途和益處。人往往濫用音樂來為罪惡服務，使它成為最有誘惑力的工具。但音樂如果使用得當，就成了上帝最寶貴的恩賜，能提升人的意識去思念高尚尊貴的事，並陶冶和淨化人的情操。當以色列民在曠野漂流時，聖詩的音樂曾鼓舞他們的旅程。照樣，上帝要祂今日的兒女振奮自己的旅程生活，沒有什麼方法比反覆吟詠詩歌更有效地把上帝的話記在心中了。這樣的詩歌具有奇妙的能力，它能夠制服粗暴而未經教化的性情、振奮精神、引起共鳴、促進行動的和諧、驅散那使人灰心喪志的烏雲和不祥之兆。

音樂是最能以屬靈真理感動人心的一大工具。往往當人處在心靈的重負之下，行將絕望之時，想起了一些上帝的話——長久遺忘的兒時詩歌——試探就失去了其權勢，並能將勇氣和快樂分給別人！

作為宗教事奉敬拜的一部分，詩歌和禱告同樣都是一種敬拜之舉。——《青年導報》，1904年3月29日。

有人曾問過，「你們不要以為我來是帶給地上和平，我來並不是帶來和平，而是刀劍。」這句話和基督降生在伯利恆的馬槽時，眾天使所唱的「在至高之處榮耀歸與上帝！在地上平安歸與祂所喜悅的人！」（路2：14）如何協調呢？天使的詩歌與先知以賽亞的話是一致的。以賽亞在預言基督的降生時，稱祂為和平之君。福音是給人帶來平安與喜悅的光榮信息；基督所帶來的福氣是和睦與平安的福氣。祂離開了自己榮耀的寶座，以人性披覆神性，為使人從背道轉回，效忠上帝，並使他們心心相連，且與無限慈愛的主相連。祂來給墮落的世界帶來醫治罪病的藥方，使凡信祂的，不至滅亡，反而藉著與祂和天父合一而得永生。

基督來到人間時，世上的狀況並不特殊。那時聖經已淹埋在人的傳統之下；基督說那些自稱解釋聖經的人，既不明白聖經，也不曉得上帝的大能。

基督對祂的鄉鄰和世人展示了神性的光明、美麗和聖潔，使他們能與無限慈愛之主心心相連。祂把光明帶進世界，驅散靈性的黑暗並啟示真理。……恢復和更新的真理，乃是摧毀罪惡的。當罪人堅持懷存罪惡時，真理也就成了罪人的毀滅者。

罪人的乖僻悖謬和他們對真理的抵制，使基督的使命成了祂向門徒所宣布的——叫地上動刀兵；但紛爭不是基督造成的，而是那些不願領受其福惠之人存心反對的結果。

從基督教開始在世上廣傳，就有了反對它的殊死之戰。……那些為真理受苦的人，知道純正福音、一本免費聖經和良心自由的價值。——《聖經回聲》（澳大利亞），1894年3月12日。

3

March

貪財是萬惡之根。
有人因貪戀錢財而背離信仰，
用許多愁苦把自己刺透了。（提前6：10）

3月1日　為上帝的聖工而犧牲

你若願意作完全人，去變賣你所擁有的，分給窮人，就必有財寶在天上；然後來跟從我。（太19：21）

耶穌（對那個富裕的青年官吏）說：「分給窮人」（路18：22）。祂就這樣直接指出了那人的偶像。他愛財富為至上，不能盡心、盡性、盡意地愛上帝。這種愛財至上的心，使他閉眼不看同胞的需要。他沒有愛鄰舍如同自己，所以他沒有遵守後六條誡命。

我看到人如果愛自己的財富過於愛同胞、愛上帝或愛聖經的真理，心裏牽掛著自己的財寶，就得不到永生。他們寧願放棄真理，也不肯變賣所有的分給窮人。從這裏要看出他們對上帝的愛有多少，對真理的愛有多少。許多人像聖經中的那個青年人一樣，憂憂愁愁地走了，因為他們既想在地上持有自己的財富，又想要在天上有財寶。……對耶穌與錢財的愛，是不能在同一顆心裏的。

我看到上帝本來可以從天上送下資財來推進祂的工作；但這不符合祂的旨意。祂已命定人作為祂的工具。主為救贖他們既作出了偉大的犧牲，他們就該在救人的工作上出一份力量，彼此做出犧牲，藉此表明他們多麼重視為他們所做出的犧牲。

我見過有些人奉獻很多，但他們並不覺得缺乏。他們沒有為基督的聖工做什麼特別捨己的事。他們仍擁有心裏想要的一切。他們慷慨而衷心地奉獻。上帝重視他們的奉獻，也知道他們的行為和動機，詳細記錄下來。他們不會失去他們的獎賞。你們無法如此慷慨奉獻的人，不可因自己沒有像別人奉獻得那麼多而疏忽自己的本分。要盡到你們的力量。要放棄你們可以放棄的東西，為上帝的聖工作出犧牲。要像那個窮寡婦一樣，把你的兩個小錢投進去。你實際上就會比奉獻大量錢財的人奉獻得還多。你也會知道捨己、賙濟窮人、為真理犧牲、積財在天上是多麼的美好。——《評閱宣報》，1857年11月26日。

上帝用我們幫助他人　　3月2日

你要以財物和一切初熟的土產尊崇耶和華，這樣，你的倉庫必充滿有餘，你的酒池有新酒盈溢。（箴3：9-10）

上帝完全會實現祂的應許。地上一切美好的事物都出自祂的手。主的資源是無限的，祂用這一切的資源來達成祂的目的。明智忠心的管家既是利用上帝交託給他們的貨財，去推進真理並造福受苦的人，就必因此得賞。當他們分給別人時，上帝就會傾福與他們。祂正藉著受託祂資財的管家在地上推進祂的聖工。有些人雖極欲發財，卻會因擁有錢財而滅亡。上帝藉著把資財借給人，並對每個人進行考驗。各人都有可能濫用這恩賜，或用它來榮耀上帝。……他們受到了測試和驗證，發現他們在使用別人的錢財上不忠心，竟把那錢財當成是自己的；所以，上帝不會把永恆的財富委託給這樣的人。

凡明智無私地處置主的財物，使自己與受苦的人禍福與共的人，會得到提升，因為他們在上帝自己的慈善制度中盡了應盡的本分。

所賜給我們地上一切美好的事物，都是上帝之愛的表示。祂使人成為祂的管家，賜給他們影響力和錢財，用來完成祂在地上的工作。我們的天父打算使有限的人與祂自己聯合起來，作救人的工具。

凡行在真理亮光中的人，必向周圍的人發出亮光。他們是基督的活見證。他們必不像世人住在道德的黑暗中，只知愛自己和世界上的事物，和追求地上的財富。

上帝使我們成了看守自己弟兄的，要我們為這個重大的託付交帳。上帝使我們與祂自己聯合，祂的計畫是要我們與祂和諧同工。祂已制定了慈善的制度，使我們這些照著祂形像所造的人，可以像祂一樣有捨己的品格。祂無限的本性乃是愛。——《評閱宣報》，1878年10月31日。

貪財是萬惡之根。有人因貪戀錢財而背離信仰，用許多愁苦把自己刺透了。（提前6：10）

許多自稱相信現代真理的人，對品格沒有正確的認識。他們沒有重視道德的價值。他們或許會為自己對上帝聖工的忠誠和聖經的知識而誇口，但他們沒有存謙卑的心。他們特別重視財大氣粗的人，忘記了財富並不能使我們在上帝面前蒙悅納。窮人所擁有真正優秀的品格往往遭到忽視。金錢發揮著強大的影響力。但上帝在乎金錢嗎？在乎財產嗎？眾山的牲畜是祂的，世界和其中所充滿的也都是祂的。

上帝把錢財交給祂的管家，要他們用來行善，從而積償財寶在天上。但他們若是像那領了一千銀子的人那樣，把錢財埋在地裏，唯恐上帝會收回那原本屬於祂的東西，他們就不僅會失去至終將賜給忠心管家的財富，連上帝所交給他們去運用的本金也要失去。

使徒保羅在寫給提摩太的書信中，要他銘記發出這種指示的必要性，以消除那很容易悄然臨到富人的欺騙，就是因為他們能獲得財富，就以為自己在智慧和見識上高人一等，比貧窮的人強，以為得利便是敬虔。

人可以一生致力於牟利，但他們既沒有帶什麼到世上來，就不能帶走什麼。他們犧牲了自己高尚的原則，為財富放棄了自己的信仰。即或他們在發財的目的上沒有失望，也會在財富所帶來的快樂上失望。

使徒說明財富的唯一真正用途，並且叫提摩太囑咐富人要行善，在好事上富足，甘心施捨，樂意供給人；因為這樣他們就是為自己積成美好的根基，預備將來，在末日可以持定永生。敬虔加上知足的心便是大利；這是靈性和身體擁有幸福和興盛的祕訣之所在。——《評閱宣報》，1880年3月4日。

把屬於上帝的獻給祂　　　3月4日

世界和其中所充滿的都是我的。（詩50：12）

萬物的結局近了，救人的工作必須迅速完成。為此我們建立各種機構來傳播真理、教育青年、醫治病人。但自私貪財的人要問：「既然時候不多了，這一切有什麼用呢？花這麼多錢建出版社、學校和醫療機構，豈不是同我們的信仰相抵觸嗎？」我們要反問：既然時候不多了，沒有幾年了，為什麼花那麼多錢在房屋和地產，或不必要且奢侈的炫耀上，同時卻捨不得投資於為我們前面的大事作準備的工作上呢？

在上帝的祝福下，書刊的作用不可低估。……要將各出版社維持下來，使真理的信息傳遍世上各國。

我們建立了許多學校，使我們的青少年和兒童可以受到必需的教育和訓練，預備他們經受那不久就要臨到每個人的鑑察人心之考驗。在這些學校中，聖經應當成為主要的學習課程。應當注意道德力和智力的發展。我們希望在這些學校中可以預備許多認真的工人，把真理的亮光傳給坐在黑暗中的人。

在醫療機構中，我們給病人提供可以受益於自然療法的場所，而不是給他們服用致命的藥物。許多受益於自然療法的人，會樂於順從真理的影響。

按上帝的心意使用財富是一大福氣。但自私的心卻能使擁有財富成為一個嚴重的咒詛。……那些在今生獲致最真實快樂的人，是會利用上帝的恩惠而不濫用的人。

上帝是宇宙的合法主宰。萬有都屬於祂。人所享有的每一項福氣都是上帝慈善的結果。……祂有權吩咐我們，把祂所委託給我們本金中最好的部分給祂。我們若這樣承認祂的合法主權和仁厚的天意安排，祂已在聖言中保證要祝福餘剩的部分。——《評閱宣報》，1882年5月16日。

「無論男女，不必再為聖所的禮物做任何的工。」這樣才使百姓停止，不再拿禮物來。（出36：6）

在猶太制度下，百姓要在維持上帝聖工和供應窮人需要的事上，存慷慨的精神。在莊稼與葡萄收割時，凡土地所產初熟之物——包括五穀、新酒和油——都要作為供物奉獻與耶和華。遺下的穗子和田角的莊稼，則當留給窮人。初剪的羊毛，初收的五穀，也是分別歸給上帝的；主還吩咐要宴請窮人、寡婦、孤兒和寄居的人。在每年的終了，所有的人都要莊嚴起誓，說明自己有沒有遵照上帝的吩咐行事。

主做出這樣的安排，是要使百姓銘記，在凡事上須以祂為首。藉著這種慈善的制度，他們就會想到仁厚的主，乃是其田地、牛羊、和牲畜的主宰。賜下陽光和雨水給他們，使莊稼生長成熟的也是祂。他們一切所有的，無不是祂造的；他們只不過是祂產業的管家。

猶太人在建造會幕時，慷慨奉獻所表顯的慈善精神，是後來任何時代的上帝子民所比不上的。希伯來人剛剛擺脫了埃及人長期的奴役，正在曠野漂流。但在他們脫離了緊緊追逼的埃及軍兵之後不久，主的話就臨到摩西說：「你要吩咐以色列人獻禮物給我。凡甘心樂意獻給我的禮物，你們都可以收下。……」（出25：2）

人人都樂意奉獻，不是奉獻一定的錢財，而是奉獻了他們實際財產的一大部分。他們由衷樂意地向主奉獻，藉此尊榮了祂。所奉獻的難道不都是祂的嗎？他們所擁有的一切，難道不都是祂所賜的嗎？祂既提出要求，他們的本分不就是歸還與祂嗎？不需要督促，百姓的奉獻甚至超過了所要求的。於是就告訴他們不要再獻了，因為已經夠用，綽綽有餘了。——《評閱宣報》，1882年10月17日。

推進上帝聖工的喜樂　　3月**6**日

耶和華——我們的上帝啊，我們預備這許多材料，要為你的聖名建造殿宇，都是從你的手而來，都是屬你的。（代上29：16）

在建造聖殿的事上，奉獻錢財的呼召得到了由衷的回應。百姓沒有勉強奉獻，而是因期待建造一個敬拜上帝的殿宇而歡喜快樂。他們的奉獻超過了建殿所需要的。大衛在全會眾面前稱頌上帝時說：「我算什麼，我的百姓算什麼，竟然能夠如此樂意奉獻？因為萬物都從你而來，我們把從你的手得來的獻給你。」（代上29：14）

大衛十分清楚，他所蒙的一切恩惠是從誰而來。但願今日因救主的愛而歡喜快樂的人能認識到，他們的金銀都是主的，應該用來促進祂的榮耀，而不是用以肥己和滿足自己。對於祂所借給受造人類的一切，祂都有無可爭議的權利。他們所擁有的一切都是祂的。

一些崇高神聖的目標，需要錢財才能達到。若投資於這些目標，就會使奉獻者有更為高尚永久的快樂，過於花在個人的滿足上或自私貪得的積財上。

許多人自私地保留著自己的錢財，並用一個計畫安撫自己的良心，打算在死後為上帝的聖工做某件大事。他們立下遺囑，向教會及其不同機構捐贈大筆金錢，然後就心安理得地覺得自己已做了所需要做的一切。他們這種行為有什麼捨己呢？他們反而是表現出自私自利。當他們無法再使用自己的金錢時，他們才打算獻給上帝。他們願意盡可能長久地保留自己的錢財，直到死亡的使者來臨才不得不放棄。

上帝已使我們都成為祂的管家，祂絕對不容我們把自己的本分疏忽或留給別人去做。上帝從來沒有比現在更加迫切地呼召我們，奉獻錢財以推進真理的事業。我們的金錢現在能行的善事空前絕後。我們若留給別人去做上帝要我們去做的事，就會錯待我們自己和厚賜給我們一切的主。……在這件事上，上帝希望人人都在活著的時候實行自己的心願。——《評閱宣報》，1882年10月17日。

上帝所重視的

有施捨的，錢財增添；吝惜過度，反致窮乏。（箴11：24）

經驗表明，財富有限的人，往往比富有的人，更有慈善的精神。為上帝聖工或救濟貧苦之人所做最慷慨的捐獻，常常出自窮人的腰包。而許多已蒙主為此目的厚賜錢財的人，卻看不到出資推進真理的需要，也聽不到他們中間窮人的呼聲。

窮人為推展真理的寶貴亮光而作的奉獻，乃是捨己的果實，要成為馥郁的香氣，升達上帝之前。每一項為別人利益的克己犧牲，都會加強施予者心中的慈善精神，使他與人類的救贖主結合得更加緊密。祂「本是富足，卻為你們成了貧窮，好使你們因祂的貧窮而成為富足。」（林後8：9）

出於克己犧牲而甘心樂意的奉獻，即使是最小的數目，在上帝的眼中卻比奉獻千萬元而不感缺乏的捐款更為有價值。窮寡婦把兩個小錢投進上帝的銀庫，顯示出她的愛心、信心和善行。她奉獻了所有的一切，信靠上帝會照顧她不確定的將來。我們的救主宣布她的那點奉獻，是當天投到庫中最大的奉獻。其價值不是用硬幣的面值來衡量的，而是用她奉獻動機的純正性來衡量的。

上帝對那份誠懇捐獻的祝福，使它成了偉大果效的源頭。寡婦的小錢，如同一條溪流，隨著年代愈流愈深廣，並在推展真理和濟助窮人方面，作出無數貢獻。這份微小禮物的影響，在各世代和各國中，在千萬人的心裏起了作用；結果就有數不盡的奉獻，從慷慨和捨己的窮人手中，流入上帝的府庫。她的榜樣激勵了數以千計本來愛宴樂、自私和疑惑的人行善。他們的奉獻也使她小錢的價值增漲。

慷慨捐獻的本分絕不可忽視。……

上帝要求我們奉獻禮物和供物，以便在我們心中培養慈善的精神。——《評閱宣報》，1886年2月9日。

相信上帝的聖言，不相信感覺　　3月8日

當用各樣的智慧，把基督的道豐豐富富的存在心裏。（西3：16）

上帝的聖言是我們信心的基礎，因此我們藉著上帝的道才能獲得站立在上帝面前的確據。我們不可用感覺來檢驗自己是否蒙上帝恩待、是否受到鼓勵。我們一旦考慮感覺，就處於危險的境地。我們若感到快樂，就以為自己處在有利的狀況下。但當情況發生變化，時過境遷，沮喪的感覺會使我們傷心，自然導致我們懷疑上帝對我們的悅納。

撒但會馬上向悔改的人提出種種暗示和困難，削弱其信心，破壞其勇氣。他有許多試探能輸入人的意念，一個接著一個。但基督徒必不可專注自己的情緒，遷就自己的感覺，否則他們很快就會迎來那邪惡的賓客，發生疑惑，為絕望所困。

無論你感到好壞悲喜，都不要崇尚你的感覺並為其所左右。……你要確信上帝的聖言。……有一場戰爭，是每一個希望擁有生命冠冕的人都必須參加的。得勝者必須用上帝之道的武器打信心美好的仗，寸土必爭。我們必須用「經上記著說」對付仇敵。

當仇敵開始吸引你的心離開耶穌，使你不思考祂的仁慈、祂的愛、祂的全備時，不要把寶貴的時間浪費在思念你的感覺上，而要投奔上帝的聖言。聖經記載上帝藉著基督創造了諸世界。祂是世上的光。當我們尋求真光研究這道時，就會得到天上的光照。

我們雖渴望全世界，都因相信耶穌饒恕的愛而轉向祂，但自己若不相信耶穌的愛或在祂的恩典裏得享安息，還能指望成就什麼呢？我們若用自己的感覺來衡量並判斷我們對祂的愛，又怎麼能引領他人達到完全確信，單純地、孩子般地相信我們的天父呢？——《時兆》，1894年12月3日。

道成了肉身

祭物和禮物不是你所要的，但你曾給我預備了身體。……我來為要照你的旨意行。（來10：5-7）

假如天使加百列被派遣到世上來，取了人的本性，教導人認識上帝，大家會是怎樣熱切地傾聽他的教訓呢？假如他能夠給我們留下一個純淨聖潔的榜樣，對我們的一切憂傷、喪親之痛和苦難深表同情，為我們的罪孽受苦，承受刑罰，我們會怎樣熱烈地要跟隨他呢？

假如這位天使回天家的時候，留下了一本記載他使命的史書，書上還記載著關於世界歷史的啟示，我們會是多麼渴望打開這卷書的封印啊！男男女女都急於想人手一冊。但是，有一位遠超過人的思維所能及的，從天降到世界上來。基督論到祂自己說：「還沒有亞伯拉罕我就存在了。」「我與父原為一」（約8：58；10：30）。

保羅看見基督的大能，就欽佩而驚訝地呼喊道：「敬虔的奧祕是公認為偉大的：上帝在肉身顯現，被聖靈稱義，被天使看見，被傳於外邦，被世人信服，被接在榮耀裏。」「祂在萬有之先；萬有也靠祂而存在。」（提前3：16；西1：17）

聖經是上帝向我們說話的聲音，正如我們能親耳聽到它一樣。我們如果認識到這一點，就會……以何等誠懇的心去查考它的訓詞啊！研讀並默想聖經就會被視同觀見那無窮的上帝。

基督的話是生命的糧。門徒以基督的話為糧，悟性就大為增強。……他們對這些教訓的理解，好像從黎明的朦朧，步入正午的光輝一樣。

我們研讀上帝聖言時，也一定會這樣。我們的心智會得到加強，悟性會得到提高。凡接受和領會祂的話語，使之成為每一行動和每一品德之一部分的人，必靠著上帝的大能強壯起來。這道除了賦予心靈以活力，也使我們的經驗全備，並帶來持久的喜樂。——《時兆》，1906年4月4日。

我們閱讀什麼？

要以宣讀……為念。（提前4：13）

仇敵深知人的思想，很容易受所吸收之事物的影響。他竭力引誘青少年及成年人去閱讀故事、小說和其他的書刊。那些屈服於這種試探的人，不久就必厭煩純正的讀物。他們對於查考聖經更無興趣，而道德力也必因之衰弱；罪惡愈久愈不顯為可憎了。不忠的表現逐漸增加，對於實際人生的職責，也日益感到厭倦。思想一經敗壞，對於任何含有刺激性的讀物便急不暇擇了。

凡令人厭煩查考聖經的讀物，雖不至斷然使人遭受誤導和敗壞，仍應加以避免。因為主的話乃是真正的嗎哪。人人都當抑制那對不足為精神食糧之讀物的慾望；因為你們的思想若為這類讀物所盤據，就無法以清晰的悟性去作上帝的聖工。

你們不妨問問自己，對那些輕浮讀物的體驗。你們在閱讀這種讀物之後，還有興致翻開聖經以閱讀生命之道嗎？你們豈沒發覺到上帝的聖書已變得索然無味了嗎？

為求具有健全的思想和純正的宗教原則，我們必須藉著讀經與上帝保持交往。聖經指明得救的道路，是我們追求更高更美生活的嚮導。其中所記載的歷史和傳記，是有史以來最有趣也最具教育意義的。凡沒有因閱讀小說而致想像力腐化的人，必能發現聖經是一切書籍中最有興趣的書。

要毅然決然地拋棄一切無價值的讀物。這種讀物不能加強你們的靈性，反而會將那足以敗壞想像力的情緒輸入頭腦之中，使你很少念及耶穌，也很少注重祂寶貴的教訓。

聖經乃是最寶貴的書。你如果喜愛上帝的聖言，一有機會便查考它，就可獲取其中豐饒的寶藏，準備妥當行各樣善事，於是你就可確知耶穌正在吸引你歸向祂自己。──《時兆》，1906年6月13日。

憑著他們的果子就可以認出他們來。（太7：20）

人類因犯罪而被判處了死刑，所以耶穌要來到世上。祂的工作，是要使人重新效忠於保羅所說「聖潔、公義、良善」的上帝律法。祂遵守了祂父的命令。凡藉著悔改和順從，證明自己賞識祂所帶來之救恩的人，必顯出有聖靈在他們心中運行。生活便成了試驗。「憑著他們的果子就可以認出他們來。」約翰說：「我們若遵守上帝的命令，就知道我們確實認識祂。人若說『我認識祂』，卻不遵守祂的命令，就是說謊話的，真理就不在他裏面了。」（約一1：3-4）

關於罪的性質，雖然有這些出於靈感的證言，許多人卻自稱成聖，不會犯罪了，其實他們正在不斷地違背上帝的律法。

自稱聖潔的人沒有一個是真正聖潔的。凡在天上的冊子中記錄為聖潔的人，自己並不知道，而且最不會自誇良善。眾先知和眾使徒從來沒有自稱聖潔，連但以理、保羅或約翰都沒有這樣說過。義人絕不會自稱聖潔。他們愈效法基督，就愈悲嘆自己不像祂，因為他們的良心十分敏感，他們對罪的看法與上帝愈來愈一致。

我們唯一安全的立場，乃是視自己是罪人，天天需要上帝的恩典。出於基督贖罪寶血的憐憫，乃是我們唯一的辯護的理由。凡擁有聖經中所顯示之真理的人，必須堅定地站立在真理的立場上，依賴「經上記著說」。

上帝有大福氣要賜給祂的子民。他們可以擁有「上帝所賜那超越人所能了解的平安」（腓4：7），同時「能夠和眾聖徒一同明白基督的愛是何等的長、闊、高、深」（弗3：8），「為要使你們充滿上帝一切的豐盛」（弗3：19）。但只有心裏柔和謙卑的人，基督才會這樣向他們顯現。上帝稱義之人的代表是那個稅吏，而不是那自以為義的法利賽人。謙卑是從天上來的，沒有謙卑就不能進入珍珠的門戶。謙卑雖然不為人察覺，卻會在教會和世上發出光芒，並將在天庭發出光芒。——《時兆》，1885年2月26日。

上帝的真兒女都是相信的人，而不是懷疑和抱怨不休的人。……歷代各國中凡相信耶穌能夠並且願意拯救他們個人脫離罪惡的人，都是上帝的選民，是祂的珍寶。

主藉著聖靈向我們的悟性敞開了豐富的真理。我們應當報以相應的虔誠與獻身，與所賜給我們的崇高特權和利益相稱。主正等待著要厚待祂的子民，使他們對祂慈父般的品格，以及祂的良善、慈憐與仁愛有更深的認識。祂等著要向他們彰顯祂的榮耀。他們若不斷追求認識主，就必知道祂的出現確如晨光。

上帝的子民不應站在普通的立場上，而要站在福音真理的聖潔立場上。他們要跟上他們「領袖」的步伐，不斷仰望為他們信心創始成終的耶穌，向前也向上進，棄絕一切暗昧無益的行為。

上帝的兒女有權脫離肉體情慾的控制，保持自己屬天的特殊品格，與愛世界的人迥然有別。他們在道德品味和習性習慣上，都與世人不同。上帝的兒女是什麼人呢？他們是王室的成員、君王的民族、特殊的子民，要宣揚那召他們出黑暗入奇妙光明者的美德。

凡蒙主託以真理財寶的人，難道不願意思考上帝的兒子在髑髏地十字架上的犧牲為我們買來的無上亮光與特權嗎？我們要按所賜給我們的亮光受審判，是找不到藉口為自己的行為開脫。道路、真理和生命已擺在我們面前。

我們要把自己的心意放在主的心意這一邊，下定決心靠祂的恩典脫離罪惡。——《評閱宣報》，1893年8月1日。

我天天與你們同在，直到世代的終結。（太28：20）

連月來，我心裏一直煩惱，因為看見一些弟兄，本是上帝在祂聖工上所用的，卻因科學化的神學而困惑。這種神學已經進入教會，要引人離開對上帝的真信仰。一週前的安息日夜間，我正在虔心禱告思慮這些事情時，就見了異象。異象中我是在一大群人面前講話。有人提出有關我工作和著作的許多問題。

一位來自天庭的使者指示我，不要去計較和回答撒但放在許多人心中的話語與疑惑。他吩咐我「無論在何處，都要站立作上帝的使者，為我所要賜給你的作見證。要無拘無束。要照主的吩咐作出督責勸戒的見證，從事鼓勵和救拔生靈的工作；『凡我所吩咐你們的，都教訓他們遵守，我就常與你同在，直到世界的末了。』」

我出離異象之後，極其熱切誠懇地大聲禱告。我的心靈得到了加強，因為有話對我說：「當剛強啊，當剛強。不要讓傳道人或醫生所說誤導人的話，使你的心思受到困擾。當告訴他們接受書刊中所發出的亮光。真理總會取得勝利。要勇敢地出去工作。」

「如果聖靈遭到了拒絕，我所說的一切話就無助於消除現已傳播的錯誤理論。而且撒但隨時準備發明更多的理論。如果已經賜下的證據遭到拒絕，其他證據都必無用，除非等到見到上帝那叫人生命轉變的能力臨到人心。如果過去聖靈所留下使人信服的印象，不為人接受為可靠的證據，那麼以後也必沒有什麼能使他們覺悟過來，因為撒但迷惑的詭詐已敗壞了他們的辨別力。」

上帝現正呼籲所有選擇事奉祂的人，堅定地站在永恆真理的立場上。那些製造分裂導致目前混亂狀態的人，務要三思而後行。「今日就可以選擇所要事奉的。」「如果耶和華是上帝，就當順從耶和華；如果是巴力，就當順從巴力。」（書24：15；王上18：21）——《評閱宣報》，1906年8月9日。

慷慨的榜樣

少種的少收；多種的多收。（林後9：6）

慷慨是聖靈的指示，什麼時候自稱是上帝子民的人，扣留了主的十分之一和捐款，他們就會蒙受屬靈的損失。

勉強奉獻還不如不奉獻。我們的奉獻若不是出於甘心，就是欺騙上帝。務要記住，我們奉獻的對象，是我們一切福氣的源頭。祂知道我們的一切心思意念。

使徒保羅有一項特別的工作，要在哥林多的眾弟兄面前提出來。當時耶路撒冷遭遇了一場饑荒，「於是門徒決定，照各人的力量捐錢，送去供給住在猶太的弟兄。」（徒11：29）他們把這需要告訴了各教會，期望能收到一小筆錢救濟貧困的聖徒，並在禱告中向主陳明了他們的需要。

但馬其頓的信徒受上帝之靈感動，先把自己完全獻給上帝，然後奉獻了他們一切所有的。他們覺得這樣做，即表示自己對上帝的信靠乃是一個特權。馬其頓的信徒雖然貧窮，在奉獻上卻無須人督促。他們因有機會奉獻自己的錢財而歡喜快樂。他們本著基督化的簡樸、正直和愛弟兄的心，自願奉獻，沒有錢的時候就節衣縮食。使徒勸他們不要這樣刻苦，他們卻要求使徒接受他們的捐款，帶給受苦的聖徒。

這種捨己和自我犧牲遠遠超過保羅的預期；他充滿了感恩之情，為他們的榜樣所鼓舞，寫信告誡提多要激勵哥林多教會做同樣的善工。

「因此，我們勸提多，既然在你們中間開始這慈善的事，就當把它辦成。既然你們在信心、口才、知識、萬分的熱忱，以及我們對你們的愛心上，都勝人一等，那麼，當在這慈善的事上也要勝人一等。」（林後8：6-7）

馬其頓信徒的這個行動是受上帝默示的，為要在哥林多教會激起慷慨的精神。——《評閱宣報》，1900年5月15日。

跟從基督的腳蹤

你們當以基督耶穌的心為心：祂……虛己，取了奴僕的形像，成為人的樣式。（腓2：5—7）

上帝的兒子……撇下了自己的財富、尊貴和榮耀，以人性披覆神性，使人性可以持住神性，與上帝的性情有分。祂來到世上，不是要住在王宮裏，過不用勞心費力的生活，享用人性自然渴望的種種便利。世界從未見到它的主是富人。在天上的議會中，祂已決定要站在貧窮和受壓迫者的行列中，……學習祂地上父親的手藝。祂來到世界要做一位品格重建者，以神聖的能力改造人的品格，希望把上帝的完全帶進人的品格裏面，祂自己就把這種完全帶進祂所有的工作中。

祂不迴避與鄉鄰的交往。人人都可認識在肉身顯現的上帝。祂與各色人等來往，稱為罪人的朋友。基督自己對萬物有絕對的主權，但祂卻捨己過了貧窮的一生，使人可以在天上的錢財上富足。祂雖是天庭的統帥，卻在地上取了最卑下的地位。祂雖富足，卻為我們成了貧窮。

主允許祂的子民暫時作祂的管家，以便試驗他們的品格。他們永遠的命運就是在這段時間決定的。他們行事若與上帝的心意相反，就不能成為天上王室的成員。

我們一有機會就向眾人行善，證明我們心中有恩典在運行。我們愛心的證據在於表顯基督化的精神，甘心樂意把上帝賜給我們的美物分給人，隨時準備實行捨己和自我犧牲，以便幫助推進上帝的聖工和受苦的人。我們絕不應忽略需要我們慷慨幫助的人。

主必使用凡願意獻上自己為祂使用的人。但祂要求衷心的事奉。……當我們把心獻給上帝時，我們的才幹、精力、財產、所擁有的一切，以及我們自己，就會奉獻為祂服務了。——《評閱宣報》，1900年5月15日。

上帝需要我們的才幹

我們是上帝的同工。（林前3：9）

我們虧欠上帝並且我們全然依賴祂，這應使我們藉著奉獻，承認祂是那賜予我們一切福惠的主。在祂所賜給我們的福惠中，祂要求我們歸還祂一部分。我們把主應得的獻給祂，就向世界宣布我們一切的恩典都是從祂而得的，我們的一切所有也都屬於祂。

猶太人在收穫了土產之後，奉獻感恩祭時，向上帝獻上了祭牲。獻祭成了一件眾人很高興的事，這一點我們似乎感到很驚訝。從表面上看，把祭牲和歡樂的表現結合在一起好像很奇怪。但這是有真實依據的；因基督自己就是這一切禮儀的目的。在這些節期的集會上，當祭牲流了血，向上帝獻上時，眾人不僅為祂當前的恩慈感謝祂，也因祂作救主的應許感謝祂，藉此表達了「若不流上帝兒子的血，罪就不得赦免」的真理。

主已把才幹委託給世人，使他們可以更尊榮祂。有些人祂委託以錢財，有些人祂委託以特別的服務資格；有些人祂委託以機智和影響力。有些人領五千銀子，有些人領二千，有些人領一千。從最高的到最低的，每個人都受託了某種恩賜。這些才幹並不是我們自己的，而是屬於上帝的。祂把這些才幹賜給我們，是要我們本著良心去使用，有一天要向祂交賬。

我們天天要學習的大功課是：我們是上帝諸般恩賜——金錢、理智、智力和影響力——的管家。作為上帝諸般恩賜的管家，我們要利用這些才幹，無論那些才幹多麼微小。

你的才幹無論看來多麼小，都要用來事奉上帝，因為祂需要你的才幹。你如果聰明地利用自己的才幹，就可帶領一個人歸向上帝；那人也會把自己的能力奉獻為主服務。他又能引領別人歸向主，這樣，雖有一千銀子，若忠心運用，也能賺得許多銀子。——《評閱宣報》，1896年11月24日。

> 耶穌拿起餅來，祝謝了，就分給坐著的人，也同樣分了魚，都照他們所要的來分。（約6：11，根據英文欽定本翻譯）

基督用這個神蹟表明，宣教工作是如何與聖道的服務聯繫在一起的。夫子不僅給人屬靈的食物，還用一個神蹟給了他們現世的食物充饑。這一慈憐的供應有助於在人心中加強對祂所說真理恩言的印象。

基督希望藉著這個神蹟教導我們聖經的真理：「離了我，你們就不能做什麼。」（約15：5）祂是一切能力之源，把今生與屬靈的一切福氣賜下。祂使用人類與祂同工，給他們一個任務，就是做祂的助手。我們從祂領受的福惠，不是為滿足自我而積存起來，而是要分給別人。當我們做這項工作時，不要以為自己當得榮耀。一切榮耀都當歸給那位「大師父」。門徒不應接受使那五千人吃飽的榮耀。他們只是主所使用的器皿。

那位「大師父」並不打盹。祂一直在做工，為要和諧地達成祂的目的。祂把才幹委託給我們，使我們可以與祂同工。我們始終要記住，我們不過是祂手中的器皿。「要誇耀的，該誇耀主。」（林前1：31）

凡真心接受基督的人，不會滿足於只享受上帝的恩惠，而不與他人分享他們心中的喜樂和興奮。最純潔最聖潔的獻身，必導致人恆切無私地為拯救那些在羊欄外的人而努力。

凡將天國的恩典分給別人，自己也必得到富足。服役的天使現正等待著，也渴望著透過許多管道，使他們可取得天上的財寶。只有藉著和耶穌一起無私地為他人的利益服務，男男女女才能在心智和道德的發展上達到最高的等級。我們若不設法使別人富足，自己就絕不會真正富足。我們的財富並不會因與人分享而減少。我們愈光照別人，我們也就愈光明。——《評閱宣報》，1907年4月4日。

最重要的事情先做　　　3月**18**日

你們是世上的光。（太5：14）

我們應當對永恆的事物發生興趣，明瞭它們具有無限的重要性，絕非屬世的事物所能比。上帝要我們把關照自己靈命的健康與興盛當作第一要務。我們應該明白自己正在享受上帝的恩愛，祂正在對我們微笑，我們確實是祂的兒女，享有祂與我們、我們與祂能彼此交往的地位。我們不應停滯不前，直到我們處於柔和謙卑的境地，以致祂可以放心賜福我們，而我們又蒙引導進入與上帝神聖的親近中，使祂可以光照我們，我們則將那光反照給周圍的人。但除非我們切實努力生活在那光中，否則就不能將光反照出去。這是上帝對一切信徒的要求，不僅是為他們自己的利益，也是為他們周圍之人的利益。

我們心中如果沒有光，就不能光照別人，吸引他們注意天上的事。我們必須有耶穌基督的靈澆灌，否則就不能向別人彰顯基督在我們心裏成了榮耀的盼望。我們必須有救主住在心裏，否則就不能在生活中表現祂獻身的生活、祂的慈愛、祂的溫柔、祂的憐憫、祂的同情、祂的捨己和純潔；這是我們誠心所願的。我們一生所要研究的是：當如何使自己的品格符合聖經中的聖潔標準呢？

基督犧牲了祂的王權、祂的光彩、祂的榮耀和祂的尊貴，為我們的緣故成了貧窮，叫我們因祂的貧窮可以成為富足。祂屈尊度過卑辱的一生。祂受人嘲笑、藐視和厭棄。祂忍受了羞辱和戲弄，以最恥辱的方式遭受最痛苦的死亡，乃為了拯救亞當墮落的兒女脫離絕望的慘境。考慮到我們的救贖主為我們付出的無比犧牲和奇妙之愛，我們豈不要向上帝獻上一切的服務嗎？我們所獻上最好的服務也是非常微薄的。我們豈可把應當奉獻在宗教活動、研究聖經和自省祈禱上的時間，私自花在業務或娛樂方面呢？

我們的盼望並不是寄託在這個世界。我們的行動為我們的信仰作了見證。我們永久的產業乃在天上。——《評閱宣報》，1870年3月29日。

　　　　　　　　　基督徒的節制

所以，弟兄們，我以上帝的慈悲勸你們，將身體獻上當作活祭，是聖潔的，是上帝所喜悅的，你們如此事奉乃是理所當然的。（羅12：1）

我們活在不節制的時代。許許多多的人犧牲健康和生命，放縱自己去滿足食慾。末日的特徵就是因為放縱而道德下降，身體衰退，普遍不願從事體力勞動。現今許多人因缺少活動和錯誤的習慣而受苦。

當我們的飲食和生活習慣削弱身體和心智活力時，我們就剝奪了祂所要求的事奉，因而羞辱祂。吸菸成癮的人沉溺於這種非天然的慾望，還要付上健康的代價。他們破壞神經系統的活力，減弱生命力，也犧牲心智能力。

那些自稱跟從基督，卻仍有這可怕的罪伏在門前的人，無法對贖罪和永恆的事物有所明瞭。心智受了麻醉劑毒害，就易為試探所勝，無法享受與上帝交通。

由抽菸者來勸酒鬼戒酒，說服力很低。美國三分之二的酒鬼，是因抽菸引起酒癮。說菸草無害於他們的，試試禁菸幾天即知道錯誤；顫抖的神經、眩暈的頭顱、易怒的脾氣，將向他們證明這種有罪的放縱已把他們捆綁為奴，勝過了意志力。

錢財就這樣浪費掉了。花在菸草上的錢，本可用來支援善事，給赤身的人衣穿，給饑餓的人飯吃，將真理傳給不認識基督的人。當人生的賬目在上帝的冊子中進行審核時，將出現什麼樣的記錄啊！那時會看到大量的錢財，竟是浪費在菸酒之中！為什麼呢？為了保證健康延年益壽嗎？不是的！為了促進基督徒品格的完全並適於加入聖天使的聚會中嗎？不是的！而是要滿足一種墮落的、非天然的、對那些有毒之物的慾望。那些東西不但摧毀使用它們的人，也摧毀了那些有遺傳疾病或弱智的人。——《時兆》，1876年1月6日。

上帝數不盡的恩賜

> 耶穌回答她說：「你若知道上帝的恩賜，和對你說「請給我水喝」的是誰，你早就會求祂，祂也早就會給了你活水。」（約4：10）

人人都得着上帝的恩賜，祂把基督賜給世人，一切恩賜都因這位基督的功勞而臨到我們。使徒保羅發出感恩的驚歎說：「感謝上帝，因祂有說不盡的恩賜！」（林後9：15）上帝已把萬有連同基督一同賜給我們。初綻的蓓蕾、盛放的花朵五彩繽紛，可愛怡人，皆是那位偉大藝術家的手筆，為向我們顯示祂的愛。……主非常細心地使每一樣事物，都讓我們感激和愉快。祂還作出更大的努力，給我們預備了一種恩賜，使我們可以按照基督的樣式，使基督徒的品格得以完備。

上帝用田野裏的花朵，使我們注意到基督化品格的可愛。……上帝是愛美的。祂希望我們思考谷中可愛的花卉，學到信靠祂的功課。這些花兒應成為我們的教師。……主照顧野地的花，給它們披上美麗的衣服。祂還表明自己更看重人類，過於祂所照顧的花兒。

假如我們慈悲的天父厭煩了我們的忘恩負義，連續幾週不賜下祂那無盡的恩賜，那會怎麼樣呢？假如祂因見到自己的財寶被用於自私的目的，聽不到人對不配得的憐憫表示讚美和感恩，就灰心了，不讓太陽再照耀，雨露再降下，地土再出產，那會怎麼樣呢？那會引起多大的轟動！世人會何等地驚惶！人會發出何等的哭號！我們拿什麼供應我們的餐桌，用什麼來遮體啊！

上帝不僅供應我們今生的利益，還為我們永恆的福利作了準備；因為「上帝愛世人，甚至將祂的獨生子賜給他們，叫一切信祂的，不至滅亡，反得永生。」如果我們知道上帝的恩賜，認識到祂對於我們的意義，就會堅定不移地努力追求祂了。——《時兆》，1893年6月9日。

耶穌的愛顯示在雲彩中

我把彩虹放在雲中，這就是我與地立約的記號了。……不再有洪水泛濫
去毀滅一切有血肉的了。（創9：13－15）

不久以前，我們有幸看到平生所見最光輝的彩虹。我們經常去參觀美術館，對畫家描繪上帝偉大應許之虹的妙技不勝讚歎。

彩虹是上帝賜給人類應許的記號，表明祂忿怒的風暴不再以洪水來毀滅地球。我們瞻仰彩虹時，就會想到除了人類之外，還有其他眼睛在注視這榮耀的景象。天使看著這個表明上帝愛人的寶貴記號，十分高興。世界的救贖主也看著它。這個彩虹之所以出現在天上，作為賜給我們應許的記號和約，乃是藉著祂的工作而成的。上帝自己看著這虹，就會想起祂與我們所立的永約。

上帝用洪水毀滅了古代的世界，驚人地顯示了祂懲罰的大能。祂知道那些從大毀滅中得救的人，以後每當看到烏雲密布、雷鳴閃電時，一定會恐懼起來。風暴和大雨的聲音會在他們心中造成恐慌，擔心又一次大洪水臨到他們。

挪亞一家懷著欽佩、敬畏而喜樂的心情，仰望著上帝橫跨諸天的慈憐記號。彩虹象徵基督包圍著地球的愛。這條彩虹上達最高的天，把人類與上帝、地與天連接起來。

當我們凝視這美麗的景象時，我們可以在上帝裏面喜樂，確知祂也在看著祂聖約的這個記號。當祂看著彩虹時，就會想起地上的兒女。祂曾把彩虹賜給他們。他們的痛苦、危險和試煉祂都看見了。我們可以在希望中快樂，因為在我們上方有上帝聖約的虹。祂絕不會忘記所看顧的兒女。有限的人是多麼無法領會祂在說「我看見虹在雲彩中，就要記念你」時，所表現特別的仁愛和溫柔，以及無比的屈尊俯就啊！——《評閱宣報》，1880年2月26日。

上帝在自然界和耶穌裏顯示　　3月22日

自從造天地以來，上帝的永能和神性是明明可知的，雖是眼不能見，但藉著所造之物就可以了解看見，叫人無可推諉。（羅1：20）

上帝的創作展示了服務歷史的畫面。太陽在做指定給它的工作，為自然界有生命和無生命的萬物服務。它使樹木生長，結出飽含福惠的果子。它使菜蔬茂盛，造福眾生。月亮也有它的使命——作夜晚的光使我們快樂。眾星也棋布在諸天，給世界帶來快樂。我們誰也不能充分理解這些無聲守望者的職務，但他們都有自己所服務的工。

深淵也在上帝的大計畫中有地位。山嶺和岩石乃是供我們默想的主題，含有需要學習的教訓。自然界中的萬物，就連為大地披上綠衣的最卑微花草，都在宣揚上帝對我們的良善與慈愛。

祂的意念與祂的作為密切相關，所以我們能在自然界中讀出上帝對墮落世界的大愛。宇宙含有無限智慧之主的偉大傑作，千變萬化，卻又構成一個完美的整體。

我們經過仔細的考察，就會發現在自然界中，上帝無數的旨意是環環相扣的。追溯天意的這些鏈環，會使我們對那偉大的中心更加熟悉。這是一個值得我們仔細研究的真理。耶穌基督就是那偉大的統一體；祂具有使一切差異達到和諧的屬性。上帝把祂這超乎一切的恩賜，賜給我們世人，以表達上帝的心思和品格，使凡有理智的人，都能看到上帝在祂兒子裏頭顯示出來。

上帝把這一切都賜給了人類。……你可知道，上帝的創造之工，是祂親手所安排，為要讓人類家庭蒙福的嗎？

有一項寶貴的獎賞，有待那些忠心服務之人領取。他們將在基督去為那些愛祂，並等候祂顯現之人預備的居所中有一個家。——《青年導報》，1897年8月19日。

> 我實實在在地告訴你們，那聽我話又信差我來那位的，就有永生，不至
> 於被定罪，而是已經出死入生了。（約5：24）

我們不僅要用悟性來理解基督的話，還要考慮到祂親自賦予這些話語的重要意義。祂提出自己所發明的古老真理，在天國的亮光中將之呈現在聽眾面前。這樣的表述多麼奇特！祂對真理的闡釋充滿著意義、亮光和靈性！

真理的豐富寶藏在人面前敞開，使他們心之嚮往。這些真理與拉比對舊約聖經毫無生氣的解釋，形成了鮮明的對比。耶穌所行的奇事，在祂的聽眾面前不斷地尊榮了上帝。他們視祂為直接來自天庭的使者，因為祂不僅對他們的耳朵說話，而且對他們的心靈發言。當祂卑微而又高貴威嚴地站出來，似乎帶著與生俱來的威權時，就有一種能力伴隨著祂。於是人心就融化而變得溫柔了，產生出一種懇切的願望，要和祂同在，聆聽祂的聲音。祂以非常莊嚴的聲調傳達了真理。

基督所行的每一個奇蹟，都使一些人信服祂的真正品格。如果有人在平凡的生活中，做了基督所做的事情，那麼，所有的人都當宣稱那人是靠著上帝的大能做的。但有些人卻不接受天上的亮光，更加堅決地反對這個證據。

猶太人棄絕耶穌，不是因為祂缺乏外在的尊貴、財富與榮耀。公義的日頭以清晰的光輝照耀在道德的黑暗中，顯明了罪惡與聖潔、純潔與污穢之間的天壤之別。這樣的亮光是他們所不歡迎的。

基督言傳身教所播撒的種子，以後要由祂的門徒來培養。這些漁夫做了見證，世界各國要以這些證言為至高無上的權威。——《評閱宣報》，1898年7月12日。

基督將天與地連接起來　　3月**24**日

我這麼做是照著父命令我的，為了讓世人知道我愛父。（約14：31）

凡體驗過上帝福惠的人，應成為最感恩的人。

他們應該向上帝獻上感恩的話，因為基督來，成了罪身的形狀，以人性披覆祂的神性，使世人能在祂自己的品格中看到上帝的完全。祂來表明上帝不是一位嚴厲的法官，而是一位慈愛的父親。

主耶穌在凡事上都樹立了榜樣。祂藉著自己所做的事，清楚地表明祂是與父商議的，一舉一動都在實現上帝永恆的旨意。祂在精神上，工作上和在世上的一生中，都顯示了祂以人性領受上帝的心思和旨意。祂順從了律法，以自己的人性證明了律法是上帝完美的副本。上帝把基督賜給世人，是要讓墮落的人類深刻地認識到祂對於我們的大愛。祂雖然希望人人都悔改，但祂的品格也表明，祂斷不以有罪的為無罪。如果祂對罪略有認可，祂的寶座就會敗壞。

凡接受耶穌基督為個人救主的人，也會得到天上的保護和亮光，因為上帝的天使奉差遣，為那些將要承受救恩的人效力。向雅各展示的梯子，底部立在地上，梯頂直達上帝的寶座，天使在上面上去下來；這是救恩計畫的象徵。如果這梯子離地一寸，天與地之間的連接就會斷開，所有的人就都會絕望淪喪。但那梯子是穩立在地上的，把天與地連接起來，使墮落的人類蒙贖得救。基督就是雅各見到的那個梯子，底部在地上，梯頂直達上帝的寶座。……藉著基督，天上的生靈可以與人類交通。——《時兆》，1895年4月11日。

上帝和瑪門

一個人不能服侍兩個主；他不是恨這個愛那個，就是重這個輕那個。你們不能又服侍上帝，又服侍瑪門。（太6：24）

撒但現在所發出的試探，與他向亞當和基督——第二個亞當——所發的是一樣的。基督曾戰勝他，使我們也能勝過。……我們的努力和基督的能力會使我們得勝。

全天庭都在關注著，我們如何利用上帝所委託給我們的才幹。我們若是積儹財寶在天上，就要用主的財物推進祂的聖工、拯救人、造福人。凡這樣使用的才幹，主必記在天國銀行中我們的帳上。這個銀行是絕不會倒閉的。人心若以愛上帝為至上，財產就不會成為基督徒蒙福的障礙，因為獻身跟從耶穌的人，會看出最好的投資是什麼，並用自己的財富來造福上帝的兒女。

我們不斷用才能在地上積聚財富，就會把我們捆綁在地上，使我們變成瑪門的奴隸。當財富增加時，崇拜偶像的心就忘記了上帝，漸漸安逸自滿起來。於是信仰義務忽視了。在約束之下我們會表現出不耐煩，變得自足自恃起來。……這個世界在人與天國之間起了作用。我們被「這世界的神」弄瞎了心眼，根本分不清或無法看出永恆事物的價值。

「上帝為愛祂的人所預備的是……人心也未曾想到的」（林前2：9），包括天國的喜樂、義行的莫大賞賜、天使的社交、上帝和祂兒子的交通與大愛，以及在永恆的歲月，我們一切能力的提升和擴展，沒有比這些成為我們更強的動機和更大的力量。這一切豈不足以鼓勵和鞭策我們，獻上自己的愛心去事奉我們的創造主和救贖主嗎？

我們豈不應當重視上帝的大憐憫嗎？祂既如此奇妙地疼愛我們，我們應當擺正與祂的關係，利用我們的偉大特權，成為祂手中的工具，與服役的天使合作，成為上帝和基督的同工。——《聖經回聲》（澳大利亞），1889年2月15日。

我必須做什麼才可以得救？　　3月26日

不是你們揀選了我，而是我揀選了你們，並且派你們去結果子，讓你們的果子得以長存。（約15：16）

基督經常因法利賽人自以為義而斥責他們。……就機會、擁有聖經和認識真神這幾方面而言，他們已被提升到天上去了，但他們的心沒有因上帝善待他們而充滿感恩，反而滿懷屬靈的驕傲，他們的主題就是自我——「我自己、我的感覺、我的知識、我的道路。」他們自己的學識，成了他們衡量別人的標準。

但願基督的門徒都謙卑下來，捫心自問：「我必須做什麼才可以得救？」我們若誠心想要明白，就會知道耶穌之所以愛我們，賜福給我們，並不是因為我們的財富、知識和優越的地位，而是因為我們相信，祂是我們個人的救主。在我們還作罪人的時候，耶穌就愛我們。祂既揀選我們，就分派我們結果子。每個人都有事要做嗎？當然有。每一個負基督軛的人都必須背負祂的擔子，按祂的方針作工。……基督赦罪之愛的生活要在心靈中成為泉源，直湧到永生。心中若有了這個泉源，整個生活就會展示這個事實，上帝振奮人心的恩典也必彰顯出來。

宗教不僅僅是擁有喜樂的感覺，還意識到擁有特權和亮光，亦有喜出望外的情緒；卻不用全副精力保持基督徒生活的平衡，同時卻不為救人去做什麼事。宗教乃是遵行基督的話；像忠心的哨兵那樣站立，不是為賺得救恩而遵行，而是因為你雖全然不配，卻得以領受了天國的恩賜。宗教是實行上帝的計畫，與天上的生靈合作。

我們若不斷追求認識主，我們的見識就會拓寬，不受自我所約束。我們應該祈求主擴大我們的悟性，好明白耶穌基督不僅是我們的替身和中保，而且我們屬於基督，是祂買來的產業。保羅說：「你們是重價買來的」，並下結論說：「所以，要在你們的身體上榮耀上帝。」（林前6：20）——《時兆》，1894年12月17日。🔔

收聚或分散

不跟我一起的，就是反對我；不與我一起收聚的，就是在拆散。

（太12：30）

只經歷一半轉變的人，成了三心二意的基督徒。他們是不結果子的樹。基督在他們身上看不到果子：祂發現只有葉子。

若是可以同時事奉基督和自我，大批的人就會加入天路旅客的行列。但耶穌需要的不是這種人。祂的聖工不需要這種信徒。

真正跟從基督的人，會用他們的知識使別人也接受基督的恩典。他們把燈加滿了油，就出去光照那些在黑暗中的人。這種工人會見到許多人歸向主。新的真理不斷向他們展開，他們既領受了，就分贈出去。

那些已掙脫罪惡桎梏，傷心痛悔地尋求主，又蒙主垂聽其迫切求義之呼籲的人，是絕不致冷淡而無生氣的。他們認識到自己在救人的工作中有本分要盡。他們為拯救人而警醒、祈禱、作工。他們既受聖靈的塑造，在基督徒品格上就有了穩定的深度和廣度，得到持久的屬靈快樂。他們既跟隨基督的腳蹤，就認同祂捨己的計畫。這樣的基督徒不會是冷淡而無動於衷的。他們的心充滿了對罪人無私的愛，放棄了所有屬世的野心和自私的追求。接觸上帝深奧的事情，使他們愈來愈像救主。他們因祂的得勝而歡騰，充滿了祂的喜樂。他們日復一日在基督裏長大成人，滿有成年男女的身量。

我們在基督不在時做祂託付之工的方式，會決定我們將來的命運。……家主基督已去為我們預備天城的住處。我們正等候祂再來。但願我們在祂不在的時候，忠心地做祂交在我們手中的工，藉此來尊榮祂。我們要等候、警醒、作工，為祂再來作預備。──《時兆》，1902年7月9日。

求則得之

人子來，並不是要受人的服事，乃是要服事人。（可10：45）

基督不住地從天父所領受的，為要轉授給我們。祂說：「你們所聽見的道不是我的，而是差我來之父的。」（約14：24）……祂的生活、思想和祈禱都不是為自己，乃是為別人。祂每天經過長時間與天父交往之後，就出來將天上的光帶給那些聽祂的人。祂每天重新受到聖靈的洗。在每日的清晨，天父使祂從睡眠中覺醒，並用恩惠膏祂心靈和祂的嘴唇，使祂可以傳授他人。祂的話是由天庭所賜，可以適時向困倦受壓迫的人說出。……

基督的門徒對祂的祈禱，和祂與上帝交通的習慣，留下了深刻的印象。有一天，他們與主分離片時之後，發現祂正在專心祈禱。祂似乎不覺得他們在場而仍繼續大聲禱告。門徒的心為之深受感動。當祂祈禱完畢，門徒隨即感歎地說：「求你教導我們禱告」（路11：1）。於是基督如同祂在山邊講道時所說的，又將主禱文重新說了一遍。

祂說：「你們中間誰有一個朋友半夜到他那裏去，對他說：『朋友！請借給我三個餅；因為我有一個朋友旅途中來到我這裏，我沒有東西招待他。』」（路11：5-6）

基督在比喻中所描述的人，是為送給別人而求餅的。……門徒也當這樣向上帝求福。在給眾人吃飽的神蹟，和有關於天賜生命之糧的講論中，基督曾向門徒說明他們充當祂代表的工作。他們要將生命的糧分給眾人。……當渴慕生命之糧的人來到他們那裏時，他們會感到自己一無所有，愛莫能助。他們自己必須事先領受靈糧，否則就沒有什麼可分給別人的。但他們不可讓人空著肚子回去。基督向他們指出了供應的來源。……那差派僕人去使饑餓的人得飽足的上帝，豈不更會為祂自己的工而供給他們的需要嗎？——《評閱宣報》，1910年8月11日。

3月29日　為宣教田地

所以，你們要去，使萬民作我的門徒，……給他們施洗。

（太28：19）

常有人呼籲各個教會，以各項恩賜和捐獻，來支援國內國外的宣教事業和事工。……各教會都應懇求上帝，使大家更加獻身，更加慷慨。凡與基督心心相印的人，必樂意去做任何能夠幫助上帝聖工的事。他們必以聖工的不斷擴張和前進為樂，也表示以更大和更頻密的捐獻為樂。

我們應認識到自己有權奉獻金錢，以開設那能將祂各項宗旨帶到世上的事業，藉此與上帝同工。凡擁有基督之靈的人，必有溫柔同情的心和慷慨大方的手。專注於基督，是不會有自私之心的。

請想一想我們全世界宣教田地的需要。我們的宣教士在艱苦努力地工作，但他們的工作常常因庫中空虛而大大受阻，得不到使他們的工作獲得最大成功所必需的設施。但願上帝幫助那些受託以今世財物的人醒悟過來，明白祂的計畫和他們個人的責任。上帝對他們說：「我使你擁有我的貨財，為要叫你利用它推進那要在遠近各處建立的基督徒宣教事工。」

並非人人都能到國外去做宣教士，但人人都能在自己鄰舍的範圍做有待他們去做的工。人人都能奉獻自己的金錢推進國外的宣教工作。

上帝必鼓勵祂忠心的管家，就是那些隨時準備好，運用自己一切精力和上帝所賜天賦的人，達到最佳的使用狀況。當眾人知道要忠心地將上帝應得之分歸還給祂之時，祂就必本著自己的美意，使某些人帶來慷慨的捐獻。祂也必使其他的人有能力做較為小量的捐獻。只要奉獻的人專注於祂的榮耀，則大小禮物都一樣的蒙祂悅納。「那賜種子給撒種的，賜糧食給人吃的，必多多加給你們種地的種子，又增添你們仁義的果子。你們必凡事富足，能多多施捨，使人藉著我們而生感謝上帝的心。」（林後9：10－11）。──《評閱宣報》1912年4月18日。

施捨的特權 3月**30**日

人人要照自己所得的恩賜彼此服事，作上帝各種恩賜的好管家。

（彼前4：10）

主讓人作祂的代表。他們心中要充滿耶穌的愛，與祂合作，使人轉離錯誤，歸向真理。上帝將陽光雨露惠賜大地，使大地生產出豐富的珍品供人享用。主已使我們可把天上的恩賜，如救濟金一樣分贈出去，以引人歸向真理。我在美國的眾弟兄（作者於1895年寫於澳大利亞）願意尋求方法，以使這寶貴救人的真理，得以傳給黑暗中的人嗎？男男女女都要把他們的十分之一和供物獻給上帝。當府庫充滿時，就可差派工人出去推進聖工。要在今天接觸黑暗中的人，就必須重申這個方法。

聖工的需要，現今比從前要有更大的支出。主呼召祂的子民全力以赴縮減自己的開支。……要把一直用來滿足自己的金錢流到主的庫裏，好支持那些正在做工拯救將亡的人。

主不久就要來了。我們必須趁著白日作工，夜晚將到，就沒有人能作工了。許許多多的人已失去了克己犧牲的精神。他們把金錢埋藏於屬世的事物中。有些人是上帝曾經賜福的，也是祂要試驗的，看看他們對祂所賜福惠的反應。……眾弟兄，現在就是你們對上帝誠實的機會，趕快行動吧！切勿拖延！為你們靈命的緣故，別再搶奪上帝的十分之一和供物。

既然救贖計畫以恩賜開始，也以恩賜結束，當發揚那捨己施予的精神。這種精神既為我們買來了救恩，所有得享這天上恩賜的人心中當存同樣的精神。使徒彼得說：「人人要照自己所得的恩賜彼此服事，作上帝各種恩賜的好管家。」（彼前4：10）耶穌在差遣門徒出發之前對他們說：「你們白白地得來，也要白白地給人。」（太10：8）。

但願人人都出一分力，以金錢和禱告來幫助傳道人分擔救人的重擔。——《全球總會公報》，1897年5月30日。

也要見祂的面。祂的名字將寫在他們的額上。（啟22：4）

當摩西懇求上帝說：「求你顯出你的榮耀給我看」時，祂又說：「只是你不能看見我的面，因為沒有人看見我還可以存活。」（出33：18-20）摩西見到上帝面上的榮耀就不能存活；但有應許賜給我們：「他們要見祂的面。」

當摩西從看見上帝榮耀的山上下來時，他臉上的皮膚發光，以致亞倫和以色列眾人「怕靠近他」（出34：30）。

我們現在看不見上帝的榮耀；然而我們惟有在今生接待祂，才能在不久的未來面對面見祂。上帝希望我們定睛看祂，以致不再看屬世的事物。

我們如今藉著自己的社交、生活和品格，選擇要誰做我們的王。天上的生靈正設法吸引我們歸向基督。……我們雖然違背了上帝的律法，但若憑信心悔改，上帝就能藉著我們做基督的工。

當基督升上高天時，祂差來了祂的代表作保惠師。無論我們在哪裏，這位代表總是在我們旁邊——祂是一位守望者，也是我們一切言行的見證者——隨時準備保護我們脫離仇敵的攻擊，只要我們願意置身在祂的保護之下。但我們必須盡自己的本分，然後上帝就會盡祂的本分。當我們為祂的緣故受考驗和患難時，保惠師就會站在我們旁邊，使我們想起基督的話語和教訓。

你的名字已記在生命冊上了嗎？只有藉著仰望上帝的羔羊耶穌，並跟隨祂的腳蹤，你才能預備好迎見上帝。要跟從祂，終有一日你會走在上帝聖城的黃金街道上。

凡奉獻自己一生事奉上帝的人，必在來生無盡的歲月中與祂同住。

祂接納他們為自己的兒女，說：「進來享受你主人的快樂。不朽的冠冕要戴在得勝者的額上。」——《青年導報》，1896年8月20日。

4
April

我還有好些事要告訴你們，但你們現在擔當不了。但真理的靈來的時候，祂要引導你們進入一切真理。

（約16：12—13）

有人擺設大宴席，請了許多客人。到了坐席的時候，他打發僕人去對所請的人說：「請來吧！樣樣都已齊備了。」

（路14：16－17；請閱讀路14：16－24）

這個比喻說明了許多自稱信奉現代真理之人的實況。主付上重價為他們預備好宴席，然後邀請他們赴宴，他們卻重視地上的利益過於天上的財寶。主邀請他們分享具有永恆價值的事物，他們卻把自己的田地、牛羊、房宅等，看得比順從天庭的邀請更重要，以致拒絕每一道神的邀請，以地上的事物作為藉口，棄絕順從「請來吧！樣樣都已齊備了」的命令。

上帝賜給他們這些福氣，原是要試驗他們，看他們是否「把上帝的物歸給上帝，」他們卻以此為藉口，說自己不能順從真理的要求。他們把地上的財物緊緊抱在懷裏說：「我必須照顧這些東西，不能忽略今生的事物；這些都是我的。」他們的心，就這樣變成像踏硬了的路，那樣無法受感動。

他們的心田蔓生荊棘和今生的思慮，以致天上的事物無法涉足。耶穌邀請勞苦負重的人，應許他們，若來就祂，便可得到安息。……。祂要他們放下世俗思慮煩惱的重擔，改負祂那為別人克己犧牲的軛。這份擔子將顯明是輕省的。凡不接受基督所提供的安息，繼續背負自私煩惱難堪之軛，焦心竭慮積聚金錢，以求自私滿足的人，既沒有負基督的軛，背基督為他們所負克己無私慈善的擔子，就不能體驗其中的平安和安息。

藉著他們個人的努力和敬虔的榜樣，許多基督所為之死的人本來可能得救。……但寶貴的亮光卻藏於斗底下，無法照亮家裏的人。──《評閱宣報》，1874年8月25日。

兩個兒子

一個人有兩個兒子。他來對大兒子說：「孩子，今天到葡萄園裏做工去。」他回答說：「我不去」，以後自己懊悔，就去了。他來對小兒子也是這樣說。他回答：「父親大人，我去」，卻不去。這兩個兒子是哪一個照著父親的意願做了呢？（太21：28-31）

比喻中不肯去做工的兒子代表外邦人；而那個說「父啊，我去」的人代表法利賽人。基督剛剛潔淨了被不法交易污穢了的聖殿。神性曾藉由人性閃現出來，百姓見到上帝的權能和榮耀彰顯在他們面前。……當祂前往耶路撒冷時，群眾曾把自己的衣服鋪在路上，並在祂的道路上擺上了棕樹枝，歡呼讚美祂，唱道：「和散那歸於大衛之子！」（太21：9）雖然這些歡喜快樂的人不敢到聖殿門口歡呼，因為害怕祭司和官長，但孩子卻唱起讚美的歌來，在殿中讚美上帝，喊著說：「和散那歸於大衛之子！」（太21：15）

外邦人寧願接受真理；但那些曾擁有極大亮光和奇妙特權，獲得屬世和屬靈豐盛福氣的人，卻拒絕了救恩的信息。他們自稱是上帝的子民，說：「父親大人，我去」，卻未能實行天父的旨意。

當天國的邀請傳到你耳中時，你說：「是的，主，我相信真理，」可是你的生活行為卻表明你是不相信的嗎？你已將這真理接到心裏嗎？它改變人心的能力運行在你心裏嗎？它使人成聖的恩典深入你的品格嗎？它對你起了什麼作用呢？

每個人都有權說：「我要嚴格執行我元帥的命令，不管有沒有感覺。我要說：『給我的命令是什麼呢？我的本分是在哪方面呢？主對我說什麼呢？……我在上帝面前的位置是什麼呢？』」我們一旦與上帝建立了正確的關係，就會明白自己的本分並且履行，而不會以為我們可以靠自己所做的善事得救。

問題不是「在艱難或將來的日子你會如何站立？」而是「如今你的靈命如何？如今你願意去做工嗎？」——《評閱宣報》，1889年4月9日。

4月3日　　　不結果的無花果樹

有敬虔的外貌，卻背棄了敬虔的實質。（提後3：5；請參閱太21：19—21）

世界的救主對那棵不結果子的無花果樹的處置，說明了一切假虔誠的人將來的命運。這棵樹代表不肯回應基督之愛的猶太人。他們雖獲得諸般特權和機會，卻只長出荊棘和蒺藜，沒有結出果子來榮耀上帝。這棵枯乾的樹，預指以色列家，確實是一個極其深刻的教訓。這也是給歷代自稱跟從基督之人的教訓。它一直用明確無誤的語言，對一切形式主義者和自誇敬虔的人說話。這等人在世人面前高談闊論信仰，卻完全缺乏上帝所認定的虔誠，而這才是上帝以為最重要的。

許多人像那棵不結果子的無花果樹一樣，在主面前招搖著他們滿是葉子的枝子，驕傲地聲稱是祂守誡命的子民。鑑察內心的上帝，卻發現他們根本沒有果子。

我們從聖經學到，這棵樹上沒有結出一串救贖的果子，卻滿覆著綠色的葉子。請注意這句話：「有敬虔的外貌，卻背棄了敬虔的實質。」這棵不結果子的無花果樹，所遭遇的厄運應驗在一等自稱信主的人身上。他們表現出未獲重生而更新之心的種種本性傾向。他們的日常生活與他們的信仰相矛盾，沒有在世人面前表現出基督的品格，因為他們裏面沒有基督。

我們的救主絕不轉離真心痛悔的人，無論他們的罪過有多大。但祂恨惡一切的偽善和虛榮的炫耀。

自稱信主卻不結果子的人哪！你們的命運確實悲慘；因為公開犯罪的人，在上帝面前也處於比你們更有利的位置。上帝的咒詛臨到那等以敬虔的外貌掩藏自己生活缺陷的人。施洗約翰大膽無畏地斥責罪惡，為基督的第一次降臨預備道路。他曾這樣對那些到他面前，要聽他說話的群眾說：「凡不結好果子的樹就砍下來，丟在火裏。」（太3：10）——《評閱宣報》，1881年1月11日。

我還有好些事要告訴你們　　4月**4**日

我還有好些事要告訴你們，但你們現在擔當不了。但真理的靈來的時候，祂要引導你們進入一切真理。（約16：12—13）

主耶穌本有寶貴的真理要告訴祂的門徒，但祂不能在他們面前展示，除非他們有了能領會祂教訓之意義的條件。

祂雖已向門徒揭示了許多偉大奇妙的事，但祂還有許多事沒有說，因為他們擔當不了。在祂離世前最後一次與他們相聚時，祂說：「我還有好些事要告訴你們，但你們現在擔當不了。」屬世的觀念、地上的事物，在他們心中佔據了很大的位置，以致他們當時無法明白祂國度高尚聖潔的性質，儘管祂已對他們說得十分清楚。他們以前對預言的錯誤理解，祭司所強加於他們的習俗和遺傳，造成了他們思想混亂，對真理麻木不仁。

耶穌因他們擔當不了，而沒有說出的是什麼呢？它乃是關於救贖計畫更屬靈、更榮耀的真理。基督的話，就是保惠師在祂升天後使他們想起來的話，會引導他們更加認真地思考、更加懇切地祈禱，以便領會祂的話並傳給世人。只有聖靈才能使他們明白救贖計畫的重要意義。基督的教訓藉著門徒的靈感證言傳到世界，具有一種意義和價值，遠過於漫不經心的讀者在讀聖經時所得到的。基督設法藉著例證和比喻說明祂的教訓。祂說聖經的真理就像埋藏在地裏的財寶，一個人發現了，就去變賣他一切所有的，買了那塊地。祂說真理的寶石並非陳列在地面上，而是深埋在地裏；就像隱藏的珍寶一樣必須予以尋找。我們必須挖掘真理的珍寶，就像人挖礦一樣。

我們在向別人介紹真理時，應該效法耶穌的榜樣。——《評閱宣報》，1890年10月14日。

有一個撒種的出去撒種。他撒的時候，有的落在路旁。（路8：5）

撒種的比喻向我們展示了，光明之君基督與黑暗之君撒但之間的大鬥爭。撒種的人代表上帝的兒子，或祂所委派從事祂聖工的人。我們既與基督合作，就成了上帝的同工。凡藉著個人服務，向他人打開聖經的人，就在撒播善種，因為善種就是上帝的道。

撒在路旁的種子，代表上帝的道，落在那些漠不關心的聽眾心上，因為上帝的聖言已傳給他們，若要結出果子，就必須默想上帝的聖言。……飛鳥怎樣等著啄食路旁的種子，撒但也照樣等待著，用他看不見的邪惡力量，將神聖的真理種子從人心中奪去，免得它在那裏生根，結出永生的果子。

撒但和他的使者出現在傳講天國福音的集會之中，同時也有天使在為將要承受救恩的人效力。仇敵總是警覺地要消除真理的影響。他要用與他的邪惡相等的迫切勢力，阻礙上帝的靈在聽眾心中的運行，因他知道人一旦接受真理，就不再受他控制，基督就贏得勝利。

許多人的心地就像踏硬的路面一樣剛硬，向他們介紹真理似乎是對牛彈琴；但在邏輯不能感動人，證據也不能使人信服時，基督的工人若用基督化的同情和憐憫接近這種人，基督的愛或許會折服並軟化他們的心，使之溫柔悔悟。

如今是寬容時期，上帝正在試驗和審查所有人的心，好證明誰肯為耶穌找個心靈空間。每一個人都要回答的問題是：「你願意接受上帝的饒恕之愛嗎？這愛乃是心病的良藥；還是你願意選擇撒但的敵意，便自食其淪喪的可怕厄運呢？」──《評閱宣報》，1892年5月31日。

石頭地般的聽眾

有的落在土淺的石頭地上，因為土不深，很快就長出苗來。

（太13：5）

撒在石頭地上的種子，不能深入土壤扎根。其苗生長得很快，但嫩根卻不能穿過石層、吸收營養、維持生長，不久就枯萎了。許多自命信仰宗教的人，可以比作石頭地般的聽眾。這等人很容易就相信了，但他們只有膚淺的信仰。

有些人高興地接受了寶貴的真理，極其熱心，並為眾人看不到他們所明白的事而驚訝。他們敦促別人接受他們所滿意的道理，輕率地譴責猶豫不決的人，和那些仔細權衡真理證據、考慮所有代價的人。……但到了考驗的時候，這些熱心的人卻往往動搖而跌倒了。

植物的根怎樣努力向下扎入土壤，從土地得滋潤和營養；照樣，基督徒也必須住在基督裏，從祂吸收汁漿和營養，就像枝子從葡萄樹吸收養分一樣，直到種種考驗都不能使他們轉離自己的力量之源。

「石頭地般」的聽眾可能一時歡喜快樂，因為指望宗教幫助他們脫離考驗和一切困難，可是他們沒有計算代價。

耶穌形容那些石頭地般的聽眾信靠自己的好行為和善良的願望。他們的自我意識很強，自以為義，沒有「靠著主，依賴祂的大能大力作剛強的人。」（弗6：10）他們沒有認識到只有時刻警醒才有安全。他們原可以穿上上帝的全副軍裝，抵擋仇敵的詭計。上帝豐盛充足的應許已經發出，為要使他們得益處並相信上帝的道。他們原可以依仗「耶和華如此說」，對付仇敵的一切詭計；因為仇敵好像急流的河水沖來，是耶和華之氣所驅逐的（賽59：19；編者按，本節經文採用和合本聖經，語意較清楚）。——《評閱宣報》，1892年6月7日。📖

有的落在荊棘裏，荊棘長起來，把它擠住了。（太13：7）

大教師用好種被荊棘擠住，來比喻圍繞聽上帝聖道之人的危險；因為到處都有仇敵要破壞上帝寶貴真理的影響。真理的種子若要在心中生長茂盛，就必須棄絕一切引人離開上帝的東西，和一切使人全神貫注、以致心中無法為基督騰出空間的事物。耶穌列舉了危害心靈的事物：今生的掛慮、錢財的迷惑和別樣的思慮，把道擠住了，使屬靈的種子不能發芽生長，心靈就不能從基督汲取養分，像枝子從葡萄樹汲取養分一樣，於是心中的屬靈生命死亡了。愛世界的心、愛世上的娛樂和炫耀的心，以及愛別樣事物的心，使人遠離上帝；因為凡愛世界的人，是無法靠上帝得勇氣、盼望和喜樂。他們不知道什麼叫擁有基督的喜樂，因為這種喜樂會帶領人到生命之源，領人離罪歸義。

當那些片面認識真理的人，蒙召研究某個與他們的成見相左的道理時，他們就困惑了。他們的成見就像荊棘一樣把上帝的道擠住了。而當撒播真理的種子、需要根除荊棘好給它騰出地方時，他們就覺得事事不順，十分苦惱。

有許多人對上帝的品格只有片面的了解。他們以為祂是嚴厲獨裁的。當事實表明上帝就是愛時，他們卻很難放棄對上帝的錯誤觀念。但他們若不讓真理的道進來根除荊棘，蒺藜就會重新長出來，擠住上帝的善道；他們的宗教經驗就會發育不良，因為他們心中的罪惡會壓制真理的嫩苗，隔絕掉屬靈的空氣。

上帝的律法乃是上帝政權的準則，永遠為祂國度的標準。……我們若不在今生服從它的要求，學習全心全意愛上帝並愛鄰舍如同自己，我們的品格在耶穌顯現的時候，就不會有任何改變。——《評閱宣報》，1892年6月21日。

好土般的聽眾

又有的落在好土裏，就結出果實，有一百倍的，有六十倍的，有三十倍的。（太13：8）

撒種的人沒有遭遇失望，這真是鼓舞人心的消息。種子有時落在誠實的心中，以致接受了。聽的人領受了真理，沒有拒絕聖靈，也沒有拒絕真理在心中留下印象。……他們把真理接到心裏，真理就完成了它改變品格的工作。他們無法改變自己的心，但聖靈藉著他們對真理的順從，使他們的心靈成聖。

善良的心並不意味著沒有罪，因為福音是傳給淪喪之人的。耶穌說：「我來不是召義人，乃是召罪人悔改。」上帝的律法是道德的大鏡子，罪人從其中看到自己是違背它的人。他們仰望髑髏地十字架上的救主，問為什麼要做出這麼大的犧牲；十字架就向他們指出，是他們違犯上帝聖潔的律法。那原與上帝同等的一位在髑髏地捨命，為要救犯罪的人免於滅亡。……律法沒有能力赦免犯罪違背律法的人，但耶穌親身擔當了他們的罪。當罪人運用信心去信靠那以自己為祭牲的基督時，基督就把祂自己的義歸給那有罪的人。自從亞當的日子以來，得救的路只有一條。「在天下人間，沒有賜下別的名，我們可以靠著得救。」（徒4：12）我們仰望耶穌，就沒有害怕的理由，因為我們相信祂必能將凡來到祂面前的人拯救到底。

我們對耶穌既有積極的信心，就會加入道德的這場戰爭，與世界、肉體和魔鬼作戰。我們若靠自己的智慧和能力參戰，就必定戰敗。但我們若運用對耶穌的活潑信心，實踐敬虔，就會明白藉真理成聖的意義，在爭戰中就不會戰敗，因為天使四面安營保護我們。基督是我們救恩的元帥，凡決心跟從祂，參加道德爭戰的人，都從祂那裏得力量。

凡打開聖經以天上的嗎哪為糧的人，就會變得與上帝的性情有分。他們的生活或經歷都有基督的同在。……他們知道自己必須在品格上像耶穌；祂是上帝所喜悅的。──《評閱宣報》，1892年6月28日。

那落在好土裏的，就是人聽了道，並用純真善良的心持守它，耐心等候結果實。（路8：15）

如果讓愛世界的心、自尊自負之心，或讓污穢的思想和行為勝過我們，我們就要喪失對耶穌或自己的信心嗎？那是因為耶穌令我們失望、沒有用祂的恩典支援我們嗎？不是的；乃是因為我們沒有遵行主的吩咐：「警醒禱告」、「常常禱告」、「不住地禱告」（太26：41；路18：1；帖前5：17）。

基督是一切屬靈亮光、生命和能力之源。你不祈禱，不與基督聯絡，你的心靈怎麼能健康呢？我們必須不斷與基督聯絡，因祂是我們生命的維持者，是那從天上降下來的糧。那麼就讓我們遵行祂的道吧！這樣，我們就必擁有屬靈的生命和能力。我們必須經常在上帝面前懇求，因祈禱會使心靈藉著耶穌基督立時與上帝聯絡。祂是道路、真理和生命。基督徒若失敗了，那是因為他們沒有聽從元帥的命令。他們放鬆了戒備，沒有基督化。疏忽祈禱會給心靈帶來災難，因為你會被引誘，在不經意之間屈從試探。但你若確實屈從了試探，也不要因此放棄對上帝的信心，也不要失去自信，而要努力貼近基督。

我們不可將疏忽和優柔寡斷的結果歸咎於基督。祂捨命拯救墮落的男男女女，重視人類靈命的價值。祂絕不會不盡自己的本分，也不會灰心。祂絕不撇棄在奮戰中犯錯的人，以及遭受試探和考驗的人。「我的恩典是夠你用的。」「上帝是信實的，祂不會讓你們遭受無法承受的考驗。」（林後12：9；林前10：13）祂權衡每一試煉之後，才允許它臨到我們。

我們所遇到的反對，可能會帶來諸般的益處；如甘心忍受，便可培養美德。基督徒若從未面對需要忍耐的事，就絕不會有這些美德。信心、忍耐、寬容、屬天的思考、信賴上帝天意的安排和對犯錯者存真正憐憫的心，都是因甘心忍受試煉所結的果子。

上帝的話若為善良誠實的心所接受，頑固執拗的心就會折服。信心既抓住了應許並依靠耶穌，就會得勝。——《評閱宣報》，1892年6月28日。

財主

有一個財主，田地出產豐富。他自己心裏想：「我的出產沒有地方儲藏，怎麼辦呢？」（路12：16-17）

這個人的一切都是從上帝領受的。上帝使太陽照在他的田地上，因為日光照義人，也照不義的人。天上的雨露降給歹人，也降給好人。主使五穀繁茂，使田地出產豐盛。這位財主竟不知道怎樣支配自己的收成。他視自己比別人多蒙恩寵，並因自己的智慧而歸功於自己。他擁有極多的財富，並不會因許多人所犯的罪自責。他並沒有巧取豪奪，趁人之危，在別人遭遇經濟危機、被迫低價出售自己貨財的時候獲取財富。他的財富是靠上帝的眷顧，使他的田產豐盛。但這個人表顯出自私的精神，暴露出他自己品格中以前沒有發現的弱點。

他沒有想到自己一切福惠之源——上帝，也沒有想到自己要向上帝交帳。……如果他敬愛上帝，就會獻上感恩，並在祂面前俯伏敬拜說：「請指教我當如何使用這些財物。」

多少饑餓的人原本可以得食；多少赤身的人原本可以得衣；多少心靈原本可以喜樂；多少祈求衣食的禱告，原本可以得到回應；原本會有何等美妙的頌讚升達天庭啊！藉著賜福氣給這個財主，主應允了貧窮和有需要之人的禱告，為供應他們一切所需作了豐足的預備。但是這個暴富的人，卻對那些呼求救援的窮人關閉了心門，沒有分發他特別豐盛的財物供應窮人的需要，反而對僕人說：「我要這麼辦：要把我的倉庫拆了，另蓋更大的，在那裏好儲藏我一切的糧食和財物。」（路12：18）

他說：「要對我自己說：『你這個人哪，你有許多財物積存，可供多年享用，只管安安逸逸吃喝快樂吧！』」上帝卻對他說：「無知的人哪！今夜就要你的性命。」（路12：19-20）。——《評閱宣報》，1894年6月19日。

工人

因為天國好比一家的主人清早去雇人進他的葡萄園做工。他和工人講定一天一個銀幣，就打發他們進葡萄園去。（太20：1-2；請參閱太20：1-16）

基督用比喻和象徵對眾人施教。有一次祂講了雇用工人的比喻，說明上帝對待獻身事奉祂之人的方式。

按猶太的慣例，男人要在市場上等人來雇用；這個習慣在歐洲仍然流行。需要幫助的人就到市場去，找到可以雇用的僕人。比喻中的人在不同的時辰去雇用工人。他在最早的時辰雇用的人，同意為一定數量的銀子替他作工，而後來受雇的人則把工錢問題完全交給主人決定。

「到了晚上，園主對工頭說：『叫工人都來，給他們工錢，從後來的起，到先來的為止。』約在下午五點鐘雇的人來了，各人領了一個銀幣。那些最先雇的來了，以為可以多領，誰知也是各領一個錢幣。」（太20：8-10）

耶穌有關工人的教訓涉及門徒在路上爭論的問題——在天國中誰是最大的。世界的救贖主看到了威脅祂教會的危險，便設法引導祂的子民明白自己的立場；因為這個比喻的教訓不過是繼續回答彼得所提出的問題：「看哪，我們已經撇下一切跟從你了，我們會得到什麼呢？」（太19：27）

我們應當毫無疑問地一直信靠上帝，至於我們要得多少獎賞，就讓這事交給祂，不用質疑。……

耶穌希望參加祂服事工作的人不要急於得賞賜，也不要覺得自己必須因所做的一切而得到補償。……主衡量我們的精神，並給我們相應的賞賜。在祂看來，純潔、謙卑、孩子般愛的精神，可使奉獻成為寶貴無價。——《評閱宣報》，1894年7月3日。

公義的教師

你們若繼續遵守我的道，就真是我的門徒了。你們將認識真理，真理會使你們自由。（約8：31-32）

耶穌說：「我心裏柔和謙卑，你們當負我的軛，向我學習；這樣，你們的心靈就必得安息。」（太11：29）耶穌是人間有史以來最偉大的教師。祂以清楚有力的話語闡述了真理。祂所舉的例子也是最純潔最高尚的。

基督在登山寶訓中正確地解釋了舊約聖經，闡明了官長、文士和法利賽人所歪曲的真理。祂展示了上帝的律法，它是具有何等廣泛的意義啊！當晨星一同歌唱，上帝的眾子也都歡呼時，祂曾親自賜下律法。基督自己乃是整個猶太體系的根基，是各種表號、象徵和犧牲的真體。祂曾隱藏在雲柱中，親自給予摩西關於猶太民族的具體指示。惟有祂能驅散人間的準則和遺傳堆積在真理上的眾多錯誤。

祂高舉真理，使它光照世界的道德黑暗。祂把每一塊真理的珍寶從人間準則和遺傳的垃圾中挑揀出來，並將真理高舉到它所起源的上帝寶座旁。

祂的做法與當時文士和法利賽人及宗教教師形成了鮮明的對比，暴露了他們是粉飾的墳墓，假冒為善的，藉著自命聖潔來高抬自己，心中卻充滿貪婪和污穢的念頭。他們無法容忍真正的聖潔和真正為上帝發熱心，這乃是基督品格的特性；因為真宗教是對他們精神和行為的責備。

耶穌心中只憎恨罪。他們原本會接受祂為彌賽亞，只要祂顯出自己行奇事的能力，避免公開指責他們的罪惡，不譴責他們敗壞的情慾，不對他們的偶像崇拜宣布上帝的咒詛。雖然祂醫好了病人，開了瞎子的眼睛，並使死人復活，但祂不容許罪惡的存在，他們對這位神聖的教師就只會有苦毒的辱罵、嫉妒、忌恨、惡意的猜測和仇恨。──《評閱宣報》，1895年8月6日。

From the Heart | 113

那時，天國好比十個童女拿著燈出去迎接新郎。

（太25：1；請參閱太25：1-13）

這些童女中有五個聰明的，有五個愚拙的，但她們都有燈。她們都確信必須為新郎的來臨作準備，並都已獲得了真理的知識。在聰明的童女和愚拙的童女之間，並沒有明顯的區別，直到有呼聲發出：「新郎來了，你們出來迎接祂」（太25：6），才顯露出了真情實況。聰明的童女預先準備了油在器皿裏，所以當燈光變得暗淡時可以補充到油。愚拙的童女沒有為這種緊急情況作準備，只好向聰明的童女懇切哀求。……她們疏忽了為迎接新郎而預備自己，於是就求助於已經預備了油的人。

我們在閱讀這個比喻時，只能對愚拙的童女表示同情，並且問：「為什麼聰明的童女不分油給她們呢？」但是當我們探討這個比喻的屬靈意義時，就會看到原因了。那些有信心和恩典的人，是不可能將信心和恩典分給那些沒有的人。那些在心中下了徹底工夫的人，無法把他們所得到的益處，分給那些只做了表面工夫的人。這十個童女似乎都為新郎的來臨作好了準備，但試驗卻證明有五個沒有準備好。

愚拙的童女不代表假冒為善的人。她們重視真理，提倡真理，有意前去迎接新郎。她們與相信真理的人交往，陪伴她們，她們有燈；燈代表真理的知識。

許多人迅速領受了真理，卻沒有吸收，讓真理的感化力保持下來。他們就像愚拙的童女，有燈卻沒有在他們的器皿裏預備油。油象徵聖靈，藉著相信耶穌基督而進入人心。凡多多禱告，認真查考聖經，以堅定的信心仰賴上帝，服從祂誡命的人，必成為聰明的童女所代表的人。——《評閱宣報》，1895年9月17日。

不忠心的僕人

那領一千的也進前來，說：「主啊，我知道你，你是個嚴厲的人：沒有種的地方也要收割，沒有播的地方也要收穫，我就害怕，去把你的一千銀子埋藏在地裏。」（太25：24—25）

這個比喻的教訓是明顯的。人的任何智力或財產都是主所委託的，是屬於主，要用來尊榮祂的。所以要予以善用，使之增多，讓主得到回報。但主所委託給人的許多才幹，都沒有得到回報，因為受託的人像那不忠心的僕人一樣，把自己的才幹存放在那不會增多的地方。

凡心中懷有自私的人，都會屈從撒但的試探，做不忠心的懶惰僕人。他們會埋藏自己受託的財富，不用來為主服務。……他們撒的甚少，甚至根本不撒，所以他們收得也少。雖然主已明白無誤地告訴他們這一點，他們還是心懷不滿，抱怨主是忍心的主人，對他們苛刻而不公正。

現今許多自稱認識上帝的人，正在做這樣的事。他們不滿和抱怨主的要求。他們雖然沒有直接指責上帝不公正，卻埋怨每一件要將他們的影響力或財力用於上帝聖工的事。無論是誰，若不充分利用上帝委託他們的恩賜，與天使合作努力造福自己的同胞，就必受到主的譴責：你這又惡又懶的僕人。你有我的恩賜可用，卻疏忽使用。……你自以為懂得很多，卻居心叵測地誤表了我，使別人以為我是不公、苛刻而強求的。「把這無用的僕人丟在外面黑暗裏，在那裏他要哀哭切齒了。」（太25：30）到那日，這些不忠心的僕人將會看到自己的錯誤，認識到他們因自私地把自己的銀子放在主得不到利益的地方，不僅喪失了自己所有的，也喪失了永遠的財富。——《評閱宣報》，1897年1月5日。

凡有的，還要加給他，叫他有餘；沒有的，連他所有的也要奪過來。

（太25：29）

接受耶穌為個人救主的人，會過謙卑、忍耐、仁愛的生活。他們獻身給主不是為了自己將得到的好處。他們已與基督合而為一，就像基督與父合而為一一樣，而且他們日日得賞，享有基督的謙卑、責備、捨己和自我犧牲。他們在遵守主的命令中得到喜樂，在真誠的服務中得到希望、平安和安慰；存著信心和勇敢的心，在順從的道路上前進，跟隨那為他們捨命的主。他們藉著獻身的生活，向世界表明這句話的真理：「現在活著的不再是我，乃是基督在我裏面活著。」（加2：20）

先知瑪拉基說：「那時，敬畏耶和華的人彼此談論，耶和華側耳而聽，且有紀念冊在祂面前，記錄那敬畏耶和華、思念祂名的人。」（瑪3：16）他們說的是抱怨、挑剔、自憐的話嗎？不！敬畏上帝的人與說話反對上帝的人完全不同。他們說的是有膽識、感恩和讚美的話。他們不用眼淚和哀歎，遮蓋上帝的祭壇。他們讚美上帝的恩慈，有公義日頭的光束照在臉上。

他們所說的話語使全天庭歡喜快樂。他們在屬世的財物上可能是貧乏的，但他們忠心地把上帝所要求的那部分獻給上帝，承認自己欠祂的債。他們人生的篇章不是由事奉自我所構成。他們本著仁愛感恩的心，唱著喜樂的歌把供物帶給上帝，像大衛一樣，說：「我們把從你而得的獻給你。」「萬軍之耶和華說：『在我所定的日子，他們必屬我，是我寶貴的產業。我必憐憫他們，如同人憐憫那服侍祂的兒子。』」（瑪3：17）

真正事奉上帝的人必敬畏祂，而不會像那不忠心的僕人所做的，把銀子埋在地裏，擔心主會拿回祂自己的東西。這些人只是害怕，唯恐未能善用自己的才幹，反而羞辱了創造他們的主。──《評閱宣報》，1897年1月5日。

令人神往的話語

從來沒有像祂這樣說話的！（約7：46）

基督的教訓既令受過教育的人神往，也常使沒有受過教育的人受益，因為祂是對他們的悟性施教。祂的例證取自日常生活的事物，雖然簡單，卻自有奇妙深奧的意義。空中的飛鳥、野地裏的百合花、種子、牧人及其羊群——基督用這些事物來說明不朽的真理。以後，每當祂的聽眾看到自然界中的這些事物時，就會想起祂的話。基督的這些例證不斷在重申祂的教訓。

基督總是使用最簡單的語言，但祂的話卻可使有深度而沒有偏見的思想家所接受，因這些話試驗了他們的智慧。屬靈的事總是應該用簡單的語言進行表述，即便是對有學問的人士，因為這等人通常不重視屬靈的事。最簡單的語言，最具有說服力。……基督的話安慰和鼓舞了當時聽道的人。這些話也是對我們現今的人說的。忠心的牧人怎樣了解和照顧自己的羊，基督也照樣關照自己的兒女。……基督非常了解自己的羊群。受苦和無助的人更是祂特別關照的對象。

基督不想讓祂的話語徒勞無功。……祂雖然沒有親筆寫下什麼，但聖靈卻使祂的門徒想起祂的一切言行，記錄下來使我們受益。基督的教導以最清晰明白的話記錄下來；任何人都不會誤解。但文士和法利賽人……卻曲解誤用了祂的話。主所說，那作為饑餓的心靈生命之糧的話語，對猶太官長來說卻是苦澀的。

基督在祂的登山寶訓中說話，似乎知道文士和法利賽人相信舊約聖經。他們就聚在現場，門徒也貼近他們所愛的「教師」。基督在那裏宣布：「你們的義若不勝過文士和法利賽人的義，絕不能進天國。」（太5：20）祂的話譴責了他們的形式主義和假冒為善。這句話雖然直接應用在祂面前的人，但也適用於現代不實行上帝旨意的人。其意義深遠，可一直傳到我們的世代。——《評閱宣報》，1897年5月18日。

葡萄樹和枝子

我就是真葡萄樹，我父是栽培的人。（約15：1）

基督在祂的教訓中，並不想張揚異想天開的事。祂來以最簡單的方式教導至關重要的真理，就連祂稱之為嬰孩的那等人也能明白。但在祂最簡單的比喻中，卻有一種深度和優美，是最有學識的人也研究不盡的。

葡萄樹常用來象徵以色列；基督當時給門徒的教訓就取自於此。祂原可用壯麗的棕樹代表自己，也可用高聳入雲的香柏樹，或展開枝條直入雲層強壯橡樹，來代表跟從祂之人的堅定和正直。但祂沒有這樣做，反而用帶有捲鬚的葡萄樹來代表祂自己和祂與真正跟從祂之人的關係。

「我就是真葡萄樹，我父是栽培的人。」

我們的天父在巴勒斯坦的山岡上，栽種了一棵佳美的葡萄樹。祂親自作栽培的人。那棵樹乍看上去沒有佳形美容，使人認出它的價值。它看起來就像根出於乾地，不怎麼引人注意。但當這棵樹受到關注時，就有人宣布它是源出於天的。拿撒勒人一看到它的榮美便覺神往。但當他們認為它會比他們更優美、更引人注目時，他們就竭力拔除這棵寶貴的葡萄樹，把它丟到牆外。耶路撒冷人撿起了這棵葡萄樹，折傷了它，把它踐踏在他們不聖潔的腳下。他們想要永遠毀滅它。但那天上的栽培者，從未忽視祂的葡萄樹。在人以為自己已經摧毀它之後，祂把它撿起來，將它重新種植在牆的另一邊。祂把它隱藏起來，使人看不到它。

每一個結果子的枝子都是葡萄樹的活代表，因為它結出了與葡萄樹一樣的果子。……每一個枝子也會表明自己是否有生命，因為哪裏有生命，哪裏就有成長。葡萄樹不斷地輸出賜生命的特質；樹枝所結出的果子即證明了這一點。

嫁接的枝子，在連結到葡萄樹上時怎樣獲得生命，罪人與基督連結時，也照樣與上帝的性情有分。有限的人與無限的上帝就聯合在一起了。——《評閱宣報》，1897年11月2日。

重價的珠子

天國又好比商人尋找好的珍珠，發現一顆貴重的珍珠，就去變賣他一切所有的，買下這顆珍珠（太13：45—46）

基督把天國比作珍珠，希使每一個人都重視那顆珠子超過一切。擁有那顆珠子，意味著擁有個人的救主。它是真正財富的象徵，遠超過地上一切的財寶。

基督隨時準備接納凡誠心來到祂面前的人。祂是我們唯一的盼望，是我們的阿拉法和俄梅戛。祂是我們的日頭和盾牌，我們的智慧、聖潔、公義。惟有靠著祂的能力，才能保守我們的心在上帝的愛裏。

有一次，基督警告門徒當心，不要把珍珠丟在那些沒有見識，不賞識其價值的人面前。……祂說：「不要把聖物給狗，也不要把你們的珍珠丟在豬面前，恐怕牠們踐踏了珍珠，轉過來咬你們。」（太7：6）

何時人若表明自己不受感動，賞識不出那重價的珠子；何時他們待上帝和別人不誠實；何時他們表明自己所結出的果子是禁果，你們就要當心，免得因與他們結交而失去與上帝的聯絡。

在耶穌裏的真理，能使我們正直，並保守我們的正直。真理乃是心靈的錨，又堅固又牢靠。但對於不順從的人而言，真理就不是真理了。男男女女漸漸遠離真理的原則，自然是辜負了神聖的委託。每個人不論採取什麼行動，都應確認上帝聖靈的大能已把真理栽培在他們心中。沒有這樣的體悟，傳道人會背叛他們的神聖職責，醫生會喪失信仰，律師、法官、議員會腐敗受賄，貪贓枉法。凡不像基督那樣行在光中的人，乃是瞎子領瞎子，「是無雨的浮雲，被風飄蕩；是秋天沒有果子的樹，死而又死，連根被拔出來。」（猶大書第12節）——《評閱宣報》，1899年8月1日。

耶穌說：「我告訴你，不是到七次，而是到七十個七次。」

（太18：22；請參閱太18：15－35）

聖經上寫著，「那時，彼得進前來，對耶穌說：『主啊，我弟兄得罪我，我當饒恕他幾次呢？到七次夠嗎？』耶穌說：『我告訴你，不是到七次，而是到七十個七次。』」（太18：22）……

「天國好像一個王要和他僕人算賬。他開始算的時候，有人帶了一個欠一千萬他連得的僕人來。因為他沒有什麼償還之物，主人下令把他和他妻子兒女，以及一切所有的都賣了來償還。那僕人就俯伏向他叩頭，說：『寬容我吧，我都會還你的。』那僕人的主人就動了慈心，把他釋放了，並且免了他的債。」

「那僕人出來，遇見一個欠他一百個銀幣的同伴，就揪著他，扼住他的喉嚨，說：『把你所欠的還我！』他的同伴就俯伏央求他，說：『寬容我吧，我會還你的。』他不肯。」

這個比喻旨在說明我們應該向別人表現溫柔憐憫的精神。這位王的饒恕，代表一種超自然的饒恕——上帝對一切罪惡的赦免。那位動了慈心，免了僕人之債的王，代表基督。

欠債的人既請求延期，並承諾說：「寬容我吧，我都會還你的。」王就收回成命；並豁免了他一切的債。他隨後很快就有機會效法那饒恕他的主的榜樣。可是這個大蒙憐恤的人，卻以一種完全不同的態度來對待他的同伴。

我們要學到的教訓，乃是必須具有真正饒恕的精神，就如基督饒恕了那根本還不了巨額債務的罪人一樣。我們應當謹記，基督已為犯罪的人類付出了無限的代價。我們要善待他們為基督買來的產業。——《評閱宣報》，1899年1月3日。

王子的婚宴

> 天國好比一個王為他兒子擺設娶親的宴席。他打發僕人去，請那些被邀的人來赴宴，他們卻不肯來。（太22：2－3；請閱讀太22：1－14）

國王先打發他的使者，去請那些稱為他選民的人。但這些人全神貫注於追求屬世的利益，拒絕了邀請，說：「請你准我辭了」（路14：18）。

那班首先蒙召的人既拒絕了邀請，王就打發他的使者到大路上去，那裏的人不那麼專注於又買又賣，又耕種又蓋造的事。

「王進來見賓客，看到那裏有一個沒有穿禮服的，就對他說：『朋友，你到這裏來怎麼不穿禮服呢？』那人無言可答。於是王對侍從說：『捆起他的手腳，把他扔在外邊的黑暗裏；在那裏他要哀哭切齒了。』」（太22：11－13）

有些人前來享受真理之宴的特權，卻沒有吃過上帝兒子的肉，喝過祂的血。他們自稱相信真道並將之教導他人，但他們做的卻是不義的工作。

最先受邀的人所拒絕的邀請，只得向外邦的世界發出了。它先是傳到「大路上」——那些積極從事世界工作的人，民間的領袖和教師們。

傳道人不應忽略那些向墮落世界發出最後憐憫信息的人。上帝的僕人應該接近他們，深切關心他們的福利，為他們禱告祈求。

基督在大宴席的比喻中，指示祂的使者也要到小路和籬笆，到這世界貧窮卑微的人那裏去，免得我們只想到大有恩賜的階層，卻忽視了處在卑微景況中較貧窮的階層。……要為各階層的人作工。——《評閱宣報》，1900年5月8日。

婚宴的禮服

王進來見賓客，看到那裏有一個沒有穿禮服的。

（太22：11；；請參閱太22：1－14。）

靠著聖靈的幫助，男男女女就能超凡脫俗，過聖潔的生活。凡自稱為信徒卻不如此行的人，乃是對真理作假見證。……他們沒有在言行舉止上，顯示真理改變人心的能力。主怎能喜悅那些不做任何努力以達到高尚標準的人呢？他們豈不是自稱接受了高尚的真理嗎？

上帝沒有叫人交出有益於身心健康的東西，而是叫人放棄低級的、使人軟弱的惡習。人若依戀這些惡習，就會被拒於天國門外。祂給他們機會享受所有可以享受，而不會遭受良心譴責、想起來也不會懊悔的樂事。為了他們現在和永恆的利益，祂叫他們培養使身心強健的美德。純潔的思想和正確的習慣，對我們作為人和作為基督徒的幸福來說都是必要的。我們如果願意見到王的榮美，就必須克服一切降低品格的事。

主能夠也願意幫助每一個尋求祂幫助努力變得聖潔的人。……你有沒有認真努力，克服與生俱來的犯罪傾向，戰勝那在接受真理之前就已成為生活一部分的習性與行為呢？那些自稱相信真理的人，在家中不整潔、無秩序，日常生活不像基督，與他們自稱接受基督之前一樣嗎？如果是這樣，他們就沒有宣揚那召他們出黑暗入奇妙光明者的美德。他們沒有披戴基督的義。

要努力堅決改進。要潔淨自己脫離肉體和靈性一切的污穢，敬畏上帝，得以成聖。衣着要乾淨整潔，態度要仁慈有禮。要純潔文雅，因為天國是非常純正高雅的。上帝既在祂的範圍內是聖潔的，我們也要在自己的範圍內聖潔。

要仔細研讀婚宴禮服的比喻，並將其教訓應用到自己身上。……那個來赴婚宴卻沒有穿禮服的人所代表的，乃是一切自稱有信仰，卻沒有改變習性行為的人。——《評閱宣報》，1901年2月26日。

主的葡萄園

有一個家的主人開墾了一個葡萄園，四周圍上籬笆。

（太21：33；請參閱太21：33－41）

聖經〈以賽亞書〉描寫了這個葡萄園：「我所愛的、他的葡萄園之歌。我親愛的有葡萄園在肥沃的山岡上。他刨挖園子，清除石頭，栽種上等的葡萄樹，在園中蓋了一座樓，又鑿出酒池。」（賽5：1－2）

這個比喻代表賜給以色列的優勢和機會。……他們經由摩西領受了上帝的律例和誡命。……上帝賜給他們財富和興盛。他們曾擁有一切屬世和屬靈的有利條件。十誡的律法像籬笆一樣圍護著他們。這使以色列人與地上其他民族迥然有別。

教會是上帝的特殊財寶，在祂眼中是寶貴的，是祂無限的愛心所關懷的。……家主為這個葡萄園作了充分的準備，使它受到最好的照應。凡能使擁有這葡萄園的人受尊榮的事，他們沒有留下一樣不做。

那偉大的自有永有者，用火、暴風和死亡救贖了祂的子民，要使他們光榮地作祂特別的代表。祂把他們從為奴之地帶了出來，把他們背在老鷹的翅膀上，帶來歸祂自己，讓他們住在至高者的蔭下。基督乃是以色列人在曠野漂流時看不見的領袖。……他們在經過紅海時目睹了上帝權能最奇妙的顯現。他們日復一日在雲柱下旅行；雲柱乃是上帝同在的象徵。

有這樣一位「領袖」，有祂的偉大和權能的顯現，以色列人本應激發出前進的信心和勇氣。……但過了紅海的人，卻只有兩個人活著進入了應許之地。

我們需要當心，免得遭遇古代以色列人同樣的命運。把他們悖逆和倒斃的歷史記載下來，是為了教育我們，免得我們重蹈他們的覆轍。——《評閱宣報》，1900年7月10日。

耶穌如何教導真理

認識你獨一的真神,並且認識你所差來的耶穌基督,這就是永生。

(約17:3)

基督若是認為有必要,原可向門徒展開種種奧祕,使人心的一切發明都黯然失色,望塵莫及。祂原可提出有關每一學科的真相,雖超越人的理智,卻毫不誤表真理。祂原可揭示未知的事,引人殫精竭慮、思考研究、累代不休、直至塵世終了。祂原可打開人心曾試圖打開的一扇扇通入奧祕之門。祂原可給人知識樹,供人歷代摘取,但這種工作對他們靈命的救恩來說並不是必要的。對上帝品格的認識,才是他們永恆的利益所不可缺少的。

生命和榮耀之主耶穌降臨,是為了人類的家庭栽種生命樹,邀請墮落的人類來享用它並得到滿足。祂來向他們顯明他們今生和來生唯一的指望、唯一的幸福是什麼。……祂不願讓任何事轉移祂對自己要來完成之工作的關注。

耶穌看到人需要讓自己的心,受上帝吸引,以便熟悉祂的品格,獲得基督在祂聖潔的律法中表明的義。祂知道,人人都必須如實地代表上帝的品格,好使他們不受撒但的誤表所欺騙,撒但已將他地獄的陰影橫阻在他們的道路上,使他們認為上帝有撒但般邪惡的特性。

無論在耶穌的日子,還是我們的日子,大家把世上的教師看得多麼偉大和明智,若要比起耶穌,他們都不值得景仰了;因為他們所說的真理都不過是祂所發明的。凡來自其他源頭的都是愚昧。就連他們說過的真理,在祂口中也美化榮耀了;因為祂把真理說得簡單易懂,卻又莊嚴高貴。——《時兆》,1893年5月1日。

迷失的羊

一個人若有一百隻羊，其中一隻走迷了路，你們的意見如何？他豈不留下這九十九隻在山上，去找那隻迷路的羊嗎？（太18：12；請參閱太18：11－14。）

牧人尋找迷羊的比喻，描寫了上帝溫柔忍耐忠貞不渝的大愛。我們默想上帝無私的愛，心中就湧出了感激、讚美和感恩，因祂獨生愛子的無價恩賜而頌讚祂。沒有什麼動物，像從羊欄走迷的羊，那樣無助而不知所措了。慈憐的牧人若是找不到那隻迷失的羊，牠就絕不會找到回羊欄的路。牧人必須把牠抱在懷中，帶回羊欄。

法利賽人隨時準備控告和定耶穌的罪，因為祂不像他們一樣排斥稅吏和罪人。……他們以為律法會證明他們是對的，不願把耶穌的教訓，所提出的憐憫和仁慈，帶入自己的實際生活中。……基督邀請惡人來就祂，並非要救他們在罪裏面存活，而是要救他們從罪裏面出來。

基督制定救恩的計畫，不是為某一個人或某一個民族。祂說：「我為羊捨命。我另外有羊，不屬這圈裏的，我必須領牠們來，牠們也要聽我的聲音，並且要合成一群，歸一個牧人了。」（約10：15－16）

但願每一個沮喪而缺乏信心的人都鼓起勇氣，即使他可能做錯了事，也不要灰心。……不要以為上帝或許會原諒你的罪過，容許你到祂面前，而要記住上帝已採取了主動，在你還悖逆的時候，祂就前來尋找你。

要在屬世的事上獲得成功，尚且需要鼓勵人擁有熱情和熱心；在尋找拯救失喪之人的事上，我們豈可沒有熱心呢？這件事具有雙重的目的：既使我們蒙福，又可使我們成為別人的福氣。藉著生命的轉變，我們每一個人都與耶穌基督有了生命的連結；祂就成了我們的智慧、公義、聖潔和救贖。──《時兆》，1894年1月22日。

浪子

一個人有兩個兒子。小兒子對父親說：『父親，請你把我應得的家業分給我。』他父親就把財產分給他們。（路15：11-12；請參閱路15：11-32）

耶穌為了答覆文士和法利賽人，指控祂與罪人交朋友，就講了迷失的羊、失落的錢和浪子的比喻，藉此說明祂的使命不是要使世人悲慘可憐，不是要定罪和毀滅，而是要挽回失喪的人。……這些人正是需要救主的人。

浪子不是一個安分守己的兒子。他不討父親喜悅，喜歡偏行己路。……他誤解了他父親的慈憐和愛心。父親愈是忍耐、仁慈、仁愛，兒子就愈不安分。他認為自己的自由受了限制，因為他的自由觀就是放縱。他既渴望擺脫一切權威，就掙脫了他父家的一切約束，不久就在放蕩的生活中花盡了他一切的財富。他所寄居的地方發生了一場大饑荒。他饑腸轆轆，不得不以豬吃的豆莢充饑。

這時沒有人對他說：「不要做那事，因為會傷害你自己。要做這事，這是對的。」在餓死的威脅之下，他去投靠當地的一個人。那人打發他去做最卑賤的工作——餵豬。雖然這對一個猶太人來說是極不體面的，但他還是願意去做任何事，因為他已山窮水盡。

他極其饑餓，卻不得充饑。在這種情況下，他想到了自己的父親口糧有餘，於是決心回到他父親那裏去。既作出了這個決定，就動身了，不考慮自己的體面。「相離還遠，他父親看見，就動了慈心，跑去擁抱著他，連連親他。」（路15：20）

家看上去還和他離開時一樣，但是他自己卻變化很大！父親沒有給他機會讓他說：「把我當作一個雇工吧！」他所受到的歡迎就已使他恢復了兒子的地位。——《時兆》，1894年1月29日。

大兒子

4月26日

大兒子就生氣，不肯進去，他父親出來勸他。（路15：28）

請注意比喻中的要點。大兒子從田裏回來了，聽見歡樂的聲音，就問是怎麼回事；得知他弟弟回來了，肥牛犢也宰了，為了他而預備宴席，大兒子就暴露出心中的自私、驕傲、嫉妒與惡毒。他覺得恩待浪子，對他來說乃是一種侮辱。父親出來勸他，但他沒有以正確的眼光看待這事，也不願因弟弟的失而復得，而與父親一同歡喜快樂。他要父親明白，要是他是父親，就不會接受這個兒子回來。他忘了那可憐的浪子是他的親兄弟。他粗魯地對父親講話，指控他待自己不公平，竟然向一個浪費了他產業的人施恩。他對父親說浪子是「你這個兒子」，然而儘管他有這一切不孝的行為，輕蔑傲慢的言語表情，父親還是耐心溫柔地對待他。

大兒子最終認識到自己不配有這麼仁慈體貼的父親了嗎？他終於明白雖然他弟弟行了惡，但仍是他的兄弟，他們的關係沒有因此而改變了嗎？他因自己嫉妒而後悔，並求父親饒恕自己這樣當面誤表他了嗎？

用這個大兒子的行為，來描述不悔改、不相信的以色列人是多麼貼切啊！他們不肯承認稅吏和罪人是他們的兄弟，需要饒恕他們，尋找他們，為他們作工；不要丟棄他們，任他們滅亡，而要引他們得到永生！這個比喻是多麼美好啊！它說明每一個悔改的罪人，都會受到天父的歡迎！天上的眾生會多麼喜樂地看到人回到他們天父的家裏啊！罪人不會遭受任何責備，任何嘲笑，誰也不會提出他們的不配。所需要的就是痛悔。詩人說：「你本不喜愛祭物，若喜愛，我就獻上；燔祭你也不喜悅。上帝所要的祭就是憂傷的靈；上帝啊，憂傷痛悔的心，你必不輕看。」（詩51：16-17）——《時兆》，1894年1月29日。

有一個律法師起來試探耶穌，說：「老師！我該做什麼才可以承受永生？」（路10：25；請參閱路10：30—37）

群眾都屏息等待耶穌的回答。但鑑察人心的主基督知道祂敵人的目的和意圖。祂把問題推回給那個提問的律法師，說：「律法上寫的是什麼？你念的是怎樣呢？」那律法師回答說：「你要盡心、盡性、盡力、盡意愛主你的上帝；又要愛鄰舍如同自己。」

律法師提了一個明確的問題，得到了同樣明確的回答。他在回答「律法上寫的是什麼」時，省略了一切沒有價值的儀文條例，只提出了兩大原則，即律法和先知的總綱。耶穌稱讚他回答得有智慧，說：「你這樣行，就必得永生。」

為了回答「誰是我的鄰舍呢？」，耶穌講了良善的撒瑪利亞人的比喻。祂知道猶太人只把本國的人算為鄰舍，並且蔑視外邦人，稱他們為狗、未受割禮的、不潔淨的和污穢的。他們尤其鄙視撒瑪利亞人。但是耶穌說：「有一個人從耶路撒冷下耶利哥去，落在強盜手中。他們剝去他的衣裳，把他打個半死，就丟下他走了。」

那個遭難的人這樣躺著時，一個祭司經過，只是瞥了一眼傷者。他既不願勞心費力破財幫助他，就從那邊過去了。又有一個利未人經過。他好奇地想知道發生了什麼事，就停下來看了看那個遭難的人。但他沒有同情心促使他去幫助那個垂死的人。他不喜歡做這事，他既想到事不關己，也就從那邊過去了。這兩個人都是擔任聖職的人，並且自稱是熟悉和解釋聖經的。他們在本國偏執的學校中受了教育，變得自私、狹隘而排外了。他們對任何人都不感到同情，除非那人是個猶太人。他們看了看那個受傷的人，但是看不出他是不是他們本國的人。他或許是一個撒瑪利亞人——於是他們就轉身走了。——《時兆》，1894年7月16日。

良善的撒瑪利亞人（二）　　4月28日

> 上前用油和酒倒在他的傷處，包裹好了，扶他騎上自己的牲口，帶他到旅店裏去，照應他。（路10：34）

在這個比喻中，耶穌講到了一個外人，一個鄰舍，一個遭難受傷垂死的弟兄。……祭司和文士雖然讀過律法，卻沒有將它帶入自己的實際生活。

在說到祭司和利未人，對待那個受傷之人的態度時，那個律法師並沒有聽到與他自己的觀念不同的內容，與他受教的律法所要求的形式和儀文也沒有什麼抵觸。但耶穌展示了另一幅畫面：「唯有一個撒瑪利亞人行路來到那裏，看見他就動了慈心，上前用油和酒倒在他的傷處，包裹好了，扶他騎上自己的牲口，帶他到旅店裏去照應他。」

耶穌在揭露了本國的代表人物所表現的冷漠和自私之後，便指出了猶太人所鄙視、憎恨、咒詛的撒瑪利亞人，在他們面前將他樹立為品格的榜樣。他的品格遠比自稱高尚公義的人優越。

每一個自稱為上帝兒女的人，都應注意這個教訓的每一細節。……那個撒瑪利亞人看到面前有一個受苦遭難需要幫助的人；他一看見就動了惻隱之心。

那個撒瑪利亞人隨從了仁愛之心的激勵。基督展示了這幅畫面，就是對祭司和利未人無動於衷的嚴厲責備。但這個教訓不只是給他們的，也是給現今基督徒的，是對我們的一個嚴肅警告。為了人性的緣故，我們必須對遭受苦難的人表示憐憫同情。

耶穌在良善的撒瑪利亞人的比喻中，描繪了祂自己的慈愛和品格。基督的一生對失喪和犯錯的人，充滿了愛心的行為。那個遭遇搶劫、遍體鱗傷的人代表罪人。淪喪的人類蒙受苦難，赤身露體，流血不止，一無所有。耶穌用自己的義袍遮蓋了那人。凡信祂的，不至滅亡，反得永生。──《時兆》，1894年7月23日。

4月29日　　　　不義的法官

我雖不懼怕上帝，也不尊重人，只因這寡婦煩擾我，我就給她伸冤吧，免得她常來糾纏我。（路18：4-5；請參閱路18：1-8）

基督在這個比喻中，將不義的法官與上帝進行了鮮明的對比。那個法官雖然不懼怕上帝，也不尊重世人，卻因寡婦的不斷請求而應允了她。他的心腸雖然冷酷如冰，但那寡婦堅持不懈的請求獲得了成功。他給她伸了冤，雖然他一點兒不同情她，也不憐憫她，對她的不幸根本不介意。「主說：『你們聽這不義之官所說的話。上帝的選民晝夜呼籲祂，祂縱然為他們忍了多時，豈不終久給他們伸冤嗎？我告訴你們，要快快地給他們伸冤了。』」

法官答應寡婦的請求，只是出於自私的動機，想要擺脫她的纏擾。這與上帝對待尋求祂之人的態度是何等不同啊！我們的天父或許看似沒有立刻回應祂子民的祈求和呼籲，但祂絕不會冷漠地轉身離開他們。在這個比喻和那個說到人半夜起來將餅給朋友，讓他幫助一位旅客的比喻中，我們受到教導知道上帝垂聽我們的禱告。我們經常以為自己的禱告不蒙垂聽，並且懷存疑惑，不信任上帝。其實我們應該相信主的應許：「你們祈求，就給你們；尋找，就找到；叩門，就給你們開門。」（路11：9）

什麼是祈禱呢？——只是陳說我們心靈的饑渴嗎？不是的！禱告是陳明我們的困惑和需求，提出我們需要上帝幫助我們來對付仇敵魔鬼。……我們要祈求主保護我們的生命，保守我們的每一才幹和能力，使我們能向創造我們的主獻上最高的服務。

那位公義的「法官」不會排斥任何懷著痛悔的心來到祂面前的人。祂喜愛一個正與塵世的試探搏鬥的教會，過於圍繞祂寶座的威嚴天軍。沒有一個真誠的禱告會落空。在天上詩班的讚美歌聲中，上帝聽到最軟弱之人的呼求。你這自感極其不配的人哪，要把你的事交給祂，因為祂在側耳聽你的呼求。「上帝既不顧惜自己的兒子，為我們眾人捨了祂，豈不也把萬物和祂一同白白地賜給我們嗎？」（羅8：32）——《時兆》，1898年9月15日。

法利賽人和稅吏

上帝啊，我感謝你，我不像別人……也不像這個稅吏。

（路18：11；請參閱路18：9—14）

這兩個人到同一個地方禱告，都來朝見上帝。但他們之間有多麼大的區別啊！一個充滿了自詡之情。他的表情，步態和祈禱都表明這一點。另一個則充分意識到自己的貧乏。那個法利賽人被人認為在上帝面前是義人，他自己也是這樣看的。那位稅吏卻在自己的謙卑中，視自己無權得到上帝的憐憫或嘉許。

稅吏連舉目望天也不敢，只捶著胸說：「上帝啊，開恩可憐我這個罪人！」鑑察人心的主垂看這兩個人，看出了每一個禱告的價值。祂不看外表，祂的判斷也不像人的判斷。祂並不按照我們的等級、才幹、教育或職位來評價我們。……祂看到那個法利賽人充滿了自負和自義，就在他的名下記著：「你被秤在天平上，秤出你的虧欠來。」（但5：27）

天上的至尊降卑自己，從最高的權威和與上帝同等的地位，降到了最低下的地位，取了奴僕的形像。祂作木匠，親手勞力作工盡自己的本分供養家庭。……祂的謙卑不在於低估自己的品格和資格，而是降卑自己到墮落的人性，為要提拔人類與祂一起過更高尚的生活。

最接近上帝，最尊榮上帝的人，是最不自負自義，最不倚靠自己，最不信任自己，而以謙卑倚靠的信心等候上帝的人。

驕傲自大與謙虛卑微相比，確實是薄弱的。我們的救主征服人心，是藉柔和、樸素、謙遜的態度。

上帝懷著喜悅的心情從高天垂顧凡倚靠相信祂的人。這樣的人充分意識到自己對祂的依賴。當他們祈求時，祂就高興地應允他們。「因祂使心裏渴慕的人得以滿足，使飢餓的人得飽美食。」（詩107：9）——《時兆》，1897年10月21日。

5
May

我雖然行過死蔭的幽谷，也不怕遭害，
因為你與我同在；你的杖，你的竿，都安慰我。

（詩23：4）

From
the
Heart

　　　　　　　　　罪人與義人

我雖然行過死蔭的幽谷，也不怕遭害，因為你與我同在；你的杖，你的竿，都安慰我。（詩23：4）

我們常聽說有人把基督徒的生活描繪為充滿考驗、悲痛和憂傷，很少歡樂和安舒，他們給人的印象往往是，假如他們放棄自己的信仰和永生的努力，景況就會變得幸福愉快。但我卻蒙引導將罪人的生活和義人的生活作了比較。罪人不想討上帝喜悅，所以就不會對祂的嘉許感到愉快。他們享受罪中之樂和世間的娛樂並非沒有煩惱，而是深感這種必死人生的不幸。有時他們極其愁煩。他們畏懼上帝，卻不愛祂。……

罪人會免遭失望、困惑、屬世事物的損失、貧窮和痛苦嗎？不會！在這方面他們與義人一樣不安全。他們常為纏綿的疾病所困，沒有強壯有力的膀臂可以依靠，也沒有來自更高權威的恩惠來加給他們力量、扶持他們。他們不能快樂地指望復活之晨，因為他們沒有與蒙福的人同享的快樂盼望。面對將來，他們彷徨恐懼，得不到絲毫安慰。他們就這樣瞑目而逝。這就是可憐罪人過虛空娛樂人生的終局。

基督徒會遭遇疾病、失望、貧窮、恥辱和痛苦。但在這一切逆境之中，他們仍然愛上帝，喜愛實行祂的旨意，並視祂的嘉許為無上的賞賜。在今生種種爭戰、試煉和變幻無定的境況中，他們知道那一位必會明瞭這一切，願意側耳垂聽悲苦受難者的呼求，同情每一憂傷，並撫慰各人心中最強烈的痛苦。祂邀請憂傷的人到祂這裏得安息。基督徒在他們的一切患難中，能得到充分的慰藉，即使他們在離世以前遭受纏綿而痛苦的疾病，他們也能欣然忍受這一切，因為他們與自己的救贖主保持著交通。——《評閱宣報》，1895年4月28日。

基督徒會得到什麼？

你們要先求上帝的國和祂的義，這些東西都要加給你們了。

（太6：33）

許多人談到基督徒的人生，總以為它會剝奪我們的享受和屬世的快樂。我卻說，它拿不走任何值得保留的事物。基督徒是否也會經歷困惑、貧窮和苦難呢？當然，這一切在此生都是預料之中的。但是所謂享受今世歡樂的世人，能否免除人生的不幸呢？我們豈不是常常看到他們面頰蒼白，痛苦地咳嗽，患有致命的疾病嗎？他們豈不是易發高燒，易患傳染性疾病嗎？我們還常常聽到他們，抱怨遭受了嚴重的財物損失；想想看，那是他們唯一的財富啊！他們損失了一切。人往往忽視世人的這些煩惱。

基督徒常常以為，只有自己的處境是艱難的。有些人似乎以為，信奉不受歡迎的真理，承認自己跟從基督是屈辱的事。這條路似乎難行。他們以為自己須作出很多的犧牲，但實際上他們一點犧牲也沒有。假如他們真的得蒙接納為上帝家裏的一分子，他們又有什麼犧牲呢？他們因跟從基督，或許與貪愛世界的親屬斷絕了友誼，但應該注意他們所換得的是什麼——他們的名字已被記錄在羔羊的生命冊上——得蒙提拔，是真的！他們大大蒙提升而得享救恩，還成為上帝的後嗣，與耶穌基督同作後嗣，承受那永不衰殘的基業。他們與世上親屬的關係，雖因基督的緣故斷裂了，卻有一個更強的關係形成了，就是把有限的人與無限的上帝連結在一起。我們是否因放下謬論換取真理、放下黑暗換取光明、放下軟弱換取力量、放下罪而換取義，並放下屬世必至滅沒的名號和家業，以換取永存的尊榮和永不衰殘的財寶，竟稱這些為犧牲呢？

如果說有一等人可享受今生的真幸福，那就是忠心跟從耶穌基督的人了。……基督徒若是常思慮路上的艱難，就會使道路比實際更加難行。他們若思考路上的亮點，並因每一線亮光而感恩，然後思考在跑道終點等著他們的豐厚獎賞，而不是陰鬱、悲哀、抱怨，他們就會笑逐顏開了。——《評閱宣報》，1895年4月28日。

慷慨待人，必然豐裕；滋潤人的，連自己也得滋潤。（箴11：25）

上帝憑著祂的智慧，在救恩的計畫中，制定了作用與反作用的定律，使各種慈善事業都加倍蒙福。那濟助貧乏的人，既造福他人，也使自己得蒙更大的福分。

我們的救贖主為了使我們不致失去善行的幸福之果，就制定了徵召我們作祂同工的計畫。祂藉著一連串可使我們動慈心的環境，賦與我們培養仁慈行為的最妙方法，使我們習慣於濟助窮人，推進祂的聖工。這個敗壞的世界迫切需要我們運用財力和感化力，去向人傳揚他們所極為缺乏的真理。……我們在施捨上造福他人，便積蓄了真財富。

基督的十字架呼籲每一個跟從賜福救主的人行善。十字架所闡明的原則，是捨了又捨。這原則在一切仁慈與善行中切實表現出來，便是基督化生活真實的果效。世俗之人的原則卻是得了又得，期望由此謀福利，但是從各方面實行起來，其結果卻是悲苦和死亡。

基督分派人去做傳揚福音的工作。有些人要出去傳道，但是還有些人，主卻要他們奉獻捐款來維持祂在地上的聖工。這是上帝提拔我們的一種方法，也正是我們所需要的工作，因為這能引動我們心中最深切的同情，並使我們運用心智的最高機能。

上帝設下捐獻的計畫，使我們可以變得像我們的創造主，有仁慈無私的品格。

相信基督的人要使祂的愛永垂不朽。……要存著克己犧牲的精神團聚在髑髏地的十字架周圍。當你站在十字架之前，看到天國之君為你而死時，你豈能封住自己的心說：「不，我沒什麼可奉獻的！」你若盡自己的力量，上帝就必賜福與你。——《評閱宣報》，1907年10月3日。

上帝要得太多嗎？

不要愛世界和世界上的東西。（約一2：15）

我們在耶穌裏，看見了美麗、可愛和榮耀。我們看見祂有無比的優美。祂本是天上的至尊。祂使全天庭充滿了光輝。天使崇拜愛慕祂，在祂面前俯首躬身，樂於聽從祂的命令。我們的救主卻放棄了一切。祂離開自己的榮耀、王權和光輝，降到這個世界，為叛逆、違背了祂父命令的人類而死。基督屈尊降卑，拯救墮落的人類。祂喝了苦杯，換給我們福杯；是的，祂為我們喝盡了苦杯。許多人雖然知道這一切，卻選擇繼續留在罪惡和愚妄中；然而耶穌仍在邀請他們。祂說：「凡願意的，都可以來白白取生命的水喝。」

上帝聖言的真理必須對我們產生影響，我們也必須持住這些真理。我們若如此行，真理就會對我們的生活產生聖化的影響，使我們預備好承受榮耀的國，以致當寬容時期結束時，我們可以見到君王的榮美，並永遠住在祂面前。……

上帝要你整個人的力量。祂要你與世界和世上的事分離。「不要愛世界和世界上的東西，若有人愛世界，愛父的心就不在他裏面了。」（約一2：15）祂所求於你們的，就是與愛世界的心分離。有什麼賜給你來代替它呢？「我要作你們的父。」（林後6：18）當你周圍的人不願意順從基督對他們的要求時，真理會不會因而要求你獨自堅守崗位事奉上帝呢？會不會要求你在感覺上是從他們中間分別出來的呢？肯定會，這就是你必須背負的十字架。這使得許多人要說：「我無法順從真理的要求。」但是基督說：「人若愛自己的父母、弟兄、姊妹過於愛我，就不能作我的門徒。無論誰願意跟從我，願意做我的門徒，就要背起他的十字架來跟從我。」這裏有捨己犧牲的十字架，要在感情上與那些不願順從真理要求的人分離。祂為你犧牲了一切，你為祂做這樣的犧牲豈是大的嗎？——《評閱宣報》，1870年4月19日。

天天背負我們重擔的主，就是拯救我們的上帝，是應當稱頌的！
（詩68：19）

基督徒應當是世上最樂觀最幸福的人。他們感受到上帝是他們的天父和永久的朋友。但許多自稱是基督徒的人，沒有正確地表現基督教的信仰。他們時常愁眉不展，好像是被烏雲籠罩一般。他們常談到，因作基督徒而付出的巨大犧牲。他們藉自己的言行，勸導那些還沒有接受基督的人，放棄一切使人生愉快而喜樂的事物。他們用黑暗掩蓋了基督徒有福的指望。他們給人的印象是：上帝的要求即使對於甘心順從的人也是一個重擔，甚至連一切能使人快樂或有好滋味的事物，都必須割捨。

我們毫不遲疑地說，這一等自命為基督徒的人，其實是有名無實的。上帝就是愛。任何人住在上帝裏面，就是住在愛裏面。凡真正藉實際經驗體會到我們天父的慈愛和溫柔憐憫的人，必隨處散發光明與喜樂。他們的為人與感化力，對於親友宛如鮮花之芬芳，因他們與上帝和天國已有聯繫，於是天國純潔而高尚的美，便可藉著他們傳與其影響範圍所及的人了。這樣就使他們成為世上的光，世上的鹽。

畫家是從何處取得他的圖樣呢？從自然界。但那位藝術大師，已將夕陽餘的景色展示於高天變幻莫測的畫布上。祂已將金色、銀色與深紅的美麗色彩附於天上，宛如高天之門已經敞開，使我們可以瞻仰它的光彩，而在想像中體會到其中的榮美。

當我們受自然界的美景所吸引，因上帝為人類的幸福而創造的這些事物而聯想到祂的品格時，就會視上帝為溫柔慈愛的父親，而不只是一位嚴厲的法官。……當我們在大自然中默想上帝時，我們的心就會甦醒悸動，更敬愛祂了。──《評閱宣報》，1871年7月25日。

老底嘉教會

凡我所疼愛的，我就責備管教。所以，你要發熱心，也要悔改。

(啟3：19)

上帝給老底嘉教會的信息是一道驚人的申斥，亦適用於現今的上帝子民。主在這裏指示我們，祂已呼召傳道人去警告祂的子民。他們所傳的信息，不是平安穩妥的信息。……給老底嘉教會的信息中所描繪的上帝子民，似乎處在肉體安全的狀況之中。他們很安逸，相信自己有很高的靈性造詣。

那位真實見證者的信息指出：上帝的子民處於不幸的騙局之中，而竟然相信該騙局為真。他們不知道自己的處境，在上帝看來是可悲可歎的。當這些人自滿地說自己處在很高的屬靈境況中時，那真實見證者的信息卻打破他們的安全酣夢，用驚人的申斥說明他們屬靈實況，乃是瞎眼、貧窮和赤身的。

基督徒的生活是不住地戰鬥及前進。在戰鬥中不容稍懈休息。藉著不住的努力，我們才能保持勝利，勝過撒但的試探。……聖經上的見證十分明顯，非常豐富，足以支持我們的立場。但我們所極其缺少的，就是聖經上提及的謙卑、忍耐、信心、愛心、克己、警醒及犧牲的精神。我們需要培養聖經上提及的聖潔。現今罪惡流行在上帝子民之中。……許多人依戀自己的疑心和所喜愛的罪，同時卻大受迷惑，說話行事覺得自己毫無所缺。

所有基督十字架的精兵，實際上都肩負著出去與眾生之敵相戰、譴責錯誤和支援正義的義務。……永生是無限寶貴的，值得我們付出一切。

傳道人單傳講理論的主題是不夠的。他們需要研究基督給門徒的實際教訓，將之確實應用在自己和別人身上。這道責備的證言是基督所發的。難道我們能說祂對自己的子民缺少慈愛之心嗎？斷乎不能！……祂乃是責備祂所疼愛的人。——《評閱宣報》，1873年9月16日。

創造

上帝看一切所造的，看哪，都非常好。（創1：31）

亞當與夏娃從他們的創造主手裏被造出來的時候，身、心、靈各種稟賦都是全備的。上帝為他們設立了一個園子，並在他們四周安置了各樣悅目可愛的事物，以及他們肉體所需要的一切。這對聖潔的夫婦面對一個無比可愛榮耀的世界。……慈善的創造主向他們顯明了祂良善仁愛的證據，供給他們水果、菜蔬和五穀，並使地上生出各樣美麗有用的樹木。

這對聖潔的夫婦觀看大自然，猶如一幅無比可愛的圖畫。褐色的大地上覆蓋著一層鮮綠的地毯，其間點綴著各式各樣變化無窮而自動繁殖、自動生長的鮮花。灌木、花卉與藤蔓的美麗與芳香令人心曠神怡。多種巍然高聳的樹林結滿了形形色色美味的鮮果，適合快樂的亞當夏娃的口味，滿足他們的需要。上帝為我們的始祖預備的這個伊甸家園，給了他們無誤的證據，證明祂對他們的大愛和關懷。

上帝把亞當加冕為伊甸園中的王。授與他對所造一切生物的統治權。上帝賜給亞當和夏娃的智力是動物所沒有的。祂讓亞當合法地治理祂所創造的萬物。按照上帝形像所創造的人類，能夠思考和欣賞自然界中上帝的榮耀作為。

那環繞他們的天然之美像鏡子一般，反照他們天父的智慧、卓越與仁愛。他們深情的讚歌，悠揚而恭敬地上達於天，與高貴的天使及無憂無慮唱著美妙樂曲之快樂鳥兒的歌聲相和。完全沒有疾病、衰弱與死亡。眼目所見的事物都充滿著生氣。大地也孕育著生命。在每一片葉子，每一朵花兒和每一棵樹裏都有生命。——《評閱宣報》，1874年2月24日。

只是知善惡的樹所出的，你不可吃，因為你吃它的日子必定死！

（創2：17）

上帝知道亞當夏娃若不勞動就不會快樂，就給了他們修理看守伊甸園的愉快工作。當他們管理周圍美好有用之物時，就可在上帝的創造之工上，看到祂的良善和榮耀。亞當夏娃在伊甸園中，可以思考有關上帝作為的許多題目。伊甸園是天國的縮影。上帝造人不僅是讓他們思想祂大能的作為。祂既賜給人心智進行思考，也賜給人雙手從事勞動。如果無所事事會給人帶來幸福，創造主就不會給他們指定工作了。在默想和勞動之中，亞當和夏娃可以得到幸福。他們可以思索自己是按照上帝的形像造的，要在公義和聖潔上與祂相似。他們的心思可以繼續培養發展而成為文雅高貴的；因為有上帝作他們的教師，有天使作他們的同伴。

上帝讓亞當和夏娃經受試驗，使他們為自己的幸福，也為他們創造主的榮耀而形成堅定純正的品格。祂賦予那對聖潔夫婦的智慧心力，優於祂所造的其他任何生物。他們的智慧只比天使低一點兒。他們熟悉自然界的莊嚴和榮耀，在創造之工中明白他們天父的品格。他們眼目所見，盡是天父慷慨手筆的浩瀚作為，見證祂的慈愛和無限權能。

上帝給亞當夏娃上偉大的道德課的第一課就是捨己。自制的韁繩放在他們手中。判斷力、理智和良心要起主導的作用。……亞當夏娃可以吃園中所有樹上的果子，只有一棵樹除外。上帝只給了他們這一道禁令。那棵禁樹與園中所有的樹一樣優美可愛。它稱為知善惡的樹，因為他們若吃了上帝所說「你們不可吃」的那樹上的果子，就會有罪的知識和不順從的經驗。——《評閱宣報》，1874年2月24日。

墮落

只是園子中間那棵樹的果子，上帝曾說：「你們不可吃，也不可摸，免得你們死。」（創3：3）

夏娃離開了丈夫的身邊，觀賞上帝所創造的自然美景，因鮮花的絢爛芬芳和樹木灌木的美妙怡人而賞心悅目。她想到了上帝就知善惡的樹加給他們的限制。她對主供給滿足他們每一需要的美物和恩惠深感滿意。她說：「所有這一切，上帝都給我們享用。」

夏娃漫步走近了那棵禁樹，不禁產生了好奇心，想知道死怎麼會隱藏在這棵美樹的果子裏呢？她驚訝地聽到一個陌生的聲音接續並重複了自己的疑問：「上帝豈是真說，你們不可吃園中任何樹上所出的嗎？」（創3：1）夏娃沒有意識到她的自言自語，已經洩露了自己的思想，所以聽到蛇重複她的疑問便大感驚訝。她以為，那蛇知道她的想法，牠一定非常聰明。

她回答說：「園中樹上的果子，我們都可以吃；只是園子中間那棵樹的果子，上帝曾說：『你們不可吃，也不可摸，免得你們死。』蛇對女人說：『你們不一定死；因為上帝知道，你們吃的日子眼睛就開了，你們就像上帝一樣知道善惡。』」（創3：2-5）

對於上帝的命令，夏娃誇大其辭了。上帝曾對亞當夏娃說：「只是知善惡的樹所出的，你們不可吃，因為你吃它的日子必定死。」在夏娃與蛇的談話中，她加了這一句：「你們不可吃，也不可摸，免得你們死。」夏娃的話給了牠機會，牠就摘下了果子，放在她手中，並利用了她的話：「祂曾說：『你們也不可摸，免得你們死。』你看，你摸了果子，沒什麼傷害臨到你呀！你吃了它也不會受害的。」她吃了那果子，沒有馬上感受到傷害。於是就為自己和自己的丈夫摘了果子。

亞當夏娃本應完全滿足於，在上帝的創造之工中藉著聖天使的教導認識上帝。……他們不知道罪，原是為了他們的幸福。——《評閱宣報》，1874年2月24日。

應許的救贖主

我要使你和女人彼此為仇，你的後裔和女人的後裔也彼此為仇。祂要傷你的頭，你要傷祂的腳跟。（創3：15）

亞當夏娃本應完全滿足於，在上帝的創造之工中，藉著聖天使的教導認識上帝。……他們以為藉著吃禁果可以達到崇高的知識境界，哪知竟陷入了罪與內疚的墮落深淵。

天使曾在亞當夏娃犯罪，與被逐出伊甸家園以前奉命保護他們，現在則奉命看守樂園的門，和通向生命樹的路，免得他們回來吃生命樹的果子，使罪永存不朽。

罪把亞當夏娃趕出了樂園，也使樂園從地上移走。他們承受了違背上帝律法的後果，喪失了樂園。這個樂園可以在我們對天父的律法產生順從之時，全因對祂兒子贖罪寶血的信心而重新得着。

撒但喜不自勝地向基督和忠誠的天使誇耀說，他已成功地爭取了一部分天使與他聯合大膽反叛，而今他又成功地制服了亞當夏娃。他聲稱他們的伊甸園是屬於他的了。他帶著驕傲而自誇說，上帝所造的世界是他的領土。他既勝過了世界的王亞當，就使人類成了他的國民。他現在應該擁有伊甸園作他的總部。他要在那裏建立他的寶座，作世界的王。

但天庭立即採取了措施，挫敗撒但的計畫。大能的天使，帶著四面轉動發火焰的劍，擔任哨兵，把守通向生命樹的道路，使撒但和那對有罪的夫婦無法接近。

天上舉行了會議，決定由上帝的愛子，負責救贖墮落人類脫離咒詛和亞當失敗的恥辱，以便戰勝撒但。這是何等奇妙的屈尊俯就啊！天上的至尊竟因愛憐墮落的人類，而自動提出作他們的替身和中保。——《評閱宣報》，1874年2月24日。

上帝的鏡子

律法本是要人認識罪。（羅3：20）

上帝的律法是一面鏡子，照出男男女女品格上的缺點。可是那些喜愛不義的人，是不喜歡看到自己道德方面的缺陷。他們不珍視這面忠實的鏡子，因為它暴露了他們的罪。所以，他們不去與自己屬肉體的心爭戰，反倒與那面忠實的鏡子為敵。這鏡子是耶和華特意賜給他們的，為要不至受騙上當，並照出他們品格上的缺點。他們發現了這些缺點之後，應該恨自己呢？還是恨鏡子呢？他們應該把暴露這些缺點的鏡子放在一邊嗎？不應該！他們所喜愛的罪，就是那面忠實的鏡子所顯露存在於他們品格之中的罪，將會在他們面前關閉天國的門戶，除非他們放棄這些罪，在上帝面前成為完全。

請聽忠心使徒的話：「律法本是要人認識罪。」這些熱心廢除律法的人，若在除掉自己的罪上表現出熱心，就會好得多了。

上帝造人原是正直的，但我們墮落了，降格了，因為我們不肯順從上帝的律法對我們的神聖要求。我們一切的慾望，若是得到適當的控制和正確的指導，就會促進我們身體和道德的健康，保證我們得到更多的幸福。姦夫淫婦和一切行淫放蕩的人，並非享受人生的人。違背上帝的律法不可能有真正的喜樂。主知道這一點；所以祂才約束我們。祂既指示這道命令，也積極地禁止。

罪看起來並不是窮兇極惡，除非用上帝賜給我們作為品格試驗的誠實鏡子來照它，才知道它的可憎。當男男女女承認上帝律法的要求，並且站穩在永恆真理的立場上時，就站在主能賜給他們道德能力的地方，使他們的光在人前照出來，叫他們看見他們的好行為，便歸榮耀與我們在天上的父。

他們的行為必以前後一致為特徵，別人就不會指責他們偽善淫蕩。他們既有基督的靈所充滿，就能以大能傳講基督。他們說出的真理自是會融化人心，使人心裏火熱。——《評閱宣報》，1870年3月8日。

讚美上帝！

眾百姓都舉手應聲說：「阿們！阿們！」（尼8：6）

上帝藉著詩人說：「凡以感謝獻祭的就是榮耀我。」（詩50：23）敬拜上帝主要包括讚美和禱告。每一個跟從基督的人，都應該參加這樣的敬拜。誰也不能讓別人來替他歌唱、作見證和禱告。禱告會上所作的見證，通常過於陰鬱，散發出來的往往是抱怨而不是感恩和讚美。

上帝在對古代的希伯來人說話的時候，吩咐摩西說：「眾百姓要說：『阿們！』」（申27：16）要求他們作出這個熱情的回應，是要表明他們明白了主的話語並且感興趣。

當上帝的約櫃抬進大衛的城時，眾民唱起了歡樂得勝的詩歌，都說：「阿們！」大衛感到他的辛勞和憂慮得到了充分的回報。

在教會中有太多的形式主義。……我們應該與眾光之源密切連結，向世人作傳光的管道。主希望祂的傳道人靠聖靈得著能力傳講聖道。聽道的人不應坐在那裏昏昏欲睡、漠不關心，或目光呆滯、茫然若失，不對所講的道作任何回應。世界的精神麻木了這種人的靈性，使他們對救贖的寶貴題目沒有感悟。上帝聖言的寶貴真理，乃是要傳給發沉的耳朵，以及剛硬不受感動的心。……這些遲鈍呆滯、漫不經心的人，在從事屬世的業務時，卻表現出了雄心和熱忱，而對於具有永恆重要性的事，卻不像屬世的事那樣使他們全神貫注、興致勃勃。

多結果子的基督徒必與上帝聯絡，並在屬上帝的事上聰穎。他們默想真理和上帝的愛。他們以生命的道為糧。當他們聽到講臺上宣講真理時，就會像那兩個前往以馬忤斯的門徒一樣，因在路上得蒙基督解釋有關祂自己的預言便說：「在路上祂和我們說話，給我們講解聖經的時候，我們的心在我們裏面豈不是火熱的嗎？」（路24：32）

凡與那光聯絡的人，必將他們的光照耀世界，也必在他們的見證中讚美上帝，他們心中洋溢著對祂的感激。——《評閱宣報》，1880年1月1日。

他們唱新歌，說：「你配……因為你曾被殺，用自己的血從各支派、各語言、各民族、各邦國中買了人來，使他們歸於上帝，又使他們成為國民和祭司，歸於我們的上帝；他們將在地上執掌王權。」（啟5：9-10）

上帝信任我們，叫我們作錢財和祂豐盛恩典的管家；現在又把那些困苦、貧乏、受壓迫的人，以及受迷信和謬誤捆住的人，指給我們看，並應許如果我們善待他們，祂就認為這是做在祂自己身上的。祂說：「這些事你們做在我弟兄中一個最小的身上，就是做在我身上了。」（太25：40）

不可剝奪窮人捐獻的權利。他們也可與富人一樣，在這工作上有分。基督在窮寡婦的兩個小錢上給我們的教訓，使我們知道窮人，雖是微小數目的捐獻，但只要本著愛心樂意獻上，同富人所捐最大宗的款項，同樣都是蒙主悅納的。

凡在受託的財物上作明智管家的人，將要享受他主人的快樂。是什麼快樂呢？「我告訴你們，一個罪人悔改，上帝的使者也是這樣為他歡喜。」（路15：10）凡忠心從事救靈工作的人，將得着快樂的嘉獎和神聖的祝福。他們將與那些把收成帶回家的人一同歡喜快樂。上帝的贖民聚首一堂——集合在為他們預備的住處，將是何等大的喜樂啊！對於凡曾與上帝一起公正而無私地勞苦作工推展祂地上聖工的人，這是多大的快樂啊！每位收割者都將得到極大的滿足，他們要聽見耶穌像音樂般的嘹亮聲音說：「你們這蒙我父賜福的，可來承受那創世以來為你們所預備的國。」（太25：34）

那些與上帝同工的人，懷著喜樂歡欣的心情，看見自己為淪亡待斃的罪人所作勞苦的功效，便心滿意足了。……他們為支持這工作而實行的自我犧牲，不再有人追想了。當他們看到自己所曾尋找歸向耶穌的人，看到他們永遠得救，作為上帝憐憫和救贖主慈愛的紀念時，讚美和感恩的歡呼聲，就要響徹整個天庭。——《評閱宣報》，1907年10月10日。

時候不多

地和海有禍了！因為魔鬼知道自己的時候不多，就氣憤憤地下到你們那裏去了。（啟12：12）

在這些危險的日子中，耶穌基督是唯一的避難所。撒但正暗中祕密作工，狡猾地引誘跟從基督的人離開十字架，陷入自我放縱和邪惡中。

對一切會加強基督聖工並削弱撒但能力的事，他都反對到底。……他沒有一刻休息，因他看到正義取得優勢。他有惡天使的軍團，奉差到凡有天國亮光照在人身上之處，在那裏安插崗哨，攫取每一個不謹慎的男女、兒童，讓他們去事奉他。

上帝希望祂的聖工是有條有理的，而不是雜亂無章的。祂希望我們用信心仔細準確地做工，使祂可以印上嘉許之印。凡愛祂並且存敬畏和謙卑的心行在祂面前的人，祂都必賜福、引導，使他們與上天聯合。祂的工人若依賴祂，祂就必賜給他們智慧，並糾正他們的軟弱不足之處，以便他們能盡善盡美地作主的工作。

好行為本身不會拯救任何人，但我們不可能不帶著好行為而得救（見編者注）。我們靠耶穌的聖名和力量做了自己所能做的事，就當說：「我們是無用的僕人。」（路17：10）別將渺乎小哉的服務，看成了不起的犧牲而應該領取大賞賜。

我們必須穿上軍裝，預備好成功地抵擋撒但一切的攻擊。我們對他狠毒而殘忍的權勢估計不足。當他在一個地方被打敗時，就會改換陣地並實施新的戰術，捲土重來，行奇事迷惑人、毀滅人。

基督要求全部。扣留任何東西都不行。祂已用無限的代價買了我們，並要求我們把所擁有的一切獻給祂為甘心祭。我們若將心靈和生命全然獻給祂，就必有信心取代疑惑，信任取代不信。——《時兆》，1876年4月20日。

編者注：這句話意思是說我們不僅不能把好行為高舉為得救之條件，並且我們不應以服事上帝的好行為來向上帝取得什麼，因一個人得救必自然帶有好行為。

出來並且分別

你們務要從他們中間出來，跟他們分別；不要沾不潔淨的東西，我就收納你們。（林後6：17）

有一個應許賜給我們，是以順從為條件的。我們若從世人中間出來，與他們分別，不沾不潔淨的物，祂就收納我們。這是我們蒙上帝悅納的條件。我們自己有責任要盡。這裏有給我們的工夫。我們要表明自己是從世俗分別出來。與世俗為友，就是與上帝為敵。我們不可能既與世俗為友又與基督聯合。但與世俗為友是什麼意思呢？乃是與他們聯手，享受他們所享受的，喜愛他們所喜愛的，追求歡樂滿足，隨從我們自己的傾向愛好。我們本性的傾向並不愛上帝，而是愛自己，事奉自己的。但這裏有一個偉大的應許：「從他們中間出來，跟他們分別。」與什麼分別呢？就是與世人的傾向、愛好、品味、習慣、時尚、驕傲及風俗分別。……在走出這一步，表明我們與世界並不和諧一致時，上帝的應許就是我們的了。祂不是說，我或許會收納你們，而是我必收納你們。這是一個積極明確的應許。

你有蒙上帝收納的保證。你既從世俗分別出來，就與上帝相連，成了王室的成員、全能之主的兒女、天上君王的子民，得蒙收納到祂家裏，有上頭來的保障，與無窮的上帝聯合了；祂的膀臂轉動著世界。

這樣蒙恩，受上帝尊重，得稱為全能之主的兒女，是何等崇高的特權啊！這是不可思議的。但雖有這一切的應許和鼓勵，仍有許多人彷徨遲疑，猶豫不決，似乎以為自己若成為基督徒，在宗教本分和基督徒義務上，就有大山一樣的責任要負。因為這沉重的責任，終生的警醒，要與他們自己的傾向、意願、慾望和樂趣作爭鬥。於是他們便望而卻步，似乎無法邁出腳步決定作上帝的兒女和至高者的僕人。——《時兆》，1878年1月31日。

一天一次

好使你們行事為人對得起主，凡事蒙祂喜悅，在一切善事上結果子，對上帝的認識更有長進。（西1：10）

我想起了一件事，說一位老先生雖然被勞累的工作壓垮了，卻仍在找工作想賺一點錢。一位貴族有一百捆柴要砍，聽說老先生在找工作，就對他說，如果他願意砍柴，就可以得到一百塊錢。老先生回答說，他做不了那麼多工作，這對他來說是不可能的。他是個老人，承擔不了這樣的工作。貴族說：「那我們換一種交易的方式吧。你今天能砍一捆柴嗎？如果能，我就給你一塊錢。」老先生同意了。當天他砍了一捆柴。貴族說：「明天你可以再砍一捆。」第二天他又砍了一捆，直到那一百捆都砍完了。一百天後，工作完成了，工人還和開始工作時一樣健康。他能一捆一捆地砍。但如果把一百捆都擺在他面前，那似乎就不可能完成了。

這可以代表許多猶豫不決之人的情況。他們想做基督徒，但似乎覺得基督徒人生的責任過於沉重，唯恐承當不了，幾乎可以斷定，若是嘗試必定失敗。但他們不必考慮基督徒行程的終點，也沒有要求他們立即走完基督徒的人生。每次只有一天的擔子和責任擺在我們面前。

確實如此，親愛的朋友們，親愛的青年，明天不是你們的。今天的本分才是你們要盡的。你們若決心站在主這邊，從世人中間出來，與他們分別，選擇作全能之主的兒女，離開仇敵的行列，不再事奉罪和撒但，下定決心始終履行當前的本分。要把握今天的本分，認識到主對你們的要求，要向你們的創造主負責；這些要求每次只要一天就夠了。要靠著上帝的力量持守，相信到那一天你必能得勝。——《時兆》，1878年1月31日。

5月17日　從他們中間出來

我要作你們的父，你們要作我的兒女。這是全能的主說的。

（林後6：18）

只有兩條道路；一條通向天國，一條通向死亡和地獄。每個人都有一項工作要做。我們每一個人都有思考的能力，知道有一位上帝。……在受苦遭難的時後，我們需要依靠一個能扶持我們的膀臂。當地要東倒西歪，又搖來搖去好像吊床時，我們需要這樣一個膀臂可以依靠。那時我們需要知道上帝是我們的父，我們的生命與基督一同藏在上帝裏面。你們每一個人都要明瞭這事。我們學校的學生也要明瞭。有些學生不久就要回到自己家裏。他們中有多少人，雖已來到這個學校，卻在基督裏沒有盼望呢？有多少人在上了我們的大學時，就已把心獻給祂的了呢？有多少人仍猶豫未決，有時想要完全站到主這邊，然後又因我已說過的原因，害怕基督徒的責任與義務而後退的呢？這些責任和義務似乎非常沉重，以致他們仍舊猶豫不決。

你的壽命有多長呢？你們誰能保證自己必定會活到下個學期呢？你們多少人對自己的生命有把握呢？但是就算你們有一生的時間在面前，就算你們知道自己會活到70歲，那短暫的一生又算什麼呢？對你們來說，把它獻給上帝難道太多了嗎？……祂豈是要求你們，獻上你們的利益和需要保留的東西嗎？不是的啊！

怎麼會有人覺得自己得蒙接納到統治諸天的萬王之王的家庭，好像是在作出犧牲呢？豈不知成為上帝的子民，全能之主的兒女乃是最高的擢升嗎？

我從11歲的時候起，就一直在事奉這位天上的君王。我憑經驗講話。祂沒有要我獻給祂任何我覺得最有益且應保留的東西。寶貴的耶穌；寶貴的救主；我愛祂；我也愛祂的服務。——《時兆》，1878年1月31日。

〔這篇講道之後，許多人站出來自告奮勇地禱告。他們慕道的興趣持續到帳棚聚會結果，當時有130多人受洗，其中有許多是巴特爾克里克學院的學生。〕

兩條道路

5月**18**日

你們要進窄門。因為通往滅亡的門是寬的，路是大的，進去的人也多；通往生命的門是窄的，路是小的，找到的人也少。（太7:13-14）

這兩條道路涇渭分明，方向相反。一條通往永生，一條通往永死。這是不同的道路，在上面走的人也不一樣。一條寬而平坦，另一條窄而崎嶇。所以在這兩條道路上走的人，在品性、生活、服飾和言語上，都是相反的。

行走窄路的人，正在談論他們路程結束時的喜樂與幸福。他們的臉上雖然常現愁容，但也時常煥發出聖潔的喜樂。那位「多受痛苦，常經憂患」的主已經為他們開闢了道路，並親自走過這條路。跟從祂的人看到祂的腳蹤，就得著安慰。祂曾安全地行過這條道路。只要他們跟隨祂的腳蹤，也必能安全地走過。

在寬路上，人人都專顧自己和自己的衣服，以及沿途的娛樂。他們尋歡作樂，縱情恣慾，毫不考慮到路程的結局和最後的必然滅亡。他們每天離毀滅愈來愈近；卻仍瘋狂地向前猛衝。

為什麼度克己謙卑的生活這麼困難呢？這是因為自稱為基督徒的人，沒有向世界死。若向世界死了，為基督活就容易了。他們想儘量和世人一樣，還想被認為是基督徒。這等人是要從別處爬進去。……世界吸引著他們，世上的財寶對他們來說，似乎是有價值的。他們去找了足夠多的東西以便占據他們的心，卻沒有時間為天國作準備。

無論老少都忽視了聖經的研究，也沒有將之作為人生的準則。他們幾乎把那本作為審判依據的重要書籍束之高閣了。他們津津有味地閱讀無聊的故事，卻忽略了聖經。時候將到，那時人人都想得到聖經明確的真理……

當聖經真理影響人心時，就會使人產生像主那樣與世界分離的冀望。凡與溫柔謙卑的耶穌親密相交的人，行事為人必與祂相稱。——《時兆》，1880年4月1日。

世上的光

從前你們是暗昧的，但如今在主裏面是光明的，行事為人要像光明的子女。（弗5：8）

基督對門徒說：「你們是世上的光」（太5：14）。太陽怎樣在天空光照世界，跟從基督的人，也必須照樣將真理的光，照在那些陷入錯謬與迷信的黑暗中摸索的人身上。但跟從基督的人自己本沒有光，乃是天國的亮光照在他們身上，他們再將之反照給世界。

生命的光是白白提供給每個人的。凡願意的，都可受公義日頭的明亮光輝所引導。基督乃是罪病的偉大良藥。誰也不能以自己的環境、教育或脾氣秉性為藉口，過違叛上帝的生活。罪人就是故意選擇過這種生活的人。我們的救主說過：「光來到世上，世人因自己的行為是惡的，不愛光，倒愛黑暗，這就定了他們的罪。凡作惡的人都恨惡光，不來接近光，恐怕他的行為被暴露。」（約3：19－20）

當上帝的要求提出來時，喜愛罪惡的人就暴露了自己的真面目。他們以指出自稱基督徒之人的錯誤和過失為樂。他們是受他們的老師撒但的精神所鼓舞的。聖經稱他為「控告弟兄的」。惡意的謠言一經傳出，就迅速地誇大其辭，一傳十，十傳百！多少人會以之為食，像禿鷹盤踞在垃圾之上啊！

真基督徒正是那些「實行真理的人就來接近光，為要顯明他的行為是靠上帝而行的。」（約3：21）他虔誠的生活和聖潔的談吐，於無形之中，是向罪和罪人所做的每日見證。他是所信仰之真理的活代表。耶穌論到真心跟從祂的人說，祂稱他們為弟兄並不以為恥。每一個想在最後擁有永生的人，必在今生顯出熱心，獻身於上帝的服務。……他們一知道自己的本分，就由衷無畏地履行。他們跟隨照在路上的亮光，不管後果如何，亦步亦趨。因為真理的上帝在他們身邊，絕不會撇棄他們。——《時兆》，1882年3月9日。

真節制是均衡的生活　　5月**20**日

難道不知你們是上帝的殿，上帝的靈住在你們裏面嗎？（林前3：16）

我們在世只有一生的壽命，因此每一個人都當捫心自問：「我該怎樣利用我的一生，以獲得最豐厚的利益？」唯有善用以加惠同胞並榮耀上帝，生命才有價值。慎重地培養創造主所賦予我們的才幹，就必使我們在此世高尚有用，並在來世過更高尚的生活。

花在建立與維持良好身體與心智健康上的時間是很划算的。我們由於勞碌過度或濫用身體的任何部分，以致身心的機能發育不全或殘廢，實在不合算。我們若如此行，必然自食其果。我們對於上帝和同胞的首要義務，乃是開發自己。創造主所賦予我們的每項天資，都當予以培養而臻於完善，以致能盡己所能去成就最多的善工。我們需要基督的恩典，以淨化並精煉我們的品格，使我們能發現並矯正自己的缺欠，增進我們品格上的優點。靠著耶穌的力量與聖名在我們身上成就的這種工作，比我們所作任何的說教，對於同胞更有裨益。一個均衡健全而有良好規律的人生，所發揮的感化力，其價值是無法估計的。

人生疾病痛苦的根源，大半是出於不節制。……我們提到不節制，不該只是以酗酒醉酒為限，而是有更廣泛的意義，對於任何食慾或情慾的有害放縱都屬不節制。……食慾和情慾若在聖化理智的控制之下，社會就會呈現出截然不同的面貌。世人通常食用的許多東西是不適合作食物的；世人對這些東西的口味並非與生俱來的，而是後天培養的。刺激性的食物使人渴望更強烈的刺激。

難消化的食物使整個身體系統出故障，導致不自然的願望和過度的食慾。……真節制教導我們完全戒除有害的飲食，只明智地食用有益健康又營養的食物。——《時兆》，1882年4月20日。

看哪，你的妹妹所多瑪的罪孽是這樣：她和她的女兒們都驕傲，糧源充足，大享安逸。（結16：49）

　　上帝把勞動當作一種福氣賜給人類，使我們好好運用我們的心思，加強我們的體力，以發展我們的才能。亞當夏娃在伊甸園中從事勞作。他們發現在心智和身體的活動中，竟有著他們聖善生活中最高尚的樂趣。後來由於他們違命的結果，從那美麗的家園被趕出來，被迫為了得食餬口而去跟那難以耕作的土地奮戰，才領略到勞作竟是他們憂傷心靈的一種慰藉，是他們抗拒試探的一項防衛。

　　明智的勞作對於我們人類的福樂和繁榮，乃是絕對必要的。它可以使軟弱的強壯，怯懦的勇敢，貧窮的富足，苦悶的快樂。我們所受不同的委託，原是與我們不同的能力成正比例的，因此上帝期望從所賜給僕人的才幹中得到相應的回報。那決定賞賜的，並不在乎擁有才幹的大小，而在於運用才幹的方式，也就是履行人生職責的忠心程度，不論這職責是大是小。

　　懶惰是落在我們身上的一大災禍，惡習與罪行也隨之而來。撒但在暗中埋伏，準備要突襲並消滅那些不謹慎防守的人。他們的閒暇就給了他機會，使他得以在某種迷人的偽裝下，巧妙地博得了他們的喜愛。他引誘人最好的時機，就是在他們閒懶的時候。

　　富人往往以為自己高人一等，又是特蒙上帝眷愛的。許多人輕視踏實的勞動，看不起貧窮的鄰舍。富人的子弟受到教育要做紳士淑女，穿著時尚，避免一切有益的勞作，不與勞工階層來往。

　　這種想法與上帝創造人類的目的背道而馳。……

　　上帝的兒子以勞動為樂。祂雖是天上的至尊，卻選擇住在地上貧窮卑微的人家，為了每日的口糧在約瑟的木匠鋪中謙卑地工作。……基督徒工人的道路雖然是艱難狹窄的，卻因救贖主的足跡而受到尊榮，凡走在那條神聖道路上的人都是安全的。——《時兆》，1882年5月4日。

主的眼目看顧你　　5月22日

耶和華的眼目看顧義人，祂的耳朵聽他們的呼求。（詩34：15）

不少人認為追求靈性和奉獻給上帝會有損健康。這種結論極其錯誤，缺乏明顯的依據。許多自稱為基督徒的人總是悶悶不樂，埋怨說自己的精神太沮喪，試煉太大，衝突太劇烈，似乎視這樣的抱怨為一項美德。

但這些人沒有正確地表現聖經上的宗教。敬畏主絕不會對健康和福樂有害，反而是一切真興盛的基礎。

行義為善的意識，對於有病的身心是最好的良藥。凡與上帝和睦相處的人，已獲得了最重要的健康要素。主的福惠對接受的人來說，乃是生命。確信耶和華的眼目看顧我們，祂的耳朵也垂聽我們的禱告，總能使我們心滿意足。知道我們有一位全智的朋友，可以向祂傾訴心靈中的一切隱祕，實在是言語所無法形容的特權。

人所認定由於順從上帝的道德律法而引起的憂鬱和灰心，反而往往要歸因於漠視了祂的自然律。那些道德能力受到疾病蒙蔽的人，並沒有正確地表現出基督徒生活、得救的喜樂或聖潔的榮美等美善之行。他們往往處在狂熱盲信的熱火，或漠不關心冷漠陰鬱的冷水中。

每一個基督徒的本分，乃是緊緊跟隨基督的榜樣——培養平安盼望和喜樂，這會表現在真實的快活和慣常的平靜中。這樣，他們就可光照周圍的人，而不是投下灰心和憂鬱的黑影。

許多人不斷渴望刺激和娛樂。他們若不沉浸於歡笑、輕薄無聊的事和尋歡作樂中，便不安不滿。這些人可能自稱信奉宗教，卻欺騙自己的心靈。他們沒有真材實料。他們的生命沒有和基督一同藏在上帝裏，沒有在耶穌裏找到自己的喜樂和平安。——《時兆》，1882年6月15日。

愚頑人心裏說「沒有上帝。」（詩14：1）

有人自以為在科學上有了奇妙的發現，他們便引用學者的意見，好像認為這些學者是萬萬不錯的。他們把科學的推斷，當作不容置疑的真理來教導人。他們用這種標準，來審查上帝賜給塵世過客，照亮腳下道路的聖經，宣稱它有缺欠。這些人所熱衷的科學研究，到頭來證明是一個圈套，蒙蔽了他們自己的心，陷入了懷疑論中。他們自覺有能力，不去查閱一切智慧之源的聖經，反倒以可能得到的一些膚淺知識自鳴得意。他們高舉人的智慧，來對抗偉大全能上帝的智慧，甚至竟敢與上帝爭辯。聖經稱這些人為「愚頑人」。

上帝已讓大量的光，傾注在世上科學與藝術的發現上；然而自命為科學家的人，單從人的立場來講述或撰寫這些題目的時候，他們必然得出錯誤的結論。如果不在研究中遵循聖經的引導，最偉大的頭腦，在企圖探索科學與啟示的關係時，也會變得迷惑不解。他們無法明瞭創造主和祂的作為；因為他們無法用自然法則解釋這些事，就認為聖經的歷史不可靠。凡懷疑《舊約》和《新約》聖經記載可靠性的人，下一步就要懷疑上帝的存在；然後在放任自流的情況下，撞上不相信上帝的礁石。摩西在上帝的靈引導下寫書。任何與他的敘述不相符合的發現，都不能算為正確的地質學理論。使許多人絆跌的一種主張，認為上帝使地球存在的時候，並沒有創造其上的許多物質。這種講法，限制了以色列聖者的能力。

許多人發現無法用他們自己不完備的科學知識，來衡量創造主和祂的作為時，就懷疑上帝的存在，而把無限的能力歸於自然。……不能用人的科學觀念來檢驗聖經，而要用萬萬不錯的聖經標準來檢驗科學。──《時兆》，1884年3月13日。

愉快的服務

我們盼望你們各人都顯出同樣的熱忱，一直到底，好達成所確信的指望。（來6：11）

主帶著嘉許看祂忠心僕人的工作。……上帝選民的本分始終是無私地作工。但有些人疏忽了他們當做的工，就得有別人的過勞來彌補他們的不足。若是人人都高興地盡自己的本分，他們就會得到扶持；但那些每一步都牢騷報怨的人，不會得到幫助和獎賞。

上帝對以色列人不悅，是因為他們除了埋怨祂，也抱怨祂差去救他們的摩西。祂曾用奇妙的方式把他們從為奴之地領出來，以便提拔他們，使他們變得高尚，成為全地的讚美。然而他們也要遭受種種困難，忍受疲勞和缺欠。他們忍受這些艱難是必要的。上帝正在引領他們從墮落的景況中出來，使他們配在列國中居於尊貴的位置，並領受重要而神聖的委託。

他們忘記了在埃及的苦工；忘記了上帝為拯救他們脫離奴役所顯出的良善和權能；忘記了在滅命的天使擊殺埃及頭生子的時候，他們的兒女怎樣蒙了保存；忘記了上帝在紅海邊所顯出的大能：耶和華一宣布，「你狂傲的浪要到此止住」，海水就捲起，形成一道堅固的牆。他們忘記了自己怎樣平平安安地走過上帝為他們所開的路，而敵人的軍隊想要追趕他們時，卻沉沒海中。

上帝沒有給任何人那麼重的擔子，以致他每走一步都要抱怨他不得不背的重負。使機器受到磨損的，是摩擦而不是不停地運轉。摧毀這些人的，是不斷的焦慮，而不是他們的工作。

在基督的服務中有平安和滿足。祂在即將離開門徒時，對他們發出了離別的應許：「我留下平安給你們，我把我的平安賜給你們。我所賜給你們的，不像世人所賜的。」（約14：27）——《時兆》，1884年6月12日。

至於那些今世富足的人，你要囑咐他們不要自高，也不要倚賴靠不住的錢財；要倚靠那厚賜萬物給我們享受的上帝。（提前6：17）

花時間、花心思、花力氣追求屬世的利益，即使在堅持不懈的努力之後獲得了成功，都有使上帝和祂的義屈居於次的危險。雖經常身處貧窮、常經失望並使我們屬世的盼望破滅，比使我們永恆的利益受到危害要好得多。媚人的引誘可能會呈現在我們面前，我們可能想獲得財富和尊榮，從而將我們的心魂繫於屬世的計畫上。

金錢已經成了評斷人在世上價值的標準。對一個人的判斷，不是按照他的品德，而是按他所擁有的財富。洪水之前的日子正是這樣。

我們不要一心只想發財。假如我們看到持守簡明的真理，就會得到貧窮的命分，我們仍要堅持真理，並且樂天知命。耶穌說：「人活著，不是單靠食物，乃是靠上帝口裏所出的一切話。」（太4：4）愛世界的人會對這句話一笑置之，但它仍是永恆智慧的忠告。……因業務而前往世界的基督徒，若是跟從基督，就會靠著基督的靈，背著自己的十字架，以應付他們的難題。他們不會以世界為他們的神，用腦力體力事奉瑪門。他們會意識到上天正在看著他們。凡他們所獲得的成功，他們都歸榮耀於上帝。他們會認識到，上帝知道我們所不知道的；再過幾年，地上的財物就會歸於無有了。

一想到那將臨到世人的景象，人就會心理平衡，不讓看得見的事控制我們的情感；因為世界的救贖主已用無限的代價買了我們的情感。藉著聖靈的力量，我們的心就見到了不可見的永恆事物。永恆的利益，永不衰殘的財寶便呈現在我們心靈的眼睛之前，無限美好。這樣，我們就學會視不可見的永恆事物，和為基督所受的凌辱比世上的財物更寶貴了。——《時兆》，1893年6月26日。

活的教會

我們靠著主耶穌求你們，勸你們，既然你們領受了我們的教導，知道該怎樣行事為人，討上帝的喜悅，其實你們也正這樣行，我勸你們要更加努力。（帖前4：1）

我們渴望見到真正的基督徒品格表現在教會中。我們渴望見到信徒擺脫了輕浮不敬的精神；我們切望他們體認到在基督耶穌裏的崇高恩召。有些承認基督的人，他們行事為人在竭力把自己的宗教信仰，推薦與有道德價值的人前，好引導他們接受真理。但許多人毫無反應，甚至不知保守自己的心在上帝的愛裏。他們不但沒有藉著自己的影響力造福他人，反而成為那些願意作工和警醒禱告之人的累贅。

現在要呼召那些在道德上，有堅定宗旨的男男女女；還有，也要呼召那些不會受到任何不聖潔的影響力所陶冶和折服的人。靠著基督所白白賜予的恩典，這樣的人才會在完美基督徒品格的工作上取得成功。

人若不全心投入聖工並將萬物都算為有損的，為要對基督有卓越的認識，就不能成功地事奉上帝。那些有所保留，不肯把一切全獻上的人，不能做基督的門徒，更不要說作祂的同工了。獻身必須完全。父母、妻兒、房屋地產——基督的僕人所擁有的一切，都必須服從於上帝的呼召——獻在神聖的祭壇上。

凡藉著認真研究聖經和熱切的祈禱，尋求聖靈引導的人，必蒙上帝引領。日間雲柱、夜間火柱必引領他們；他們既常有上帝同在的感覺，就不可能漠視祂聖潔的律法。

我們作為上帝特殊的子民，要提高基督徒品格的標準，免得我們得不到將要賜給良善忠心之人的獎賞。……我們必須恐懼戰兢地作成自己得救的工夫。那些將起初確實的信心堅持到底的人，能獲得不朽的榮耀冠冕。……簡樸、純正、寬容、慈善和仁愛，這些美德應該成為我們基督徒經驗的特徵。——《評閱宣報》，1880年6月3日。

我們不要忘記基督乃是道路、真理和生命。慈悲的救主邀請所有的人都來就祂。我們要相信主的話，別把到祂那裏去的路，弄得那麼艱難。我們不要帶著抱怨、疑惑、陰鬱的表情和歎息，走主為祂的贖民所修築的寶貴道路，好像被迫做討厭難堪的苦工似的。祂的道是安樂，祂的路全是平安（箴3：17）。我們若在為自己積儹地上財寶的事上，使自己腳下的路難行，而負上了掛慮的重擔，現在就讓我們改弦易轍，走上耶穌已為我們預備的道路吧！

我們不一定樂意把擔子給耶穌。我們有時把自己的煩惱向人傾訴，把我們的心情告訴那些不能幫助我們的人，卻忽略了把這一切都給耶穌，讓祂把充滿憂傷的道路，變成喜樂平安的道路。

時間的短促，催促我們追求公義，好使基督作我們的朋友。這不是好的動機，而是帶有自私的氣味。將上帝大日的可怕景象擺在我們面前，迫使我們因害怕而行義，豈是必要的嗎？不應該這樣。耶穌是吸引人的。祂充滿了仁愛、憐憫和同情。祂主動提議要做我們的朋友，在人生道路的一切艱難中與我們同行。

基督給我們的邀請，乃是呼召我們來享受平安與安息的人生，就是自由與仁愛的人生，並且承受將來不朽生命的豐盛基業。……倘若這條自由的路，是藉著鬥爭和苦難鋪設的，我們也不必驚慌。因為我們藉著犧牲而獲得的自由會更有價值。那出人意外的平安，可使我們與黑暗權勢作戰，與自私和內在的罪惡作劇烈的奮戰。……在面對試探時，我們應該鍛煉自己堅定的忍耐，這不會惹起一種抱怨的想法，儘管我們可能在辛苦的工作中和打信心美好的仗時疲勞厭倦了。

我們無法在最高的意義上賞識我們的救贖主，除非我們能用信心的眼睛看到祂下到人類悲慘的深淵，是祂親自取了人性和忍受力，藉苦難發出祂的神能、拯救，也提拔罪人與祂為伴。——《評閱宣報》，1881年8月2日。

多結果子

> 我就是葡萄樹，你們是枝子。常在我裏面的，我也常在他裏面，這人就多結果子，因為離了我，你們就不能做什麼。（約15：5）

在人類身上恢復上帝形像的計畫中，上帝安排了聖靈在人心中運行，正如有基督親自同在一樣，在人的品格上發揮塑造的功能。凡接受真理的人，也就領受了基督的恩典，將他們經過聖化的才能獻上，從事基督所曾經從事的工作，與上帝同工。由於人成為上帝的代表，神聖的真理才得以深入他們的悟性。

藉著真理這媒介，品格就改變，並按上帝的樣式塑造。彼得說基督徒是藉著聖靈因順從真理而潔淨了自己的心。

基督徒的職責就是要發光。自稱基督徒的人若不服事他人，就沒有實現福音的要求。他們絕不可忘記，當將自己的光照在人前，叫人看見他們的好行為，便將榮耀歸給他們在天上的父。他們的言語總要帶著恩慈，與他們所自稱的信仰相稱。他們的工作是向世人彰顯基督。耶穌基督並祂釘十字架，是他們取之不盡的主題，可以盡情發揮，說出他們心中的珍寶，就是福音的寶物。他們心中既充滿了不朽且滿有榮耀的洪福之望，就不能閉口不言。凡已覺察到有基督的神聖同在的人，絕不會說輕浮無聊的話，因為他們的話語應是謹慎自守的，是活的香氣叫人活。我們不可作小孩子漂來漂去，而要在耶穌基督裏拋錨穩定，講確實有價值的東西。……基督徒當向人講述救恩的好消息，這樣他們絕不會厭倦於提說上帝的良善。

你們要對罪人講說，因為你們不知道上帝正在感動他們的心。絕不要忘記你們在他們面前說的每一句話，都帶有重大的責任。要捫心自問：「有多少次我心中充滿著基督的愛，與人談論上帝所賜的憐憫和基督的義呢？」這些恩賜是說不盡的。──《評閱宣報》，1895年2月12日。

我天天冒死。（林前15：31）

凡自稱信奉基督之名的人，都要把基督表現為他們的模範和榜樣。他們要在別人面前揭示真理的純正，使他們知道基督徒人生的特權和責任是什麼。自命跟從基督的，只有使自己的品格符合真理的神聖原則，才能做到這一切。凡自稱上帝兒女的人，都不可辜負神聖的委託。不可消除基督徒與世人之間的分界線。不可將真理降低到凡俗的水準，因為這會羞辱上帝，祂已為世人的罪獻上祂的愛子，付出了無限的犧牲。

許多自稱上帝兒女的人，似乎沒有明白心靈是必須重生的，因為他們的行為於無形之中就是忽視基督的話語和作為。他們明明在藉著自己的行為說：「我有權做我自己的事。我若不做自己的事，就十分可憐了。」這就是世上流行的那種宗教，但這不是上天所認可的。

所謂的科學、人的推理和詩歌，不可與上帝的啟示有相同的權威而世代相傳；然而撒但精心研究的目的，卻是要高舉人的格言、傳統和發明到與聖經同等的地位；並且既做成了這事，就把人的話語抬舉到至高的地位。

我們如果沒有天天在仰望為我們信心創始成終的耶穌這件事情上，獲得新的經驗，就沒有一個人是安全的。我們要日復一日地仰望祂，直至變成祂的樣式。無論我們得付上什麼樣的代價，我們都要表現出上帝的品格，也要跟從耶穌的腳蹤。我們要接受上帝的引導，查考上帝的道，天天求問：「這是主的道路嗎？」……品格的任何缺陷都是無法永遠長存的，因為它的不完全只是污損天堂……

口頭上承認真理是毫無價值的，除非我們的心持定原則，吸收和利用真理的豐富滋養，變得與上帝的性情有分，才是有用的。——《評閱宣報》，1894年11月20日。

門框上的血　　　5月**30**日

要拿一把牛膝草，蘸盆裏的血，把盆裏的血塗在門楣上和兩邊的門框上。（出12：22）

摩西所傳有關逾越節宴席的指示中，充滿了重要的意義，對於今日世上為父母的及其子女也是實用的。

父親要將家中的每一個人都獻給上帝，從事逾越節宴席所象徵的那項工作。把如此嚴肅的責任交給別人是很危險的。有一個故事，講到逾越節晚上，一個希伯來家庭發生的事，說明了這種危險。

傳說那家的長女正生著病，但她知道每家都選出了一隻羔羊的事，還知道羔羊的血要塗在門楣和兩邊的門框上，以便主看到血的記號，便不容滅命的天使進來擊殺頭生的。她何等焦慮地看到夜幕降臨，滅命的天使要經過了。她變得不安了，把父親叫到身邊，問道：「你在門框上塗血了嗎？」他回答說：「塗了，我已就此事發出指示。別擔心，滅命的天使不會進來的。」

夜晚來臨了，那個孩子一次又一次地叫她父親，仍舊問：「你確定門框上有血的記號嗎？」父親一次又一次地向她保證不需害怕，這麼重要的命令，他可靠的僕人是不會忽視的。午夜臨近時，又聽到她懇求的聲音說：「父親，我不確定。把我抱在你懷裏，讓我親自看看那記號，我就放心了。」

父親讓步了，為了滿足孩子的心願，於是把她抱在懷裏，帶她到門那裏；但是門楣和門框上竟沒有血的記號！他恐懼戰驚，意識到自己的家可能成為遭喪之家。然後，他趕緊親手抓起了牛膝草，在門框和門檻上塗血。然後給生病的孩子看，記號在那裏。——《評閱宣報》，1895年5月21日。

5月**31**日　　　　有工作給每一個人

我們各人一定要把自己的事在上帝面前交代。（羅14：12）

上帝已「分派各人的工作」（可13：34）。祂沒有把教會的屬靈利益全部交在傳道人手中。只讓傳道人獨自管理主的產業，對傳道人和信徒都沒有益處。教會的每一肢體都有本分要盡，以便身體保持健康狀態。我們都是同一個身子的肢體，每一個肢體都必須為其他肢體的益處，盡自己的本分。所有肢體的職能不盡相同。我們肉身的肢體怎樣受頭的指導，我們作為屬靈身體上的肢體，照樣也要順從基督的指示，祂是教會永活的元首。

傳道人和信徒要團結如一人，作工建造並興旺教會。每一個在主的軍隊中作精兵的人，都必是認真、真誠、有效率的工人，勞苦作工以推進基督國度的利益。

傳道人往往剝奪了許多教友本應享有的經驗，因為流行的觀點是，傳道人應該做一切的工作，背負一切的擔子。要麼，是教友把擔子全堆在傳道人身上；要麼，是傳道人自己承擔了本應由教友當盡的本分。傳道人應該信任教會的職員和教友，教導他們如何為主作工。這樣，傳道人就不必親自做一切的工作了；這比起傳道人努力做一切的工作，卻不讓教友去盡主指定他們要盡的本分，總要好多了，因為各盡各職才可使教會得益。

教會工作的擔子應該分配到每一位教友身上，使每一個人都可成為上帝的聰明工人。我們的教會有太多的閒置人力。……許多人有意願作工，卻受到勸阻不將他們的精力用在聖工上。……使我們擁有適應特殊景況的智慧，在緊急時刻有智慧採取合宜的行動；這些智慧、聰明和才智，都是透過主賜給我們的才幹付諸使用，和因作個人之工得到的經驗才有的。——《評閱宣報》，1895年7月9日。

6
June

道成了肉身，住在我們中間，
充充滿滿地有恩典有真理，我們也見過祂的榮光，
正是父獨一兒子的榮光。（約1：14）

耶穌是上帝

道成了肉身，住在我們中間，充充滿滿地有恩典有真理，我們也見過祂的榮光，正是父獨一兒子的榮光。（約1：14）

基督降世要彰顯天父的品格，救贖墮落的人類。世界的救贖主原是與上帝同等的。祂的權柄與上帝的權柄無異。祂宣稱祂的存在與天父是分不開的。祂所藉以發言行神蹟的權柄，實是屬於祂自己的，然而祂卻鄭重地告訴我們，祂與父原為一。

耶穌以立法者的身分，運用了上帝的權柄；祂的命令與決定，都得蒙永恆寶座之統治權的支持。父獨一兒子的身上，彰顯了父的榮耀；基督使父的品格發揚光大。祂與上帝完全聯合，……所以凡見過子的人，也就看見了父。祂的聲音與上帝的聲音是一樣。

基督遭到猶太人的誤會，因為祂沒有經常談論寫在石版上的律法。祂邀請男男女女學祂的樣式，因為祂本是上帝律法活生生的代表。……祂知道，沒有人能指出祂品格或行為上的任何瑕疵。祂毫無玷污的純潔，使祂的教導有何等大的能力，祂的督責有何等大的說服力，祂的命令有何等大的權威啊！從祂口中出來的真理從未減弱效力，從未喪失神聖性，因為它在其提倡者的神聖品格中得到了說明。……

耶穌講話時，從不帶猶豫不決的語氣，也不用千篇一律的陳腔濫調，從祂口中所發出的真理，都帶有別出心裁的表達方式，給人一種啟示的新鮮感。祂的聲音從未顯示不自然的聲調，祂的言論常帶著誠懇和保證，與其重要性及接受或拒絕所含的重大後果相配。當祂的道受到反對時，祂便用極大的熱心和把握為之辯護，以致給聽眾留下的印象是，若有必要，祂寧死也要支持自己的教訓之權威。

耶穌是世上的光。祂帶給亞當墮落的後裔盼望和拯救，乃是從上帝而來的信息。人若願意接受祂為個人的救主，祂就應許在他們身上恢復上帝的形像，並要救贖一切因罪淪喪的人。祂向他們陳明真理，不摻有一絲錯誤。——《評閱宣報》，1890年1月7日。

敵意，上帝的恩賜

> 我要使你和女人彼此為仇，你的後裔和女人的後裔也彼此為仇。他要傷你的頭；你要傷他的腳跟。（創3：15）

聖經的第一個預言含有救贖的宣告。判決的一部分，雖然宣布在蛇身上，卻是對我們的始祖說的，因此應當視為一個應許。它在宣布撒但和人類的鬥爭時，斷言大仇敵的權勢終被摧毀。

亞當夏娃以犯人的身分，站立在上帝面前，聽候犯罪所招致的判決。但他們在尚未聽見將來所必有的荊棘和蒺藜，和所要經歷的悲愁與痛苦，以及將來要歸於塵土等宣告之前，卻先聽到幾句必然使他們產生盼望的話語。雖然他們不免因他們仇敵的權勢而受苦，但他們仍能期待最後的勝利。

上帝宣稱：「我要使你和女人彼此為仇。」這樣的敵意是超自然促成的，並非天然的。亞當夏娃一犯了罪，他們的本性就變為邪惡的了，他們便與撒但完全和諧，並無二致。這傲慢的篡奪者，既然成功地誑騙了我們的始祖，正如他誑騙了天使一樣，就以為必能獲得他們的忠順與合作，從事他一切敵對天國政權的計畫。在他自己和墮落的天使之間並沒有敵意。他們之間無論有什麼意見上的不一致，都在反對和仇恨上帝的事上緊密團結起來了。可是當撒但聽到女人的後裔要傷害蛇的頭之話時，就知道，雖然他已促成人類的敗落，使之與他自己的性情相似，但是上帝仍要藉著某種神祕的過程，使人類恢復他們所喪失的能力，好能抵抗並戰勝他們的征服者。

那造成反對撒但的敵意，乃基督在心靈中所培植的恩典。若無這樣的恩典，我們就必仍為撒但的俘虜，是隨時聽他吩咐的僕役。這種新的原則便在那原有和平的心靈中造成了爭鬥。基督所賦予的能力使我們能對抗那個暴君與篡奪者。何時人若厭惡而不愛慕罪孽，何時他們就可抗拒並戰勝原來在心裏掌權的情慾，也必看見有全然從上頭來的原則在那裏運行。——《評閱宣報》，1882年7月18日。

> 有哪一個神明像你，赦免罪孽，饒恕他產業中餘民的罪過
> （彌7：18）

我們需要對耶穌基督有更大的信心。我們需要把祂帶入我們每天的生活中。這樣我們才會有平安和喜樂，才會體驗祂這句話的意思：「你們若遵守我的命令，就會常在我的愛裏，正如我遵守了我父的命令，常在祂的愛裏。」（約15：10）我們的信心必須把握住這則應許，常在耶穌的愛裏。

上帝賜給我們寶貴的機會和特權，是要我們光照並造福他人，藉著我們心靈中那來自天上的陽光，以加強他們的信心並鼓勵他們。我們可以為自己的益處，收集愉快盼望與平安以及滿足喜樂的寶貴光線，從而幫助我們所結交的每一個人。我們要激發盼望，而不是加強不信和疑惑。

凡滿足條件的人，都有權獲得可以實證的信心，知道上帝白白赦免他們每一樣的罪。上帝已在祂的話中保證，我們若認自己的罪，祂必要赦免我們的罪，洗淨我們一切的不義（約一1：9）。要丟掉不信，丟掉猜疑，不要猜想這些應許不是對你說的。這些應許是對每一個悔改的罪人說的，你不信就羞辱了上帝。但願那些滿腹狐疑的人，單單相信耶穌的話，此後他們就會因得享亮光之福而歡喜快樂。

我們讓救主離我們每天的生活太遠了。我們需要祂作為一位尊貴可靠的朋友與我們同住。我們應該在一切事上尋求祂的指引，把每一個考驗告訴祂，從而得到力量以對付試探。

在上帝已經賜給我們的之外，我們還能向祂要求什麼呢？我們可稱頌之主，竟作了我們的祭牲，祂的愛實在是無限的啊！基督徒的心應該充滿大喜樂，口中應該表達何等的感激啊！因為藉著耶穌的血，我們才有可能獲得上帝的愛，與祂合而為一！我們既相信子，就要順從父的一切命令，並靠著耶穌基督得生。

基督是我們的盼望和避難所。祂的義只歸給順從的人。讓我們藉著信心接受祂的義吧！好讓父在我們裏面查不出有什麼罪來。——《評閱宣報》，1886年9月21日。🜚

為要祂按著祂豐盛的榮耀，藉著祂的靈，使你們內心的力量剛強起來。

（弗3：16）

我們的救主把祂的要求說成是軛，把基督徒的生活說成是挑擔子。但它與撒但的殘暴權勢，和罪惡加在人身上的重擔迥然不同。基督說：「我的軛是容易的，我的擔子是輕省的。」

當我們努力過基督徒的生活，負責任盡義務時，如果沒有基督的幫助，這軛是難負的，擔子也是不堪忍受的。然而耶穌並不希望我們這樣做。祂吩咐勞苦擔重擔的人「到我這裏來，……我就使你們得安息。」「你們要學我的樣式；因為我心裏柔和謙卑；這樣你們心裏就必得享安息。」這裏透露了基督應許要賜予之安息的祕訣。我們必須具有祂溫柔的精神，才能在祂裏面得享安息。

許多人自稱到基督面前來，同時卻堅持自己的道路，那就成了痛苦的軛。自私、貪婪、野心、愛世界和其他懷藏的罪，破壞了他們的平安和喜樂。……我的基督徒同道啊，……要記得你是在事奉基督。無論你的擔子或十字架是什麼，都要奉耶穌的名抬起來；靠基督的力量來背負。祂宣布這軛是容易的，擔子是輕省的。我相信祂，我已證明祂的話是真的。

那些在掛慮與責任的重負下，不安、急躁、不滿的人，試圖不靠耶穌的幫助，自己挑擔子。若有祂在他們身邊，祂臨格的陽光就會驅散每一片烏雲，祂大能膀臂的幫助也會減輕每一重擔。

我們用不必要的煩惱和憂慮拖累自己，用重擔壓垮自己，因為我們不學耶穌的樣式。……真正跟從基督的人，在言語、行為和舉止上，都與世人不同。唉，為什麼自稱是祂兒女的人，不會完全跟從祂呢？為什麼會有人背負祂沒有加給他們的擔子呢？

基督徒在人生的每一舉動中，都應追求表現基督——追求使祂的服務顯得有吸引力。……但願我們在仁慈、溫柔、寬容、愉快和愛心中彰顯聖靈的恩典。

愛耶穌的心會給人看見，給人感覺到。它是不能隱藏的，卻會發出一種奇妙的能力。它使膽怯的有勇氣、懶惰的殷勤、愚拙的聰明，……愛基督的心不會因患難而驚惶，也不會因責備而逃避責任。——《評閱宣報》，1887年11月29日。

6月5日　甘甜的思想

我一生要向耶和華唱詩！我還活的時候，要向我的上帝歌頌！願祂悅納我的默念！我要因耶和華歡喜！（詩104：33—34）

人的心思意念既受他最常接觸的事物所陶冶，那麼你思念耶穌，談論祂，就可使你在精神和品德上變得像祂。你就必在偉大、清潔、屬靈的事上，反照祂的形像。你也就以基督的心為心，祂也必差你到世上去，作為祂屬靈的代表。

在空中照耀的太陽，將它燦爛的光線普照在人生的大街與小巷。它有足夠的光輝可以照亮千萬個像我們地球這樣大的世界。那公義的日頭也是如此。祂醫治與喜樂的燦爛光線，滿有能力拯救我們這小小的世界，也滿有功效在一切受造的世界中確保安全。

那使心靈聖化的，乃是在認識基督品格的知識上有長進。鑑別並賞識奇妙的贖罪工作，會使凡肯深思救贖計畫的人發生變化。他們由於仰望基督，就變成祂的形像，榮上加榮，如同從主的靈變成的。仰望耶穌成了真基督徒提高和純煉的過程。

那勝了世界的信心，是怎樣的信心呢？乃是以基督為你個人救主的信心——承認自己是無能為力，毫無自救之能，而緊握住那位大有拯救之力的幫助者，作你唯一指望的信心。這是不會沮喪的信心，這樣的信心使你聽見基督的聲音說：「你們可以放心，我已勝了世界，而且我神聖的能力全是你的；看哪，我就常與你們同在，直到世界的末了」。

每個人都必須接受基督為我們個人寶貴的救主，在基督徒的生活中才會彰顯愛心、熱心和堅定性。

我們當念念不忘基督。……祂是那位驅散我們諸般疑惑，作我們一切指望之對象的主。我們竟真能與上帝的性情有分，而藉此可以得勝像基督得了勝一樣，這是何等可貴的思想啊！……祂是我們詩歌的旋律，是在疲乏之地的大磐石的影子，是乾渴心靈的活水，是我們暴風雨中的避難所，是我們的公義、我們的聖潔、我們的救贖。——《評閱宣報》，1890年8月26日。

基督的智慧是無窮的。祂雖然曉得猶大品格的缺陷，卻認為最好還是接納他作門徒。約翰原來並不完全；彼得否認過他的主，然而早期的基督教會還是由這樣的人組成。耶穌收納了他們，讓他們向祂學習完全基督化品格的要素。每一個基督徒的職責，就是要研究基督的品格。耶穌給祂門徒的教訓不一定與他們的推理一致。……世界的救贖主總是設法把人的心思從地上帶到天上。基督不斷教導門徒，祂神聖的教訓對他們的品格有塑造的影響。惟獨猶大沒有回應神聖的啟迪。表面看來他似乎盡都公義，可是他卻培養了控告人、指責人的脾氣和個性。

猶人是自私貪婪的，是個賊，可是他卻列在門徒之中。他品格上有缺陷，沒能實行基督的話。他故步自封的心拒受真理的感化；他批評與非難他人，同時卻疏忽了自己的心靈，隱蔽並加強他品格上邪惡的本性，直至他心地剛硬，竟為三十塊銀錢將他的主出賣了。

但願我們都鼓勵自己的心靈仰望耶穌！要告訴每一個人，專注別人有病的心靈，談論自稱信奉基督聖名之人品格上的不完美之處，從而忽視自己心靈永遠的健康，這是多麼危險。……因注意罪惡，心靈不但沒有變得愈來愈像基督，反而像它所注意的罪惡了。

但願我們都記住，我們的大祭司正在施恩的寶座前為祂的贖民懇求。祂是長遠活著，為我們代求。……耶穌的血正在有力有效地為背道的人、叛逆的人、得罪偉大亮光和愛心的人懇求。……祂不會忘記自己的教會是在一個充滿試探的世界上。——《評閱宣報》，1893年8月15日。

在祂裏面有生命，這生命就是人的光。光照在黑暗裏，黑暗卻沒有勝過光。（約1：4-5）

基督是整個猶太敬拜體系的基礎，該體系預示著活生生的現實——上帝在基督裏顯現。藉著獻祭的制度，人人都可見到基督的人性，期待他們神聖的救主。然而當祂站在他們面前，代表不可見的上帝時——因為「上帝本性一切的豐盛都有形有體的居住在」祂裏面——他們卻因缺乏靈性而不能看出祂神聖的品格。他們自己的眾先知，曾預言祂是一位拯救者。……但是儘管祂的品格和使命已清楚描繪，儘管祂是到自己的地方來，自己的人卻不接待祂。神性有時候藉由人性閃現出來——榮耀偶爾溢出血肉之體的遮蓋，使祂的門徒向祂表示敬意。但是直到基督升到祂父那裏，直到聖靈賜下來，門徒才充分明白基督的品格和使命。他們受了聖靈的洗之後，才開始認識到自己曾一直與生命和榮耀的主同在。當聖靈使他們想起基督的話時，他們的悟性就開啟了，明白了預言，清楚了祂所行大能的奇事。……他們在覺悟到基督曾一直在他們中間的事之後，就比以前更看自己為不重要了。主的一言一行，凡曾引起他們注意的，他們現在都不息不倦地復述。他們常常想起主，親自與他們同在教導他們，但因為他們的愚蠢、不信和誤解，就滿心懊悔。主的教訓現在對他們來說，如同新的啟示，聖經對他們來說也成了一本新書。

門徒記得基督曾說過：「求你用真理使他們成聖；你的道就是真理。」（約17：17）上帝的聖言要作他們的嚮導和指引。門徒在查考為基督作見證的摩西和眾先知的書時，就與上帝相交，重新學他們偉大教師的樣式，祂已升到天上去完成祂在地上所開始的工作。——《評閱宣報》，1895年4月23日。

偉大的真理之源

> 我心裏柔和謙卑，你們當負我的軛，向我學習；這樣，你們的心靈就必得安息。（太11：29）

基督是一切真理的創始者。每一卓越的觀念，每一智慧的思想，每一世人所具有的才能與天賦，都是基督的恩賜。祂並沒有向世人借用任何新的思想，因為一切都是祂原創的。但當祂來到地上時，卻發現祂所交託人類之明亮的真理寶石，竟都被埋沒在迷信與遺傳裏頭。至於重要的真理，竟被編入謬論的體系中，用以成全大騙子的狡謀。人的看法和最流行的觀點，都披上了真理的外觀，世人把這些觀點描繪為真正的天國寶石，是值得關注和尊重。但基督卻將各等錯誤的理論掃除一空。除了世界的救贖主之外，無人有權本其原始的純正宣揚真理，剔除撒但所累積而用以隱藏真理屬天之優美的謬誤。

基督所講的真理，有些是民眾所熟悉的。他們曾從祭司和官長及有思想的人口中聽過這些真理，雖然如此，他們卻與基督的思想不同。祂曾把真理委託給人，要他們傳給世人。祂在每個場合，都傳講祂認為適合聽眾需要的特殊真理，無論那些思想從前有沒有表述過。

基督的工作乃是提供民眾所極需的真理，使之與謬論隔絕，宣講時毫無世俗的迷信摻雜在內，以致民眾可以本其固有的永恆價值接受真理。祂驅散了疑惑的雲霧，使真理得以顯明，將清晰的光線照耀世人心中的黑暗。祂使真理與謬論形成鮮明的對比，以便民眾看明何為真理。但真正賞識基督所做之工價值的人是多麼少啊！在我們的時代，對祂賜給門徒之教訓的寶貴性有正確觀念的人又是多麼少啊！

祂證明自己是道路、真理、生命。祂力求吸引人心轉離今世轉瞬即逝的快樂，注意那不可見的永恆之實。注目天上的事物，不會使男男女女無法勝任今生的責任，而會使他們更有效能，也更加忠心。——《評閱宣報》，1890年1月7日。

潔淨聖殿

我的殿是禱告的殿，你們倒使它成為賊窩了。（路19：46）

基督進了聖殿的院子，為什麼祂義憤填膺呢？祂掃視了當時的場景，看到裏面有羞辱上帝和欺壓人的行為，聽到牛鳴羊叫的聲音，和那些正在買賣之人的爭吵聲。甚至祭司和官長們，也在上帝的院中作交易。……他們一注意到祂，就不能從祂臉上收回他們的目光了，因為在祂的面容上，有某種令他們敬畏並懼怕的東西。祂是誰呢？一個卑微的加利利人，一個木匠的兒子，曾與祂的父親一同幹活，但是當他們凝視祂時，就覺得好像被傳訊到審判台前一樣。

基督看到貧窮不幸受苦的人處在煩惱灰心中，因為他們甚至沒有足夠的錢買一隻鴿子獻祭。瞎子、瘸子、聾子和受苦的人感到痛苦悲傷，因為他們渴望為自己的罪獻上贖罪祭，但祭牲的價格過高，他們無力支付，看來他們是沒有機會使自己的罪得赦了。

基督趕出那些賣鴿子的人時，曾說：「把這些東西拿走！」（約2：16）祂沒有像趕牛羊一樣把鴿子趕出去，為什麼呢？因為這些鴿子乃是窮人唯一的祭物。祂知道他們的需要，當那些作買賣的人被趕出聖殿時，受苦遭難的人卻留在院子裏了。

但是祭司和官長們從驚惶中回過神來之後，就說：「我們要回去責問祂，憑著什麼權柄把我們從殿中趕出去。」

然而當他們再次進入聖殿的院子時，看到的是何等的場景啊！基督正在照顧貧窮的人、患病的人和受苦的人。……祂溫柔地安慰受苦的人，將小孩子抱在懷中，驅逐疾病和痛苦，吩咐人得自由。祂使瞎子看見，聾子聽見，病人得康復，安慰痛苦的人。祂正在做預言之彌賽亞所要作的工。──《評閱宣報》，1895年8月27日。

耶穌愛你　　　　　　　　　　6月10日

惟有基督在我們還作罪人的時候為我們死，上帝的愛就在此向我們顯明了。（羅5：8）

我愛述說耶穌和祂無與倫比的愛。我絲毫不懷疑上帝的愛。我知道祂能將凡來到祂面前的人拯救到底。祂寶貴的愛對我而言，乃是真真實實的。那些不認識主耶穌基督之人所表示的疑惑，對我毫無影響。……要接受耶穌作你個人的救主。要照你現在的樣子來到祂面前，把你自己獻給祂，以活潑的信心握住祂的應許，祂就會成為你所想要的。

凡把心獻給基督的人，必在祂的愛裏得享安息。在祂的受難受死中，我們看到祂偉大愛心的記號。耶穌受了非常的痛苦，……因為祂成了罪人的替身和中保。祂親身擔當了罪人該受之律法的刑罰，使他們可以……有另一次的機會證明自己對上帝的忠誠。

全世界只有兩等人——相信基督並且其信心導致他們遵守上帝誡命的人，和不相信祂也不順從的人。……你完全有理由相信祂能夠而且願意拯救你。為什麼呢？因為你無罪嗎？不是的；因為你是一個罪人，而耶穌說：「我來本不是召義人，而是召罪人悔改。」這呼召是對你發出的。當撒但對你說沒有希望時，要告訴他你有希望，因為「上帝愛世人，甚至將祂的獨生子賜給他們，叫一切信祂的，不至滅亡，反得永生。」

那為你曾被釘在十字架上的手，正伸出來要拯救你。要相信耶穌必垂聽你的認罪，接受你的請求，赦免你的罪，並使你成為王室的成員。你需要耶穌賜給你希望，使你在各種環境下樂觀愉快。

接受真理的人，將會發現他們喜愛屬地事物的心消除了。他們看到屬天之事的無比榮耀，就喜愛那與永生有關的美事。他們受到看不見的永恆事物所吸引。他們放鬆抓著地上事物的手，帶著崇敬的心，盯緊著那看不見的天上世界的榮耀。他們認識到一切試煉，將為他們成就極重無比永遠的榮耀。與他們將要享受的豐富相比，他們視自己所受的，乃是至暫至輕的苦楚。——《評閱宣報》，1896年6月23日。

> 如果你們信摩西，也會信我，因為他寫過關於我的事。（約5：46）

耶穌說話很有把握，顯示了深奧的知識，遠超過最有學識的文士和拉比。祂顯然對舊約聖經有透徹的認識。祂提出的真理沒有摻雜一點人的言論和格言。古老的真理落到他們耳中，就像新的啟示一般。

耶穌教訓百姓，卻沒有刻意提出自己的崇高地位和權威。祂來拯救淪喪的世界，祂的言語行為，祂在人性中的一生，都要為祂的神性作見證。祂讓自己的尊嚴、自己的生命、自己的行動方針，向百姓證明祂做了上帝的工作。祂讓他們自己就祂的主張得出結論，同時向他們解釋了關於祂自己的預言。祂指示他們查考聖經，因為他們應該正確地解釋上帝兒子的使命和工作，這是絕對必要的。祂向他們指出一個事實：迄今為止，祂正在──應驗預言，這些預言是受聖靈感動的神人所發的。祂明說他們寫的是祂，並讓預言的清晰光線照亮祂的言語和行為。……祂在自己的傳道服務中巍然站立，與其他教師截然不同。祂曾親自默示了論到祂的預言。祂畢生的工作在立定地的根基之前，就在天上的永恆議會中議定了。……祂的生活乃是世上的光。祂將自己的一生呈現在人前，讓他們用信心持住它，與祂合而為一。

祂雖然提出了無限的真理，卻有許多原本可以說的事沒有說，因為連祂的門徒都不能領會。祂說：「我還有好些事要告訴你們，但你們現在擔當不了。」（約16：12）祂教訓的主旨乃是順從上帝的誡命。這會改變人的品格，使人在道德上出類拔萃，照著上帝的樣式塑造人心。基督曾被差到世上來，在品格上表現上帝。耶穌是賜生命的主，上帝差來的教師，向一個淪喪的世界提供救恩，拯救我們，以抵制撒但的試探和謊言的欺騙。祂自己就是福音。祂在自己的教訓中清楚地陳明，為救贖人類而設計的偉大計畫。──《評閱宣報》，1896年7月7日。

摩西在曠野怎樣舉蛇，人子也必須照樣被舉起來，要使一切信祂的人都得永生。（約3：14—15）

基督謙卑地開始祂拯救墮落人類的大工。祂越過了城市和舉世聞名的最高學府，安家在卑微偏僻的拿撒勒鄉村。在這個通常被人認為不會「出什麼好的」（約1：46）地方，世界的救贖主度過了祂人生的絕大部分時光，做一個木匠的工作。祂的家在窮人中間；祂的家庭並非書香門第、財主豪門或貴人宅第。祂在地上走的路，是窮人、被忽視的人、憂傷的人必須走的路，背負了受苦之人必須背負的一切禍患。

猶太人驕傲地自誇彌賽亞，要作為一個君王降臨，征服祂的一切仇敵，在祂的忿怒中把外邦人踐踏在腳下。但基督的使命，並不是藉著人的驕傲來抬舉人。祂這個卑微的拿撒勒人，本可以向世人的驕傲傾瀉藐視，因為祂原是天庭的統帥；但祂卻存謙卑的心而來，說明天上的上帝並不看重財富、職位或權威，卻重看因基督恩典的能力存高貴的謙卑、痛悔的心。

基督為我們付出無比的犧牲，結束了祂辛勞捨己的一生。……基督乃是一位永活的救主。今天祂正坐在上帝的右邊作我們的中保，為我們代求；祂呼召我們要仰望祂而得救。但那試探者，總是設法讓我們看不到耶穌，以便誘導我們去依賴人的膀臂以得幫助和力量。他很成功地達到了自己的目的：使我們的眼目轉離那位集我們永生的一切盼望於一身的耶穌，反倒去指望同胞援助和指導我們。

摩西在曠野怎樣舉蛇，使凡被火蛇咬傷的人，都可以仰望而得生，人子也必照樣得祂的僕人高舉在世人面前。基督和祂被釘十字架，乃是上帝要祂的僕人傳遍世界的信息。——《評閱宣報》，1896年9月29日。

我給你們作了榜樣，為要你們照著我為你們所做的去做。

（約13：15）

　　基督教會裏的表號是簡單明瞭的，但其所代表的真理，對我們卻有極深的意義。在設立聖禮以取代逾越節上，基督給自己的教會留下了祂為人類所作偉大犧牲的記念。祂說，「你們要如此行，為的是記念我。」（路22：19）這乃是在兩種制度及兩種大節期之間的過渡點。一種是從此永遠結束了；另一種卻是祂剛設立的，用以代替前者，並要永遠長留，記念祂的死。

　　猶大也和其餘的門徒一起吃了餅，喝了葡萄汁，那象徵著基督的身體和血。這是猶大最後一次和那十二個人在一起；但經上的話要應驗，就是基督給祂門徒的最後恩賜，於是，猶大離開了聖餐的桌子去完成他背叛的工作。

　　上帝的兒女應當謹記，每逢舉行洗腳禮的場合，上帝是格外臨近的。

　　這個禮節的目的，是要使我們想起主的謙卑，和祂在洗門徒的腳時所提出的教訓。我們生性看自己比弟兄姐妹強，為自己作工，事奉自我，尋求最高的地位，常常對微不足道的小事進行惡意的猜測，萌發苦毒的精神。在聖餐禮之前的這個禮節，是要清除這些誤解，使我們脫離自私，從抬舉自我的高蹺上下來，存心謙卑去彼此洗腳。

　　洗腳禮是基督特別吩咐的，在這個場合，聖靈會臨格，見證並印證祂的聖禮。祂會在那裏感服並軟化人心，把信徒吸引在一起，並使他們同心同德，感受到基督確實同在，清除那在上帝兒女與祂之間所積聚的垃圾。——《評閱宣報》，1897年6月22日。

業務交易的原則 6月**14**日

人就是賺得全世界，賠上自己的生命，有什麼益處呢？人還能拿什麼換生命呢？（可8：36-37）

跟從基督的人應當承認自己需凡事依靠上帝，並在他人生的一切關係中，包括業務交易，都該實行信仰的原則，否則他們就不能正確地表現基督的宗教。他們待上帝待他人都當誠實。人豈可以對上帝不誠實嗎？請看先知的回答：「人豈可搶奪上帝呢？你們竟搶奪我！」（瑪3：8）

十分之一和當獻的供物屬於上帝。我們擁有的錢財應當視為神聖的委託，要用來榮耀賜給我們錢財的主。自我否認是救恩的條件；不求自己益處的慈善施捨，就是我們所結出有如救贖主生命中無私之愛的果子。那些為愛基督而捨己的人，會得享自私的人所追求不到的福樂；而那些以自己的快樂和自私的興趣作為人生主要目標的人，必喪失他們以為要享有的福樂。

使徒保羅曾闡述過奉獻方法的問題：「關於為聖徒捐款的事，我從前怎樣吩咐加拉太的眾教會，你們也該怎樣做。每逢七日的第一日，每人要照自己的收入抽出若干，保留起來。」（林前16：1-2）

上帝在祂的聖言中說明的奉獻規則，既不排斥任何人，也不壓制任何人；既使窮人感到輕鬆，也使富人感到容易。

基督說：「你的財寶在哪裏，你的心也在哪裏。」（太6：21）我們若積儹財寶在天上，我們的心就會在天上；我們的財寶若在地上，我們就會心繫地上的事，患得患失。

聖所中的天平，是按照促使人奉獻的仁愛犧牲精神來評估人的。慷慨的窮人擁有的雖少，若是大方地將那點兒獻上，主的應許就必實現在他們身上，與實現在奉獻大宗款項的富人身上一樣。

基督的國必然優於其他的利益。……上帝既供養麻雀、裝扮百合花，祂對自己兒女的需要，豈會不關心嗎？──《聖經回聲》（澳大利亞），1895年12月9

我若靠著上帝的靈趕鬼，那麼，上帝的國就已臨到你們了。

（太12：28）

在基督所行的奇蹟中，有足夠的證據使任何一個人信服。但猶太的官長不要真理。他們雖然不得不承認基督確實行了奇事，卻統統給這些事定了罪。他們雖被迫承認祂的作為帶有超自然的能力，卻宣稱這能力是來自撒但的。他們真的相信祂是真理嗎？不，他們心意已決，使得真理無法引導他們走向生命的轉變上，就把上帝之靈的作為歸與魔鬼。

滿心慈悲的救贖主！祢的愛是何等無與倫比啊！雖遭以色列的大人物加諸罪刑，說祂靠著鬼王的能力做仁慈憐憫的事，祂卻置若罔聞。祂從天上來做的工作不可半途而廢。真理必須向人類展示。世上的光必須將祂的光線照入罪與迷信的黑暗。那些原應最先領受真理的人，真理卻在他們心中找不到立足之地，因為他們用偏見和邪惡的不信設置了路障。於是基督在那些沒有這些尊貴特權的人中，預備了心田接受祂的信息。祂造了新瓶以裝新酒。

天上的上帝賜予的每一真理，都有一種與它的品質和重要性相稱的影響。救贖計畫對於淪喪而毀滅的世界有極為重大的意義，要予以宣揚。在基督耶穌裏的上帝之靈，要與世人的心建立生命的連結。

真理是藉基督傳揚的。那些自稱上帝兒女之人的心，設置了路障反對它，但那些沒有如此崇高特權的人，那些沒有穿著自以為義之衣裳的人，卻受到吸引歸向了基督。

今天撒但正致力於使世人看不到那偉大的贖罪犧牲。這犧牲顯明了上帝的愛和祂律法的要求。撒但在敵擋基督的作為。……但他在幹這種勾當時，天上的生靈卻與上帝在人間的器皿合作，進行恢復靈命的工作。——《評閱宣報》，1901年4月30日。

仰望基督

> 若有人在基督裏，他就是新造的人，舊事已過，都變成新的了。
>
> （林後5：17）

我們藉著耶穌所賜的能力，就能「得勝有餘了」（羅8：37）。但我們自己無法製造這種能力。唯有藉著上帝的靈，我們才能領受它。我們需要深深洞察基督的本性和祂那「超過人的知識所能測度的」（弗3：19）愛的奧祕。我們要生活在公義日頭溫暖和煦的光線中。除了基督仁愛的同情，祂神聖的恩典和祂無限的權能之外，別無他法可助我們阻擋那殘酷的仇敵，克制我們心中的抗拒。什麼是我們的力量呢？就是主的喜樂。但願基督的愛充滿我們的心，如此我們就必準備好接受祂為我們所預備的能力。

但願我們每日因所享有的福氣而感謝上帝。世人若肯在上帝面前自卑，認識到他們懷存自足自恃的精神是多麼不適宜，體悟到自己毫無能力作成所必須作的潔淨心靈之工，若肯撤棄自己的義，基督就必住在他們心內，着手使他們成為新造的人，並繼續工作直到他們在祂裏面得以完全。

基督絕不會輕忽那已經交付在祂那裏的事工。祂必感動那些堅定的門徒，使他察覺到是主正在他們剛愎、敗壞、為罪惡污染的心工作著。真誠悔罪的人，知曉自尊自大之心是毫無用處的。當他們仰望耶穌，將自己有缺點的品格與救主完全的品格相比時，他們只能說：

> 「手中毫無贖罪價，
>
> 只靠主的十字架。」*

他們會與以賽亞一同說：「耶和華啊，你必賞賜我們平安，因為我們所做的一切，都是你為我們成就的。耶和華——我們的上帝啊，在你以外曾有別的主管轄我們，但我們惟獨稱揚你的名。」（賽26：12-13）——《評閱宣報》，1904年3月31日。

---

*編按：此句源自Augustus M. Toflady，《萬古磐石》

6月17日　真理的唯一泉源

我就是生命的糧。到我這裏來的，絕不飢餓；信我的，永不乾渴。

（約6：35）

當今之世，許多人的做法似乎是在隨便懷疑上帝的話語，評判祂的決定與典章，隨自己的意思予以贊同、修改、調整或廢除。我們若受人的意見所引導，就絕不會安全。但我們若受「耶和華如此說」所引導，必安全無虞。我們不可將自己心靈的得救，依託於比萬無一失的審判之主的判決更低的標準上。凡以上帝為嚮導並以祂聖言為顧問的人，都必注視生命的燈。上帝活潑的聖言引領他們的腳走上直路。如此蒙引領的人不敢批評上帝的聖言，反而始終堅持以祂的聖言來評判自己。他們的信仰與宗教都得自永活上帝的聖言。它乃是指示他們當行路途的嚮導與顧問。聖經的確是他們腳前的燈，路上的光。他們在「眾光之父」的引導之下行走。在祂既沒有改變，也沒有轉動的影兒。那位以仁慈的憐憫眷顧祂所造萬物的主，使義人的路好像黎明的光，愈照愈明，直到日午。

世界正因缺乏純淨的真理而滅亡。基督就是真理。祂的話是真理，具有比表面上看來更大的價值和更深邃的意義。基督一切的言論都有遠超過它們謙遜外表的價值。為聖靈所甦醒的心，必能辨別這些話的價值，看出寶貴真理的珍寶，儘管它們可能是被埋藏了的珍寶。

心靈是護衛整個人的城堡，若還沒有全然歸於主的這一邊，仇敵就必藉著他狡猾的試探時時戰勝我們。

若你的人生歸服真理的管理，則真理的能力是無可限量的。人的心思便被擄來歸服耶穌基督。適當而合宜的話語，都由心裏的寶庫中發出來。保羅寫給提摩太說：「你從我聽到那健全的言論，要用在基督耶穌裏的信心和愛心常常守著，作為規範。」（提後1：13）──《評閱宣報》，1906年3月29日。

確保在耶穌手中　　6月18日

我的羊聽我的聲音，我認識牠們，牠們也跟從我。……他們永不滅亡，誰也不能從我手裏把他們奪去。（約10：27-28）

當撒但聽到「我要使你和女人彼此為仇，你的後裔和女人的後裔也彼此為仇」（創3：15）時，他就知道男男女女會得到能力抗拒他的試探。他知道其所自稱的，這新造的世界之王的地位，要受到爭奪。那一位要來，其作為會對他的意圖，造成致命的打擊，他和他的使者會永遠失敗。他知道他所握住的權柄，自己的安全感——都消失了。亞當夏娃屈從了他的試探，他們的後裔也要感到他攻擊的力量，但他們不會被丟棄而沒有一位幫助者。上帝的兒子要來到世上，為我們受試探，並為我們得勝。

只有當墮落的人類置身於上帝這邊，並順從耶和華的律法時，他們和撒但之間才有敵意。這使他們有能力抵擋撒但的攻擊。藉著基督的犧牲，他們才能順從。……上帝的兒子取了人性，在凡事上受了試探與我們一樣，對付並抵抗了仇敵的攻擊。人類可以靠著祂的力量得勝，對付那試探者，而不被他的詭計和自以為是的表現所勝。藉著接受基督為個人的救主，男男女女就能站立得穩，反對仇敵的試探。人類若肯接受天國的原則，並允許基督使他們的心思意念順從耶和華的律法，就可得到永生。

基督識破了撒但的詭計。祂堅定地抗拒了試探，不肯偏離對上帝的效忠，直至祂的考驗和試煉結束。

撒但試探基督的方式，也是他今天試探我們每一個人的方式。他試圖把每一個人都控制在他的理論之下。救主警告我們，不要與他或他的爪牙論戰。我們只能在聖經的立場上，以「經上記著說」對付他們。我們愈少與那些反對上帝的人辯論，我們的根基也就愈穩固。我們要盡可能少復述撒但編造的觀點。但願每一個受試探的人，都一直注目那些來自上頭的原則，記住這個應許「我要使你和女人彼此為仇。」——《評閱宣報》，1906年5月3日。

他們對祂的教導感到很驚奇，因為祂的話裏有權柄。（路4：32）

耶穌的使命由折服人心的神蹟所證明。祂的教訓使人驚奇不已。那滿足人心需要的，不是文士們自相矛盾的辯詞、充滿神祕的理論、荒謬的形式和無意義的苛求，而是真理的體系。祂的教訓清楚明白，易於明瞭。祂所講實用的真理具有說服力，吸引人的注意。民眾逗留在祂的身邊，詫異祂的智慧。祂的舉止態度與祂所講述的偉大真理相稱。祂所宣講的全無牽強附會、猶豫懷疑，或不確定的影兒。祂以肯定的權威，講到屬地和屬天、屬人與屬神的事，以致眾人「很希奇祂的教訓，因為祂的話裏有權柄。」

祂已宣布自己是彌賽亞，但眾人不願接待祂，儘管他們見到了祂奇妙的作為並且驚訝祂的智慧。只是祂不符合他們對彌賽亞的期望。他們已受教，期待看到他們的拯救者降臨時，當有屬世的盛況和榮耀，並夢想猶太國要在「猶大支派的獅子」的權勢下，得以高舉到世界萬國之上。既有這些想法，他們就不準備接受加利利那位卑微的教師，雖然祂確實照眾先知所預言的樣式來了。雖然從來沒有人像祂那樣講話的，因為祂的外表是卑微謙遜的，但人卻不把祂看成「真理」和「世上的光」。祂來到世上時，雖沒有世人所以為的顯赫和榮耀，然而祂的臨格卻有一種威嚴，顯示了祂神聖的品格。祂的儀態雖然溫和動人，卻有一種令人肅然起敬的權威。祂發出命令，疾病就離開了病人。死人聽到祂的聲音復活了；憂傷的人喜樂了；勞苦擔重擔的人，在祂慈憐的愛裏得享了安息。

瘸腿的、瞎眼的、癱瘓的、長大痲瘋的，和患各樣疾病的人，都來到祂面前，祂就醫好了他們。……上天以大能的明證認可了祂所言的。——《評閱宣報》，1911年7月6日。

像根出於乾地

祂……生長如嫩芽，像根出於乾地。祂無佳形美容使我們注視祂，也無美貌使我們仰慕祂。（賽53：2）

耶穌時代的人未能從祂卑微的外表，看到上帝兒子的榮耀。祂「被藐視，被人厭棄；多受痛苦，常經憂患。」（賽53：3）對他們來說，祂像根出於乾地，沒有佳形美容使他們羨慕祂。

基督設身處地與民眾接觸。祂以最有力最簡明的話語，將純樸的真理提供給他們思考。卑微的窮人、最無學問之輩，藉著信靠祂，都能明瞭上帝最崇高的真理。無人需要去求教於飽學的博士，方能明瞭祂的意義。祂並未以神祕的推理，以使沒有知識的人感到困惑，也不使用他們所不熟悉的陌生深奧的語言。那位有史以來最偉大的教師，在教育方面乃是最明確、單純，而務實的。

祭司和拉比確信自己有能力教導民眾，甚至在解釋要道上與上帝的兒子競爭。祂卻指責他們不明白聖經，也不曉得上帝的大能。那揭示救贖計畫之奧祕的，並非世上偉人的學識。祭司和拉比雖研究過預言，卻沒能發現彌賽亞的降臨、祂降臨的方式、祂的使命和品格的寶貴證據。那些因自己的智慧自稱值得信任的人，居然沒有看出基督就是生命之君。

拉比懷疑，也輕看一切不具有屬世智慧的外表、不高舉猶太民族和宗教排外的事；但耶穌的使命，卻是要抵制這些惡行，糾正這些錯誤的觀點，在信仰和道德上作一番改革的工作。祂引人注意到人生的純潔、心靈的謙卑和忠於上帝並祂的聖工，而不是希冀屬世的尊榮與報償。

祂看見世上的窮人熱烈地接受祂所傳的珍貴信息，就在靈裏喜樂。祂舉目望天，說：「父啊，天地的主，我感謝你！因為你把這些事向聰明智慧的人隱藏起來，而向嬰孩啟示出來。」（太11：25）——《評閱宣報》，1911年8月3日。

6月21日　真正的財富

狐狸有洞，天空的飛鳥有窩，人子卻沒有枕頭的地方。（太8：20）

基督來到這世界，過完全順從上帝國度之律法的一生。祂來提拔人，使人高貴，為他們行出永義。祂來做一個傳授真理的媒介。在祂裏面可以發現達到完全品格所必需的一切美德。

基督放棄了祂在天庭的統帥地位，把祂的王袍和王冠放在一邊，以人性披覆自己的神性。祂為我們的緣故，在屬世的財富和利益上成為了貧窮，好使人類在極重無比永遠的榮耀上成為富足。祂接納了作人類家庭元首的地位，並同意為我們經受罪所帶來的考驗和試探。祂原本可以由大量天軍護送，帶著大能力大榮耀降臨，但祂沒有這樣。祂出身於一個卑微的家庭，在一個偏僻且受人鄙視的鄉村長大。祂過了貧窮的一生，常常忍受缺乏和饑餓。祂這樣做，是要說明地上的財富和高位，並不會增加人在上帝眼中的價值。祂根本不鼓勵我們，世上的財富會使人配得永生。當一位弟兄變成窮人時，那些待他好像不值得他們注意的教會信徒，確實沒有從基督學到這一點。

對罪的降服帶給心靈極不快樂。那減低我們得永生之希望的不是貧窮，而是不順從，這得永生之希望原是救主來到世上帶給我們的。真正的財富、真正的平安、真正的滿足、持久的福樂——只有完全降服於上帝、完全與祂的心意和諧才能得享這一切。

基督來到我們的世界過純潔無瑕的一生，從而向罪人表明，他們靠著祂的力量也能順從上帝聖潔的律例，遵守祂國度的律法。祂來藉著完全順從律法的原則使律法為大為尊。祂將人性與神性結合在一起，使墮落的人類可以脫離世上從情慾來的敗壞，就得與上帝的性情有分。

基督不斷從父提取能力，使祂的人生免受罪的玷污。——《評閱宣報》，1912年7月4日。

人會搶奪上帝之物嗎？　　　6月**22**日

你們卻說：「我們在何事上搶奪你呢？」其實就是在你們當納的十分之一奉獻和當獻的供物上。（瑪3：8）

你會做這事嗎？聖經說到這事，好像任何人都不可能冒這樣的險。「你們竟搶奪我！」（瑪3：8）

主很清楚世界住滿人時會怎麼樣，所以祂與自己的百姓立約。他們應該按照祂所做的安排向祂奉獻十分之一和供物。這是祂的，不屬於你們任何一個人的。上帝已對你們做了這個安排，以便你們藉著把上帝那份歸還給祂，以表示自己對祂的依靠和責任。你們若這樣行，祂的福惠就必臨到你。我們所擁有的一切都是主的，祂委託我們作祂的管家。我們所交還給祂的東西，祂必會先賜給我們。

我們得以呼吸，是因為上帝照管者人這部機器。祂日復一日使它正常運行著。祂希望我們想想，祂為我們付出的無限犧牲，與祂的獨生子，就是跟祂同等的那一位同受苦難。祂同意讓祂來到一個因罪的咒詛而滿目瘡痍的世界，作人類家庭的元首，和擔罪赦罪的救主。

基督宣布天上地下所有的權柄都賜給祂了（太28：18）。祂接受了人類家庭元首的地位，以人性遮蓋了神性。

上帝不許我們任何一個人得不到寶貴興盛的永生。不要搶奪上帝之物。要誠實地行在祂面前。一切都是祂的。祂已把貨財託付在祂的代理人手中，要他們推進祂在世上的工作。他們忠心地把十分之一帶到祂的庫中，此外還應照聖工的需要帶禮物和供物來。上帝希望我們認識到，天與地已經接近了。千千萬萬的天使在為那些將要承受救恩的人效力。

上帝待我們是認真的。祂期待我們，把祂的旗幟安插在從未聽過真理的地方。世界各地都有求助的呼聲傳來。不要有任何不必要的開支。要捨己，背起你們的十字架跟從主。你們奉獻給祂的，永遠不會比祂已經給你們的多。祂為你們捨了自己的性命。你為祂捨了什麼呢？——《總會公報》，1901年4月8日。（摘自懷愛倫1901年4月6日的演講。）

6月23日　心靈貧窮的良藥

心靈貧窮的人有福了！因為天國是他們的。（太5：3）

基督這句安慰人的話，不是對驕傲、自誇、自負的人講的，而是對體認到自己的軟弱和罪孽深重的人講的。那些悲哀、溫柔，感到自己不配上帝眷愛的人，那些饑渴慕義的人，都包括在「虛心的人」（譯者按：「虛心的人」按原文和英文應譯為「心靈貧乏的人」）之列。

心靈貧乏的人，感到自己的貧窮，所以尋求基督的恩典。他們意識到自己對上帝和祂的愛知之甚少，需要亮光以便知道並持守主的道路。他們不敢靠自己的力量面對試探，因為他們認識到自己沒有道德力量去抗拒罪惡。他們回顧過去毫無喜樂，也沒有什麼信心展望將來，因為他們心中愁苦。但基督對這樣的人說：「虛心的人有福了。」基督看到那些感到自己貧窮的人，可以成為富足。

那些感到自己心靈貧窮而順從上帝心意的人，有種特權是他們伸手可及的，而這特權又是何等的大啊！唯獨在基督裏才能得到治療心靈貧窮的良藥。當心靈靠恩典成聖，當基督徒有了基督的心之時，他們就會有基督的愛，那是比俄斐的純金更寶貴的屬靈財富。凡感到自己貧窮的人，都可得到那在基督裏的財富，但在他們極其渴望得到這財富之前，他們必須有需要感。當人心充滿了自足自負，全神貫注於世上膚淺的事物時，主耶穌就責備管教人，使他們醒悟，認識到自己的真實狀況。

你可以本著信心毫不遲延地來到耶穌面前。祂的供備是豐富慷慨的，祂的愛是豐盛的，祂必賜給你恩典愉快地負祂的軛，擔祂的擔子。你可以靠賴祂的應許要求你的權利，要祂祝福你。你可以進入祂的國，就是祂的恩典、祂的愛、祂的義、祂在聖靈裏的平安和喜樂。你若感到最深的需要，就可得到祂一切豐盛的供應，因為基督說：「我不是來召義人悔改，而是召罪人悔改。」耶穌呼召你前來。「心靈貧窮的人有福了！因為天國是他們的。」（路5：32；太5：3）——《時兆》，1895年8月1日。

安慰的服務

6月**24**日

哀慟的人有福了！因為他們必得安慰。（太5：4）

主藉著人作工，祂委託那些跟從祂的人，負責照顧沮喪消沉、痛苦悲傷的人。我們周圍有心靈需要振奮的人，需要公義日頭的明亮光線的人。主指望凡蒙祂安慰和賜福的人，去光照處在黑暗中的人，解救憂傷的人。凡領受了亮光平安和喜樂的人，不可忽視哀慟的人，而要本著人性的同情接近他們，幫助他們看到一位赦罪的救主，慈憐的上帝。

基督已擔當了我們的憂傷，背負了我們的悲痛，祂必賜喜樂和愉快給那些哀慟的人。我在世上感到憂傷的弟兄姐妹啊！你們願意為基督服務，幫助需要你們幫助的人嗎？

凡愛基督的人，必有基督的心，去安慰一切哀慟的人；他們要幫助貧窮的、受試探的、氣餒的人，使他們行在十字架的光中，而不是在陰影和黑暗中。

主耶穌已賜給祂子民特殊的工作，去安慰一切哀慟的人。基督正在為這等人作工。祂號召人作祂的器皿，把亮光和希望帶給那些處在黑暗中的哀慟者。

爐中的火可能會燃在上帝僕人的身上，但這是為淨化他們的一切渣滓，而不是要摧毀消滅他們。

當一切看起來都黑暗險惡時，我們要藉著信賴上帝來尊榮祂。但願那些受苦的人仰望祂，談論祂的權能，歌唱祂的仁慈憐憫。

有福分要給一切哀慟的人。要是我們的世界沒有哀慟的人，基督就不會顯出上帝慈父般的品格了。那些因知罪而受到壓迫的人，要曉得赦免之福，並要讓他們的過犯得到塗抹。要是沒有哀慟的人，根本就不會有人知道基督是足能贖罪的。——《時兆》，1895年8月8日。

凡在考驗中謙卑地向上帝尋求安慰和平安的人，有基督的溫柔賜給他們。凡已學了祂的樣式，心裏柔和謙卑的人，必向那些需要安慰的人表示同情，大顯溫柔，因為他們可用上帝所賜的安慰去安慰別人。

溫柔是聖靈所結的果子之一，也是我們出於永生上帝的一個證據。長久表現溫柔乃是一個無誤的證據，表明我們是那真葡萄樹上的枝子，正在多結果子。溫柔證明我們是憑信瞻仰王的榮美，變成祂的樣式。何處有溫柔，本性的傾向就處在聖靈的控制之下。溫柔並非一種膽怯，而是基督在受到傷害、忍受侮辱和虐待時所表現出的精神。溫柔並不是交出我們的權利，而是在受人刺激之下仍能保持自制，不向生氣或報復的精神讓步。溫柔是不會讓憤怒去佔領我們的陣地。

基督受祭司和法利賽人控告時保持了自制，但堅持了自己的立場，認為他們的控告是不真實的。祂對他們說：「你們中間誰能指證我有罪呢？」（約8：46）祂知道自己的立場是對的。當保羅和西拉未經審訊或判決，就被毆打和投入監牢時，他們並沒有放棄自己作為忠實公民之待遇的權利。

基督徒在任何時候，任何地方都應實行主的旨意，表現在基督耶穌裏的自由。要靠著基督的靈，以聖潔的謹慎履行義務。我們既與上帝有生命的連絡，就要受天上亮光的引導。……凡悔改了自己的罪、將自己擔重擔的心靈投在基督腳前、順從祂的軛、與祂同工的人，必與基督同受苦難，也要與祂神聖的性情有分。

耶穌是我們的模範。我們從祂得着力量和恩典，好存謙卑痛悔的心行在上帝面前。——《時兆》，1895年8月22日。

只有在基督裏才能得享真正的生命之糧。凡看不出用無限的代價，為滿足饑渴慕義的人所預備的豐盛恩賜，就是天上宴席的人，必得不到安舒。

「耶穌對他們說：『我就是生命的糧。到我這裏來的，絕不飢餓。』」（約6：35）饑渴慕義的人充滿了渴望，想在品格上變得像基督一樣，與祂的形像相似，遵守主的道，秉公行義。我們應該培養一種懇切的願望，渴求基督的義。不要讓任何屬世的需要吸引我們，使我們分心，以致不渴望擁有基督的品格。……當人處在煩惱和痛苦中時，心靈便渴望上帝的愛和能力，強烈希望得到保證、盼望、信心、膽量。我們應該求赦免，求平安，求基督的義。每一個全心尋求主的人，都是饑渴慕義的人。

當我們的心倒空驕傲、虛榮和自私時，饑渴的心靈就會得到滿足。因為那時信心就會握住上帝的應許，基督就會填補空白並住在心中。我們就會口唱新歌，因為以下的話應驗了：「我也要賜給你們一顆新心」（結36：26）。信徒的見證必是：「從祂的豐富裏，我們都領受了恩典，而且恩上加恩。」（約1：16）

沒有基督，饑渴的心靈就得不到滿足；因為這種缺乏的感覺，對某種不屬塵世、未被凡俗所玷污之事物的渴望，便永遠得不到滿足。人的心思必須領會，有些事物是比在這世界上所能找到的東西，更為高尚純潔的。

基督為世人的罪釘死在十字架上。祂復活升天之後，全世界都受到邀請仰望祂而得活。我們受命要看那看不見的事，將永恆這事一直放在心眼之前，好使我們藉著仰望而變成基督的形像。——《時兆》，1895年8月29日。

憐恤的果子

憐憫人的人有福了！因為他們必蒙憐憫。（太5：7）

上帝的兒女有責任在主裏全然光明，並在別人的道路上散佈福氣。他們不可說：「願你們穿得暖，吃得飽」（雅2：16），卻不做什麼去幫助貧困之人。

我們是主買來的產業。作為祂在人間的代理，我們明確的責任，就是從祂賜給我們的房庫中，把現世和屬靈的東西分給別人。我們必須不斷運用愛心激勵對上帝的信心，好使人心產生對上帝的讚美，用愛的金鏈使人心心相連。凡接受了上帝的仁慈、同情和憐憫的人，應該將之傳與他人。

無窮上帝的聖子，乃是我們的模範。上天是充滿慈憐的，這慈憐不斷湧流著，不僅流向受到所喜愛的少數人，也是為了造福最需要它的人，使那些在生活中沒有什麼福樂的人受益。

祂吩咐凡受託才能和財力作祂管家的人，為了他們自己的益處，要積儹財寶在天上。祂怎樣向他們白白地厚施慈憐，他們也要白白地給別人。他們不是為自己活，而是讓基督住在他們裏面。祂的聖靈引導他們聰明地分發他們的財物，憐恤他人，正如祂憐恤所有的人一樣。人跟從基督就不會只為自己而活。

他們應當按受託財物的多少分給他人。最卑微的人也要拿主的銀子去做買賣，認識到應當把所借他們的連本帶利還給上帝。雖然我們只有一千銀子，若是忠心地把它獻給上帝，在塵世和屬靈的事上行憐恤人的事，如此照顧貧窮之人的需要，我們的銀子就會增值，且被記在天上，其數值會超過我們的計算力所能及的。每一個憐恤人的行為，每一個犧牲，每一次捨己，都必帶來回報，沒有不在今生得百倍，來世得永生的。——《時兆》，1895年9月12日。

清心之人的朋友

清心的人有福了！因為他們必得見上帝。（太5：8）

清心的人必得見上帝。雖然所有的人都視基督為法官，清心的人卻視祂為朋友；因為耶穌說過：「以後我不再稱你們為僕人，因為僕人不知道主人所做的事；但我稱你們為朋友，因為我從我父所聽見的一切都已經讓你們知道了。」（約15：15）清心的人會視基督為朋友和長兄。那些不斷仰望基督得祂勸勉，真心祈求得祂聖靈的人，若有一片陰雲阻隔使他們看不到祂，便會憂傷。

現今這世代的基督教界喜歡接受撒但的詭辯，以代替上帝的話語。許多人因惡行使自己與上帝隔絕。他們不喜愛仰望上帝，不想認識祂。他們不願意見上帝，就像亞當藏起來，不想見他天上的父一樣。

我們當仰望耶穌，祂是除掉我們罪孽的唯一盼望，因為在祂並沒有罪。祂為我們成了罪，為擔當我們的罪行，作我們的替罪者站在父面前，而我們相信祂為個人救主的人，因為祂的功勞，便算為純潔，脫離了罪污。基督的義歸給我們，我們就被算為無罪了。基督已賜給每一個人證據，證明惟有祂能擔當人類的憂傷、悲愁和罪惡。凡承認基督為自己的替身和中保，將自己無助的心靈繫於基督的人，在見到那不可見的主時，必能經受得住。「清心的人有福了！因為他們必得見上帝」，這個福氣是屬於他們的。

你在受到誘惑而犯罪時，不要絕望。不要耽延而在無望的不信裏悲哀，而要立刻帶著你的實情去找耶穌。

基督經過了亞當失敗的陣地，光復了亞當恥辱的失敗。祂因所受的苦難得以完全，能搭救凡受試探的人，並要開一條路，使他們能忍受住試探。……祂知道如何同情每一個人，因為祂視自己與祂來要拯救的人利益與共。耶穌是何等奇妙的大祭司啊！我們可以把心靈的重擔卸給祂。——《時兆》，1895年10月3日。

締造和平的人有福了！因為他們必稱為上帝的兒子。（太5：9）

凡已瞥見基督完美品格的人，必滿心渴望變得像祂一樣。他們必希望作使人和睦的人，必要領受祂應許給使人和睦之人的福惠。

眾義之敵隨時準備好，要誘使你採取與使人和睦的人完全相反的方針。凡喜愛不睦與糾紛的人，會引誘你與他一起激起紛爭。他會引導你認為自己看到了某弟兄或姐妹的某種錯誤。撒但會催促你去告訴他人。但基督已吩咐你要去找那位弟兄，「趁著只有他和你在一起的時候，指出他的錯來。」（太18：15）你要順從哪一位領袖呢？人心生來不肯坦誠相待。把弟兄的過失告訴他人，似乎比只告訴他本人要容易一些。但只有他的耳朵應該聽到你的指責。……那些與上帝和諧、與基督同工的人有福了。上帝的靈所賜的恩典，對心靈來說乃是生命的泉源，必振奮那些使人和睦的人。

重要的是，我們應該想到，我們現在所懷的精神，所做的工作，會證明我們是否適合或配享來生。我們現在正受著考驗，要看看我們是否會實現主的祈禱，並且在地上實行上帝的旨意，如同在天上一樣。凡執行撒但計畫的人，乃是在傷害人，藉自己的行徑，證明自己不是基督的兒女。

我們每一個人應該為了公義而行義，如此在我們周圍營造一種和平的氛圍，而不會被擠到撒但的代理人那邊，感染他們的精神，重複他們控告的話，指責那些正在努力順從主誡命的人。我們就不會與眾生之敵聯合，幫助他激起懷疑和紛爭，使愛上帝的人受試探去行惡。——《時兆》，1895年10月10日。

追求和睦

靠你有力量……的，這人有福了！。（詩84：5）

「使人和睦的人有福了。」有多少人真心渴望得到祝福，不僅聆聽，還遵行基督的話呢？凡不願依賴自己，而願倚賴他們以外高於他們自己之能力的人，必成為遵行基督話語的人。

「為義受逼迫的人有福了」（不是因他們粗魯苛刻的精神導致糾紛與矛盾，而是因為他們「為義」的緣故）。義人希望和平，並願意不惜一切代價擁有和平，同時又不犧牲原則。他們不能犧牲真理，雖然堅持真理會使他們痛苦不幸、受責備、受辱受難、甚至喪命。「因為天國是他們的」（太5：10）。為義受逼迫的人，將上帝的誡命放在自己生活中的首要位置，人的策略，獎賞的承諾，提供的尊榮不可以介入他們和他們的上帝之間。他們不會被引誘否認基督，背叛祂的聖工。他們心中存有上帝豐盛的應許，「他必如湍急的河流沖來，耶和華的靈催逼他自己」（賽59：19）。聖靈將聖經的珍寶向他們的悟性敞開。

教會本身需要經歷轉變，使得教友可以成為光的管道，可以蒙福並造福他人。茫然倚靠上帝的憐憫，不會使我們就近施恩的寶座，獲得天父為實行祂旨意的人所準備的福惠。信心必須集中在上帝的道上。祂的話就是靈，就是生命。聖經的每一頁都有公義日頭的光線照耀著。

上帝的道要扶持受苦的人，安慰受逼迫的人。上帝親自對相信倚賴祂的人說話，因為上帝的靈在祂的道中。凡在聖靈光照內心時，接受上帝話語的人，必領受特別的福惠。信徒就是這樣吃基督生命的糧。人心既在新亮光中見到真理，就歡喜快樂，如同見到了基督臨格一般。——《時兆》，1895年10月10日。

7

July

地的四極都當轉向我，就必得救；
因為我是上帝，再沒有別的。（賽45：22）

From the Heart

所應許的救恩

地的四極都當轉向我，就必得救；因為我是上帝，再沒有別的。

（賽45：22）

亞當夏娃受造被安置在伊甸家園時，他們對要管理他們的律法是有所認識的。……他們既違背了那律法，就從幸福無罪的地步墮落，在上帝眼中成了罪人，沒有一線希望的光，照亮墮落人類的未來。人類由於干犯了神的律法而喪失了樂園，不僅咒詛臨到了大地，死也開始掌權了。

但上天憐憫墮落的人類，制定了救恩的計畫。當上帝向人類宣布咒詛的時候，連帶著也賜下一個藉著將來之救主赦罪的應許。雖然死亡的陰影籠罩著亞當的後裔和所賜給他們作為領土之世界的將來，但在救贖主的應許之中，有希望之星照亮黑暗的前途。福音最早是在伊甸園中傳給亞當夏娃的。他們真心悔改自己的罪，相信上帝的寶貴應許，遂得救脫離了完全的滅亡。

以諾與上帝同行三百年，為世人樹立了過純潔無玷污生活的榜樣，與他同代之人的生活形成了鮮明的對比。那個彎曲任性的世代，竟公然漠視上帝的律法，自誇沒有限制的自由。但他的見證和榜樣同樣不受人的注意，因為男男女女都喜愛罪惡過於聖潔。以諾以專一的心志事奉上帝；主把自己的心願傳達給他，並藉著神聖的異象向他顯示與基督第二次顯現有關的大事。後來這位蒙恩的主僕，就未嘗死味而得眾天使帶到天上去了。

最後人類罪大惡極，上帝實在忍無可忍了。祂就告訴挪亞，由於人不斷干犯祂的律法，祂要使洪水氾濫在地上，毀滅祂所造的活物。挪亞和他的家人順從了神聖的律法，因為他們忠於天上的上帝，就得救脫離了那臨到他們周圍不敬虔世人的毀滅。主就這樣為自己保存了一班心中有祂律法的子民。——《時兆》，1886年4月22日。

該隱和亞伯的試驗

過了一些日子，該隱拿地裏的出產為供物獻給耶和華；亞伯也把他羊羣中頭生的和羊的脂肪獻上。耶和華看中了亞伯和他的供物，卻看不中該隱和他的供物。（創4：3-5）

亞當的兩個兒子該隱和亞伯性情大不相同。……弟兄二人受了試驗，正如先前亞當受試驗一樣，要看看他們是否願意順從上帝的要求。他們曾受到指教，知道上帝為拯救人類所作的安排。上帝計畫藉著獻祭的制度，使人心銘記罪的可憎，並使他們知道罪必定招致刑罰就是死。祭物要成為一種持續不斷的提醒，使人想起，只有藉著所應許的救贖主，男男女女才能進到上帝面前。該隱和亞伯，都明白他們要執行的獻祭制度。他們知道獻上這些祭物，是表明自己謙卑而恭敬地順從上帝的旨意，承認自己相信並依靠這些祭物所預表的救主。

該隱和亞伯同樣地築了祭壇，各自帶來供物。該隱以為沒有必要認真履行上帝的一切要求；所以他就帶來了不用流血的供物。他帶來了地裏的出產，並把他的供物呈在主面前。但沒有來自天上的證據表明他的供物蒙了悅納。亞伯懇勸他的哥哥依照上帝所規定的方法親近上帝；但他的勸告只使該隱愈發堅決要達成自己的目的。他覺得自己是長兄，不該受他弟弟的訓誨，所以就輕視亞伯的勸告。

亞伯照著上帝的命令，帶來了羊群中頭生的，最好的。他在殺羊羔時，憑信心見到了上帝的兒子，因人類違背了祂的律法而指定受死。上帝看中了亞伯的供物，火從天上下來燒滅了那個痛悔罪人的祭牲。

該隱當時有機會看出並承認自己的錯誤。……那不偏待人的主，必看中出於信心和順從的供物。

亞伯的供物蒙了悅納，是因為亞伯一絲不苟地照著上帝要求他的去做了。——《時兆》，1886年12月16日。🌑

該隱的怒氣

> 耶和華對該隱說:「你為什麼生氣呢?你為什麼沉下臉來呢?你若做得對,豈不仰起頭來嗎?你若做得不對,罪就伏在門前。它想要控制你,你卻要制伏它。」(創4:6-7)

上帝不是不知道該隱生氣了,但祂希望該隱反省自己的做法,知罪悔改,行在順從的路上。他對自己的弟弟和上帝發怒是沒有理由的。他自己漠視了上帝清楚明確的旨意,才使他的供物不蒙悅納。⋯⋯亞伯的供物蒙了悅納,是因為他一絲不苟地照著上帝的要求去做了。這並不會搶奪該隱的長子名分。⋯⋯事情一目了然地擺在該隱面前,卻激起了他好鬥的性情,因為他的做法受到了質疑,而且不容他隨從自己獨立的想法。他對上帝和他弟弟發怒了。他對上帝發怒,是因為他不願接受罪人的計畫代替神的要求。他對他的弟弟發怒,是因為弟弟不同意他。

該隱邀亞伯到田間說話,他在那裏說出了自己的不信和對上帝的抱怨。他聲稱自己在獻供物的事上做得很好;他愈出言反對上帝,指責祂看不中他的供物,悅納他弟弟亞伯的供物是不公正不仁慈的,就愈感到憤恨。

亞伯為上帝的良善和公正辯護,並把上帝為何不悅納該隱供物的簡明理由擺在他面前。

亞伯竟敢不同意該隱的看法,甚至指出他的錯誤,這令他大為震驚。⋯⋯當亞伯說到若要供物蒙悅納,就必須獻上被殺祭牲的血時,該隱的理智告訴他,亞伯是對的。但撒但對此進行不同的解釋,誘使該隱狂暴如雷,在一怒之下殺了他的兄弟,殺人的罪就落到了他的身上。——《時兆》,1886年12月16日。

更美的祭物

因著信，亞伯獻祭給上帝比該隱所獻的更美，因此獲得了讚許為義人。

（來11：4）

該隱和亞伯兩兄弟代表整個人類家庭。他們都在順從的問題上受了試驗。人人都要像他們那樣受試驗。亞伯經受了上帝的驗證，顯出了金子般的公義品格，真敬虔的原則。但該隱的宗教卻沒有良好的根基，它是建立在人的功勞上。他帶給上帝的是與他個人利益有關的東西——地裏的出產，是他所辛勞栽培的。他呈獻自己的供物是要為上帝做好事，指望藉此獲得上帝的悅納。他在建造祭壇上順從了，在帶來祭物上順從了，但他只是部分地順從。這其中必不可少的部分，即承認需要一位救贖主，他卻忽略了。

他們兩個人都是罪人，都承認上帝的權威而敬拜祂。從外表上看，他們的宗教在一段時間內是一樣的；但聖經的歷史告訴我們，到了一定的時候，他們之間就大不相同了。區別在於一個順從，而另一個不順從。

使徒保羅說亞伯「獻祭給上帝比該隱所獻的更美」。亞伯領會了救贖的偉大之理。他看出自己是一個罪人，並認明罪和罪的死刑阻礙了他的心靈與上帝交通。於是他帶來被殺的祭牲，就是犧牲了的生命，承認他所違犯之律法的要求。藉著所流的血，他仰望那將來的犧牲，就是死在髑髏地十字架上的基督。他既信靠在那裏所成全的救贖之功，便得了見證，證明他是義人，他的祭物也蒙了悅納。

亞伯怎麼如此清楚救恩的計畫呢？是亞當告訴他兒孫的。……亞當犯罪之後，心中充滿恐懼。持續的懼怕感壓在他心上；羞恥和懊悔折磨著他的心靈。在這種心態下，他希望盡可能遠離他曾那麼喜愛在他的伊甸家園見到的上帝。但是主知道這個內疚的人，祂在譴責亞當所犯罪行的同時，也給了他仁厚應許的話語。——《時兆》，1886年12月23日。

在亞當裏眾人都死了；同樣，在基督裏眾人也都要復活。（林前15：22）

「　我要使你和女人彼此為仇，你的後裔和女人的後裔也彼此為仇。他要傷你的
　　頭；你要傷他的腳跟。」（創3：15）

　　這是對罪人傳講的第一篇福音證道；這個應許乃是希望之星，照亮了人類黑暗淒
涼的將來。亞當高興地接受了得救的可喜保證，以主的方式殷勤地教育自己的兒女。
這個應許與祭壇密切相關。祭壇與應許並肩而立，互相輝映，說明一位被冒犯之上帝
的公義，只有藉著祂愛子的死才能得到滿足。

　　亞伯聽到這些教訓，對他來說就像種子撒在好土裏。該隱也聽到了這些教訓，他
與自己的兄弟有同樣的特權，但他沒有善用那些特權。他甘冒與上帝的命令背道而馳
的危險，其結果就強烈地呈現在我們面前。該隱並非上帝專制的犧牲品；並不是上帝
預先揀選，導致一人蒙悅納，另一人遭拒絕。問題的關鍵在於有沒有照上帝所說的去
做。

　　該隱和亞伯代表世上的兩等人，這兩等人必要繼續存在，直到末時；這是值得仔
細研究的。這兩兄弟在品格上有顯著的不同，這種不同也可在今日的人類家庭中見
到。該隱代表那些執行撒但的原則和工作的人，以他們自己所選擇的方式敬拜上帝。
他們與所隨從的領袖一樣，樂於獻上部分的順從，而不願完全順從上帝。

　　該隱一等的敬拜者占了絕大多數的世人，因為世上所發明的每一種虛假的宗教都
建立在該隱的原則上，就是罪人可以依靠自己的義和功勞得救。

　　基督的宗教要人接受的，不是一條平坦的道路。他們可以設計一條更好走的路，
但那不會通往上帝的城，即聖徒的安穩居所。唯有那些遵守祂誡命的人，才「可得權
柄到生命樹那裏，也能從門進城。」（啟22：14）──《時兆》，1886年12月23日。

以諾

7月6日

以諾生瑪土撒拉之後，與上帝同行三百年。（創5：22）

以諾曾從亞當的口中獲知人類墮落的慘史，以及上帝屈尊恩賜祂的兒子作世界救贖主的寶貴應許。他相信並依賴所賜的應許。以諾是個聖人，專心事奉上帝。他認識到人類家庭的腐敗，所以自行離開該隱的後代，並因他們的罪大惡極責備他們。地上另有一班人是承認上帝，敬畏並崇拜祂的。然而義人以諾，因不敬虔之人罪惡的增多而悲傷。他不願天天和他們來往，惟恐他自己會受他們的不信所影響，以致他的思想不能常對上帝表達祂崇高聖德所應受的神聖尊敬。他既天天目睹他們踐踏上帝的權威，他的心就為之煩惱。他選擇與他們隔離，並時常獨自在一處，專心默想祈禱。他在上帝面前等候祈求，要更完全地明白上帝的旨意，以致可以履行。上帝藉祂的使者與以諾交通，賜給他神聖的指示。祂使以諾明白，祂絕不至永遠容忍人的悖逆，以洪水氾濫全地來毀滅這罪惡的族類是祂的計畫。

美麗的伊甸園，就是我們始祖被逐出的地方，依然留在地上，直到上帝決定用洪水毀滅全地為止。上帝曾建立那個園子，並特別賜予福惠，所以祂本著祂的美意將它從地上撤回，將來還要把它裝飾得比從地上撤回時更加榮美，送還到地上來。上帝定意要保守祂完美造化之工的樣本，不受祂降到全地的咒詛所影響。

以諾在同上帝交往的過程中，與上天愈來愈融洽。他的臉上煥發出聖潔的光芒。……上帝愛以諾，因為他堅定不移地跟從祂。……他渴望使自己與他所敬畏、尊重和崇拜的上帝有更密切地聯合。上帝不願讓以諾像其他的人一樣死亡，就差遣天使將他接到天上而不嘗死味。所以，以諾當著義人與惡人的面被提離開他們。——《時兆》，1879年2月20日。

上帝向以諾闡明了救贖的計畫，並藉著預言之靈使他看到洪水以後的各世代，並向他顯示了有關基督復臨和世界末日的種種大事。

關於死人的事，以諾曾憂愁煩惱。在他看來，義人和惡人同歸塵土，這就是他們的結局。他看不出義人死後還有得生命的希望。他在預言的異象中蒙指示，看到上帝的聖子作為犧牲的死和祂在天雲裏帶著眾天軍降臨，使死了的義人從死裏復活得生，拯救他們從墳墓裏出來。他也看到在基督第二次顯現之前世界敗壞的情況——那世代的人又傲慢，又膽大，又任性，不承認獨一的上帝和主耶穌基督，背叛上帝的律法，踐踏祂的血，輕視祂的贖罪。他又看到義人得榮耀尊貴為冠冕，惡人被逐離開耶和華的面，給火燒滅。

上帝藉著賜給以諾的福惠和尊榮，教導人一個最重要的教訓：凡憑著信心仰賴所應許的「犧牲」，並忠心順從祂誡命的人，都必得到賞賜。這裏又說明了一件事，就是這兩等人，他們要一直存在到基督復臨之時——那就是義人與惡人，忠貞的人和悖逆之徒。上帝必要紀念敬畏祂的義人。祂要因祂愛子的緣故，尊重並且榮耀他們，賜給他們永生。但那些蹂躪祂權威的惡人，祂必將他們從地上剪除，使他們歸於無有。

在亞當從完全幸福的狀況，落到罪惡與痛苦的情形之後，人類便有灰心絕望的危險。……但上帝所賜給亞當的吩咐，由塞特重述，再由以諾舉例說明的這些吩咐，已完全將幽暗的陰影驅散，給予人類希望：正如死是從亞當而來，然而藉著所應許的救贖主耶穌，也必有生命和不朽的永生臨到。——《時兆》，1879年2月20日。

現代的以諾

以諾與上帝同行，上帝把他接去，他就不在了。（創5：24）

在亞當從完全幸福的狀況落到罪惡與痛苦的情形之後，人類便有灰心絕望的危險。……但上帝所賜給亞當的吩咐，由塞特重述，再由為以諾舉例說明的這些吩咐，已完全將幽暗的陰影驅散，給予人類希望：正如死是從亞當而來，然而藉著所應許的救贖主耶穌，也必有生命和不朽的永生臨到。

沮喪的忠心之人，可以從以諾的事例中得到教訓：他們雖然生存在腐敗犯罪，公然大膽反叛他們創造主的人中間，但是只要他們肯順從祂，篤信所應許的救贖主，他們仍能像忠心的以諾一樣行義，為上帝所悅納，最後被提到祂天上的寶座那裏。

那使自己遠離世俗，多用時間祈禱並與上帝交通的以諾，代表生存在末日並與世俗隔離的上帝忠貞子民。不義的事將要在地上盛行到可怕的程度。世人將要盡情追隨他們腐敗心意的想像，並遂行他們欺人的哲學，而反抗高天的權威。

上帝的子民必遠離周圍之人不義的行為，追求思想的純潔，並與上帝的心意保持聖潔一致，直到祂神聖的形像在他們身上反照出來。他們必像以諾一樣，適合於變化升天。他們在致力於教訓並警告世人時，自己絕不附和不信之人的精神和習俗，卻要藉自身聖潔的言行和敬虔的榜樣定他們的罪。以諾的變化升天，正是在洪水毀滅世界之前，這預表一切活著的義人，將要在焚燒地球之前變化升天。眾聖徒要在因他們忠貞遵守上帝公義誡命，而恨惡他們的人面前得到榮耀。

以諾將洪水的事告訴家人。以諾的兒子瑪土撒拉聽到他孫子挪亞傳道，忠心地警告古代世界的居民關於洪水要來到地上的事。瑪土撒拉和他的子孫，活在建築方舟的時日。他們以及一些別的人領受了挪亞的教導，也協助他建造方舟。──《時兆》，1879年2月20日。

給以色列的應許

以色列的後裔必因耶和華得稱為義，並要彼此誇耀。（賽45：25）

亞伯拉罕蒙召從一個拜偶像的家庭出來，蒙上帝指派，在那個拜偶像世代盛行且日益增長的腐敗中保存祂的真理。主向亞伯拉罕顯現，說：「我是全能的上帝。你當在我面前行走，作完全的人，我要與你立約，使你的後裔極其繁多。」（創17：1—2）

上帝把祂的心願傳達給亞伯拉罕，使他明白道德律法的要求和將要藉著祂自己所成就的拯救。亞伯拉罕蒙召要得崇高的尊榮，成為一個民族的祖先。這個民族將在許多世紀中保存上帝賜給世人的真理。地上的萬國要因著他們，在所應許的彌賽亞降臨時蒙福。

上帝賜給祂忠心的僕人特殊的尊榮和福惠。上帝藉著異象和天使，像朋友對朋友一樣與他同行共話，使他熟悉祂的計畫和心願。

但亞伯拉罕的後裔卻偏離了對真神上帝的敬拜，違背了祂的律法。他們與不認識不敬畏上帝的民族混雜，逐漸效法了他們的風俗習慣，直到上帝的怒氣向他們發作。祂就任憑他們偏行己路，隨從他們自己敗壞心地的計謀。

但是當他們在上帝面前自卑，承認祂的作為，並懇切呼求祂拯救他們脫離埃及欺壓的軛時，他們的呼聲和順從的承諾就達到了天庭。他們的祈求以奇妙的方式得到了應允。以色列人得救脫離了埃及，主也與他們重新立了曾與他們祖先立的約。

上帝律法的知識就這樣從亞當到挪亞，從挪亞到亞伯拉罕，又從亞伯拉罕到摩西，一代一代保存下來。——《時兆》，1886年4月22日。

亞伯拉罕的信心（一）

你要帶你的兒子，就是你所愛的獨子以撒，往摩利亞地去，在我指示你的一座山上，把他獻為燔祭。（創22：2）

當這個令人恐懼震驚的命令，在夜間的異象中臨到亞伯拉罕時，他已經120歲了。他要走三天的路程，且有充足的時間思考。50年前，他遵照上帝的命令離開了父母、親友，在異鄉成了一個客旅和寄居的。他聽從了上帝的命令，遣走他兒子以實瑪利去曠野漂流。這次的分離使他的心靈極其憂傷，他的信心也受了劇烈的考驗，可是他順從了，因為是上帝的要求。

亞伯拉罕受了試探，以為自己或許是受了迷惑。他極其憂傷，就俯伏在上帝面前。他從來沒有這樣的懇切禱告過。他求上帝再給他一個確證，確認這奇怪的命令，賜下更大的亮光，說明是否一定要他履行這駭人的義務。他想起上帝曾差遣天使向他顯明毀滅所多瑪的意圖，而那些天使也曾帶給他生這個兒子以撒的應許。

最後，亞伯拉罕輕聲喚醒了兒子，告訴他，上帝命令他到很遠的一座山上去獻祭，他必須陪同一起去。亞伯拉罕叫了僕人為長途旅行作了必要的預備。他很想將心事吐露給撒拉，與她分擔痛苦和責任，這可能會使他略感輕鬆；但他決定不這樣做，因為母子情深，相依為命，她可能會阻止他。他啟程上路了，撒但在旁邊耳語，使他發生疑惑不信，對他說這不可能。

當他們開始第三天的行程時，亞伯拉罕舉目向群山觀看，在一座山上看見了應許的記號。他凝神細望，看到一朵榮耀的雲彩遮蓋著摩利亞山頂。

離山還有很遠的一段距離時，他就將擔子從僕人肩上取過來，吩咐他們留在後面，同時將木柴放在他兒子身上，他自己則拿著刀和火。——《時兆》，1875年4月1日。

我兒，上帝必自己預備燔祭的羔羊。（創22：8）

當他們走近那座山時，「以撒對他父親亞伯拉罕說：『我父啊！』亞伯拉罕說：『我兒，我在這裏。』以撒說：『看哪，火與柴都有了，但燔祭的羔羊在哪裏呢？』」（創22：7）「我父啊！」這一句親愛的稱呼，刺透了亞伯拉罕慈愛的心腸，他又想，「唉！在我這麼大的年紀，真希望死的人是我而不是以撒。」

以撒幫助他父親建好了祭壇。他們一起把柴放在上面，為犧牲做的最後準備工作都做好了。於是亞伯拉罕帶著顫抖的聲音，把上帝的信息告訴他的兒子。以撒就是犧牲，要殺的羔羊。要是以撒選擇反抗他父親的命令，他原本可以這樣做，因為他已經長大成人了。但他已受了充分的教導，認識上帝，對祂的應許和要求有完全的信心。

他安慰自己的父親，使父親確信上帝接受他作為犧牲乃是賜給他尊榮，他在這個要求中看不到上帝的忿怒或不悅，而是特別的記號，證明上帝愛他，因為祂要他在犧牲中奉獻給祂。

他鼓勵父親用幾乎無力的手，把自己綁在祭壇上。於是父子二人說了最後親愛的話，流了最後摯愛、孝順、慈愛的眼淚，作了最後的擁抱，父親最後一次將他的愛子緊緊抱在自己年邁的懷中。他的手舉起來了，手中緊握著要取以撒性命的死亡工具，忽然他的膀臂給止住了。「亞伯拉罕舉目觀看，看哪，一隻公綿羊兩角纏在灌木叢中。」（創22：13）

我們的天父獻上祂的愛子，忍受釘十字架的痛苦。千萬的天使目睹上帝的兒子所受的羞辱與心靈的痛苦，可是卻沒有像在以撒的事例中蒙准許加以干預。沒有聽見什麼聲音說要止住犧牲。上帝的愛子——世人的救贖主，竟遭侮辱、愚弄、嘲笑、苦害，直至祂垂首而死。試問無限的主還能給我們什麼更大的憑證，表明祂神聖的慈愛與憐憫呢？——《時兆》，1875年4月1日。

天梯

這不是別的，是上帝的殿，是天的門。（創28：17）

雅各在品格上並不完全。他得罪了自己的父親、自己的兄長、自己的心靈，也得罪了上帝。聖經忠實地記載那些蒙上帝特別恩眷的古聖先賢的過錯，暴露他們的過錯比彰顯他們的德行更為詳盡。……他們受試探攻擊，為試探所勝，但他們樂於在基督的門下學習。這些人物若沒有過失地呈現在我們面前，就會使我們在努力追求公義時灰心絕望。……這顯明上帝絕不姑息罪惡。祂在所最眷愛的人身上鑑察他們的罪，而且懲罰他們，甚至於比懲罰那些少得亮光、少有責任的人更加堅決。但是與人類的罪惡和錯誤形成對照的，是聖經記載的一位完全人——上帝兒子的品格，祂用人性披覆了自己的神性，行走在人間。

雅各用欺騙得到了原計畫給他哥哥的祝福。上帝曾應許給他長子的名分，要是他願意等候，那應許原本可以在適當的時候實現在他身上。但他像現今許多自稱上帝兒女的人一樣缺乏信心，以為自己必須做什麼，而不是順從地把事情交在主手裏。

他孤獨地走在路上時，極其沮喪灰心。……可是上帝沒有完全棄絕雅各。祂依然向祂錯誤不信的僕人發憐憫，儘管祂允許苦難臨到他，直到他學會忍耐及順服的功課。耶和華慈悲地向雅各顯示，他所需要的乃是一位救主。

雅各行路疲乏，便拿一塊石頭枕在頭下，躺在地上休息。當他睡著時，主賜給他一個異象。他看見一個光明燦爛的梯子立在地上，梯子的頭頂著天。有天使在梯子上去下來；榮耀的主站在梯子以上，祂向雅各說了奇妙鼓勵的話，使他確信自己雖離家在外，卻在上帝的保護之下，祂並將逃亡者所躺臥之地賜給他和他的後裔。——《時兆》，1884年7月31日。🔔

耶和華真的在這裏，我竟不知道！（創28：16）

雅各醒了，嚴肅地感受到上帝的臨格。……藉著上帝的靈，救贖的計畫向他顯明了，雖然不充分，卻是他所必須知道的部分。基督的第一次降臨還遠在未來，但上帝不願讓祂的僕人不知道，天父已為有罪的男男女女預備了一位中保。

亞當夏娃還沒有背叛上帝政權的時候，上帝與人之間的交往一直是自由的。天與地曾藉一條耶和華喜愛經過的路相通。及至亞當夏娃犯了罪，天地之間才有了隔離。罪的咒詛臨到了人類，由於得罪上帝，以致墮落的人類不能與造他們的主交往，無論他們多麼想與主交通。他們不能攀登天國的城垛，進入上帝的城，因為凡污穢的都不得進那城。那梯子預表耶穌，就是上帝所指定的交通媒介。如果不是祂以自己的功勞，在罪惡所造成的鴻溝上搭了一座橋樑，則服役的天使就不能在梯子上去下來，與罪人來往了。

這一切都在夢中向雅各顯明了。他雖然在當時就領悟了這啟示的一部分，但其中偉大而奧妙的真理，確是他畢生所應研究的，他愈研究，則所領悟的也就愈多了。基督與拿但業談話時，提到的就是雅各曾愉快驚奇地凝視過的這個奧祕的梯子。祂說：「我實實在在地告訴你們，你們將要看見天開了，上帝的使者在人子身上，上去下來。」（約1：51）

我們一生的工作開始於那梯子的最低一階，然後步步向天攀升。……我們藉著不斷地攀登上升，每離開一階，都要抓緊更高的一階。這樣，我們的手要不斷向上抓住逐級的恩典，腳則登在梯子的一階又一階上，直到最終得以豐豐富富地進入我們主和救主耶穌基督的國裏。——《時兆》，1884年7月31日。

饒恕的榜樣　　　7月**14**日

> 「我必養活你們和你們的孩子。」於是約瑟安慰他們，講了使他們安心的話。（創50：21）

雅各的眾子帶著好消息回到父親那裏：「約瑟還活著，並且作了埃及全地掌權的人。」（創45：26）這位老人起先不知所措，無法相信所聽到的。他們的話完全出乎他的意料之外。但是當他看到車馬和長長的一列負重的牲口，看到便雅憫再次回到他身邊時，他就安心了，便充滿喜樂地感歎道：「夠了！我的兒子約瑟還活著，我要趁我未死之前去見他。」（創45：28）於是眾弟兄在父親面前謙卑認罪，懇求他饒恕他們以往惡待約瑟。雅各沒想到他們居然是這麼殘忍。但他既見到上帝統管著這事，為使他們得益處，就饒恕並祝福了犯錯的眾子。

在夜間的異象中，上帝的話臨到雅各說：「不要害怕下埃及去，因為我必使你在那裏成為大國。我要和你同下埃及去，也必定帶你上來；約瑟要親手合上你的眼睛。」（創46：3-4）

約瑟與父親相見的場面非常感人。約瑟下了自己的車，跑去見自己的父親，擁抱他，伏在他頸項上，彼此痛哭。「以色列對約瑟說：『我見了你的面，知道你還活着，現在我可以死了。』」（創46：30）

雅各的晚年更加安寧。他的眾子轉離了邪惡的道路；加上約瑟失而復得。他充分享受了埃及宰相所能給予的一切安慰，在他的兒孫中間安祥地度過了垂暮之年。

他去世之前不久，他的眾子聚集到他面前要接受他的祝福，聆聽他最後的勉言。當他最後一次向他們講話時，上帝的靈降在他身上，他就列數了他們過去的生活，也預言了遙遠的將來。

雅各是一位慈父，他對那些悔恨憂傷的兒子毫無恨意。他已饒恕了他們，並且愛他們到底。但上帝藉著預言之靈，提拔雅各的心思超脫了自然的情感。他在世的最後幾個時辰，眾天使都在他周圍，上帝的能力也停留在他身上。——《時兆》，1880年2月5日。

從前你們的意思是要害我，但上帝的意思原是好的，要使許多百姓得以存活，成就今日的光景。

雅各為大多數的兒子預言了美好的前途。論到約瑟的話尤其令人暢快：「約瑟是多結果子的樹枝，是泉旁多結果的枝子；他的枝條伸出牆外。弓箭手惡意攻擊他，敵對他，向他射箭。但他的弓仍舊堅硬，他的手臂靈活敏捷，這是因雅各的大能者的手。」（創49：22－24）

約瑟的一生說明了基督的生活。他的哥哥們想要殺他，但最後同意只是把他變賣為奴，免得他以後的地位變成比他們大。他們以為這麼做，就不再受他的夢所煩擾，還以為這樣就可排除了他的夢兆得以實現的可能性。孰料他們自己的行徑是在上帝的掌管之下，正成全了他們所想要阻止的事——他要治理他們。

約瑟與上帝同行。當他無辜下獄受苦時，他溫順地忍受了，毫無怨言。他的自制，他在逆境中的忍耐，他毫不動搖的忠誠，都被記載下來，讓後世的人受益。

世界的救主耶穌的生活，乃是仁愛、良善和聖潔的模範。可是祂卻被藐視、受侮辱、被嘲笑、受戲弄，只是因為祂公義的生活是對罪惡常存的責備。祂的敵人不把祂抓到手裏，使祂遭受恥辱的死亡，是不會甘休的。祂為有罪的人類而死，雖遭受了最殘忍的折磨，卻溫柔地饒恕了謀害祂的人。祂從死裏復活，升到祂父那裏，領受了能力和權柄，又回到地上將之賜給祂的門徒。祂「將各樣的恩賜賞給人。」（弗4：8）凡來到祂面前認罪悔改的，祂都接納、恩待並白白赦免他們。他們若保持對祂忠心，祂就必抬舉他們到祂的寶座，使他們承受祂用自己的寶血為他們買來的基業。——《時兆》，1880年2月5日。

四十年的再教育

以色列人因做苦工，就嘆息哀求；他們因苦工所發出的哀聲達於上帝
（出2：23）

摩西怎麼說都是一個偉人。無論是作為作家、統帥，還是哲學家，他都是出類拔萃的。熱愛真理和公義是他品格的根基，正因是如此，才使他有堅定的毅力，不受任何變幻無常的時尚、觀念或追求所影響。謙恭、殷勤、堅定地信靠上帝是他生活的特徵。摩西年富力強，英姿煥發。他深深同情自己弟兄的苦難，心中萌生了要拯救他們的願望。確實，按人的智慧看來，他怎麼說都適合做這項工作。

但上帝的眼光不像人的眼光；祂的道路不像我們的道路。摩西還沒有預備好完成這項大工，百姓也沒有預備好得救。摩西一直在埃及受教育，但他還要經過嚴厲的訓練才有資格負起他神聖的使命。在他能成功地統管以色列眾軍之前，他必須先學會順從和自制。他被打發到曠野退休四十年，在默默無聞的生活中，在照顧羊群的羊和羊羔的卑微工作中，克服自己的慾望。他必須學會完全順服上帝的旨意，之後才能教導那將成為一個偉大民族的人。

目光短淺的凡人，會認為不需要40年在米甸山間的訓練，看它是大大地浪費光陰。但無限智慧之主，在這段時間裏，把那個有為的政治家，那個要救同胞脫離奴役的摩西，安置在這種環境中，乃是為要培養他的忠誠、遠見、信實和責任心，使他把自己所照管的牲畜之需要看成是自己的需要。凡蒙上帝託以重責的人，向來不是在安逸奢侈之環境中長大成人的。高尚的眾先知，上帝所委任的領袖和士師，向來是藉著嚴峻的實際生活塑造了品格的人。

上帝為祂的工作所揀選的人，並不是同一模式、同一性情的，而是具有各種性情的人。——《時兆》，1880年2月19日。

摩西願意和那人同住。（出2：21）

在凡蒙揀選為上帝成就一項工作的人身上，都可見到人性的基本要素。⋯⋯人既與智慧之源上帝聯絡，在美德的造詣上就無可限量了。

　　摩西從前曾學了許多他所不該學的事。那些在埃及地包圍著他的影響——養母對他的愛、他自己作法老孫子的崇高地位、宏偉藝術的魅力、各種放蕩的習尚、偶像崇拜的壯麗排場、以及祭司們煞有介事，不厭其煩地講述他們各種神明之能力的無數故事——這一切都給他正發育的心智留下了深刻的印象，多少也塑造了他的一些習性和品格。雖然時間、環境的改變以及與上帝密切地連結，可以消除這些印象，但他自己必須藉著誠懇恆切的努力和奮鬥，才能根除錯誤的種子，代之以穩穩扎根的真理。撒但會在各方面加強錯誤以驅逐真理。雖然上帝的計畫是讓摩西藉著嚴格的訓練以培育他自己，但當這場爭戰過於激烈而非人力所能勝過時，上帝必要作他對付撒但的隨時幫助。

　　自然和啟示的亮光來自同一個源頭，教導著偉大的真理，並且始終是彼此和諧的。摩西看到上帝的一切創造之工都與祂的律法完全一致，就認識到人類合力反對上帝的律法是多麼不理智。這場爭戰雖然極其艱難，但為使心思意念，在凡事上與真理與上天和諧一致，可得需要付出長時間的努力，故而摩西最終得勝了。

　　光陰一年一年地過去。上帝的僕人仍處在卑微的境地。在信心不如他的人看來，上帝似乎已把他忘了；他的能力和經驗都要在世上淹沒無聞了。但是當他和他無聲的羊群，在人跡罕至之地飄流時，他同胞的悲慘狀況始終在他眼前。他記錄了上帝在以往的時代對待祂忠心子民的事，和祂所應許的美好將來，為他處在奴役中的眾弟兄向上帝傾心吐意。他熱切的祈禱日夜廻盪在山間的洞穴之間。他不厭其煩地提出上帝對祂子民的應許，並求祂拯救他們。——《時兆》，1880年2月19日。

現在，你去，我要差派你到法老那裏，把我的百姓以色列人從埃及領出來。（出3：10）

對於受欺壓遭苦難的希伯來人來說，他們得拯救的日子似乎過於長久而顯得耽延了。但上帝計畫在祂自己指定的時間以大能為他們行事。摩西並沒有照他起初所預期的，成為眾軍的首領，頂盔貫甲站在飄揚的旌旗之下。長久受虐待和欺壓的百姓，並沒有藉著起義和堅持自己的權利獲得勝利。上帝的旨意，並不是要以人的驕傲和榮耀來成就。拯救者將要以一個卑微牧人的身分出現，手中只拿了一根杖；但是上帝卻要使那根杖有能力，拯救祂的子民脫離壓迫，並在敵人追趕他們時保全他們。

在摩西出來之前，他接受崇高的委託，去執行偉大任務的方式，使他充滿了敬畏，深感自己的軟弱和不配。他在放牧羊群時見到荊棘被火燒著，卻沒有燒燬。他走近去看這奇妙的景象，那時有聲音從火焰中對他說話，是上帝的聲音。祂作為一位立約的使者曾向列祖顯現。當主呼叫摩西的名字時，摩西渾身發抖，因恐懼而戰兢。他嘴唇顫抖著回答說：「我在這裏。」（出3：4）上帝警告他不要冒失地接近他的主：「把你腳上的鞋脫下來，因為你所站的地方是聖地。」（出3：5）

有限的受造者可以學到一個永遠不該忘記的教訓——要恭敬地接近上帝。我們可以奉我們的公義和替身耶穌的名，坦然無懼地進到祂面前；但我們不可以膽敢僭越自恃地就近祂，好像祂與我們同等一樣。我們聽到有人稱呼至大全能聖潔的上帝，就是那住在人不能靠近之光裏的主，好像是與同等的人，甚至於低下的人談話一樣。……上帝是應該大受尊崇的；凡真正認出祂臨格的人，就必以最謙卑的態度在祂面前俯首躬身。——《時兆》，1880年2月26日。

他又說：「看哪，這地的以色列人如今這麼多，你們竟然叫他們歇下勞役！」（出5：5）

亞倫既蒙天使的指示，就前去迎接他久別的弟弟，他們在靠近上帝之山的曠野中見面了。……於是他們一同行經阿拉伯的荒漠，往埃及去；他們到了歌珊地，招聚了以色列的眾長老。有口才的代言人亞倫，便將上帝向摩西所行的事都講了一遍，然後在百姓眼前行了那些神蹟。「百姓就信了。他們聽見耶和華眷顧以色列人，鑒察他們的困苦，就低頭敬拜。」（出4：31）

弟兄二人接下來的工作，是親自與王交涉。他們作為耶和華的欽差進了法老的王宮，感到上帝與他們同在，就帶著權柄說：「耶和華——以色列的上帝這樣說：『放我的百姓走，好讓他們在曠野向我守節。』」（出5：1）

這弟兄二人來到的消息，以及他們在百姓中間所引起的興奮，早已傳到王的耳中。於是王勃然大怒。

王當天就下命令，所有的督工要更苛刻地加重以色列人的勞役。埃及的建築材料以前和現在都是用在太陽底下曬乾的磚，需攙用切碎的草，使之凝固。他們最華貴的宅第都是用磚砌成，而外層則是用石頭裝飾的。如今，王吩咐不再供給工人草，而交磚的數目則仍和從前一樣。

當王無情的命令付諸實施時，百姓就散到埃及遍地，撿碎稭當草，但這樣他們就無法完成原來的產量了。因此希伯來的官長和百姓遭受了重重的責打。

希伯來人曾希冀獲得自由，他們的信心不必受什麼特別的考驗，或是受什麼困苦和艱難。可是，他們還沒有到可以得拯救的地步呢！他們對上帝沒有多少信心，也不願耐心忍受苦難，以便等候上帝為他們施行光榮的拯救。——《時兆》，1880年3月4日。

上帝必定看顧你們

約瑟對他的兄弟說：『我快要死了，但上帝必定看顧你們，領你們從這地上去，到他起誓應許給亞伯拉罕、以撒、雅各之地。』（創50：24）

當初下到埃及的只有少數幾人，這時他們已成為一大群的人了。他們既為拜偶像的惡習所包圍，其中很多人就早已失去對真神的認識，也忘記了祂的律法。然而他們中間仍有一些人敬拜⋯⋯天地的創造主。他們看到自己的兒女天天觀看，甚至也參與四鄰拜偶像之人的可憎行為，就非常痛心。⋯⋯這些忠心的人，在痛苦中呼求主，救他們掙脫埃及人的軛。

他們沒有隱瞞自己的信仰，反在埃及人面前公然承認他們是事奉那獨一的永生真神。他們述說那從創世以來，上帝即已存在之明證和祂能力的憑據。埃及人便有了機會，可藉此知道希伯來人的信仰和他們的上帝。

以色列的眾長老提說上帝向亞伯拉罕所發的應許，以及約瑟臨終時所說上帝必拯救他們出埃及的預言，想要藉以鼓舞眾弟兄消沉的信心。有一些人願意聽信，另有一些人卻只注意到自己悲慘的處境，而不抱任何希望。埃及人對以色列民的指望有所聽聞，卻嘲笑他們得救的希望是渺茫的，還並出言侮蔑他們上帝的能力。

上帝忠心的眾僕人明白：主之所以任由他們下到埃及來，乃是因為他們是一班不忠於上帝的子民，加上他們任意與其他民族通婚，結果就被誘惑去敬拜偶像了。

但是有許多希伯來人卻寧願留在奴役之下，不願到新的地方去，也不願受那長途跋涉的艱難困苦。他們中有些人的生活習慣已經變得很像埃及人，以致他們寧願住在埃及也不想離開。故此，主未在初次即向法老顯示祂的神蹟奇事以拯救他們。祂掌管一切的事，要使法老暴虐的心性更充分地發揮出來，同時祂要向祂的百姓彰顯祂的大能，令他們速速離開埃及，以選擇事奉真實慈憐的上帝。——《時兆》，1880年3月4日。

耶和華吩咐摩西再到百姓那裏去，以上帝恩眷的新保證，重申拯救他們的應許。摩西遵著命令去了，但百姓不肯聽從。他們心中充滿了愁煩；他們耳中仍響著責罵聲，痛苦不幸的呼聲壓過了一切，所以他們不肯聽。摩西謙卑而失望地俯首，他又聽到上帝的聲音說：「你去對埃及王法老說，讓以色列人離開他的地。」（出6：11）

上帝告訴摩西說，法老必不允許，直到上帝伸手降罰與埃及，並用祂的大能大力把以色列人領出來。……祂要藉祂的僕人摩西向他們表明：天地的創造主乃是永生的全能上帝，超乎萬神之上；祂的能力比最強的還要強──全能者要用大能的手和伸出來的膀臂，把祂的子民帶出來。

摩西和亞倫遵著上帝的命令，再一次進入了埃及法老的王宮。那裏的建築雄偉壯觀，裝飾光耀奪目，富麗的繪畫和雕刻的神像到處皆是；這受輕視之民的兩個代表，其中一個手中拿著杖，站在當時最強盛之國的君王面前，重申上帝要他釋放以色列人的命令。

法老王要他們行一件神蹟。摩西和亞倫曾蒙上帝指示，在遇到這樣的要求時應當怎樣行，所以，這時亞倫就把杖丟在法老面前。杖就變成一條蛇。於是王召了他的「博士和術士」來，「他們各人丟下自己的杖，杖就變成蛇；但亞倫的杖吞了他們的杖。」（出7：12）實際上，術士並沒有使他們的杖變作蛇；只是藉著邪術，以及藉著那大騙子的幫助，變出蛇的樣子來，假冒上帝的作為。

這就表明上帝的作為高於撒但的能力。──《時兆》，1880年3月11日。

明天早晨……你要到尼羅河邊去迎見他，手裏拿著那根變過蛇的杖
（出7：15）。

摩西和他哥哥又蒙指示，第二天早晨到法老所經常去的河邊迎接他，站在河岸向他重述他們的信息，作為上帝確實差遣了他們的證據。他們要向四方舉杖擊打眾水，使它們變成血。事就這樣成了，河水都變成血了，他們家裏的水也變成血了，魚都死了，河也腥臭了。但「埃及的術士也用邪術照樣做了」（出7：22），同樣把從井裏打出來的水變成血了。法老依舊心裏剛硬，不肯屈服。這災繼續七天之久，居民不得不挖井找水。

於是摩西和亞倫再次地說服法老王。亞倫又伸杖在埃及的諸水之上，就有青蛙從河裏上來，遮滿了埃及地。青蛙進了人的房屋，入了人的臥室，甚至於到了爐灶和摶麵盆裏。行法術的也用他們的邪術照樣而行，叫青蛙上來。遍地的擾害，不久就到了令人無法忍受的地步。法老急於想除掉這些青蛙。行法術的雖然也能造出青蛙來，卻不能除滅這些青蛙。法老看見這事，多少有幾分謙卑了。他希望摩西亞倫為他求耶和華止住這災。他們在提醒這位傲慢的王，他過去的張狂並問他術士吹噓的能力在哪裏之後，就要他指定一個時候讓他們可以祈求上帝。於是到了所指定的時候，青蛙死了，聚攏成堆；結果腐爛的死蛙造成臭味薰天。

術士的作為曾使法老相信，這些奇蹟都是靠邪術行的，但是當蛙災停止時，他有充足的證據看到事情並非這樣。耶和華原可在一刻之間使青蛙歸回塵土，可是祂沒有這樣行，惟恐移除了青蛙之後，王和百姓會說這是邪術的結果，好像他們的術士所作的。……如此，法老和全埃及就有了他們虛空的哲學不能駁倒的憑據，便他們知道這種作為並不是邪術所能行的，乃是天上的上帝所降的刑罰。——《時兆》，1880年3月11日。

　　　　　　　　　蚊災和蠅災

耶和華對摩西說：「你對亞倫說：『伸出你的杖擊打地上的塵土，使塵土在埃及全地變成蚊子。』」（出8：16）

青蛙死了，聚攏成堆。如此，法老和全埃及就有了他們虛空的哲學不能駁倒的憑據，使他們知道這種作為並不是邪術所能行的，乃是天上的上帝所降的刑罰。

法老見災禍舒緩，就又頑梗地拒絕讓以色列人走。於是，亞倫照著上帝的命令伸出他的杖來，使埃及遍地上的塵土都變成蚊子。法老叫術士照樣而行，卻是不能。……術士承認自己黔驢技窮，沒有模仿的能力了，說：「這是上帝的手指」（出8：19）。但王仍然不為所動。

作了再一次嘗試，要求「放我的百姓去」（出8：20）之後，就要施行另一種災了。蒼蠅遍滿房屋和地上，「在埃及全地，地就因這成羣的蒼蠅毀壞了。」（出8：24）這些蒼蠅並非年中某些季節無害擾人的蒼蠅，而是又大又毒的。人畜被咬，疼痛非常。這災也照著所預告的，沒有延及歌珊地。

這時法老召來摩西亞倫，說他准許以色列人在埃及地祭祀上帝了；但是他們拒絕接受這樣的條件。希伯來人所用來獻祭的牲畜，乃是埃及人所崇拜的物件；他們對這些動物極其尊敬，若是殺害一隻，即或是誤殺，也要償命的。摩西使王確信他們不可能在埃及地獻祭給上帝，因為他們會選擇埃及人視為神聖的某種動物作祭牲。

摩西再建議走三天的路程到曠野去事奉上帝。法老同意了，並請上帝的僕人代求，使這災難離開他。他們答應了法老，但警告法老不可再行詭詐。災難在他們禱告時停止了。但法老的心因頑抗而剛硬，依然不肯容百姓去。——《時兆》，1880年3月11日。🙂

瘟疫、瘡災和雹災　　7月**24**日

耶和華的手必以嚴重的瘟疫加在你田間的牲畜上。……（出9：3）

法老預先受到了警告，一個更可怕的災難將來臨，瘟疫要降在埃及一切田間的牲畜身上。摩西曾清楚地說明希伯來人的牲畜得免這災；災難照所預言的降了下來，法老派人到以色列人家裏去，發現「以色列人的牲畜，一隻都沒有死。」（出9：6）王卻仍舊頑固不化，祭司和術士也鼓勵他頑抗上帝。

但他們也要受到上帝的刑罰。上帝指示摩西和亞倫取幾捧爐灰，在法老面前向天揚起來。當爐灰向天揚起來的時候，這些細灰就飛散在埃及全地，無論落在哪裏，「人和牲畜身上起泡生瘡了。」（出9：10）術士用他們的法術想保護自己免遭這場重災，卻是不能。他們因這場災難在摩西亞倫面前站立不住了。當這些術士連自己的身體也不能保護時，埃及通國的人，就看出信靠術士自誇的能力是多麼愚妄了。

法老還是不屈服。……隨後上帝警告要降下雹災，毀滅凡在田間的人和牲畜。這是一個機會，要試驗埃及人的驕傲之心，顯明有多少人真的受了上帝待祂子民奇妙作為的影響。凡相信上帝之話的，就把他們的牲畜領回來。但那些輕視這警告的，就把牲畜留在野外。這樣，凡接受所賜警告的人，就為他們預備一條出路，從這事上我們看到了上帝在刑罰中的慈悲。

風暴果然照預先所說的來了——「在埃及全地，冰雹擊打田間所有的人和牲畜，擊打一切的菜蔬，也打壞了田間一切的樹木。」（出9：25）迄今埃及還沒有人喪命，但現在毀滅的天使經過什麼地方，什麼地方就是一片死亡和荒涼。惟有歌珊地得免於難。這就向埃及人說明，全地是在希伯來人的上帝掌管之下；自然界都聽從祂的命令。——《時兆》，1880年3月18日。

這一次我犯罪了。耶和華是公義的；我和我的百姓是邪惡的。

（出9：27）

「我的百姓要住在平安的居所，安穩的住處，寧靜的安歇之地。」（賽32：18）

無論國家還是個人，唯一真正的保障，在於聽從上帝的聲音，始終站在真理和公義的一邊。法老這時自卑地說：「這一次我犯罪了。耶和華是公義的；我和我的百姓是邪惡的。」他懇求上帝的僕人為他代求，使這可怕的冰雹閃電停止。

摩西知道這場鬥爭還沒有結束，因為他明白人心的驕傲一直與上帝作對，法老的認罪和應許並不是出於心靈上根本的改變，而是出於恐懼和痛苦的壓力，暫時向上帝屈服而已。雖然如此，摩西仍答應了他的要求，好像他的認罪是真的，悔改也是真誠的一樣；因為不願再給他一次頑梗的藉口。

摩西出了城，「向耶和華舉起雙手，雷和雹就止住，雨也不再下在地上了。」（出9：33）但是上帝能力的敬畏表現一過去之後，法老的心就又頑梗悖逆了。

耶和華在在顯出祂的權能，乃要堅固祂子民以色列人的信心，使他們相信祂是惟一真正永活的上帝。祂要賜下明顯的憑據，把他們和埃及人分別出來，使萬國知道他們所輕視、所壓迫的希伯來人，乃是祂所特選的子民；祂要以一種奇妙的方式為他們施行拯救。

希伯來人因久與埃及人交往，不斷目睹他們壯觀的偶像崇拜，對永生真神的觀念就淡薄了。……他們看到拜偶像的埃及人享受豐富尊榮，自己卻不斷被他們奚落說：「你們的上帝丟棄你們了。」但耶和華現在用祂大能的作為，乃要教導祂的子民認清祂的品格和神聖的權威，向他們顯明假神全屬虛無。——《時兆》，1880年3月18日。

蝗災

耶和華對摩西說：「你向埃及地伸出你的手，使蝗蟲上到埃及地，吃地上冰雹後所剩一切的植物。」（出10：12）

摩西……警告法老，……要降下蝗災，蝗蟲必要遮滿地面，吃盡所剩下的一切植物。

法老的臣僕因這個新的危險而膽戰心驚。他們已因畜疫之災遭受了很大的損失。許多百姓已被大雹打死。

於是法老把摩西亞倫再召了來，對他們說：「你們去事奉耶和華你們的上帝，但那要去的是誰呢？」

摩西回答說：「我們要帶著年老的和年少的同去，要帶着我們的兒子和女兒，以及我們的羊羣牛羣　起去，因為我們要向耶和華守節。」（出10：9）。

法老大大震怒。……難道你們的上帝認為我會讓你們的妻子和孩子一起去進行這麼危險的遠行嗎？我不會這樣做的；只有你們男丁可以去事奉耶和華。這個心腸剛硬，欺壓成性的君王，從前曾企圖用苦工除滅以色列人，如今卻虛偽地裝作關心他們的福利，溫慈地顧念他們的孩子。其實他的目的是要留下婦孺為人質，保證男丁一定會回來。

摩西受命向埃及地伸杖，就有東風把蝗蟲颳了來。「蝗蟲上到埃及全地，落在埃及全境，非常厲害；蝗蟲這麼多，是空前絕後的。」（出10：14）他們遮天蔽日，甚至全地都黑暗了。他們吃盡了地上和樹上所剩下一切青綠的東西。

法老急忙召了摩西亞倫來，對他們說：「我得罪了耶和華——你們的上帝，又得罪了你們。現在求你，就這一次，饒恕我的罪，祈求耶和華——你們的上帝救我脫離這次的死亡。」（出10：16－17）

他們就這樣行，耶和華轉了極大的西風，把蝗蟲都吹入紅海裏，連一個也沒有留下。但法老雖然在受到死亡的威脅時謙卑了下來，可是災難一停止，他就又硬著心不容以色列人走了。——《時兆》，1880年3月18日。

> 耶和華對摩西說：「你向天伸出你的手，使黑暗籠罩埃及地；這黑暗甚至可以摸得到。」（出10：21）

埃及人瀕於絕境了。過去所降在他們身上的災害，似乎已經不是他們所能忍受的了，所以他們一想到將來，就不由得膽戰心驚起來。埃及人原來尊法老為他們神明的代表，可任憑己意行事；如今他們卻看出他是在反抗一位統管萬國的主。忽然有黑暗籠罩著埃及遍地，又深又濃，「這黑暗甚至可以摸得到。」埃及人不但得不到亮光，而且空氣鬱悶非常，甚至呼吸都感到困難。……但以色列人家中卻有亮光和純淨的空氣。

這些為奴的希伯來人既繼續蒙上帝的恩眷，就漸漸確信自己可以得拯救。他們的督工也不敢像從前那樣壓制他們了，惟恐希伯來大軍因所受到的虐待反過來報仇雪恨。

這場可怕的黑暗持續了三天，期間無法進行生活的繁忙活動。這是上帝的計畫。祂要在最後而最可怕的災難──擊殺長子──未降之先，給他們充分的時間去反省和悔改。祂要消除一切會使他們分心的事，也給他們時間反省，從而顯出祂慈悲的新憑據，並說明祂不願毀滅他們。

在第三天的黑暗之後，法老召了摩西來，說：「去，事奉耶和華吧！只是你們的羊羣牛羣要留下來。你們的孩子可以和你們同去。」（出10：24）摩西卻回答說：「你必須把祭物和燔祭牲交在我們手中，讓我們可以向耶和華我們的上帝獻祭。我們的牲畜也要與我們同去，連一蹄也不留下，因為我們要從牲畜中挑選來事奉耶和華──我們的上帝。未到那裏之前，我們還不知道要用什麼來事奉耶和華。」（出10：25－26）

王依舊頑梗堅決，喊叫說：「離開我去吧！你要小心，不要再見我的面，因為再見我面的那日，你就必死。」摩西說：「就照你說的，我也不要再見你的面了！」（出10：28－29）──《時兆》，1880年3月18日。

長子之死

凡在埃及地，從坐寶座的法老到推磨的婢女所生的長子，以及一切頭生的牲畜，都必死。（出11：5）

摩西既目睹了上帝的奇妙作為，他的信心就加強了，膽量也壯實了。上帝已藉著神能的彰顯，使摩西有資格站在以色列眾軍之首，作祂百姓的牧人，帶領他們出埃及。他因堅心倚靠上帝，便蒙提拔超脫了恐懼。在法老面前的這種勇敢，使這位傲慢驕橫的君王不勝煩惱，竟使他吐露了威嚇之言，要殺害上帝的僕人。法老在自己的盲目中，沒有認識到自己不僅是在與摩西亞倫相爭，而是與大能的耶和華，天地的創造主為敵。法老若不是因反叛而盲目無知，他必是很清楚，祂既能行這樣大能的奇事，也必能保護祂所揀選之僕人的性命，甚至於祂會擊殺埃及王。摩西已博得了百姓的好感。他被視為一個神奇的人物，連埃及王也不敢傷害他。

摩西還有一個信息要傳給這個悖逆的君王。他在離開法老的面之前，勇敢地傳達了耶和華的話：「耶和華如此說：『約到半夜，我必出去走遍埃及。凡在埃及地，從坐寶座的法老到推磨的婢女所生的長子，以及一切頭生的牲畜，都必死。埃及全地必有大大的哀號，這將是空前絕後的。至於以色列人中，無論是人是牲畜，連狗也不敢向他們吠叫，使你們知道耶和華區別埃及和以色列。』」（出11：4-7）

當摩西忠實地描述這最後可怕災難的性質和後果時，法老變得極其惱怒。他被激怒是因為他無法脅迫摩西，使他在王權面前戰慄。但上帝的僕人學會了依靠比任何地上君王更強膀臂的扶持。——《時兆》，1880年3月18日。

7月29日　逾越節

他們要取一些血，塗在他們吃羔羊的房屋兩邊的門框上和門楣上。

（出12：7）

上帝給了摩西特別的指示，教導以色列人如何保護自己和家人，免得遭受祂即將降在埃及人身上的可怕災難。摩西還要指教百姓離開埃及的事。那個晚上對埃及人來說非常可怕，可是對上帝的子民來說是非常光榮的；因為耶和華設立了逾越節的條例。按照上帝的命令，他們每家獨自或幾家合殺一隻「無殘疾」的綿羊羔或山羊羔，並拿一把牛膝草，把血蘸在「房屋兩邊的門框上和門楣上。」（見出12：1-28），作為一個記號，使滅命的天使半夜來的時候，不致進入那個房屋。當夜，他們吃的羊羔肉要用火烤，與苦菜同吃，正如摩西所說的，「腰間束帶，腳上穿鞋，手中拿杖，快快地吃。這是耶和華的逾越。」賜下逾越節的名稱為的是記念天使越過他們的房屋。所以，以色列人以後要世世代代遵守這個節期作為記念。

酵是悄悄起作用的，很適合象徵偽善和欺騙。在這個場合，以色列人不可用有酵的餅，為要使他們心中銘記這個事實：上帝要求用真理和真誠來敬拜祂。苦菜代表他們在埃及長期痛苦的奴役生活，也代表罪的束縛。單單宰殺羔羊並把血塗在門框上是不夠的，還要吃羔羊的肉，代表基督和跟從祂的人之間必須有密切的聯合。

有一項工作要以色列人做，以證明他們並顯明他們對上帝為他們所行偉大拯救的信心。為要逃脫將要臨到埃及的可怕刑罰，他們的房屋上必須塗上血的記號，而且他們必須把自己和家屬與埃及人分別出來，還要把家裏的人都聚集在屋內；因為若有以色列人被發現在埃及人的住處，就會倒斃在滅命天使的手下。他們還蒙指示要遵守逾越節為定例，當他們的兒女問行這禮是什麼意思時，他們就該向他們講述自己在埃及所得到的奇妙保護。──《時兆》，1880年3月25日。

逾越節的羔羊基督

你們要守這命令，作為你們和你們子孫永遠的定例。（出12：24）

許多埃及人已因在埃及彰顯的神蹟奇事，認明他們所敬拜的神明既無知識也無能力施行拯救或毀滅，而希伯來人的上帝才是惟一的真神。所以當滅命的天使將要巡行全地的那個可怕的夜晚，他們請求以色列人准他們到他們家中避難。這些相信的埃及人受了希伯來人歡歡喜喜地接待，於是就立約，今後要事奉以色列的上帝，與以色列人一同離開埃及去敬拜耶和華。

逾越節不但紀念以色列人蒙拯救，也預表上帝的羔羊基督，為救贖墮落的人類而被殺。塗在門框上的血預表基督的贖罪之血，也預表罪人不斷依賴那血的功勞得以安全脫離撒但的權勢而得贖。基督在被釘之前同門徒吃了逾越節的晚餐，並在那晚設立了聖餐禮，要我們遵守來記念祂的死。……基督在同門徒吃了逾越節的宴席之後，就站起來對他們說：「我非常渴望在受害以前和你們吃這逾越節的宴席。」（路22：15）那時祂舉行了謙卑禮，洗門徒的腳。基督給跟從祂的人設立了洗腳禮，要他們去實行，為要教導他們謙卑的功課。

耶穌給門徒洗腳的榜樣，是為凡相信祂之人的益處賜下的。

人類的得救有賴於不斷用基督的寶血潔淨自己的心。所以，聖餐禮的遵行應該比每年一次的逾越節更為頻繁。這個嚴肅的禮節記念一個遠比以色列人得救出離埃及更偉大的事件。以色列人的得救預表基督為拯救祂的子民，藉著犧牲自己的性命而成就的偉大救贖。——《時兆》，1880年3月25日。

你必稱為修補裂痕的，和重修路徑給人居住的。（賽58：12）

我們有理由歡喜快樂，因為世界沒有被拋棄在孤獨無望之中。耶穌離開君王的寶座和祂天上統帥的地位，成了貧窮，叫我們因祂的貧窮可以成為富足。祂親自取了我們的人性，以便教導我們如何生活。祂指引了罪人在生命轉變中的步驟──悔改、相信和受洗。祂自己無需悔改，因為祂本無罪，卻作了罪人的代表。

耶穌成了「修補裂痕的，和重修路徑給人居住的。」祂離鄉背井，到地上來，為要帶回一隻淪喪的迷羊，恢復一個被罪毀傷的世界。地與天，人性與神性結合在祂裏面；否則，祂就不能作罪人可以接近並且藉此與造他們的主和好的中保。但是現在祂以同情仁愛的膀臂擁抱著人類，同時握住無窮之主，從而將我們的軟弱無助與天上力量權能之源聯合起來。

我們因所享有的一切福惠而欠耶穌的債。我們應該深深感恩，因為祂為我們代求。撒但卻欺騙人，使人對基督的服務有錯誤的看法，以為接受耶穌作自己的救贖主是屈尊的事。我們若以正確的眼光看待基督徒的特權，就會以作上帝的兒女和天國的後嗣為最高的提升。我們應該歡喜快樂，因為我們與耶穌在祂的謙卑中同行。

你願意離開罪與禍患的黑暗居所，追求耶穌去為跟從祂的人所預備的住處嗎？我們奉祂的名勸你堅定地踏在那天梯上，向上攀登。要離棄你的罪，克服你品格的缺陷，將你一切的能力緊緊依靠耶穌，祂是道路、真理和生命。我們每一個人都可以成功。凡堅持到底的都必得到永生。那些信靠基督的人絕不會滅亡；誰也不能把他們從祂手中奪去。──《時兆》，1884年7月31日。

8
August

袖本有上帝的形像，
卻不堅持自己與上帝同等。（腓2：6）

上帝實現了祂的應許

等到時候成熟，上帝就差遣祂的兒子。（加4：4）

基督來到世上，要將父表明出來，使人真正地認識上帝。祂來彰顯上帝的愛。若不認識上帝，人類就會永遠淪喪。……必須由創造世界的主賜給人生命和權能。

在伊甸園中所發的應許——女人的後裔要傷蛇的頭——乃是關於上帝兒子的應許。唯有藉著祂的能力，才能完成上帝的策略，傳授上帝的知識。

上帝應許亞伯拉罕說：「地上的萬族都必因你得福」（創12：3）。上帝向亞伯拉罕表明了祂救贖人類的目的。……基督宣稱：「你們的祖宗亞伯拉罕歡歡喜喜地仰望我的日子，他看見了，就快樂。」（約8：56）

雅各宣布：「權杖必不離猶大，統治者的杖必不離他兩腳之間，直等細羅來到，萬民都要歸順他。」（創49：10）

耶和華與摩西面對面說話，好像人與朋友說話（出33：11）。主的光照耀在他身上。其中，他向百姓提及：「耶和華——你的上帝要從你弟兄中給你興起一位先知像我，你們要聽他。」（申18：15）

祭牲和供物向他們講述要來之救主的事蹟。祂要為世人的罪被獻上。它們預表一種更美的事奉，屆時要用心靈和誠實、以聖潔的榮美來敬拜上帝。

在猶太人的禮拜儀式中，有因違背律法而需要進行之贖罪工作的預表。祭牲，即沒有瑕疵的羔羊，代表世界的救贖主。祂聖潔大能，足以除去世人的罪孽。

給大衛的應許是基督要永遠作王，祂的國度沒有窮盡。

希伯來人生活在期待的態度中，指望所應許的彌賽亞。這些人都是存著信心死的，並沒有得著所應許的，卻從遠處觀望，且歡喜迎接。「他們承認自己在地上是客旅，是寄居的」（來11：13）。——《青年導報》，1900年9月13日。

唯有上帝的聖子才能做出具有充分價值的犧牲，也只有祂可完全滿足上帝律法的要求。天使是無罪的，但他們的價值遠比不上上帝的律法。他們是順從律法的。……天使是受造的生靈，也要接受考驗。但基督本身並沒有任何義務。祂有權柄把自己的生命捨了，再取回來。祂沒有承擔贖罪工作的責任。祂所做出的是志願的犧牲。祂的生命有足夠的價值，足可把罪人從墮落的景況中拯救出來。

猶太人獻祭和祭司制度的設立，是預表基督的死和中保的工作。所有這些禮儀如果不與基督聯繫起來，就沒有意義和價值。祂是這個制度的基礎和創始者。上帝曾告訴亞當、亞伯、塞特、以諾、挪亞、亞伯拉罕等古聖先賢，特別是摩西；獻祭和祭司制度本身並不足以使人得救。

獻祭的制度預表基督。古聖先賢藉著祭牲看見了基督，就相信了。上天命定這些制度，是要眾人常記在心：罪在上帝和人之間所造成的可怕隔絕，需要一位中保的服務。藉著基督，因亞當犯罪而切斷的連結，就在上帝和淪喪的罪人之間開啟了。

猶太制度是象徵性的，要持續到那完美的祭物取代表樣的時候。……從亞當的日子，直到猶太民族成了與世人分別出來的獨特百姓，上帝的子民一直受到教導，知道救贖主要來，就是他們的祭牲所預表的。這位救主要作中保，站在至高者和祂子民之間。藉此就開了一條路，罪人可以藉著另一位的代求而接近上帝。……唯有基督才能開通這條道路，獻上符合上帝律法要求的祭物。祂是完全的，沒有被罪玷污的；祂是沒有瑕疵的。——《評閱宣報》，1872年12月17日。

　　　　　一班沒有預備好的百姓

她將要生一個兒子，你要給祂起名叫耶穌，因祂要將自己的百姓從罪惡裏救出來。（太1：21）

猶太民族用無意義的儀式和習慣敗壞了他們的宗教。他們處在羅馬人的奴役之下，還要向他們進貢。猶太人不服轄制，指望靠著所預言的大能拯救者彌賽亞誇勝。他們以為那要來的一位在顯現時，必有君王的尊榮，用有力的膀臂征服他們的壓迫者，登上大衛的寶座。要是他們有謙卑的心和屬靈的眼光，研究預言，就不會犯這麼大的錯誤，忽視祂第一次在謙卑中降生的預言，誤用那些說到祂以能力和大榮耀第二次降臨的預言。他們分不清楚基督第一次降臨的預言，和描述祂第二次榮耀顯現的預言，把眾先知所描述伴隨著祂第二次降臨的能力和榮耀，看成了是祂第一次降臨。

及至時候滿足，基督就生在馬棚裏，放在馬槽中，周圍是棚裏的牲口。祂神性的榮耀和威嚴都被人性遮蓋了。眾天使通報了祂的降臨。祂降生的消息喜樂地傳到了天庭，而世上的大人物們卻不知道。他們期待一位大能的君王，在大衛的寶座上作王，祂的國度要持續到永遠。他們關於彌賽亞的高傲想法，與他們自稱能向百姓解釋的預言並不一致。

天上知道基督降到世上的時候已經到了。眾天使離開榮耀的天庭，要親眼看到祂來祝福並拯救那些接待祂的人。他們在天上見過祂的榮耀，期望祂會受到與祂的品格和祂使命的尊嚴相稱的接待。……來自天庭的天使看到眾人漠不關心，且不知道生命之君的降臨，甚覺驚訝。——《評閱宣報》，1872年12月17日。

大喜的信息

在伯利恆的野外有牧羊人，夜間值班看守羊群。有主的一個使者站在他們旁邊，……那天使對他們說：「不要懼怕！看哪！因為我報給你們大喜的信息，是關乎萬民的。」（路2：8-10）

眾天使注視著約瑟和馬利亞，這對疲乏的客旅前往大衛的城。他們遵照凱撒奧古斯都的命令去報名上冊。約瑟和馬利亞按著上帝旨意的安排被帶到這裏，因為這是預言所說基督要降生的地方。他們在旅店尋找安歇的地方，但是因為客店已滿而不得入內。那些富貴的人受到了歡迎，享受食宿，而這兩位疲憊的旅客，卻被迫在無言牲畜的簡陋棚子裏住宿。

世界的救主就降生在這裏。在天庭備受尊崇，充滿光彩的榮耀之君，降卑到以馬槽為床。在天上圍繞祂的是聖天使，現在陪伴祂的卻是馬棚裏的牲口。這是何等的謙卑啊！

在人間既然沒人報告彌賽亞的降臨，眾天使就必須做這件原是人類的尊貴特權應當做的事。

卑微的牧羊人夜間在看守羊群，他們快樂地聽到了天使的見證。……他們起先沒有看清天上聚集的無數天使。但發自天軍的榮光，卻照亮並美化了整個平原。……

牧羊人心中充滿著喜樂。在榮光消失，天使返回天庭之後，他們因這大喜的信息臉上煥發著光彩，急忙去尋找救主。他們找到了襁褓裏的救贖主，正如天使所說的包著布，臥在窄小的馬槽裏。

剛才發生的事，在他們的心思意念中，留下了不能磨滅的印象。他們充滿了驚奇、敬愛和感激，因為上帝竟如此俯就於人類家庭，差祂的兒子到世上來。——《評閱宣報》，1872年12月17日。

祂不喧嚷，不揚聲，也不使街上聽見祂的聲音。……祂憑信實將公理傳開。（賽42：2－3）

耶穌自孩童時期起，便使自己的生活嚴格符合猶太律法。祂在青少年時期顯出了極大的智慧，處處可在祂的身上看到上帝的恩典和能力。先知以賽亞的口所說主的話，描繪了基督的職責和工作，也說明了上帝對祂兒子執行對世人的使命時的庇護和照顧，不許眾人因受撒但鼓動而生的無情仇恨，去阻礙救贖大計的計畫。

在街上聽不到基督與反對祂道理之人劇烈爭辯的聲音。在街上也聽不到祂向祂的父祈禱的聲音。……聽不到祂大聲歡笑的聲音。祂從不揚聲高抬自己，也不去迎合罪人的掌聲和奉承。祂在施教時，引導門徒離開喧鬧混亂的繁忙城市，退到某個僻靜的地方，乃是要他們銘記在心，祂所說這些謙卑、虔誠、節制的教訓，是與祂的生活一致的。祂遠避人的讚美，寧願選擇孤單安寧的隱退，而非吵鬧混亂的凡人生活。常可聽到祂向祂的父懇切有力地代求，可是為此祂選擇到孤寂的山上，常常整夜祈求力量，好在祂遭遇試探時支援祂，完成祂來拯救人類的重要工作。祂的祈求非常懇切，常常大聲哀哭，流淚祈求。雖然祂的心靈整夜勞苦，祂白天仍不停地工作。

祭司長文士和長老喜愛在最公開的地方祈禱——不僅在擁擠的會堂裏，也在街角，好叫人看到，讚美他們的獻身和虔誠。他們慈善的行為也是以最公開的方式做的，為的是引人注意。他們確實使街上聽見自己的聲音，不僅高抬他們自己，而且與那些與他們在道理有分歧的人爭論。……主藉著祂忠心的先知，說明了基督的生活與假冒為善的祭司長、文士和法利賽人恰好形成了鮮明的對比。——《評閱宣報》，1872年12月31日。

孫童基督

8月**6**日

祂在世界，世界是藉著祂造的，世界卻不認識祂。（約1：10）

在《新約》偽經中，試圖提到聖經所沒有的基督早年生活，乃是憑據想像來描繪祂的童年。這些作者說，祂童年時代曾行過許多神蹟奇事，與一般的孩童不同。他們講述虛構的故事和淺薄的奇聞，說是祂所行的；把基督的神能說成是無意義和不必要的，歪曲祂的人格，說祂所做的盡是報復的行為和殘忍可笑之舉。

這些沒有意義的故事和虛假的傳說，與福音書作者所記載簡明優美的基督史蹟形成了何等鮮明的對比啊！前者的敘述根本與基督的品格不符，更像小說之類，沒有事實根據，描繪的是假想虛構的人物。

基督童年的生活與一般兒童有別。祂品德能力的強健與堅定，使祂忠於所負的職責，固守正義的原理，而且任何動機，無論其力量是多麼強大，皆不足以動搖祂。金錢、娛樂、稱頌或是譴責，都不能賄買祂、誘脅祂，不能使祂有一次錯誤的行為。祂有抗拒試探的力量和洞察邪惡的智慧，能堅決地持守祂所確信的。

祂雖大有智慧，仍表現兒童的特徵。祂的智慧隨著年齡增長。祂的童年具有一種特別的溫柔和可愛。祂的品格全然美麗，毫無瑕疵。

天上的至尊踏上了順從之路。祂來到世上，屈尊成了一個小孩子，過著兒童應過的簡單自然的生活，服從約束，忍受缺乏，給青少年樹立了忠心勤奮的榜樣，用自己的生活向他們說明身心與自然律相和諧。

孩童雖生活在一個墮落的世界，卻不被惡習所敗壞。他們可以幸福快樂並且靠著基督的功勞最終到達天國。——《青年導報》，1872年4月1日。

為什麼找我呢？難道你們不知道我應當在我父的家裏嗎？（路2：49）

耶穌的父母按照猶太律法，每年訪問耶路撒冷。他們的兒子耶穌當時12歲了，陪他們同去。在回家時，他們走了一天的路程之後，因為不見了耶穌，便焦急起來。……他們急忙返回耶路撒冷，心情悲傷沉重。

耶穌的父母在尋找祂時，看到許多人前往聖殿。他們進了殿，就注意到兒子熟悉的聲音。他們雖因人潮擁擠看不見祂，卻知道自己沒有聽錯，因為沒有別的聲音像祂那樣音調嚴肅而優美。這對父母驚訝地凝視著當時的場面。他們的兒子在莊重飽學的博士和文士中間，藉聰明的問答顯出了高超的知識。他的父母看到祂這樣受尊敬感到滿意。但作母親的忘不了因為祂逗留在耶路撒冷而使她憂傷焦慮，便以責備的態度，問祂為什麼這樣待他們，述說了因祂而生的恐懼和悲傷。

耶穌說：「為什麼找我呢？」這個率直的問題是要引他們看到，他們若是留心自己的職責，就不會不見祂就離開耶路撒冷了。然後祂又說：「豈不知我應當以我父的事為念嗎？」他們雖然忘了所委託給他們的照管耶穌的責任，耶穌卻在從事祂父的工作。馬利亞知道基督所指的，並不是祂地上的父親約瑟，而是指耶和華。

祂願意單獨與父母從耶路撒冷返回，因為這樣離去，祂的父母會有更多的時間反省，並思想到祂將來要受難受死的預言。……在過完逾越節之後，他們憂傷地找了祂三天。當祂要為世人的罪被殺時，祂還會與他們分離，他們還會失去祂三天之久。但之後，祂要向他們顯現，並且被他們尋見，他們也要信祂為墮落人類的救贖主，是他們在父面前的中保。──《評閱宣報》，1872年12月31日。

愛的榜樣

聽了上帝的道而遵行的人，就是我的母親，我的兄弟了。（路8：21）

耶穌喜愛孩子，總是影響他們向善。祂在孩童時代就關心貧窮和有需要的人。祂力求友善、溫柔、順從地使凡與祂接觸的人高興。但是雖然祂很溫柔順從，卻沒有人能引祂做與上帝的道相反的事。有些人欽佩祂品格的完全，常常尋求與祂在一起。但有些人看人的言論比上帝的話更重要，便厭棄祂，避免與祂作伴。

當耶穌看見帶到殿中的祭牲時，聖靈就教導祂，祂的生命要為世人犧牲。……祂從幼年的時候起就受天使的保護，可是祂的一生乃是與黑暗權勢相爭的。撒但力求在各方面試探祂，磨難祂。他使人誤解祂的話，叫他們不能接受祂來要帶給他們的救恩。

祂忠心遵守上帝的命令，而這使祂與周圍漠視上帝話語的人大相逕庭。祂純潔無瑕的生活是一種責備。許多人避免與祂在一起。但有些人卻尋求與祂同在，因為他們感到祂在哪裏，哪裏就有平安。

祂不灰心也不喪膽。祂超脫了人生的困難，就像活在上帝聖顏的光中。祂耐心地忍受侮辱，在祂的人性中成了所有兒童和青少年的榜樣。

基督對自己的母親表現了極大的尊敬和愛戴。雖然她常常與祂談話，力求讓祂照祂兄弟們的意願去做，但祂從未對她表示絲毫的不恭。

馬利亞感到極其煩惱，因為祭司和官長來向她抱怨耶穌。但當她兒子向她說明聖經所說關於祂的行為時，她就有了平安和信心。她有時在耶穌和祂兄弟之間搖擺。耶穌的兄弟不相信祂是上帝差來的。但她見到足夠的憑據來證明祂具有神聖的品格。——《青年導報》，1895年12月12日。

少年耶穌

耶穌的智慧和身量，並上帝和人喜愛祂的心，都一齊增長。

（路2：52）

耶穌來到這個世界之前，乃是天上的大君。祂與上帝一樣偉大。可是祂深愛這世上的可憐人，甘願把祂的王冠、美麗的王袍放在一邊，來到這個世界，作人類家庭的一員。……祂原本可以炫麗的體態來到世上，不像人間任何一個孩童。……祂原本可以迷倒人的身材來到世上，但這不是上帝計畫祂來到我們中間的方式。祂要與凡屬人類以及猶太民族的人相似。祂的容顏要和其他的世人相同，祂不要有超眾的形體上的美，使眾人指出祂與別人不同。……祂來要代替我們，以祂自己作我們的保證，償還罪人所欠的債。祂要在世上度純潔的人生，顯明撒但宣稱人類永遠隸屬於他，以及上帝不能將世人從他手裏救拔出來，乃是虛謊的話。

人類最初看見基督乃是一個嬰孩、一個兒童。祂的雙親極其貧窮，而祂在此世所享受的也與窮人無異。祂經歷了貧寒卑微之人自嬰孩至兒童，自青年至成年所經歷的一切苦難。

在祂的青年時期中，祂與祂的父親共同從事木匠的手藝，從而說明勞作並無可恥之處。祂雖為天上的君王，但仍從事這樣卑微的行業，從而譴責人世間閒懶的作風。……凡閒懶的人，不會去效學基督所賜的榜樣，祂從孩提時就是順從和勤勞的模範。祂在家中猶如一線愉快的陽光。祂忠實而欣然地履行了自己的本分，在祂簡樸的生活中克盡平凡的義務。基督成了我們中的一員，為要使我們受益。……世界的救贖主並沒有過自私安逸的快樂生活。祂沒有選擇作一個財主的兒子，也沒有揀選一個會使人讚美奉承祂的地位。祂經歷了辛苦謀生之人的艱難困苦，所以祂能安慰凡不得不從事某種卑微行業的人。祂辛勞一生的事蹟被記載下來，讓我們從中得着安慰。——《青年導報》，1895年11月21日。

青年的典範

孩子漸漸長大，強健起來，充滿智慧。（路2：40）

猶太人對彌賽亞和祂的工作懷有錯誤的觀念。……他們指望看到基督降臨時是榮耀無比的，卻不研究聖經說祂降臨的方式是非常卑微的。耶穌向眾人問及聖經中有關祂復臨的經文時，那些樂於接受真理的人心中閃出了亮光。祂在來到世上之前，已把這些預言賜給祂的僕人寫下來。而今當祂研究聖經時，聖靈就使祂想起這些事，向祂顯明祂要在地上從事的偉大工作。祂既在知識上長進，就將之傳給別人。但是祂雖然比博學的人更有智慧，卻沒有驕傲起來，也沒有不屑於從事最卑微的辛勞工作。祂盡了自己的本分，與祂的父母和兄弟一同操勞，幫助供養家庭。儘管連博學的人都詫異於祂的智慧，祂卻順從自己的父母，親手做工，像任何一個辛苦工作的人一樣。經上論到耶穌說，祂「漸漸長大，強健起來，充滿智慧，又有上帝的恩典在祂身上。」

祂一天一天獲得的聰明智慧，向祂顯明祂在世上的使命將多麼奇妙，但這並沒有使祂忽視最卑微的本分。祂愉快地做了生在簡陋家庭中的兒童和青少年要做的工作，因為祂知道，被貧窮所迫是什麼意思。祂了解兒童受的試探，因為祂擔當了他們的悲傷和考驗。祂心志堅定要行義；雖然別人設法引誘祂去行惡，祂卻從不為非作歹，不願稍微偏離真理和公義的道路。祂總是順從自己的父母，盡擺在祂路上的每一個本分。但祂的兒童和青少年時期絕非一帆風順，充滿快樂的。祂無瑕無疵的生活，引起了祂兄弟們的忌恨和嫉妒，因為他們不信祂。他們很是煩惱，因為祂行事與他們不同，也不願與他們同心行惡。祂在家中的生活是愉快的，但從不喧鬧。祂總是像一個在求學的人。祂極其喜愛大自然，而上帝正是祂的教師。——《青年導報》，1895年11月28日。

活出真理

又有上帝的恩典在祂身上（路2：40）

耶穌在童年時期就看出，眾人沒有照聖經所指出的方式生活。祂研究聖經，並效法上帝的道所指示的簡樸習慣和生活方式。當眾人因祂那麼謙卑簡樸而挑祂的錯時，祂就把他們指向上帝的道。祂的兄弟說，祂認為自己比他們好多了，責備祂抬高自己在祭司官長和眾民之上。耶穌知道，只要祂順從上帝的道，就不會在家裏得到安息和平安。

當祂在知識上長進時，就看出祂百姓中間的大錯正在加劇，因為他們聽從人的吩咐，而不是順從上帝的誡命；簡樸、真理和真敬虔正在從地上消失。祂看到眾人在敬拜上帝時流於形式和儀式，卻忽視了使他們的禮拜有價值的神聖真理。祂知道，他們不是出於信心的事奉，對他們毫無益處，也不會給他們帶來平安或安息。他們既不用真理事奉上帝，就不知道何為擁有心靈的自由。

耶穌並不總是默默地觀看這些沒有價值的事奉。有時祂向大家說明錯誤之處。因為祂會迅速看出真假，祂的兄弟就對祂大感煩惱。他們說，大凡祭司教導的都應該視為是神聖的，像上帝的命令一樣。但耶穌卻言傳身教地教導男男女女應該照上帝所指示的敬拜祂，而不要隨從人間教師所說應該遵循的儀式。……

祭司和法利賽人，也因這個孩子不肯接受他們人手所制定的發明、格言和遺傳而煩惱。他們認為，祂對他們的宗教和拉比所吩咐的這些儀式，表示了極大的不敬。祂告訴他們，祂願意聽從出自上帝口中的每一句話，他們必須根據聖經向祂說明祂錯在哪裏。祂向他們指出這個事實：他們正在把人的言語置於上帝的道之上，使人藉著遵守這些人的遺傳，倒變成對上帝表現不敬。——《青年導報》，1895年12月5日。

聖經是耶穌的嚮導

凡聽見祂的人都對祂的聰明和應對感到驚奇。（路2：47）

拉比知道祂在屬靈的悟性上遠超過他們，也知道祂過的是無可指摘的生活，可是他們仍對祂生氣，因為祂不肯違背良心順從他們的吩咐。他們既未能說服祂應該把人的遺傳看為神聖的，就來找約瑟和馬利亞，抱怨耶穌對他們的習慣和遺傳採取了錯誤的做法。耶穌知道，為何祂的家人因祂虔誠的信心而意見分歧並反對祂。祂喜愛和平，祂渴望家人的愛與信任。但祂知道使他們收回對祂的愛的原因。祂因採取率直的做法，不肯因別人行惡而行惡，反而忠於耶和華的命令，就受到了責備和指摘。祂的兄弟指責祂，因為祂遠離拉比所教導的儀式。他們重視人的言語過於上帝的話，因為他們喜愛人的稱讚過於上帝的稱讚。

耶穌不斷研究聖經。當文士和法利賽人設法使祂接受他們的教條時，就發現祂已準備好用上帝的道應付他們，他們沒辦法使祂相信他們是對的。祂似乎通曉聖經並向他們說出經文的真意。……他們很氣惱，因為上帝把研究和解釋聖經的權利交給他們，但這個孩子竟膽敢質疑他們的話。

祂的兄弟威脅祂，設法迫使祂採取錯誤的做法。但祂繼續前進，以聖經為祂的嚮導。祂的父母曾見到祂在殿裏，在教師們中間一面答、一面問。從那時起他們就無法明白祂的做法了。祂雖然安靜溫柔，卻似乎是一個被分別出來的人。一有機會，祂就獨自出去到田野和山邊與自然界的上帝交通。當祂的工作完成時，祂就在湖畔、樹林中和綠色的山谷中徘徊，在那裏祂能認真思考上帝，在禱告中將自己的心靈提升到天上。在度過這樣的時辰之後，祂就回到自己的家，再次負起祂卑微的人生義務，給所有的人樹立一個耐心工作的榜樣。——《青年導報》，1895年12月5日。

耶穌來自拿撒勒

拿撒勒還能出什麼好的嗎？（約1：46）

基督最初三十年的生活，是在拿撒勒的窮鄉僻壤中度過的。這個鄉村的居民以惡名昭著，所以拿但業問道：「拿撒勒還能出什麼好的嗎？」四福音書很少提到基督早年的生活。除了那一段述說祂陪同父母去耶路撒冷的簡短記錄之外，我們只有以下的簡略陳述：「孩子漸漸長大，強健起來，充滿智慧，又有上帝的恩典在祂身上。」（路2：40）

兒童和青少年時常處於一種不利於度基督徒生活的環境中，很容易屈從試探，並以自己環境不利作為犯罪的藉口。

基督所經之路的崎嶇艱難，遠甚於兒童和青少年所經歷的。祂並沒有享受優裕閒懶的生活。祂的父母是貧窮的，須依靠每日辛勞為生；因此基督的生活是貧寒、刻苦、困乏的。祂分擔了父母辛勤勞碌的生活。

沒有人可比我們救主所處之不利環境中，還能培養出完全的基督化品格。拿撒勒原是眾人所認為不能出什麼好東西的地方，而基督竟在那裏度了三十年的生活；這個事實，對於那些以為自己的宗教品質必須適應環境的青年乃是一種譴責。如果青年的環境不如人意，甚至是絕對惡劣的，許多人就以此作為不能培養出完美基督徒品格的藉口。基督的榜樣，即駁斥了那種認為祂的信徒，若想度無可指摘的生活，就有賴於地域、命運與順利環境的想法。基督要教訓他們：凡是上帝所安排給他們的任何地方或職分，不論它是多麼的卑微，他們的忠心必可使之成為光榮的。

許多青年所埋怨的艱苦窮困，基督卻毫無怨言地忍受了。況且這正是青年所必須經受的考驗，能使他們的品格堅強，並能像基督一般，有強健的靈性以抵禦和抗拒試探。……他們藉著天天禱告上帝，就必從祂得到智慧和恩典來應付人生的爭戰和嚴酷的現實生活，並且取得勝利。——《青年導報》，1872年3月1日。

言傳身教

一大羣的人都喜歡聽祂。（可12：37）

基督不忽略任何一個人，認為他是沒有價值或無可救藥的，而是設法將拯救的良藥給予每一個需要幫助的生靈。祂無論何往，總有恰合時宜的教訓提出來。祂設法激發最粗魯最沒有希望之人的希望，使他們知道他們可以成為無可指摘溫和無害的人，造就基督化的品格。他們可以作上帝的兒女，在世上如明光照耀，即使他們生活在惡人中間。這就是那麼多人喜歡聽祂的原因。祂從年幼的時候就為他人工作，讓祂的光照在世上道德的黑暗中。祂在家庭生活中負的擔子和祂在更為公開的園地中的工作，向人人顯明了上帝的品格。祂鼓勵凡與人生的真利益有關的事，但祂並不鼓勵青少年夢想將來如何。祂言傳身教地教導他們：未來的美好人生取決於他們現在生活的方式。我們的將來是由我們自己的行動決定的。凡珍愛正義的事，雖行事範圍很窄，但依然實行上帝的計畫，因正義而行義的人，必發現更廣闊的園地。

我們現在有特權在基督的工作和使命中盡一份力量。我們可以作與祂同工的人。我們可以在蒙召從事的任何工作中與基督同工。祂竭盡所能釋放我們得自由，使我們在似乎非常狹窄的生活圈上，仍可以伸展出去造福並幫助別人。祂要我們明白，我們有責任行善，並使我們認識到，躲避工作會給自己帶來損失。

耶穌心中負有拯救人類的重擔。祂知道，除非男男女女接受祂並在宗旨和生活上發生改變，不然就會永遠淪亡。這是祂心靈的重擔，而且祂是獨自負著這個重擔。沒有人知道那落在祂心上的重擔有多重。但從祂年幼的時候，祂就深切渴望作世上的明燈。祂定意使自己的生活成為「世上的光」。祂是世上的光；那光照耀凡在黑暗中的人。就讓我們行在祂所賜的光中吧！——《青年導報》，1896年1月2日。

8月15日　　　像基督一樣得勝

因為我們的大祭司並非不能體恤我們的軟弱；祂也在各方面受過試探，與我們一樣，只是祂沒有犯罪。（來4：15）

基督即將開始服務時，受施洗約翰的洗，既從水中上來，就跪在約旦河岸上，向父獻上了天庭之前從未聽過的禱告。……天開了，一隻如金閃閃發光的鴿子落在耶穌身上；無窮的上帝說出了這樣的話：「這是我的愛子，我所喜愛的。」（太3：17）。

上帝兒子的祈禱，得到這個顯著的回答，對我們來說有深刻的意義。

人人都可奉上帝愛子的名，向上帝所獻的祈禱中得到安息、平安和保證。天怎樣向基督的祈禱開了，照樣也要向我們的祈禱敞開。

耶穌從約旦河被引到曠野受試探。「祂禁食四十晝夜，後來就餓了。那試探者進前來對祂說：『你若是上帝的兒子，叫這些石頭變成食物吧。』」（太4：2-3）。

亞當曾在食慾上失敗，基督必須在這裏得勝。那降在祂身上的能力直接來自天父，而祂務必不可為自己運用那能力。……祂用「耶和華如此說」對付並抗拒了試探。祂說：「人活著，不是單靠食物，乃是靠上帝口裏所出的一切話。」（太4：4）

基督的經歷是為我們的益處。祂勝過食慾的榜樣，為凡願作祂信徒之人，指出了得勝的道路。

基督與人類家庭的成員一樣在試探之下受苦，但上帝的旨意並非容許祂為自己運用神能。要是基督不作我們的代表，祂的無罪原可使祂免受這一切的痛苦。但正因祂是清白無罪的，祂就非常敏銳地感受到撒但的攻擊。罪所導致的一切痛苦都傾倒進了上帝無罪聖子的懷中。撒但在傷基督的腳跟，但基督所忍受的每一陣劇痛，每一個憂傷，每一個不安，都在實現救贖我們的偉大計畫。仇敵造成的每一打擊都回彈到他自己身上。基督正在傷蛇的頭。——《青年導報》，1899年12月21日。

撒但在第一個試探中失敗了。接著他把基督帶到了耶路撒冷聖殿的頂上，要祂從令人暈眩的高度跳下去，藉以證明祂上帝兒子的身分。他說：「你若是上帝的兒子，就跳下去！因為經上記著：『主要為你命令祂的使者，用手托住你，免得你的腳碰在石頭上。』」（太4：6）但基督若這麼做就是僭越自恃，所以祂不肯屈從，便回答說：「不可試探主——你的上帝」（太4：7）。那試探者又失敗了。基督仍是勝利者。

自恃乃是一種常見的試探。當撒但以此襲擊我們時，他幾乎百戰百勝。那些自稱參戰反對罪惡的人，經常想也不想就跳進這種試探裏。需要一個神蹟才能把他們救出來而不受玷污。上帝賜下寶貴的應許，不是要我們加強僭越自恃的行為，也不是要我們在不必要的情況下，自行衝入危險中，還要依賴祂的應許。上帝要我們謙卑地依賴祂的指導。「行路的人也不能定自己的腳步。」（耶10：23）在上帝裏，才是我們的興旺和生命。「當將你的道路交託耶和華，並倚靠祂，祂就必成全。」（詩37：5）作為上帝的兒女，我們要保持始終如一的基督徒品格。

當你祈求……不讓你進入試探時，要記得你的工作並沒有隨著禱告結束。你必須盡可能地藉著抗拒試探來回應你的禱告。要求耶穌為你做你自己做不了的事。有上帝的話作我們的嚮導，耶穌作我們的教師，我們就必知道上帝的要求，曉得撒但的計謀。

「魔鬼又帶祂上了一座很高的山，將世上的萬國和萬國的榮華都指給祂看，對祂說：『你若俯伏拜我，我就把這一切賜給你。』」（太4：8-9）於是神性透過人性閃耀出來。耶穌說：「撒但，退去！因為經上記著：『要拜主——你的上帝，惟獨事奉祂。』」（太4：10）撒但沒有再進行試探了。他作為一個戰敗的仇敵離開了基督的面。——《青年導報》，1899年12月21日。

遭到拒絕

祂來到自己的地方，自己的人並不接納祂。（約1：11）

在基督默默地首次降臨時，眾天使幾乎忍不住要傾注他們的榮耀，慶賀上帝兒子的降生。天國榮耀的顯現沒有完全受到抑制。那個奇妙的事件並非沒有神性的明證。救主的降生雖然沒有普世歡騰，卻是普天同慶，為罪人讚美感恩。

天上的至尊、生命之君成了肉身，過了謙卑順從的一生。可是世上的智慧人，君王和官長，甚至祂自己的百姓，卻不認識祂。他們沒有認出祂就是期盼已久的彌賽亞。雖有大能的奇事向他們說明祂，雖然祂開了瞎子的眼並使死人復活得生，基督卻受到那班百姓的仇恨和虐待；祂來是要祝福他們的。但他們視祂為一個罪人，控告祂靠著鬼王趕鬼。祂出生的情況是神祕的，卻受到了官長的議論。他們控告他是在罪孽裏出生的。天上的大君因祂子民敗壞的思想和有罪褻瀆的不信受了侮辱。不信是多麼惡毒的事啊！它發源於那背道的魁首。在猶太人拒絕他們彌賽亞的事上，可以見到踏上不信之路的人會走到多麼可怕的地步。

以色列的領袖自稱明白預言，但他們在基督降臨的方式上卻接受了錯誤的觀點。

那為罪人而死的主，在末日要審判他們；因為父已「把審判的事全交給子」，並且「賜給祂施行審判的權柄，因為祂是人子。」（約5：22，27）

當那些拒絕耶穌的人，仰望他們所釘的主時，那日將是怎樣的景況啊！那時他們要知道，祂願把全天庭都給他們，只要他們肯作為孝順的兒女站在祂一邊。祂為救贖他們已付上了無限的代價。但他們不肯接受自由，脫離罪的苦役。他們選擇站在背叛的黑旗之下，直到恩典的時辰結束。——《評閱宣報》，1899年9月5日。

彰顯聖父

看見我的就是看見了父。（約14：9）

百姓對基督教訓的興趣，遠超過猶太教師枯燥乏味的理論，這使文士和法利賽人怒不可遏。他們的言論搖擺不定，解釋聖經今天是這個意思，明天是那個意思，使百姓極其困惑。但是當眾人聽耶穌講論時，心中就感到溫暖得安慰。祂說明上帝是一位慈愛的父親，而不是一位復仇的法官。祂吸引貧富貴賤各等人士看到上帝真正的品格，引導他們親切地稱呼祂「我們的父」。

基督用慈愛的話語和仁慈的行為，廢除了古時的遺傳和人的吩咐，顯明了天父無窮無盡豐富的慈愛。祂平靜、懇切、悅耳的聲音，就像乳香敷在受傷的心靈上。祂在自己身上彰顯著上帝的形像。祂向聽眾講解預言，使之與文士和法利賽人附在其上的晦澀解釋分離。祂無論何往都分散天上真理之糧。

文士和法利賽人決心聽聽基督對門徒說了什麼，就讓探子一直跟著基督的腳蹤。這些探子記下祂的話並將之彙報給猶太當局。他們聽到後便憤怒如狂，還把這種狂怒解釋成，為上帝大發熱心。

猶太公會的議員聚集商議，其中不乏強烈而固執存有偏見的人，他們建議這人既如此主張，就須立即鎮壓。

他們看到基督對百姓的影響，正迅速超過他們的影響。他們切願將祂剪除，因為祂竟敢取消他們的遺傳。但他們不敢公開行動，因為害怕百姓。他們想，若是私下行事，監視祂的言語行為，不久就可找着控告祂的把柄，使祂受審喪命。

基督當時正在賜給以色列官長們亮光，使他們無可推諉。凡能使他們認識自己錯誤的事，祂沒有留下一樣不做。——《評閱宣報》，1901年3月5日。

因成見而盲目

你們並沒有祂的道存在心裏，因為你們不信祂所差來的那一位。

（約5：38）

基督工作期間，祂的神性曾在不同的時間透過人性閃現出來。祂曾在人面前改變了形像；猶太領袖深受感動。但當他們彼此談論這事時，他們的不信就加強了。那原本令他們信服的證據被棄絕了。最有力的證據，對他們來說也不是證據了。而最軟弱、最膚淺的論據，只要是反對救主所提出之真理的，就被他們視為可靠的。他們已踏上了通向永遠滅亡的道路。

基督看到猶太教師曲解了上帝的道，就力勸他們更加殷勤地研究聖經的訓誨。在祂身上，猶太制度的預表和影兒正在快速應驗。他們若照著所應當的方式查考聖經，就會發現祂的主張是完全正確的。

猶太人若是對聖經進行了應有的查考，他們原本會看出拿撒勒人耶穌就是彌賽亞。但他們既用驕傲自私的野心作為查經的嚮導，就構思了他們自己所想像的一位彌賽亞。所以當救主來成了一個卑微的人，用祂的教訓廢除根深蒂固的學說和遺傳，提出的真理與他們的行為完全相反時，他們就說：這個入侵者是誰呢？竟敢不顧我們的權威。基督沒有照他們所期望的降臨，所以他們就不肯接受祂，反而稱祂為騙子，是冒牌的。他們不但不聽從祂，以便學習真理，反而心懷惡意地聽祂說話，要找祂的把柄。他們一旦踏上了那反叛魁首的路徑，撒但就輕而易舉地增強他們反對的意向。基督奇妙的作為，原是上帝賜給他們的證據，撒但卻要造成他們無法理解並反對祂。上帝藉著慈憐仁愛的作為，向他們講話的方式愈顯著，他們的抵制也就愈堅決。他們既因成見而盲目，就不肯承認耶穌是上帝。

祂是上帝在肉身的顯現，祂只做上帝的工作。──《評閱宣報》，1901年3月26日。

見機行事

你要痊癒嗎？（約5：6）

耶穌在畢士大池醫好癱子的事有一個教訓，對於每一個基督徒具有無限的價值，對於不信和懷疑的人也有嚴肅的意義。癱子躺在池邊，無助而且幾近無望。耶穌走近他，慈聲問道：「你要痊癒嗎？」痊癒！這是他多年以來的期盼和祈禱啊！他顫抖著急切地講述了自己的努力和失望。沒有朋友在身旁用強健的膀臂把他放在醫治的池子裏。他求助的痛苦呼求沒有人注意；他周圍的人都試圖使自己所愛的人得到所期盼的恩惠。水動的時候，他掙扎著想設法進入池子，卻總是有人比他先下去。

耶穌看著這個受苦的人說：「起來，拿起你的褥子走吧！」（約5：8）基督並沒有保證給他上帝的幫助，也沒有彰顯神奇的能力。如果那人回答說：「這不可能！我現在怎麼能指望使用已經三十八年不聽我使喚的四肢呢？」那個奇蹟就不會發生。單從人的立場來看，這種推論似乎合情合理。病人原可能因疑惑而放過天賜良機、不予利用。但他沒有這樣做。他二話不說抓住了自己唯一的機會。當他嘗試去做基督吩咐他去做的事時，就有了力量和活力。他得到痊癒了。

心存疑惑的讀者啊！你願意接受主的祝福嗎？那就停止懷疑祂的話，別再不信任祂的應許。要順從救主的吩咐，你就會得到力量。你若遲疑，與撒但討論，或者考慮種種困難和不可能性，你就會錯過機會，或許永遠不可復得了。

畢士大的神蹟應該令所有觀看者信服耶穌是上帝的兒子。

遵照基督的吩咐，那個癱子拿著自己所躺臥的簡陋褥子走了。隨時準備誘惑人的撒但，卻暗示這個舉動可能干犯安息日。……他希望在這一點上引起爭論，因為救主的醫治在一些人心中所生發的信心，他則是想摧毀掉。——《時兆》，1882年6月8日。

那人就去告訴猶太人，使他痊癒的是耶穌。（約5：15）

當那個康復的人步履輕快地行走時，他充滿了重獲健康的活力，因盼望和喜樂而容光煥發。他在路上遇見了法利賽人。他們以極其虔誠的態度告訴他：在安息日拿著褥子行走是違法的。他們對這個久被囚禁的俘虜得到自由不感到快樂，也不感激讚美他們中間那位能醫治各樣疾病的主。他們因自己的遺傳被漠視了，就閉眼不看上帝能力的一切證據。

他們頑固自義，不肯承認自己可能誤解了安息日的真意。他們不但不自責，反而決定譴責基督。現今我們遇到有同樣精神的人，他們因謬誤而盲目地以為自己是對的；凡與他們不同的都是錯的。

那個得到神奇醫治的人沒有和指控他的人辯論。他只是回答說：「那使我痊癒的人對我說：『拿起你的褥子走吧！』」（約5：11）

當猶太人得知是拿撒勒人耶穌行了醫治的奇事時，他們就公然企圖置祂於死地，「因為祂在安息日做了這些事」（約5：16）。這些自命不凡的形式主義者，對自己的遺傳充滿了熱心，以致為了維護他們的遺傳，竟不惜干犯上帝的律法！

對於他們的控告，耶穌鎮靜地回答說：「我與我的父是完完全全地和諧同工。」這個回答又使他們有藉口定祂的罪了。他們心裏想謀殺祂，只待有了看似有理的藉口就要祂的命。但耶穌繼續堅定地維護自己正確的立場。「子憑著自己不能做什麼，惟有看見父所做的，祂才做；父所做的事，子也照樣做。」（約5：19）

上帝藉著祂所揀選的人作工；但總有人充當好批評的法利賽人。

上帝希望所有的人都相信，不是因為沒有疑惑的可能，而是因為信有許多充分的證據。——《時兆》，1882年6月8日。

盲人得醫治

既不是這人犯了罪，也不是他的父母，而是要在他身上顯出上帝的作為來。（約9：3）

「耶穌往前走的時候，看見一個生來就失明的人。門徒問耶穌：『拉比，這人生來失明，是誰犯了罪？是這人還是他的父母呢？』」（約9：1-2）

門徒向耶穌所提的問題，表明他們以為一切疾病和痛苦都是罪的結果。這確實是事實。但耶穌說明，認為人的痛苦愈大、罪也就愈大乃是錯誤的。祂在糾正他們的錯誤時，就吐唾沫在地上，用唾沫和泥抹在瞎子的眼睛上，對他說：「你到西羅亞池子裏去洗（西羅亞翻出來就是『奉差遣』。）」（約9：7）他去洗，回頭就看見了。耶穌以實際的方式回答了門徒問祂的問題，這也是祂通常回答眾人出於好奇所問問題的方式。祂不要門徒討論誰犯了罪或誰沒犯罪的問題，而要他們明白上帝的能力，和祂在使瞎子重見光明這事上的仁慈與同情。人人都可承認，在泥裏或他奉差去洗的池子裏並沒有醫治之能，那能力是在基督裏。

那個得醫治之青年人的朋友和鄰舍疑惑地看著他，因為他的眼睛一張開，面容就改變了，也明亮了，使他看起來就像變了一個人。眾人彼此對問：「是他嗎？」有人說：「像他，」但這個蒙了大福的人解決了爭論，說：「是我。」於是他就把耶穌和耶穌怎樣治好他的事告訴了他們。他們問：「『那個人在哪裏？』他說：『我不知道。』他們把以前失明的那個人帶到法利賽人那裏。耶穌和泥開他眼睛的那一天是安息日。……法利賽人中有的說：『這個人不是從上帝來的，因為他不守安息日。』另有人說：『一個罪人怎能行這樣的神蹟呢？』他們之間就產生了分裂。」（見約9：8-16）

他們不知道是祂設立了安息日。祂知道安息日的所有義務，祂就醫好了那個人。——《時兆》，1893年10月23日。

From the Heart | 251

有一個撒瑪利亞婦人來打水。耶穌對她說：「請給我水喝。」

（約4：7）

上帝的兒子作為世人的救贖主，取了我們人類的本性。……祂又饑又渴，逗留在靠近敘加城的雅各井邊休息。那時門徒進城買食物去了。

耶穌坐在井邊，涼爽的井水那麼近卻喝不著，使祂更覺乾渴。祂既沒繩索也沒桶打水，只好等人來到井邊。要是祂願意，祂本可以行一個神蹟來解渴，但這不是上帝的計畫。

「有一個撒瑪利亞婦人來打水。耶穌對她說：『請給我水喝。』因為那時門徒進城買食物去了。撒瑪利亞婦人對祂說：『你是猶太人，怎麼向我一個撒瑪利亞女人要水喝呢？』因為猶太人和撒瑪利亞人沒有來往。」（約4：7-9）基督就在那個撒瑪利亞婦人身邊，她卻不認識祂。她正渴望真理，卻不知道真理就在她旁邊，能夠光照她。現今也有心靈乾渴的人，就坐在活泉旁邊，卻遠遠望著內有涼水的井，雖有人告訴他們水就在近旁，他們也不相信。

耶穌回答婦人說：「你若知道上帝的恩賜，和對你說『請給我水喝』的是誰，你早就會求祂，祂也早就會給了你活水。婦人對耶穌說：『先生，你沒有打水的器具，井又深，哪裏去取活水呢？我們的祖宗雅各把這井留給我們，他自己和兒女以及牲畜都喝這井裏的水，難道你比他還大嗎？』」是的，耶穌原本可以回答，這對你說話的乃是上帝的獨生子，我比你們的祖宗雅各大，因為還沒有亞伯拉罕，就有了我。但祂這樣回答：「凡喝這水的，還要再渴；誰喝我所賜的水，就永遠不渴。我所賜的水要在他裏面成為泉源，直湧到永生。」（約4：10-14）

基督對於亞伯、塞特、以諾、挪亞和當時凡領受祂指教的人來說是生命之水，祂也照樣是現今凡向祂求水之人的生命之水。——《時兆》，1897年4月22日。

消解心靈的乾渴　　8月**24**日

先生，請把這水賜給我，使我不渴，也不用到這裏來打水。

（約4：15）

那婦人對祂的話甚感驚奇，以致把水罐子放在井邊，忘了這個陌生人的乾渴，也忘了祂要求給祂水喝，忘了她到井邊來的任務，一心切願聽到祂說的每一句話。

耶穌突然改變了話題，吩咐那婦人叫她丈夫也來。她坦率地回答說：「『我沒有丈夫。』耶穌說：『你說沒有丈夫是對的。你已經有過五個丈夫，你現在有的並不是你的丈夫。你這話是真的。』」（約4：17-18）

當她以往的生活展開在她面前時，這位聽的人就顫抖不已。她知罪了，說：「先生，我看你是一位先知。」（約4：19）於是，為了改變話題，她就盡力把基督引到一個關於他們宗教分歧的辯論上。

上帝的靈已臨到這個撒瑪利亞婦人的心，使她知罪。……迄今為止，她所聽到的教訓並沒有喚醒她的道德本性，使她覺悟自己更高的需要。

基督透過表面看到本質，祂向撒瑪利亞婦人揭示了她心靈的乾渴，這種乾渴是敘加井裏的水永不能消解的。

撒瑪利亞婦人口渴的天性引領她來到對自己心靈的乾渴，渴求生命之水。

婦人忘了她到井邊來的差事，竟丟下水罐子，往城裏去，對凡遇見的人說：「你們來看！有一個人把我素來所做的一切事都說了出來，難道這個人就是基督嗎？」（約4：29）

地上的蓄水池常常用盡，它的池子常常乾涸，但在基督裏卻有我們可以不斷汲取的活泉。……其供應絕沒有耗盡之虞，因為基督乃是無窮無盡的真理之源。自亞當墮落的日子直到如今，基督一直是活水泉源。祂說：「人若渴了，到我這裏來喝！」「誰喝我所賜的水，就永遠不渴。我所賜的水要在他裏面成為泉源，直湧到永生。」（約7：37；4：14）——《時兆》，1897年4月22日。

使五千人吃飽

你們給他們吃吧！（太14：16）

門徒以為自己已經退到了不會被人發現的地方，但群眾發現那神聖的教師不見了，便詢問：「祂在哪裏？」他們中有些人曾注意到基督和祂門徒的去向。不久，大群的人就開始尋找基督了，而且人數不斷增加，直到五千餘人，還不算婦女和孩子。

耶穌從山坡望著不斷湧來的群眾。祂偉大慈愛的心起了同情之念。祂雖然不得休息，卻沒有不耐煩。……祂離開了山上的退休之所，找到一個便利的地方，照顧他們屬靈的缺乏。

眾人聽著上帝兒子口中暢流出來的恩言，聽到了仁厚的話語，如此簡明，對他們的心靈來說就像基列的乳香一樣。祂聖手的醫治給垂死的人，帶來了快樂和生命，給患病受苦的人帶來了安舒和健康。那天對他們來說就像天國臨到了人間。他們一點兒沒有意識到有多久沒吃東西了。

「傍晚的時候，門徒進前來，說：『這地方偏僻，而且時候已經晚了，請叫眾人散去，他們好進村子，自己買些食物。』耶穌對他們說：『不用他們去，你們給他們吃吧！』」（太14：15－16）他們感到驚異不已，對祂說：「『我們要拿兩百個銀幣去買餅給他們吃嗎？』耶穌說：『你們有多少餅？去看看。』他們知道後就說：『有五個，還有兩條魚。』耶穌吩咐他們，叫眾人一組一組地坐在青草地上。……耶穌拿著這五個餅和兩條魚，望著天祝福，擘開餅，遞給門徒，擺在眾人面前，也把那兩條魚分給眾人。他們都吃，並且吃飽了。門徒把餅和魚的碎屑收拾起來，裝滿了十二個籃子。」（可6：37－39，41－43）

那教導眾人獲得平安與幸福之路的主，也顧念他們現世的需要，就像顧念他們屬靈的需要一樣。——《時兆》，1897年8月12日。

領受為施予

我栽種了，亞波羅澆灌了，惟有上帝使它生長。可見，栽種的算不了什麼，澆灌的也算不了什麼；惟有上帝能使它生長。（林前3：6-7）

建立基督之國的工作必要推展，但表面上卻進行得很慢，財力也很有限，種種的難題似乎在攔阻它前進。

門徒奉命先給饑餓的群眾吃，自己再吃。眾人都吃飽後，主便吩咐：「把剩下的碎屑收拾起來，免得糟蹋了。」（約6：12）收拾了十二籃的零碎之後，基督和門徒才吃天賜的寶貴食糧。

你不可將責任，轉交給某個你認為比你擁有更多恩賜的人，而要按照你的才幹工作，即使你只有一千銀子。

基督從父領受，分給門徒，門徒再分給眾人。凡與基督聯合的人，都必是遵行祂話語的人，領受生命之糧，……並將之分給別人。

我們的救主為了百姓把食物放在門徒手中，當他們給出去時，手中就又滿了食物，這食物在基督的手中照著所需要的迅速增多。……這對基督現今的門徒應是一大鼓勵。基督是偉大的中心，是一切力量的泉源。

保羅可以栽種，亞波羅可以澆灌，惟有上帝叫它生長。所以誰也不能自誇。最有才智的人，最有屬靈心智的人，也只有先領受才能給予。他們自己不能製造任何滿足人心靈需要的東西。我們只能分贈從基督手中領受的東西。而且只有當我們給予別人時，我們才能領受。我們不斷給予，就不斷領受。我們給的愈多，領受的也就愈多。這樣，我們就可以不斷相信、倚靠、領受並給予。

在基督手中的有限食物，沒有減少，直到饑餓的人群全吃飽為止。……如果我們到一切能力的泉源那裏，伸出信心的手去領受，我們的工作儘管處在最艱難不利的條件下，也必蒙主支援，使我們將生命之糧分給眾人。——《時兆》，1897年8月19日。

8月27日　在天上與基督相交之樂

有公義的冠冕為我存留，就是按著公義審判的主到了那日要賜給我的；
不但賜給我，也賜給凡愛慕祂顯現的人。（提後4：8）

基督坐在聖餐的桌前，說了對門徒至關重要的話。祂不久就要經歷的場景對他們來說，將是最嚴峻的考驗。祂不僅清楚地看到了自己要受的羞辱和苦難，也看到了對門徒所造成的影響。祂不願讓門徒對祂將來的工作蒙昧無知。……祂知道他們在悲傷中會受到仇敵攻擊，因為撒但的詭計，在對付因困難而沮喪的人時是最易成功的。

在這些最後悲傷的時辰裏，基督告訴門徒，在祂受審的那天晚上，他們要因祂的緣故都要跌倒，他們會離棄祂，剩下祂獨自一人。祂告訴他們，在祂死後，他們會暫時悲傷，但他們的悲傷會變為喜樂。祂告訴他們，時候要到，他們要被趕出會堂，凡殺他們的，就以為是在事奉上帝。祂明說，自己為什麼要趁還和他們同在的時候，告訴他們這些事——以便當祂的話應驗的時候，他們會想起在這些事發生之前，祂已經告訴他們了，從而加強他們對祂是他們的救贖主的信心。

基督的話令門徒悲傷驚異。但他們接下來聽到了安慰人心的保證：「你們心裏不要憂愁；你們信上帝，也當信我。在我父的家裏有許多住處；若是沒有，我就早已告訴你們了。我去原是為你們預備地方去。我若去為你們預備了地方，就必再來接你們到我那裏去，我在哪裏，叫你們也在哪裏。」（約14：1-3）

這些安慰的話不僅是對門徒說的，也是對我們說的。在世界歷史的最後幾幕中，鬥爭會很激烈。必有瘟疫、災禍、饑荒。深淵的水會湧過它們的界限。財產和生命會被火災和洪水毀滅。我們應該做好準備，才能前往基督為愛祂的人所預備的住處。有一種安息能擺脫世上的鬥爭。它在哪裏呢？「我在哪裏，叫你們也在哪裏。」基督在哪裏，哪裏就是天國。對那些愛基督的人來說，基督若不在天國，天國就不是天國了。——《評閱宣報》，1897年10月19日。

與基督同工

8月28日

信我的人……要做得比這這些更大，因為我到父那裏去。（約14：12）

基督的工作主要限於猶太地區。雖然祂個人的服務沒有延伸到其他國家，眾人卻從各國來聽祂的教導並將信息傳到世界各地。許多人因聽人講述耶穌所行的奇事而聽說了祂。參加逾越節的許多人所了解有關祂蒙難受死的情況，要從耶路撒冷傳到世界各地。

眾使徒作為基督的代表，要在眾人心中留下深刻的印象。他們本是卑微之人的這個事實，不但不會減低反而會增強他們的影響力。他們聽眾的心思會被他們帶到天上的至尊那裏。……他們充滿信靠的話語要使眾人確信，他們並不是靠自己的能力作工，而是在繼續推進主耶穌與他們同在時所開展的工作。他們既自我謙卑，就樂意宣布猶太人所釘的那一位就是生命之君，永生上帝的兒子。他們是奉祂的名做祂所做的工。

全宇宙都在生命之君的支配之下。……祂為全世界付上了贖價。人人都可以藉著祂得救。祂呼籲我們順從、相信、領受並且活著。祂希望組織一個包括全人類的教會，只要他們願意離開反叛的黑旗站在祂的旗下。凡信靠祂的人，祂必將之作為忠心的國民引薦給上帝。祂是我們的中保，也是我們的救贖主。祂必保護自己的選民以抗拒撒但的權勢，便能征服他們的仇敵。

基督希望祂的門徒明白，祂不願留下他們為孤兒。……祂即將受死，但祂希望他們認識到，祂會復活。在祂升天之後，他們雖然肉眼見不到祂，但可以憑著信心看見並認識祂。祂也會同樣關愛他們，像祂與他們同在時一樣。

基督向門徒保證，祂復活之後，會活活地顯給他們看。……那時他們就會明白過去所不明白的了——基督與祂的父之間有一種完全的合一，一種永遠存在的合一。——《評閱宣報》，1897年10月26日。

他們來到一個地方，名叫客西馬尼。耶穌對門徒說：「你們坐在這裏，我去禱告。」（可14：32）

耶穌留下門徒時，囑咐他們為自己禱告，也為祂禱告。祂揀選了彼得、雅各和約翰三人，走向園內僻靜的地方。這三個門徒曾在祂變像時與祂同在，看見天來的訪客摩西和以利亞與耶穌談話。基督在這個場合也願意他們在祂身邊。

基督表示祂渴望人的同情，然後就離開他們，約有扔一塊石頭那麼遠的地方，面伏在地禱告說：「我父啊，如果可能，求你使這杯離開我。然而，不是照我所願的，而是照你所願的。」（太26：39）

一小時後，耶穌感到需要人的同情，便從地上起來，步履蹣跚地到祂留下那三個門徒的地方。……祂渴望聽到他們說出減輕祂痛苦的話。但祂失望了。他們沒有給祂所渴望的幫助。相反，祂「見他們睡著了」（太26：40）。

耶穌在未到客西馬尼園之前，曾對門徒說：「你們都要跌倒，因為經上記着：『我要擊打牧人，羊就分散了。』」他們曾向基督堅決地保證，願意與祂一同下監，一同捨命。可憐而自滿的彼得還說：「雖然眾人跌倒，但我不會。」（可14：27、29）可惜門徒所信賴的是自己的力量。他們沒有聽基督的勸告：仰望那大能的幫助者。……甚至幾小時前，曾宣稱願意與他的主同死之熱心的彼得，也睡得沉沉的。

上帝的兒子又被極大的痛苦所壓，筋疲力盡，步履蹣跚地回到先前掙扎的地方去。……不久前，基督還以堅定的聲調唱詩讚美傾心吐意，意識到自己上帝兒子的身分。……而今在夜靜更深的夜空中傳來的，不是祂勝利的吶喊，而是滿含人性痛苦的呻吟。不久前，祂還在自己的威嚴中泰然自若，像一棵高大的香柏樹毅然挺立。現在祂卻像一根壓傷的蘆葦。

雖然罪極其可怕，向世界打開了禍患的洪閘，祂卻甘願成為犯罪之人類的挽回祭。——《時兆》，1897年12月2日。

> 最後有兩個人前來，說：「這個人曾說：『我能拆毀上帝的殿，三日內又建造起來。』」（太26：60－61）

這是唯一能對基督作出的控告。但這是對基督話語的誤表和歪曲。基督曾說：「你們拆毀這殿，我三日內要把它重建。……但耶穌所說的殿是指祂的身體。」（約2：19、21）

祭司和官長們和許多人一起用這則假見證奚落祂。當祂被釘在十字架上時，文士和法利賽人又用這句話嘲笑祂，並得到了群眾的隨聲附和。「從那裏經過的人譏笑祂，搖著頭，說：『你這拆毀殿、三日又建造起來的，救救你自己吧！』」（太27：39－40）基督的話雖被人以錯誤的方式表達出來，卻應驗了。祂的話傳開了，並因祂仇敵的傳播而給人留下了更加深刻的印象。

那些譏諷的人說：「祂倚靠上帝，上帝若願意，現在就來救祂，因為祂曾說：『我是上帝的兒子』。」（太27：43）他們一點也沒想到，他們的見證要傳到萬代。這些話雖然是用譏諷的口吻說出來的，卻是最真實的話，令人親自去查考聖經。智慧人聽到這些話之後，就去查考聖經、默想、禱告。有些人孜孜不倦地以經文對照經文，直到他們明白基督的使命為止。他們看到主的慈憐擁抱了整個世界，為人類提供了白白的赦免。

人對基督的認識，從來沒像祂釘在十字架上時那麼廣泛。祂從地上被舉起來，吸引了眾人來就祂。在許多看見十字架的情景，聽見基督講話的人心中，真理的光正在照耀。他們要與約翰一同宣布：「看哪，上帝的羔羊，除去世人的罪！」（約1：29）

髑髏地的情景是在天上地上眾目睽睽之下進行的。眾天使注視著那些本應承認耶穌是彌賽亞之人對祂無情的嘲笑和蔑視。

耶穌在垂死的痛苦中，再次大聲喊叫說：「成了！」「父啊！我將我的靈交在你手裏。祂說了這話，氣就斷了。」（約19：30；路23：46）基督，天上的至尊，榮耀的君，死了。——《評閱宣報》，1897年12月28日。

我在地上已經榮耀你，你交給我做的工作，我已完成了。（約17：4）

基督在十字架上即將斷氣之時，大聲喊叫說：「成了！」祂的工作完成了。道路已經敞開了。幔子被撕為兩半。人類能接近上帝了，不用獻祭，不用地上祭司的服務。基督按照麥基洗德的等次永遠為祭司。天庭本是祂的家。祂來到這個世界把祂的父顯明出來。祂在屈辱與爭戰之地的工作現已完成。祂升到了天上，永遠坐在上帝的右邊。

基督在地上的一生是辛勞、忙碌、殷勤的一生。祂從死裏復活，與門徒同在四十天，指教他們為祂的離開作準備。祂即將與他們告別。祂已證明自己是永活的救主。祂的門徒不必把祂和約瑟的墳墓聯在一起了。他們可以想到祂光榮地在天上的眾軍中。……

全天庭都急切地等待著，因上帝的兒子逗留在被咒詛損毀之世界即將結束。基督怎樣降卑和受難，祂也要怎樣高升。祂惟有先成為犧牲，才能成為救主和救贖主。……

基督作為隱藏在人性中的神來到地上，作為眾聖徒即將君王升到天上。祂的升天與祂的高尚品格相稱。祂從橄欖山升天，眾天使護送祂凱旋進入了上帝的城。祂不是為自己的利益去的，而是作為相信祂之兒女的立約的救贖主。他們因信祂的名而成為祂的兒女。祂像戰場上大有能力的勇士，勝利的征服者，率領著所擄掠的俘虜升上去。有眾天軍簇擁著祂，在稱頌的吶喊和天國的歌聲中上升。

基督返回天庭時，受到的接待與祂在地上受到的待遇，有何等大的差別啊！在天上大家都是忠心的。在那裏祂不會多受痛苦，常經憂患。

天上的宇宙接待他們君王的時候到了。——《時兆》，1899年8月16日。

9

September

是要我們行事為人都有新生的樣子，
像基督藉著父的榮耀從死人中復活一樣。（羅6：4）

From
the
Heart

男女代表

是要我們行事為人都有新生的樣子，像基督藉著父的榮耀從死人中復活一樣。（羅6：4）

基督邀請凡願意作祂門徒的人，負祂的軛，學祂的樣式。祂心裏柔和謙卑。祂應許凡如此行的人，心裏必得享安息。基督溫柔謙卑的生活特徵，要彰顯在凡「照主所行的去行」（約一2：6）之人的生活和品格中。

能這樣說的人有福了：「我在上帝面前是有罪的，但耶穌是我的中保。我違背了祂的律法。我無法拯救自己，但我以髑髏地所流的寶血作為我一切的辯護。」

基督來使律法為大為尊。祂來高舉你們從起初領受的舊命令。所以我們需要律法和先知。我們需要《舊約》把我們一路帶到《新約》的信息。《新約》並不會取代《舊約》，而是更明確地向我們揭示了救恩的計畫，把整個獻祭制度和我們從起初聽到的話賦予更寬廣的意義。每一個人都受命要完全順從，順從上帝明確的旨意會使你與基督合而為一。你就能過高尚的生活，因為基督作為耶和華僕人的生活是高尚的。……自恃和不聖潔的獨立精神，使許多人遠離在基督裏最豐盛的恩賜。

耶穌在舊約制度中，吩咐以愛為主導原則，祂也命令祂新約時代的門徒以愛作為心中的主導原則。實踐愛的原則會使人真正成聖。凡行在光中的，必成為光明之子，並以仁慈、友愛和無誤的愛心把亮光分散給周圍的人。

純正的道理必與公義的行為相協調；天上的訓詞必與聖潔的行為相結合。充滿基督恩典的心必彰顯這恩典的平安和喜樂。基督住在人心中，品格就會變為純潔、高尚、尊貴和光榮。——《青年導報》，1894年11月8日。

博學之士

在希律作王的時候，耶穌生在猶太的伯利恆。有幾個博學之士從東方來到耶路撒冷，說：「那生下來作猶太人之王的在哪裏？我們在東方看見祂的星，特來拜祂。」（太2：1-2）

東方的博學之士在研究天文時，一顆明亮的星出現了，對他們來說，這是一顆全新的星。他們站著凝望那顆星，感悟到它宣示了什麼重大的事件。他們決定調查這事，希望能得知關於所應許之彌賽亞的事。上帝鼓勵他們前進。雲柱曾怎樣在曠野中行在以色列人面前，那顆星也照樣引導著這些博學之士前往耶路撒冷的行程。……博學之士一進入耶路撒冷，就急切地詢問：「那生下來作猶太人之王的在哪裏？我們在東方看見祂的星，特來拜祂。」

猶太官長對那義者的降臨毫無所悉，因為他們沒有為這事作準備。……他們沒有聽到天使的信息：「我報給你們大喜的信息」（路2：10）。

牧羊人曾就天使的造訪作過見證，現在又有東方的博學之士帶來消息說：「我們在東方看見祂的星，特來拜祂。」說來真有趣，因另一個國家和另一種信仰的人，竟是她們先知道彌賽亞降臨的人。

希律感到奇怪，猶太拉比——自視為比其他人等都更蒙恩眷的人——竟顯然處在黑暗中，而他們稱為異教徒的人，卻得到了來自天上的兆頭，說明那位王已經降生了。

希律召了博學之士來，「問那星是什麼時候出現的。……他們聽了王的話就去了。忽然，在東方所看到的那顆星在前面引領他們，一直行到小孩子所在地方的上方就停住了。……進了房子，看見小孩子和他母親馬利亞，就俯伏拜那小孩子，揭開寶盒，拿出黃金、乳香、沒藥，作為禮物獻給他。因為在夢中得到主的指示，不要回去見希律，他們就從別的路回自己的家鄉去了。」（太2：7、9、11、12）——《青年導報》，1899年10月19日。

尼哥德慕

人若不重生，就不能見上帝的國。（約3：3）

尼哥德慕（和合本稱「尼哥底母」）是猶太人一個位高權重的官，受過高等教育，才學非凡。他與別人一樣曾深受耶穌教訓的感動。他雖擁有財富、學問和聲望，奇怪的是，他卻受到那個卑微的拿撒勒人所吸引。這位教師口中發出的教訓是那麼新奇，大大地感動了他。他決心去找耶穌，好多學一點這奇妙的真理。

但他不在白天去訪問耶穌。讓一個猶太人的官長承認自己同情一位尚未成名的教師，未免太丟面子了。他特意打聽到耶穌下榻的地方，等到闔城夜闌人靜時，才去找祂。

他說：「拉比，我們知道你是由上帝那裏來作老師的；因為你所行的神蹟，若沒有上帝同在，無人能行。」（約3：2）他想先恭維基督作老師的天才和行奇蹟的神能，來為談話鋪路。但基督本著祂無限的智慧，看出在祂面前的是一個尋求真理的人。祂明白尼哥德慕的來意。於是為要加深他心中已有的感悟，就直截了當並鄭重和藹地說：「我實實在在地告訴你，人若不重生，就不能見上帝的國。」（約3：3）

尼哥德慕聽了這一句話，感到很屈辱。他惱怒地接過基督的話題說：「人已經老了，如何能重生呢？」（約3：4）但救主並不用辯論對付辯論。祂嚴肅、從容、莊重地舉起手，以更大的力度闡明了真理：「我實實在在地告訴你，人若不是從水和聖靈生的，就不能進上帝的國。」（約3：5）

在這次難忘的會晤中，基督定下了對每一個人來說最重要的原則。祂清楚地界定了得救的條件，強調了新生命的重要性。……這句話既是對那位猶太官長說的，也是對每一個信奉基督聖名，決定跟從柔和謙卑之耶穌的人說的：「你們必須重生。」（約3：7）——《青年導報》，1897年9月2日。

完全降服

我說:「你們必須重生」,你不要驚訝。（約3：7）

我們是上帝所買來的產業,有義務像基督一樣做工,從事祂神聖的服務,不是按照我們本性的傾向愛好去作工,而是與上帝的靈和諧一致。但是福音顯明每一個人活在罪裏。他們因屈從試探而削弱了順從的能力。他們的心「比萬物都詭詐,壞到極處。」(耶17：9)他們死在罪惡過犯中,靠自己的力量是無法行善的。

為了服事上帝得蒙悅納,我們必須「重生」。我們與上帝聖靈背道而馳的自然性情,必須放棄。我們必須在基督耶穌裏做新人。我們原本老舊而無法更新的生命,必須讓位給新生命——那是一個充滿愛、信賴和甘心順從的生命。……若不發生改變,我們無法止確地服事上帝。我們的工作會有缺陷;會制定現世的計畫,獻上羞辱上帝的凡火。我們的生活會不聖潔、不快樂,充滿不安和煩惱。

基督來到我們世上,因為祂看見我們已失去上帝的形像與性情。祂看見我們走岔路、遠離平安純正的道路。倘若任憑我們,我們就必永遠無法找到回頭的路。祂帶著充分和完全的救恩來到這世上,為要把我們的石心改變成肉心,把我們有罪的性情改變成祂的樣式,且藉著與上帝的性情有分,我們得有資格進入天庭。

對於凡為自己靈魂的得救心裏焦急,來求基督幫助的人,祂都像對尼哥德慕一樣說:「人若不重生,就不能見上帝的國。」(約3：3)祂正在你的心門外叩門,要求進來。祂渴望更新你的心,以純潔真誠的愛填滿你的心。祂渴望為你釘死在十字架上,使你復活,在祂裏面有新生的樣式。尼哥德慕因為與耶穌會面,生命轉變了。……不要害怕把你自己降服與基督。要將你自己毫無保留地置於祂的管理之下。學習何謂止住罪惡,何謂有一顆新心,具有上帝的樣式。當你仰望基督時,自我就會落到無足輕重裏,你就會變成祂的形像,「榮上加榮,如同從主的靈變成的。」(林後3：18)——《青年導報》,1897年9月9日。

以利沙蒙召

以利亞經過他，把自己的外衣搭在他身上。（王上19：19）

我們最好思考一下以利沙蒙召作工時的情形。先知以利亞行將結束他在地上的工作，將另有一位蒙召接續他的工作。以利亞在路上蒙指示往北而行。他所見到的情景與不久之前有何等的不同啊！那時土地龜裂，田地無人種，因為三年半之久沒有雨露降下。如今則四周草木欣欣向榮，彷彿在補償乾旱和饑荒時的損失。充足的降雨為大地成就的，比為人心成就的更多；大地的預備工作，比背道以色列人心的預備工作做得還好。

此時，以利亞見到一塊地，那是屬於一個從未向巴力屈膝、專心事奉上帝的人所有。甚至在擄掠期間，也沒有人陷入背道；這家人就包括在那七千沒有向巴力屈膝的人中。這塊土地的主人是沙法。以利亞見到工人在忙碌作工。羊群在享受綠油油的牧場，工人則忙著為豐收撒種。

以利亞注意到沙法的兒子以利沙。以利沙當時和僕人正用十二對牛耕地。⋯⋯以利沙在遠離城市和宮庭淫佚的環境中接受了他的教育，養成了生活樸素，順從父母和上帝的習慣。

以利沙心滿意足地等候著，忠實地從事自己的工作。日復一日，他藉著實際的順從和他所信靠的上帝恩典，獲得正直的操行和意志的力量。當他在農田裏盡力與父親合作時，他是在為上帝服務。他在學習怎樣與上帝同工。——《青年導報》，1898年4月14日。

當先知以利亞看到以利沙和僕人一起用十二對牛耕地的時候，就來到工作的園地裏，在經過的時候，解開自己的外衣搭在以利沙的身上。然後繼續前行就像事情已經做完了一樣。但他知道以利沙明白這個舉動的意義。以利亞離開了他，沒有說一句話，把決定接受，還是拒絕呼召的事留給以利沙他自己。——《青年導報》，1898年4月21日。

答應上帝的呼召

隨後就起身跟隨以利亞，服事他。（王上19：21）

在那三年半的饑荒期間，沙法一家已經了解先知以利亞的使命。上帝的靈感動以利沙的心，使他知道以利亞把自己的外衣搭在他身上的意義。這是上帝呼召他接續以利亞的信號。他急忙跑向先知，追上他，求他容自己辭別自己的父母和家人。

以利亞的回答是：「你去吧，然後回來。」（王上19：20）這句話並不是拒絕，卻是一個試驗。以利沙的心若是依戀自己的家和他的利益，他盡可以留在那裏。但以利沙已準備好聽從上帝的呼召。

如果以利沙詢問以利亞所期望於他的是什麼，他的工作是什麼，他就必得到回答說：上帝知道，祂必指示你。如果你等候耶和華，祂必回答你的每一個問題。你若有了上帝已經呼召你的證據，你就跟我來吧！若是沒有，就別來。不要僅僅因為我叫了你就來。你自己務要知道有上帝作你的後盾，而且你所聽到的乃是祂的聲音。你若能把萬事看作糞土，為要得着基督，就來吧！

以利亞對以利沙的呼召，與基督對那個青年官長的命令相似。那個官長受命要放棄一切——家宅、田產、朋友、財富、舒適和安逸——還要跟從耶穌。……但對於基督的呼召，問題來了，我們準備好了嗎？我們願意嗎？我們要像摩西一樣看為基督受的凌辱比埃及的財物更寶貴嗎？

主不會接受半心半意的事奉。唯有喜愛實行上帝旨意的人，才能做完全的事奉。……如果我們不斷高興地追求認識主，就會知道「祂如黎明必然出現」（何6：3）。我們若已決定順從基督，就要響應祂的呼召：「若有人要跟從我，就當捨己，背起自己的十字架來跟從我。」（可8：34）

上帝的工作是一個整體性之工。……重要的是，為基督作工的人，要在每一個工作部門讓主與他一起同工。凡所做的，都應做得準確迅速，經得起檢驗；更要緊的是，應該用心工作。——《青年導報》，1898年4月21日。

絕不向後看

向著標竿直跑，要得上帝在基督耶穌裏從上面召我來得的獎賞。

（腓3：14）

以利沙立刻丟下了一切，開始他的服務事工。他的告別沒有悲哀和痛苦的懊悔。他們在他家裏擺設了宴席，記念家庭的一個成員得到這樣的尊榮。以利沙最初的工作是什麼呢？乃是做小事並且用心做。他成了先知的個人侍從，被稱為倒水在他夫子以利亞手上的人。

以利沙在服事了先知以利亞一段時間之後，便蒙召接替他居於首位。那時沒有人比他更大。他曾作為門生在以利亞手下工作，時候到了，為首的管理者要被接上升了，在他手下的人自是要接替上來。當以利亞預備變化升天時，以利沙也在預備接任他作先知。

在吉甲有一所先知學校，在伯特利和耶利哥也有。以利亞在離開他們之前，想去訪問這重要的地方。他心裏歡喜，因為蒙上帝指示，他得蒙允許去訪問這些先知學校和在這些機構中進行著的工作——這工作乃是教育的工作，要使學生不斷記得上帝奇妙作為，並使上帝的律法為大為尊的教育事工。

在以利亞與以利沙逗留的每一個地方，以利亞都給他離開的機會。以利亞說：「你可以留在這裏」（王下2：2、4、6）。這就使以利沙的信心在每一個地方都受了考驗。但以利沙在早年扶犁操作的事上，已經學會不向氣餒讓步；如今他既已將手扶在另一種工作的犁上，就不會輕易的放棄，也不會喪膽。每次請他停止往前時，他都宣布：「我指著永生的耶和華，又指著你的性命起誓，我必不離開你。」（王下2：2、4、6）

從此以後，以利沙取代了以利亞的地位。……人擔任受託職務的最大資格，就是單純地順從上帝的話。……以利沙手扶著犁，不願向後觀看。他表現出自己的堅定地信賴上帝的。

我們要認真學習這個教訓。我們在任何情況下，都不可偏離我們的忠誠。……要以上帝的話為我們的顧問。祂只願意揀選那些完全順從祂的人。——《青年導報》，1898年4月28日。

提摩太

不可叫人小看你年輕，總要在言語、行為、愛心、信心、清潔上，都作信徒的榜樣。（提前4：12）

上帝的話乃是提摩太的人生指南。……他的家庭教師與上帝合作，教育這個青年在很小的時候，就能擔負起身上的重任。

提摩太在蒙上帝揀選作教師時，還只是一個青年。但他幼年的正確教育已經為他建妥了人生原則，使他有資格作為一名虔誠的教師，同時也與外邦人的大使徒保羅同工。他雖然年輕，卻以基督化的柔和負起自己的重要責任。他是忠實、堅定、真誠的；所以保羅揀選他為工作與旅行的同伴，使他可以得益於使徒在傳講福音和建立教會方面的經驗。

保羅愛提摩太，因為提摩太愛上帝。這位人使徒常常與他談論，問他聖經所記載的歷史，教導他必須遠離一切惡行，告訴他福惠必隨著忠信誠實的人，使他們享受真實高貴的人生。

使徒保羅在去世之前的話是：「至於你，你要持守所學習的和所確信的，因為你知道是跟誰學的，並且知道你從小明白聖經，這聖經能使你因在基督耶穌裏的信有得救的智慧。」（提後3：14-15）

保羅可以放心地這麼寫，因為提摩太沒有產生自足自負的精神。他與保羅聯絡，尋求他的忠告和指教，不憑衝動行事，凡事三思而後行，每一步都詢問：「這是上帝的道路嗎？」

「要謹慎自己和自己的教導，要在這些事上恆心，因為這樣做，既能救自己，又能救聽你的人。」（提前4：16）

給提摩太的吩咐是每個家庭應該聽從的，且應在每個家庭和學校中成為一種教育的力量。——《青年導報》，1898年5月5日。

9月9日　約瑟，上帝堅定不移的見證人

約瑟在他埃及主人的家中，耶和華與他同在，他是一個通達的人。
（創39：2）

上帝定意藉著約瑟，將聖經的宗教傳給埃及人。這個忠心的見證人，要在君王的宮廷中，將基督彰顯出來。約瑟在年輕時，上帝便藉著異夢與他交通，告知他要蒙召承擔一份崇高的職責。約瑟的兄弟們為阻止異夢的實現，便將他當作奴僕賤賣。但他們殘忍的作為，正是導致化異夢為事實的途徑。

那些企圖背離上帝的計畫和違反祂旨意的人，可能一時看似成功；但上帝定意要實現祂的計畫，顯明誰是天地的主宰。

約瑟將自己的被賣，視為臨到他身上的最大災難；但他看出有依靠上帝的必要，因為以往在父親的愛護之下，他從未這麼做過。約瑟將上帝帶進埃及地，這可從他在憂傷中所表露的愉悅神情中看出。……上帝的旨意是要那些敬愛和尊榮祂聖名的人，也得着尊貴；他們歸於上帝的一切榮耀，也將反照在他們身上。

約瑟的品格並不因地位提升而改變。上帝帶領他在適當的位置上，以便他的美德，藉著他的好行為，放射出清晰的光輝。不論在家或在工作的場所，上帝的福惠跟隨著他。波提乏將所有的家務，完全交託給他。他在所有的事上都表現出忠貞不移的原則，因為他喜愛和敬畏上帝。

上帝把他安置在有學識的人中，他就獲得了科學和語文的知識。這是他的訓練學校，使他在剛成年的時候就有資格作埃及的宰相。他學到了擔任將來的重責所不可缺少的東西。他有機會搜羅學到一切智慧、知識和處事方法，而這些要學的可多得很。可是他的心卻對上帝堅定不移。人的知識和神的智慧結合了起來，使他成為一線亮光，在異教信仰濃重的黑暗中反照公義日頭的明亮光輝，使人看到希伯來人的宗教與拜偶像之埃及人的宗教儀式和習慣性質，那是完全不同的。──《青年導報》，1897年3月11日。

得勝試探

我怎能行這麼大的惡，得罪上帝呢？（創39：9）

當考驗來臨，女人以詭計引誘約瑟犯罪時，約瑟保持了自己的純正。花言巧語和狡詐的懇求沒能使他絲毫偏離正義，他對這一切都聽而不聞。上帝的律法保護了他的心靈。他對那厚顏無恥的壞女人說：「我怎能行這麼大的惡，得罪上帝呢？」

那個女人顯然沒能引誘約瑟犯罪；撒但被擊敗了。於是約瑟就發現那會說諂媚話的口也會說謊。波提乏的妻子藉著控告他為自己報仇。因為約瑟不肯得罪信任他的人，就被剝奪了他靠著上帝的恩典應得的尊榮，這尊榮曾使他與埃及的大人物有了關係。

約瑟從身負重責的尊貴僕人，變成了被定罪的囚犯。要是沒有上帝聖手的扶持，這場突然的羞辱原會把他打倒的。但他對上帝的信任沒有動搖。上帝的愛保守他的心靈十分平安。天國離富饒的埃及流域很近，因為那裏有一位青年持守上帝的道。約瑟在獄中有耶穌同在，教導、堅固並支撐他的心靈，使天國的亮光可以照耀出來。

約瑟因父母的溺愛和偏愛，因仇敵的忌恨和他哥哥的仇恨，因他主人的重視和信任，也因他尊榮的高位而受了考驗。女人嫵媚的引誘，她的諂媚和違法之愛也使他受了考驗。但約瑟堅貞的美德不容他聽從那試探者的聲音。上帝的律法是他所喜愛的，他不願偏離它的訓誨。

約瑟還在獄中時得到允許可以自由活動，並有機會把亮光傳給和他同坐監牢的人。這所監獄也成了他的培訓學校。……他在監獄管理的各方面都看到上帝律法的優美，並憑經驗和觀察學習公正與仁慈，從而表現出上帝的品格。

以後將有權柄放在約瑟的手中；由此上帝要藉著他，向人顯出是祂天地的主宰。但他要先在逆境中接受訓練，這所學校正是上帝設計讓祂的子民可在此學習的。——《青年導報》，1897年3月11日。

> 我做了一個夢，沒有人能講解。我聽人說，你聽了夢就能講解。
>
> （創41：15）

約瑟在給司酒長和司膳長解夢時，曾請求司酒長記念他，救他出監；但司酒長把他給忘了，他又在監牢中住了兩年。

但是一位比司酒長尊貴得多的人做了一個夢，既無人能解，司酒長就想起約瑟來了。「於是法老派人去召約瑟，他們就急忙把他從牢裏提出來。他就剃頭刮臉，換衣服，進到法老面前。法老對約瑟說：『我做了一個夢，沒有人能講解。我聽人說，你聽了夢就能講解。』」約瑟沒有把榮耀歸給自己。他把法老指向了上帝，說：「這不在乎我，上帝必應允法老平安。」（創41：14－16）

靠著上帝所賜的智慧，約瑟能看出夢的意。他看到了上帝的奇妙作為，並把這事在法老面前陳明。他向法老說明那地要長期遭遇饑荒，並提出了應採取的對策，以便拯救國家脫離毀滅。……法老把他的話接受為金玉良言，回答他說：「上帝既指示你這一切事，就沒有人像你這樣聰明又有智慧。你可以治理我的家；我的百姓都必服從你口中的命令。惟獨在寶座上，我比你大。」（創41：39－40）

約瑟代表基督。他多年擔任埃及的宰相。他在生活和品格上都彰顯出可愛、清潔和高尚的特質。約瑟在難堪的境遇和長期的誘惑中，忍受了自己的痛苦憂傷。他在品格上與基督是一致的。

約瑟的榜樣閃耀著天國的光輝，並沒有在這班百姓中徒然照耀。基督已保證自己要成為這班百姓的祭物。上帝已接納他們，保護他們，賜給他們屬世和屬靈的福惠，為要吸引他們歸於祂自己。——《青年導報》，1897年3月11日。

基甸蒙召

以色列因米甸的緣故極其窮乏，以色列人就呼求耶和華。（士6：6）

哀哉！在上帝選民的歷史中，背道及其刑罰的慘事竟然如此頻繁地重演！由於以色列人的罪惡，上帝保護的手撤回了，使他們落在仇敵的手下。野蠻殘暴的沙漠地居民（米甸人和亞瑪力人），「像蝗蟲那樣多」（士6：5），帶著牛群羊群蜂擁而來，在平原和山谷中支搭帳棚。他們在莊稼初熟的時候就來，一直住到摘完了最後的果子為止，掠去地裏一切的土產，並搶奪虐待當地的居民，以後又回到沙漠去。

壓迫持續了七年之久，以後百姓在他們的苦難之中，想起了那經常拯救他們的主，便呼求耶和華幫助。

他們的祈禱蒙了垂聽，上再次差派祂所揀選的人作以色列的拯救者。這個蒙揀選的人是瑪拿西支派的基甸。……希伯來人要費很大的勁才能藏一點糧食免得餓死。然而，基甸留住了少量的麥子，因為不敢在場上打，就帶到葡萄園裏，在靠近醡酒池的地方打麥子。葡萄成熟的時候還早得很，所以米甸人不會注意到那地方。……基甸在用信心和勇氣鼓勵人的事上幾乎要絕望了，但他知道上帝會為以色列人行奇事，像祂過去所行的一樣。

當基甸這樣專心默想時，主的一位使者忽然向他顯現，對他說：「大能的勇士啊，耶和華與你同在！」（士6：12）

基甸的回答顯出了他心中的憂鬱：「主啊，請容許我說，耶和華若與我們同在，我們怎麼會遭遇這一切事呢？」（士6：13）基甸既意識到自己不配做這麼重要的工作，就驚呼：「主啊，請容許我說，我怎能拯救以色列呢？看哪，我這一支在瑪拿西支派中是最貧寒的，我在我父家又是最微小的。」（士6：15）於是那使者給了他親切的保證：「我與你同在，你就必擊敗米甸，如擊打一個人」（士6：16）——《時兆》，1881年6月23日。

我若在你眼前蒙恩，求你給我一個證據，證明是你在跟我說話。

（士6：17）

基甸要求一個記號，使他知道如今對他說話的，就是曾在荊棘火焰中對摩西說話的那一位。那位使者隱藏了祂臨格的神聖榮耀。祂正是上帝的兒子基督。當一位先知或天使傳達一道上帝的信息時，他的話是：「耶和華說，我要做這事」。但聖經記錄與基甸談話的那一位時說：「耶和華對他說：『我與你同在』。」（士6：16）

基甸想要對他榮耀的來賓表示特別的尊敬。他在得到那位使者會逗留下來的保證之後，便急忙進了自己的帳棚，從自己剩下的一點食物中拿出一隻山羊羔和一些無酵餅來獻在使者面前。基甸是貧窮的，但他甘願慷慨而不吝嗇。

禮物既預備好了，那使者就說：「將肉和無酵餅放在這磐石上，把湯倒出來。」（士6：20）基甸就照樣行了，於是耶和華照著基甸的心願給他一個記號。耶和華的使者伸出手裏的杖，杖頭挨了肉和無酵餅，就有火從磐石中出來，燒盡了肉和無酵餅，當作所獻的祭，而不是招待的飲食，因為祂是上帝而不是人。在賜下祂神性的這個證據之後，使者就不見了。

基甸既確信自己見的是上帝的兒子，就滿心懼怕，驚呼道：「哎呀！主耶和華啊！因為我真的面對面看見了耶和華的使者。」（士6：22）於是主第二次親切地向基甸顯現，說：「安心吧，不要怕，你不會死。」（士6：23）

基甸的家庭曾受到偶像崇拜的嚴重影響。他父親在他所居住的俄弗拉為巴力築了一座大壇，城裏的人就在那裏敬拜巴力。上帝吩咐基甸拆毀這壇，砍下壇周圍的木製偶像，在天使用火焚燒他祭物的磐石上為耶和華築一座壇，然後向耶和華獻祭。基甸忠心地執行了這些指示，趁夜間做了這事，免得在白天受到阻撓。——《時兆》，1881年6月23日。

公義獲得勝利

耶和華對基甸說：「……拆毀你父親為巴力築的壇，砍下壇旁的亞舍拉。」（士6：25）

以色列的拯救者在與他同胞的仇敵作戰之前，必須先向偶像敬拜這事宣戰。他必須尊重上帝的尊榮過於他父親的榮譽，視上帝的命令比父母的權威更加義不容辭。

獻祭與上帝的工作，原來是指定由祭司和利未人擔任的，而且必須在示羅的祭壇上舉行；但那設立猶太制度，又是一切祭物所預表的主，有權柄改變其要求。這一次祂認為需要離開祂所定的條例。以色列人蒙拯救之前，必須先對巴力的敬拜發出嚴厲的抗議，並且承認耶和華是獨一永生的真神，這是極其重要的。

當那城的人清早來敬拜巴力時，看見了所發生的事，人感驚訝和惱怒。他們很快就知道是基甸做了這事。看來只有基甸的血，方能滿足那些受了迷惑的偶像崇拜者了。

基甸已告訴他父親約阿施，關於天使顯現的事，和以色列要蒙拯救的應許。他還把上帝要摧毀巴力之壇的命令告訴了他。上帝的靈感動了約阿施的心。他就看明自己所敬拜的那些神，甚至沒有能力拯救他們自己脫離完全的毀滅，因此也沒有能力保護敬拜他們的人。當拜偶像的群眾叫囂著要處死基甸時，約阿施無畏地站出來為他辯護，竭力向百姓說明他們的神多麼無能，不值得依賴或敬拜：「你們是為巴力辯護嗎？你們要救它嗎？誰為它辯護，就在早晨把誰處死吧！巴力如果是上帝，有人拆毀了它的壇，就讓它為自己辯護吧！」（士6：31）

於是眾人不再想用粗暴的手段對待基甸了。當基甸被上帝的靈感動吹角備戰的時候，俄弗拉人首先響應，出來聚集跟隨他。他以後又傳信給他的本族瑪拿西支派，以及亞設人，西布倫人和拿弗他利人，大家都愉快地應召而來了。

罪惡似乎暫時佔了優勢，但公義終將獲得勝利。——《時兆》，1881年6月23日。

需要更加信賴

遍地都有露水，只有羊毛是乾的。（士6：40）

基甸深感自己無力勝任那擺在他面前的大工。若沒有明確的證據，表明上帝已呼召他去做這項工作並與他同在，他就不敢率領這支軍隊。他祈求說：「你如果真的照你所說的，藉我的手拯救以色列，看哪，我把一團羊毛放在禾場上，若單是羊毛上有露水，遍地都是乾的，我就知道你必照你所說的，藉我的手拯救以色列。」（士6：36-37）

上帝答應了祂僕人的祈禱。到了早晨，果然羊毛是濕的，別的地方是乾的。但基甸仍舊懷疑，因為羊毛本身有吸收濕氣的作用，所以他認為這試驗或許不甚可靠。因此他謙卑地求耶和華不要因他的過分慎重而向他發怒，他求上帝將先前的徵兆倒證一次。他的要求也蒙允准了。

上帝不一定揀選大有才幹的人來進行祂的工作，卻要揀選一些最能受祂使用的人。

上帝必悅納凡願意順服祂的旨意去作工之人的事奉，他們不會出於任何考慮使良心受玷污，不會容許任何影響以偏離自己的本分。我們若願意，就可使我們人生的記錄，在眾人心中的隱密都要顯明，各人的工作都要在真理的天平上受衡量時不至於羞愧。主使用男男女女作與祂同工的人，但誰也不要以為，自己對上帝的工作來說是必不可少的，非他們不行。

可教而信賴的人，有正確的宗旨和清潔的心，不必等待有了大機會或非凡的才能才使用自己的能力。他們不該猶豫不決，心存疑問，擔心世人會對他們怎麼說怎麼想。我們不應用擔憂掛慮使自己疲憊，而要繼續前進，忠心而安靜地做上帝指派我們的工，把後果完全交給祂。

要讓我們每天的生活反照出基督的生活，這樣，我們對世人作的見證就會有強大的影響力。……真理與謬誤的大戰，必須由在神的祭壇上點燃自己蠟炬的人所推進。——《時兆》，1881年6月23日。

蒙揀選之人的資格　　9月**16**日

跟隨你的人太多，我不能把米甸交在他們手中，免得以色列向我自誇，說：「是我自己的手救了我。」（士7：2）

基甸因上帝所賜眷愛他的記號而勇氣大增，於是他便毫不遲延地率軍前去與米甸人作戰。但還有一個嚴峻的信心考驗等著他呢！與入侵的無數大軍相比，這三萬二千希伯來人看起來就像是一小群，耶和華的話臨到他說：「跟隨你的人太多，我不能把米甸交在他們手中，免得以色列向我自誇，說：『是我自己的手救了我。』現在你要向這百姓宣告說：『凡懼怕戰兢的，可以離開基列山回去。』」（士7：2-3）

基甸因為以色列軍隊的區區之數，與仇敵的人數比較起來已經是眾寡懸殊了，所以沒有照著平常的習慣宣告以上的話。如今上帝還說他的人數太多，這就使他不禁大為驚奇。耶和華看出百姓還存有驕傲和不信的心。他們當初聽了基甸動人的號召，就願意前來入伍；但他們一看到米甸人的大軍時，許多人就心驚膽寒了。

以色列人不但不覺得自己人數太多，反而覺得太少了。但基甸照主所指示的作了宣告。他以沉重憂鬱的心情看到……全軍有三分之二以上的人離開了。

耶和華的話又臨到祂的僕人說：「人還是太多。你要帶他們下到水旁，我好在那裏為你試試他們。我指著誰對你說：『這人可以跟你去』，他就可以跟你去；我指著誰對你說：『這人不可跟你去』，他就不可跟你去。」（士7：4）

有少數的人匆匆忙忙地捧一點水在手中，邊走邊舔；但幾乎大多數的人都不慌不忙地跪下喝水。一萬人之中只有三百人是用手捧水的；所以，也只有這三百人蒙選，大部分的人則被遣散回家去了

人的品格往往是在最簡單的事情上受到試驗的。……上帝所揀選的人，是少數那些不會讓自己的需要妨礙任務之執行的。——《時兆》，1881年6月30日。

倘若你害怕下去，可以帶你的僕人普拉下到那營裏去。

（士7：10－11）

當基甸帶領那三萬人要與米甸人作戰時，他感到上帝若不為以色列人行事，他們絕無獲勝的希望。遵照上帝的命令，希伯來人的軍隊因接連的試驗而減少到只剩下三百人與基甸一起敵對無數的敵軍。怪不得基甸一想起明天的交戰，便膽戰心驚起來。

但耶和華不讓祂忠心的僕人絕望。祂在夜間對基甸說話，吩咐他帶著可靠的僕人普拉下到米甸人的營裏去。並暗示他說，在那裏他必聽到一些足以鼓勵他的事。基甸去了，既到了那裏，他在黑暗寂靜之中等候著，結果，聽見一個剛睡醒的米甸兵向他同伴講述自己的夢，說：「看哪，我做了一個夢。看哪，一個大麥餅滾入米甸營中，來到帳幕，把帳幕撞倒，帳幕就翻轉倒塌了。」（士7：13）

他同伴回答的話，使那在暗中的聽者興奮異常，他說：「這不是別的，而是以色列人約阿施的兒子基甸的刀。上帝已把米甸和全軍都交在他手中了。」（士7：14）

基甸看出這正是上帝的聲音，藉著兩個米甸人向他說話。他的信心和勇氣大增，並因以色列的上帝藉著最卑微的工具，使驕傲的人降卑而歡喜快樂。他便懷著信心和盼望回到手下的三百人那裏，說：「起來吧！耶和華已把米甸軍隊交在你們手中了。」（士7：15）

那個大麥餅怎樣滾到帳幕，將帳幕撞倒，使它翻轉倒塌，那一小群以色列人也要照樣摧毀他們無數強大的敵人。

主親自把進攻的方策指示基甸，基甸便立時去執行了。

當我們追溯上帝待祂所造之人的作為時，就可學到何等有關謙卑和信心的功課啊！——《時兆》，1881年7月14日。

上帝普及萬有之愛

9月**18**日

耶和華和基甸的刀！（士7：20）

主親自把進攻的方策指示基甸。……基甸將三百人分作三隊。各人拿一隻號角，和一個火把藏在空瓶裏。這三百人的佈置像是從各方面去攻擊米甸營一樣。他們先前已蒙指示如何作戰。在午夜，基甸的戰號一發聲，那三百人就都吹起號角來；他們打破空瓶，露出火把，同時大聲喊叫說：「耶和華和基甸的刀！」那三百火把的亮光刺破了午夜的黑暗，那三百人大聲的呼喊忽然驚醒了熟睡的軍隊。米甸人以為自己已經落在銳不可擋的軍隊包圍之中，不禁惶恐萬狀。他們只顧四散逃命，遇見自己的人，以為都是敵人，這樣就自相殘殺起來了。

當以色列人勝利的消息傳開之後，許多已被遣散回家的以色列人，便回來追擊他們逃命的敵人。基甸打發人到以法蓮支派那裏，要求他們把守約旦河的渡口，截擊米甸向東逃亡的人。

侵略軍在這一次大敗中被殺的至少有十二萬人。米甸人的勢力就此被打破了。他們再也不能對以色列人作戰了。米甸殘餘的一萬五千人想設法逃過約旦河，也被基甸和他的三百忠心的精兵追上並徹底擊敗了，米甸的兩個王西巴和撒慕拿也被擊殺了。

因為人類的驕傲和野心，上帝便決定用最簡易的方法施行祂大能的作為。

上帝對祂創造之工的關懷是不息不倦的。當男男女女每日辛勞作工時，當他們獻上祈禱時，當他們晚上躺下休息時，當他們早上起來時，當富人在豪宅歡宴時，當窮人聚集自己的兒女到菲薄的餐桌時，天父都慈愛地看顧著。

我們要用謙卑的祈禱和倚靠的信心尋求上帝的指示。……於是我們一切的行動就會謹慎周詳，我們的力量也會得到正確的引導。——《時兆》，1881年7月14日。

上帝的勝利

耶和華對基甸說：「我要用這舔水的三百人拯救你們。」（士7：7）

米甸人被打敗之後，消息很快地傳到遠近各地，說以色列人的上帝又為祂的子民作戰了。當周圍的列國聽見上帝用何等簡易的方法制勝了那勇敢好戰的民族時，他們的驚惶懼怕的確是言語所不能形容的。

這消息無論傳到何處，何處的人就都感到勝利應該只能歸給上帝。這樣，耶和華的名就得到了榮耀，以色列人的信心也加強了，他們的敵人蒙羞受辱了。

上帝的子民採用不敬虔之人的準則和習慣是不安全的。上帝的工作原則和方式與世人大大不同。列國的歷史中，從未有過像征服耶利哥和傾覆米甸人這樣的勝利。沒有一個外邦軍隊的將領像約書亞和基甸那樣作戰。這些勝利教導我們的偉大教訓是：獲得成功的唯一可靠根據，乃是上帝的幫助與人的努力合作。凡信賴自己的智慧和技能的人，必會失望。在人生的一切計畫和目的中，唯一安全的做法乃是保持信心的單純。謙卑地倚靠上帝和忠心地順從祂的旨意，這對基督徒從事屬靈的爭戰和基甸與他的勇士們從事耶和華的戰爭一樣是必不可少的。

不管世人的意見如何，都必須絕對地服從上帝的命令。那些在同胞中間身居要職的人，不應漠視這個教訓。……人人都應認真地善用每一個宗教特權，每日求問上帝，學習祂的心意。必須殷勤研究基督的生活和話語，愉快地順從祂的指示。凡願意這樣束上公義軍裝的人，都不必害怕上帝的仇敵。他們可以得到保證，必有耶和華軍隊元帥的同在和保護。

主樂於使祂的百姓獲得寶貴的經驗。……祂願意教導他們將自己的判斷和意願毫無保留地交給祂。然後他們就會看到並知道憑著自己不能做什麼；而上帝才是一切也在一切之中。——《時兆》，1881年7月21日。

但依從你的話，我就下網。（路5：5）

約翰是最早承認耶穌是彌賽亞的人之一。他曾聽過施洗約翰的講道，知道他奉差作那為以色列盼望之主的先鋒。施洗約翰向約翰和安得烈指出耶穌是「上帝的羔羊。」（約1：29）耶穌看見他們跟著祂，便歡迎他們到祂簡陋的住處。他們那晚留下與祂同住，而當他們離開祂面前時，他們已充分確信了祂的神聖品格和使命。

安得烈去找他的哥哥西門，並用這個好消息帶他去見耶穌：「我們遇見彌賽亞了。」（約1：41）次日，耶穌呼召了腓力跟從祂。

安得烈、彼得、雅各和約翰從此就成了耶穌的門徒。

他們雖然聽從耶穌的講道並且經常與祂作伴，但他們仍在從事自己卑微的行業。然而時候到了，他們要丟下自己的漁網和漁船，更加密切地與耶穌聯合。當時隨從耶穌的人很多。當祂在革尼撒勒湖邊教導人時，他們「擁擠祂，要聽上帝的道。」（路5：1）所以祂就上了彼得的船，在那裏教導岸上的人。祂講完了，便對彼得說：「把船開到水深的地方下網打魚。」（路5：4）

彼得回答說他們整夜勞力，並沒有打著什麼。他們既在通常打魚的時間沒打著什麼，現在就更不可能打著什麼了。彼得說：「但依從你的話，我就下網。」他們下了網，就圈住許多魚，網幾乎都盛不下了，安得烈和彼得的夥伴雅各和約翰也被召來幫忙。

他們面前有一項重要而嚴肅的工作。他們要放棄自己唯一謀生的工具，過努力拯救將亡罪人的無私生活。但親愛的救主在呼召他們過這種捨己和依賴上帝的生活之前，先向他們表明，作為天地的主，祂能豐豐富富地供應他們一切所需。——《時兆》，1885年1月8日。

那非利士人又說：「我今日向以色列的軍隊罵陣。你們叫一個人出來，跟我決鬥吧。」（撒上17：10）

以色列軍隊在非利士巨人歌利亞的傲慢挑戰之前恐懼戰兢，已有四十天之久。每當他們看到這身高六肘零一虎口，即10.5英尺（約3.2米）的巨人時，他們就心驚膽顫起來。他頭帶銅盔，身穿重有五千舍客勒（約157磅，70多公斤）的鎧甲，腿上有銅護膝。鎧甲是用銅片連接而成，像魚鱗一般，而且又接連得非常緊密，以至任何槍或弓箭都不能穿透。

四十天之久，每天早晚，歌利亞走近以色列人的營，大聲呼叫說：「你們出來擺陣作戰是為了什麼呢？我不是非利士人嗎？你們不是掃羅的僕人嗎？你們選一個人出來，叫他下來到我這裏吧。他若能與我決鬥，把我殺死，我們就作你們的奴隸；我若勝了他，把他殺死，你們就作我們的奴隸，服事我們。……掃羅和以色列眾人聽見非利士人這些話就驚惶，非常害怕。」（撒上17：8-11）沒有人敢前去迎戰那個自誇的人，直到大衛聽到那個拜偶像之人驕傲自負的話激起了義憤，向掃羅自薦，甘願為上帝的榮耀和以色列的榮譽而戰。

掃羅雖然准許牧童大衛前去冒險應戰，卻對大衛在他大膽的嘗試上能夠成功不抱希望。王吩咐把自己的盔甲給這青年穿戴。於是人就把那沉重的銅盔戴在他頭上，又給他穿上鎧甲，把王的刀掛在腰間。這樣裝備之後，他就出發應戰去了。但不久他便轉過身，折回了腳步。……一班熱切的旁觀者一看見大衛回來，就以為他決定不冒生命的危險去向那勢力懸殊的對手應戰。但這勇敢的青年一點也沒有這種意思。

當他回到掃羅面前之時，他求王准他脫掉這沉重的盔甲，說：「我穿戴這些不能走路，因為我沒有試過。」（撒上17：39）

這個天真的牧童在以色列和非利士眾軍面前展現了何等的勇氣和崇高的信心啊！——《時兆》，1888年8月10日。

憑信而行

> 你來攻擊我，是靠著刀槍和銅矛，但我來攻擊你，是靠著萬軍之耶和華的名，就是你所辱罵、帶領以色列軍隊的上帝。（撒上17：45）

大衛脫了王的盔甲，手裏只拿一根杖，一個牧人帶的囊袋，和一個簡單的機弦。他在溪中挑選了五塊光滑的石子放在袋裏，手中拿著甩石的機弦，就去迎向那非利士人。巨人昂視闊步而來，希望遇見以色列中一個最有能力的戰士。給他拿盾牌的人走在前面，他的神氣好像沒有任何人能抵擋他似的。當他走近大衛的時候，他看見這個對手不過是一個小夥子，因年輕而稱他為男孩。大衛面色紅潤，筋肉結實，既沒有盔甲遮蓋，就格外明顯；但這青年人的體格和那非利士人巨大的身材比起來，簡直是懸殊極了。

歌利亞甚為奇異，大感憤怒。他怒氣沖沖的話，意在恐嚇並壓倒面前這個膽大的童子。這個巨人大聲說：「你拿著杖到我這裏來，我豈是狗呢？」於是他指著他自己的神明，用最可怕的話咒罵大衛。他鄙視地說：「來吧，我要把你的肉給空中的飛鳥和田野的走獸。」（撒上17：43-44）

這種傲慢的威脅只是激起了大衛更高的勇氣，燃起了他胸中更大的熱情，要止息他同胞之敵的聲音。大衛在非利士的戰士面前並沒有示弱。他知道自己即將為上帝的尊榮和以色列的得救而戰，他的心充滿了平靜的信心和盼望。

大衛邁步向前，用謙虛而動人的話對他的敵手說：「你來攻擊我，是靠著刀槍和銅矛，但我來攻擊你，是靠著萬軍之耶和華的名，就是你所怒罵、帶領以色列軍隊的上帝。今日耶和華必將你交在我手裏。我必殺你，砍下你的頭，今日我要把非利士軍兵的屍體給空中的飛鳥和地上的野獸，使全地的人都知道以色列中有上帝。」（撒上17：45-46）——《時兆》，1888年8月10日。

單純的信心得到獎賞

又使這裏的全會眾知道，耶和華使人得勝，不是用刀用槍，因為戰爭全在乎耶和華。祂必將你們交在我們手裏。（撒上17：47）

這個天真的牧童，在以色列和非利士眾軍面前，展現了何等大的勇氣和崇高的信心啊！他的話語中毫無懼怕的聲調，他的面色顯出勝利歡樂的儀容。

當大衛嘹亮的聲音說出了信靠和勝利之言時，歌利亞不勝大怒，暴跳如雷。他在盛怒之下，把保護他前額的銅盔向後一推，衝過來，向他的敵手猛撲，決意報仇雪恨。耶西的兒子正在準備著應付仇敵；「非利士人起來，迎向大衛，走近前來；大衛急忙往戰場，迎向非利士人跑去。大衛伸手入囊中，從裏面掏出一塊石子來，用機弦甩去，擊中非利士人的前額，石子進入額內，他就仆倒，面伏於地。」（撒上17：48－49）

兩軍陣前的人都驚駭起來了。他們都確信大衛必要被殺，但是當那石子呼呼地從空中掠過，一直向目標飛去時，他們只見那大能的戰士身體發抖，雙手前伸，好像忽然被打瞎了眼睛似的。那巨人搖擺不定，步履蹣跚，仆倒在地。大衛片刻未停，他不知道那人已經喪命。他立即跳到臥在地上的非利士人身邊，雙手拔出歌利亞的大刀。方才那個巨人還在誇口，說要用這把刀令這個青年人身首異處，把他的身體給空中的飛鳥吃呢！如今這把刀卻舉起，向那誇口之人的頭斬去，頭便從他身上滾落了；此時，以色列人營中歡聲雷動。

非利士人驚惶失措。他們知道大勢已去，便倉皇潰逃。……得勝的希伯來人……追逐他們逃亡的仇敵。他們「追趕非利士人，直到該和以革倫的城門。……大衛拿著那非利士人的頭帶到耶路撒冷，卻把那非利士人的軍裝放在自己的帳棚裏。」（撒上17：52、54）——《時兆》，1888年8月10日。

但以理獻身上帝

因他忠心辦事，毫無錯誤過失。（但6：4）

當大流士（「大流士」或根據和合本譯為「大利烏」）為他國家設立一百二十位總督，並在他們之上設立三位總長，讓總督在他們三人面前回覆事務，我們讀到：「這但以理因有卓越的靈性，超乎其餘的總長和總督，王想立他治理全國。」（但6：3）但惡天使深恐他對王和國務有美善的影響，便慫恿總督和各位總長忌恨他。這些惡人嚴密監視但以理，想找到他的把柄報告給王；但他們沒有成功。「因他忠心辦事，毫無錯誤過失。」（但6：4）

於是撒但就試圖讓但以理對上帝的忠心成為除掉他的緣由。總督和各位總長聚集來見王，說：「國中的總長、欽差、總督、謀士和省長彼此商議，求王下旨，立一條禁令，三十天之內，不拘何人，若在王以外，或向神明或向人求什麼，就必扔在獅子坑中。」（但6：7）王的驕傲受到了奉承。他既不知這些總督針對但以理的險惡用意，就同意了他們的要求。禁令蓋了玉璽，成了瑪代波斯國不可更改的一條律法。

這些心懷妒嫉的人，相信但以理必忠於上帝，毫不猶豫地堅持原則，他們對他品格的估計是沒有錯誤的。但以理知道與上帝交通的價值。他雖十分清楚王的禁令，仍一日三次跪下禱告，「他家樓上的窗戶開向耶路撒冷」（但6：10）。他不試圖遮掩自己的行為，雖然他很清楚忠於上帝的後果。他看到了路上的危險，但他的腳步毫不猶豫。他在那些設謀陷害他的人面前，絕不顯出他與上帝之間的聯繫有絲毫斷絕的跡象。

他知道誰也無權，連王也無權介入他的良心和他的上帝，干涉他對他的創造主所獻上的敬拜。——《時兆》，1886年11月4日。

王對但以理說：『你經常事奉的上帝，祂必拯救你。』（但6：16）

但以理因禱告上帝而被扔在獅子坑裏。……但即使是在獅子坑，他還是繼續禱告。上帝會忘了祂忠心的僕人，讓他遭受毀滅嗎？沒有！天軍大能的統帥耶穌派祂的使者封住了那些餓獅的口，不讓他們傷害禱告的上帝僕人。他在那個可怕的獅子坑中安然無恙。王目睹了但以理得到奇妙的保護，就把他從坑裏拉上來。而那些設謀害他的人卻遭到了完全毀滅，連同他們的妻子兒女，都按他們原計畫要毀滅但以理的可怕方式消滅了。

因著這個面對死亡，仍選擇正義而不妥協之人的道德勇氣，撒但被擊敗，上帝得了尊榮。

但以理是一個道德和才智上的偉人；但他如此卓越卻不是未經努力一蹴而成的。他孜孜不倦地追求更多的知識，更高的造詣。其他的年輕人有同樣的機會，但他們沒有像他一樣竭盡全力追求智慧——上帝在祂的話語和作為中啟示的知識。但以理被帶入外邦的朝廷去事奉巴比倫王時，還只是一個少年人。他在遭受東方宮廷的一切試探時還非常年輕，所以他在漫長的一生中，高貴地抗拒錯誤並堅定地忠於正義，就更加值得欽佩。他的榜樣即使在現今，也應成為受考驗、受試探之人的一個力量之源。

我們可以從但以理的故事中學到：嚴格順從上帝的要求，不僅在不朽的來生，而且在今生也是一個福惠。我們可以藉著宗教原則，向撒但的試探和惡人的計謀誇勝，即使要我們付出極大的犧牲。

我們生活在世界歷史最嚴肅的時期。真理與謬誤之爭正在加劇。我們需要像但以理那樣堅持正義，常常祈禱，信賴上帝。——《時兆》，1886年11月4日。

奇妙的改變

人子來不是要滅人的性命，而是要救人的性命。（路9：56）

約翰是耶穌所愛的門徒，因為他相信倚靠並熱愛他的夫子。他對耶穌的愛單純而熱誠。許多人以為約翰對耶穌的這種愛出於天性。畫家常把這個門徒描繪成溫和柔弱似女子的人，但這種描繪是不正確的。約翰和他的兄弟稱為「雷子」（可3：17）。約翰是一個有堅定性格的人，但他從大教師那兒學了教訓。他有品格上的缺陷，別人稍微對耶穌的一點點輕視，都會激起他的憤怒和好鬥精神。他對基督的愛出自一顆需要靠耶穌的功勞得救的心，但這種愛帶有必須克服罪惡的本性。有一次他和他兄弟曾要求在天國裏居於最高位置，還有一次他禁止一個人醫病趕鬼，因為那人不跟從眾門徒。又有一次，當他看到主被撒瑪利亞人輕視，就希望天上降下火來燒滅他們。但基督責備了他，說：「人子來不是要滅人的性命，而是要救人的性命。」

在基督的品格和教訓中，門徒得到了言傳身教。基督的恩典是一種改變人心的能力，在門徒的生活中造成了奇妙的改變。與生俱來的品格特性、好批評的精神、報復、野心、壞脾氣，這個蒙愛的門徒都有，必須予以克服，他才能做基督的代表。他不僅要聽主的話，而且要遵行主的話。他學了耶穌的樣式，心裏柔和謙卑。……這就是與他夫子作伴的結果。

我們需要不斷警醒，因為我們正接近基督來的時候，也是靠近撒但行事之時；因為他要「行各樣的異能、神蹟和一切虛假的奇事，並且在那沉淪的人身上行各樣不義的詭詐，因為他們不領受愛真理的心，好讓他們得救。」（帖後2：9－10）我們必須研究那楷模並且變得像耶穌。祂心裏柔和謙卑，純潔而毫無玷污。我們應該記住上帝離我們很近。一切事務無論大小都在祂的掌控之中。——《時兆》，1891年4月20日。

9月27日　　　猶大和約翰的對比

我實實在在地告訴你們，你們中間有一個人要出賣我。（約13：21）

給約翰的諸多機會和好處也給了猶大。同樣的真理原則供他揣摩其意，基督品格的同樣榜樣供他默想和效法。但猶大沒有遵行基督的話語。他懷存不良的秉性，報復的精神，陰暗慍怒的思想，直到撒但完全控制了他。約翰行在光中並且善用了所賜給他得勝的機會。但猶大選擇保留自己的缺點，拒絕改變成基督的樣式，所以就成了基督仇敵的一個代表，表現了那惡者的性格。當猶大來作基督的門徒時，他有一些寶貴的人格特質，原可被上帝使用，造福教會。他若是甘願負基督的軛，成為心裏柔和謙卑的人，原可列身使徒之首。但是當他的缺點被指出來時，他卻硬著心腸，驕傲而反叛地選擇自私的野心，因此不配做上帝原可賜給他的工作。約翰和彼得雖不完全，卻藉著真理而成聖了。

今日的情形與基督的日子那時的情況一樣。當門徒聚首一堂時，各自都有不同的過失，有先天遺傳或後天養成的罪惡傾向。所以在我們的教友中，會發現人格有缺陷的男男女女。我們沒有一個人是完全的。但我們要在基督裏，並藉著基督，住在上帝的家裏，學習在信心上、在道理上、在心靈裏合一，叫我們最終可以被接到我們永遠的居所去。我們會有各自的考驗、委屈和不同的觀點，但基督若住在各人的心裏，就不會有爭執。基督的愛會引我們彼此相愛，主的教訓會消除一切分歧，使我們團結一致，直到我們有一樣的心思，一樣的見解。好爭為首的精神會止息，沒有人會謀求比別人更大的榮耀，而會看別人比自己強，從而被建造為主的靈宮……

賜給彼得、猶大和其他門徒的教訓，這些對我們是有益的，現今猶為重要。──《時兆》，1891年4月20日。

馬利亞的奉獻

為什麼難為她呢？她在我身上做的是一件美事。（可14：6）

西門家的宴席聚集了許多猶太人，因為他們知道基督在那裏。他們不僅來看耶穌，許多人為好奇心所驅使，要看看那從死裏復活的人。他們以為拉撒路會講說一些死後的奇妙經驗。結果拉撒路並沒告訴他們什麼，他們就感到詫異。……但拉撒路卻是對基督的工作做了奇妙的見證。基督叫他從死裏復活，也正是為了這個目的。他是上帝能力的活見證。他用確切而有力的話宣稱耶穌是上帝的兒子。

在席上，那曾患可憎之病而被主治好了的西門，坐在救主的一邊，從死裏復活的拉撒路則坐在另一邊。馬大在席上伺候，馬利亞則專心傾聽耶穌口中所說的每一句話。基督曾恩慈地赦免了馬利亞許多重罪。她所愛的兄弟拉撒路也因救主的大能，從墳墓裏出來與家人團聚，所以馬利亞心裏充滿了感激。她渴望向祂表示敬意。她花了很大的代價買了一瓶「極貴的純哪噠香膏」，預備在耶穌死時膏祂的身體。現在她既手拿玉瓶，就悄悄地打破它，把香膏澆在她夫子的頭上和腳上。

她的行動原不會引人注意，但屋裏充滿了香膏的香氣，在座的人就都知道她所作的事了。「門徒看見就很不高興，說：『何必這樣浪費呢！這香膏可以賣許多錢。』」（太26：8-9）猶大是第一個作出這種暗示的，其他人則欣然隨聲附和他的話。

耶穌看到馬利亞窘迫地退縮，以為她所愛所崇拜的一位會對她說責備的話。但她卻聽到了稱讚的話。基督說：「為什麼難為這女人呢？她在我身上做的是一件美事。」「我實在告訴你們，普天之下，無論在什麼地方傳這福音，都要述說這女人所做的，來記念她。」（太26：10、13）

基督喜歡馬利亞這種真誠心願，就是要實行她的主的旨意。……馬利亞感到必須這樣服事主的心願，在基督看來，比世上所有的名貴香膏更為寶貴，因為馬利亞的奉獻，是對她的救贖主表示感激。——《青年導報》，1900年7月12日。

我就是必須和你同死，也絕不會不認你。（可14：31）

許多自命為基督徒的人，陷入嚴重試探的原因，是他們對自己沒有正確的認識。彼得也是在這一點上徹底被仇敵所篩。我們如果認識到自己的弱點，就會看出可為自己做許多事情，從而在上帝大能的聖手下存謙卑的心。我們將無助的心交託給基督，就會得著祂的智慧來代替我們的愚昧；得著獲得祂的大能來代替我們的軟弱；得著獲得祂的耐力來代替我們的脆弱。

請注意彼得所走的道路。他的跌倒不是立時性的，而是逐漸發展的。這個可憐有罪的人，是一步一步走到賭咒起誓否認他的主。

雞叫使彼得想起了基督的話，他既詫異又震驚，便轉身看他的夫子。那一刻基督也轉過來看彼得。彼得看到主憂傷的面容，和主對他同情仁愛的神色，頓時認清了自己。他重新想起他那自信滿滿的話：「雖然眾人跌倒，但我不會。」「主啊，我已準備好要同你坐牢，與你同死。」（可14：29；路22：33）可是他竟用賭咒起誓否認了他的主！

然而彼得並沒有被丟棄在絕望中。基督看他的那一眼給這個犯錯的門徒帶來了一線希望。他終於明白主的意思是：「彼得，我為你感到難過。正是因為你感到難過而且悔改了，我饒恕你。」當彼得的心靈經歷這種深刻的謙卑，與魔鬼的勢力作可怕的鬥爭時，他想起了基督的話：「我已經為你祈求」（路22：32），這話對他來說，乃是一個珍貴的保證。

我們從彼得的跌倒中，可以看到自己的失敗。許多自稱守上帝誡命的人像彼得一樣，在羞辱並給他們最好的朋友——能將他們拯救到底的主帶來指責。但主卻願意讓那些因自己不符合聖經的行為而使祂蒙羞的人重新歸向祂。

彼得辜負了主所給的亮光和知識，也辜負了耶穌想提升他的特權。那使他跌倒的自恃之念，而今仍在人心運行。也許我們立志行善，但我們如果不繼續在基督的門下學習，就肯定會犯錯誤。我們唯一的保障，就是謙卑地與上帝同行。——《青年導報》，1898年12月15日。

彼得的恢復

約翰的兒子西門，你愛我比這些更深嗎？（約21：15）

彼得永遠沒有忘記他恥辱慘痛的那一幕。他忘不了自己曾經否認基督，從不認為那不是很大的罪。

聖靈改變人心的大能，若不達到心靈的深處，就不能完成恢復的工作。在聖靈的影響之下，彼得站在數千會眾面前，以聖潔的膽量指責邪惡的祭司和官長犯了他自己曾犯過的罪。

基督復活以後，祂三次試驗彼得。祂說：「『約翰的兒子西門，你愛我比這些更深嗎？』彼得對祂說：『主啊，是的，你知道我愛你。』耶穌說：『你餵養我的小羊。』耶穌第二次又對他說：『約翰的兒子西門，你愛我嗎？』彼得對祂說：『主啊，是的，你知道我愛你。』耶穌說：『你牧養我的羊。』」（約21：15－16）。

基督第三次問彼得說：「你愛我嗎？」這時探針直達他內心的深處。彼得深深自省，跌倒在磐石之上，說：「主啊，你無所不知，你知道我愛你。」（約21：17）

有些人認為一個人如果失足跌倒了，就不可能再恢復到原來的樣子。但我們面前的事實正與此相反。基督在彼得否認祂以前對他說：「你回頭以後，要堅固你的弟兄。」（路22：32）祂讓他照管祂為之捨命的人。這是基督賜給彼得最有力的證據，證明祂相信他得到了恢復。

現在彼得十分謙卑，足以明白基督的話，不再有任何的質疑了。這個一度魯莽，自誇，自信的門徒變得柔和痛悔了。他真正跟隨他所曾否認的主了。他一想到基督沒有否認他，沒有拒絕他，心中就覺得充滿光明、安慰和福氣。他覺得如果讓他選擇被釘十字架方式的話，他寧願倒釘十字架。

基督是我們堅固有力的堡壘。那存謙卑的心行在上帝面前的人，撒但無權轄制他。……我們若是依靠自己的智慧，我們的智慧就必證明是愚昧。但我們若無私地獻身聖工，絕不會偏離原則，主就必用祂永遠的膀臂懷抱我們，作我們的幫助者。——《青年導報》，1898年12月22日。

10

October

上帝使那無罪的，替我們成為罪，
好使我們在祂裏面成為上帝的義。

（林後5：21）

From
the
Heart

上帝使那無罪的，替我們成為罪，好使我們在祂裏面成為上帝的義。

（林後5：21）

那對聖潔的夫婦，因漠視上帝一條明確的禁令，而干犯了祂的律法，導致了墮落的結果，這一事實理應使人銘記上帝律法的神聖性。

上帝的子民被祂稱為特殊的財寶，有特權擁有兩套律法，即道德律法和儀文律法。第一套律法可以追本溯源至創造，用來記念創造世界的永生上帝。其所有的要求都是針對全人類，且存到永遠的。另一套律法，是由於亞當違背了道德律法才制定的，需要獻上祭牲預表將來的救贖。

人是上帝照著祂自己的形像造的，上帝對人類的愛，使祂捨了自己兒子為人類的過犯而死，免得罪惡的增加，使人忘記上帝和所應許的救贖。獻祭制度的設立，是為了預表上帝兒子的完全奉獻。

基督為墮落的人類成了罪，親自承受了，罪人因干犯上帝的律法應受的懲罰。基督作為人類的代表，站在人類家庭之首。祂已親自擔當了世人的罪。祂以罪身的形狀在肉體中定了罪案。

耶和華的律法可以追溯到創造的時候，包括在兩條大原則之中：「你要盡心、盡性、盡意、盡力愛主你的上帝。第二是『要愛鄰如己。』再沒有比這兩條誡命更大的了。」（可12：30－31）

天父的心願是什麼呢？就是我們要遵守祂的誡命。

耶穌基督為救贖人類而捨命，從而揭開了帕子，讓大光照亮以前的幾百年歷史，和整個猶太教制度。沒有基督的死，這一切制度就都失去了意義。──《評閱宣報》，1875年5月6日。

上帝永恆的律法

> 我要常守你的律法，直到永永遠遠。（詩119：44）

耶和華的律法簡明，全面又完美，這是何等的奇妙啊！在上帝的律法中毫無奧祕。最薄弱的智力都能明瞭這些規律，並依照那神聖的典範而調節生活、塑造品格。

基督為要使律法為大為尊，所作的無限犧牲，證明律法的一點一畫都不會放鬆其對於犯罪者的要求。基督來要償還罪人因犯罪所負的債，並藉著自己的榜樣教導我們怎樣遵守上帝的律法。基督說：「我遵守了我父的命令」（約15：10）。有鑒於上帝律法如此明確的要求，並且天國和永生足以激發盼望使人努力，我們很難想像為什麼會有這麼多自稱上帝僕人的人，居然將祂的律法置之一旁，並教訓罪人不必遵守其教訓。這是何等致命的迷惑啊！撒但先是發明了這種異端，然後用它引誘夏娃犯罪。那次犯罪的悲慘結果，我們歷歷在目。

基督來教導我們得救之道。當以前的制度象徵性的禮節不再有任何價值，當預表和實體在基督之死相遇時，我們難道就可指望十誡的律法不再有約束力，難道基督會宣布廢除十誡嗎？若是舊約聖經不再被視為基督徒的嚮導，祂自會說明的。

聖先知們已經預言了基督降生的方式，祂生平的事件，祂的使命，祂的死和復活。在《舊約》中，我們發現一位將來之救主的福音。在《新約》中，我們有一位已啟示之救主的福音，正如眾先知所預言的。

基督在《舊約》中的教導，與祂在《新約》中的教導並無二致。

復活的救主在拔摩島給祂教會的最後信息中，祝福那些遵守祂父律法的人說：「那些遵守祂誡命的人有福了，可得權柄能到生命樹那裏，也能從門進城。」（啟22：14，英文欽定本，這節經文採自和合本）──《評閱宣報》，1886年9月14日。

為使你們同心同聲榮耀我們主耶穌基督的父上帝。（羅15：6）

凡真正跟從耶穌基督的人，必表顯出對上帝至高的愛。……我們是祂造的，是祂的創作。祂理應受到我們的崇敬，尊榮和愛慕。

上帝本著慈愛和提拔以及使我們得榮耀的願望，為我們提供了一個順從的標準。祂在可畏的威嚴和雷轟閃電之中，自西奈山頒佈了祂的十條神聖的誡命。

上帝看到罪人絕望的狀況。祂憂傷地看著世界每下愈況，罪惡加增。祂不能改變祂的律法以迎合我們的虧欠；因為祂說：「我必不毀損我的約，也不改變我口中所出的話。」（詩89：34）但祂本著對人類的大愛，不願任憑我們遭受犯罪的刑罰，而希望提拔拯救我們。祂「將祂獨一的兒子賜給他們，叫一切信祂的人不致滅亡、反得永生。」（約3：16）基督撇下祂的王袍來到這個世界，帶來了足以勝過罪的能力。祂來，要在人性中活出上帝的律法，叫我們藉著與祂神聖的性情有分，也可以活出那律法。

基督在天上的世界面前，在墮落的天使面前，在祂來拯救的人面前，活出了上帝的律法。祂藉著對律法要求的至高順從，高舉並執行了律法。祂透過自己的純正、良善、仁愛、獻身和對上帝榮耀的熱心，透過對他人無比的愛，使人曉得了律法的完全。祂用自己毫無瑕疵的生活例證了律法的優美。……

順從必須來自內心。基督的順從也是來自內心的。……上帝是無窮的力量之源。我們若親近祂，就會體驗到以下應許的實現：「你們求，就必得着。」（約16：24）

基督怎樣在人性中實行律法，只要我們持住全能者的能力我們也照樣能行。當我們認識到靠自己甚麼都不能做時，我們就會領受來自上頭的智慧，尊榮上帝。我們注目「耶和華的榮耀」，就會變成主的形像，「榮上加榮」。──《時兆》，1897年3月4日。

律法和福音是不可分開的。在基督裏，慈愛和誠實彼此相遇，公義和平安彼此相親（詩85：10）。福音並不忽視人對上帝應有的義務。福音乃是律法的開展，無所增添，無所減少。它像律法一樣不給罪留地步。律法指向基督，基督也指向律法。福音叫我們悔改。悔改什麼呢？悔改罪。什麼是罪呢？罪就是違背律法。所以福音叫罪人轉離罪惡，順從上帝的律法。耶穌透過祂的生和死，教導了最嚴謹的順從。祂死了，是以義的代替不義的，無罪的代替有罪的，這樣就使上帝律法的尊嚴得以保全，而人類卻不致全然滅亡。

在《舊約》和《新約》的體制中，拯救之工是一樣的。……

撒但正在用他一切欺騙的能力誘捕世人。他要眾人相信，基督作出這種偉大的犧牲，是為了廢除上帝的律法。他把基督描繪為，反對上帝統管天地的律法。但世界的主宰有一個藉以統治祂天上生靈和地上人類的律法，祂兒子的死無可爭辯地確定了那律法的不變性。上帝無意廢除祂公義的偉大標準。祂用這個標準界定何為正確的品格。

每一個有理智的人都有必要知道上帝律法的原則。基督藉著使徒雅各宣布：「凡遵守全部律法的，只違背了一條就是違犯了所有的律法。」（雅2：10）這些話是在基督受死之後說的，所以律法約束著那時所有的人。

人可以談論自由，就是福音的自由。他們可以聲稱自己不受律法約束。然而福音盼望的感化力，絕不會使罪人視基督的救恩為白白賜下的恩典，卻繼續過干犯上帝律法的生活。當真理的光照進他們的心靈，使他們全然了解上帝的要求並感悟自己犯罪的嚴重性時，他們就必改變自己的行為，靠賴從他們救主所得來的能力，效忠上帝，度一種新的純潔人生。——《時兆》，1897年2月25日。

> 所以，既然進入祂安息的應許依舊存在，我們就該存畏懼的心，免得我們中間有人似乎沒有得到安息。（來4：1）

我們富有同情心的救主耶穌，祂是道路、真理和生命。我們何不接受祂以仁慈所提供的寬恕，相信祂應許的話，從而不讓自己人生的道路如此艱辛呢？當我們在那條專為主的贖民行走而修築的寶貴道路上行進時，但願我們不要用懷疑和不祥的預兆遮蔽它，一路抱怨歎息，好像被迫做討厭難堪的苦工似的。基督的道是安樂；祂的路全是平安（箴3：17）。我們若在為自己積儹地上財寶的事上，使自己腳下的路難行，而且負上了掛慮的重擔，現在就讓我們改弦易轍，走上耶穌為我們預備的道路吧！

我們並不總是把自己的考驗和困難帶到耶穌面前。我們有時把煩惱傾訴在人的耳中，把我們的痛苦告訴那些不能幫助我們的人，卻忽略了把這一切都託付給耶穌，祂會把充滿憂傷的道路變成喜樂平安的道路。捨己、自我犧牲使十字架得到榮耀和勝利。上帝的應許是非常寶貴的。我們若要知道祂的心意，就必須學習祂的話。我們若是仔細研究並且實際順從靈感之言，就必踏上平坦的道路，行在其上而不絆跌。但願傳道人和百姓都將他們的重擔和困惑交託給耶穌，祂正在等待著接受這些重擔，並要賜給他們平安與安息！祂必不撇棄那些信靠祂的人。……

愛耶穌我們的救贖主，原是我們當盡的本分。祂有權命令我們愛祂，然而祂卻邀請我們把心獻給祂。祂召喚我們與祂一同行走在謙遜而忠心順從的道路上。祂給我們的邀請，乃是呼召我們享受平安與安息的人生——就是自由與仁愛的人生，以承受將來不朽生命的豐盛基業。我們要選擇什麼呢？是在基督裏得享自由，還是服事撒但而甘受奴役和暴虐呢？我們為什麼要拒絕慈憐的邀請，不肯接受上帝的愛呢？假如我們選擇在無盡的永生歲月中與基督一起生活，為什麼不現在就選擇祂，作我們最親愛、最可信靠的朋友，作我們最好的和最有智慧的顧問呢？——《時兆》，1887年3月17日。

> 我已把萬事當作是有損的，因我以認識我主基督耶穌為至寶。
>
> （腓3：8）

愛上帝為至上，並愛鄰舍如同我們自己，就是要遵守前四條誡命和後六條誡命。上帝已賜給我們一個廣闊的工作園地。我們在做上帝指定給我們工作時，不要高舉自己，而要高舉基督。我們要珍惜對上帝，對弟兄姐妹和對眾人的愛。愛若不予培養，不久就會在我們心中消失。我們惟有藉著遵行主的話，才能在心中保持上帝的愛。許多自稱守誡命的人，豈不是正在干犯神聖的律例嗎？我們若不專一愛我們的創造主和救贖主，就不能遵守上帝的律法。我們若不遵守前四條誡命，就不可能遵守後六條誡命。

當我們對耶穌深表同情時，祂就會把祂的愛給我們，而這會在對別人慈愛的行為和溫柔的同情中湧流出來。當我們沒有愛上帝為至上時，我們就一定不會愛鄰舍如同自己。當你盡心、盡意、盡性、盡力愛上帝時，你對周圍的人就會宛如沙漠中活潑的溪流。你就不會表現出疑惑，不會在你所提的意見中撒播稗子，也不會滿足於淺薄的經驗。

基督徒的人生不會靜止不動的。跟從耶穌的人總是看到前面有更高的目標。他們不會滿足於低標準。我們有一個很大危險，就是自我滿足，不想努力獲得上帝在基督耶穌裏從上面召我們來得的獎賞。

耶穌在真理中彰顯了祂無比的可愛。但真理的知識，若不把我們引向耶穌，若不增加我們對祂的認識和對祂的愛，又有什麼益處呢？一旦你全心投誠於上帝，就會獻上捨己愉快的順從。上帝要我們在祂裏面，不是靠我們自己的義，而是靠基督的義。當我們滿心感激地重視祂的愛時，我們就向耶穌打開心門，說：「請進來！」於是那位天上的貴賓就與我們同在了。當我們愛耶穌時，我們就會愛耶穌所愛的人。——《時兆》，1890年9月22日。

因此，祂已把又寶貴又極大的應許賜給我們，使我們既脫離世上從情慾來的敗壞，就得分享上帝的本性。（彼後1：4）

基督是一股敞開取之不竭的泉源，人人都可從中飲了再飲，始終得到新鮮的供應。但是除了那些願意對祂愛的吸引作出回應的人，誰也不會到祂面前來。除了那些聽從聖靈懇勸的人之外，誰也不會來吃那從天上降下來的生命之糧，誰也不會來喝那從上帝的寶座流下來的生命之水。上帝既已在賜下祂獨生子時，賜下了天庭的財寶，罪人若忽視這麼大的救恩，蔑視上帝偉大的供應，怎能逃罪呢？上帝的公義彰顯在給凡不悔悟、不相信之人的定罪上。蓄意拒絕和忽略這麼大救恩的罪人必無可推諉。

生命的恩賜已白白地、仁厚地、快樂地賜給墮落的人類。我們可以藉著基督變得與上帝的性情有分，得到永生的恩賜。因為這已豐豐富富地提供給凡願意透過上帝指定的方法來接受它的人。當保羅見到救贖的奇妙，和那些無法領會耶穌救贖天性的愚昧者時，便驚呼：「無知的加拉太人哪，耶穌基督釘十字架，已經活現在你們眼前，誰又迷惑了你們呢？」（加3：1）

那些不斷追求認識主的人，知道祂出現確如晨光。凡領受寶貴真理的人，必樂於將他們在基督裏的知識財富分給周圍的人。當眾人對基督的吸引作出回應，視耶穌為在髑髏地十字架上至尊的受難者時，他們就會與基督合而為一，成為上帝的選民，不是靠他們自己的行為，而是靠基督的恩典。因為他們的好行為是靠著上帝的靈行出來的。一切都出於上帝，而不是他們自己。

我們要結出的是聖靈的果子。……你的果子要長存，永不朽壞，而且會再結出同樣寶貴的豐盛果實。──《時兆》，1892年5月2日。

新造的人

受割禮或不受割禮都無關緊要，要緊的就是作新造的人。（加6：15）

惟有耶穌基督的恩典，才能把石心變成肉心，並使之向上帝活。男男女女可以在世人眼前大有作為；他們的成就在別人看來，或許是豐足又高超。但世上一切的才幹，一切的能力，都不能改變品格，使墮落的罪人變成一位上帝的兒女，天國的後嗣。我們沒有使心靈稱義成聖的能力。

上帝為拯救人類的計畫，所做的奇妙安排使我們眼界大開，提高了我們對上帝之愛的認識，使我們樂於從事祂的服務，因為我們的心響應祂仁慈親愛溫柔憐憫的吸引！

這就是擺在我們面前的工作。我們要擁有生發仁愛和潔淨心靈的信心。藉著信心，我們的生命要和基督一同藏在上帝裏面。然後我們就會成為上帝所隱藏的人，因為世人看不出基督徒品格的價值。世人雖景仰誠實和基督徒美德的種種表現，但他們同時會嘲笑真基督徒的謹慎盡責，因為那是對他們罪惡生活的一種責備。在主的靈宮中發光的活石，對撒但來說是一大煩惱。他總是企圖切斷亮光並想蒙蔽那公義的日頭，將他的陰影介入人心和上帝之間。

基督徒受命在世人和天使面前，藉言傳身教說明基督徒品格的價值。凡接受基督為個人之救主的人，都能做這事。基督已去為他們在天上預備住處。有些人宣稱人人都有權利在天上有居所，但他們同時也承認並非人人都適於住在天上。如果人人……都願意接受耶穌裏的真理，使之成為心靈的至聖所，他們就可藉真理成聖，適合住在天上。

凡生命與基督一同藏在上帝裏面，披上祂公義的人，必有權利承受那不朽壞、不玷污、也不衰殘的基業。──《時兆》，1892年5月2日。

恩典的目的

你們得救是本乎恩，也因著信；這並不是出於自己，而是上帝所賜的。

（弗2：8）

恩典的目的與計畫，自亙古就已存在。在世界還未奠基之先，上帝已經定意要創造人類，賦予他們能力實行祂的旨意。人類的悖逆及其種種後果，皆為全能者所洞悉。但這一切並沒有攔阻祂達成祂永恆的目的，因為祂要秉公義建立祂的寶座。上帝從起初就知道末後的事。「這話是自古以來顯明這些事的主說的。」（徒15：18）故此救贖並非事後的措施，並非在亞當墮落後制定的計畫，而是永恆的旨意，目的是要賜下福惠，不但要給這個微小的世界，也要給上帝所造的諸世界。

諸世界的創造，福音的奧祕，都是為了同一個目的，要藉著大自然和基督向所有受造的生靈，顯明上帝品格的榮耀。上帝「將祂的獨生子賜給他們，叫一切信祂的，不至滅亡，反得永生」。由於這樣不可思議之愛的表現，上帝的榮耀就顯示與淪亡的人類和諸世界的生靈了。天地的主曾向摩西顯示祂的榮耀。當時摩西在為拜偶像的以色列人祈禱，懇求說：「求你顯出你的榮耀給我看。」（出33：18）

每一個跟從基督的人，都有特權注視上帝的榮耀，明白祂的良善，認識祂是一位無限慈愛的上帝。……耶穌來將天父表明出來，使人類知道祂的榮耀。沒有人被排斥在福音的特權之外。

當那對淪喪的夫婦初次犯罪時，福音的奧祕便在伊甸中宣布了，因為上帝對蛇說：「我又要使你和女人彼此為仇，你的後裔和女人的後裔也彼此為仇。他要傷你的頭，你要傷他的腳跟。」（創3：15）要是撒但能用他似是而非的試探傷主的頭，人類就會淪喪，但主卻使人知道了恩典奧祕的目的和計畫，因為「上帝愛世人，甚至將祂獨一的兒子賜給他們，叫一切信祂的人不致滅亡，反得永生。」（約3：16）——《時兆》，1892年4月25日。

基督把真理比喻成埋藏在地裏的財寶。人若想獲得它，就得殷勤尋找。在啟示的園地裏，隱藏著基督那測不透的豐富。……啟示之園地的每一部分都要殷勤開發，堅持不懈地探尋，如此，殷勤尋找的人便可尋得真理的珍寶，將之放在救贖計畫的適當框架中。你若以痛悔的心和謙卑受教的精神查考聖經，就必尋得豐富的珍寶。

基督的教訓強調了聖靈的道理。這是一個多麼偉大的主題，可供人默想和鼓舞啊！祂在關於聖靈保惠師的教訓中加給門徒的知識，是何等寶貴的真理啊！祂詳細講述這個題目，以便門徒在不久將經歷的大考驗中可得到安慰，在大失望中仍可得到振奮。

儘管基督就聖靈的題日講了許多，但今日在教會中，卻多麼少講論聖靈啊！聖靈的聖名和臨格幾乎全被忽略，但這神聖的感化力在完善基督徒品格的工作上卻是不可少的。……

主已賜給我們一份神聖的指南，好使我們明白祂的心意。……凡蒙聖靈引領的人，已將他們的錨，拋在耶穌為我們進入的幔子內。他們熱心查考聖經，尋求亮光與知識，以便引導他們度過路上每一步所面臨的困惑及危險。

對於真誠痛悔的心而言，真理就是真理。真理若得人允許，就會聖化人心，將人的品格改變成上帝的形像。……那些認識到自己為了代表基督，他們必須作所當做之工的人，會柔和而戰兢地行在上帝面前，仰望為他們信心創始成終的耶穌。他們不敢信賴自己，不敢自己點火並行在自己所點的火把中，因為主已說過，這樣的人必躺在悲慘中（賽50：11）。主已把神聖真理的財寶託付給祂的子民了。——《時兆》，1893年8月14日。

這樣看來，律法是聖的，誡命也是聖的、義的、善的。（羅7：12）

凡想得救的人，都應注視髑髏地的十字架。在那裏罪人可以看到罪的本相。在那裏，他們可以看到為救贖他們脫離違背上帝律法的刑罰，所獻上的無限犧牲。當罪人認識到自己的淪喪狀況時，他們就在基督裏看到自己唯一的得救希望。他們從十字架學到……為我們捨己的上帝兒子生平的寶貴功課。髑髏地顯示了上帝品格無與倫比的屬性。當他們仰望十字架時，就會恨惡罪惡；因為他們必明白，正是罪，它棄絕、羞辱、鞭打並且釘死了天上的君王。

髑髏地的十字架告訴我們，基督如何使律法為大為尊。需要祂寶血的無限功勞，才能為那些接受祂的愛並跟從祂腳蹤之人贖罪。罪人只有藉著祂，才能獲得赦免和平安。祂愛我們，要用祂自己的血洗淨我們的罪。凡在律法面前知罪並向上帝悔改，且向我們主耶穌基督有信心的人，必不再想取消上帝的律法。

我們若不明白耶和華律法的崇高要求，就絕不會曉得基督的價值。我們若不明瞭真理律例的優美卓越，就絕不會察覺到基督救我們脫離之深坑的深度。我們若看不到天地律法的非凡性質，就絕不會明白在基督耶穌裏的上帝之愛的深厚。根據聖潔的律法，罪人看到救贖主的實況——滿有仁慈、憐憫、良善和仁愛。藉著仰望耶穌和默想祂對罪人無比的愛，他們的心就充滿了感激和天上的平安。

上帝的律法雖然具有聖潔不可改變的性質，但上帝和人類的仇敵，就是那干犯天上律例的叛逆魁首，卻誘導歷世歷代的人與上帝作戰。……當罪人看明罪就是違背律法，而律法乃是上帝天上地上政權的根基時，他們就會趕緊踏上義路，免得犯罪。——《時兆》，1888年7月6日。

行在基督裏

既然你們接受了主基督耶穌，就要靠著祂而生活。（西2：6）

「要憑愛心行事，正如基督愛我們，為我們捨了自己，當作馨香的供物和祭物獻給上帝。」（弗5：2）

順從上帝的律法就是成聖。有許多人對於這種心靈的工作，存有錯誤的觀念。但耶穌卻曾祈求，使祂的門徒因真理而成聖，並補充說：「你的道就是真理」（約17：17）。成聖的工作並不是一時一刻的，而是漸漸前進的，正如順從也需要繼續不斷一樣。只要撒但仍然在把他的種種試探強加在我們的身上，征服自我的爭戰就必會一再地進行。但是藉著順從，真理必使心靈成聖。凡忠於真理的人，必藉著基督的功勞，克服他們因生活情況的變化所造成的一切品格弱點。

許多人認為自己不會犯罪，因為他們已經成聖了，但這是那惡者迷惑人的網羅。人隨時都有陷入罪中的危險，因為基督已警告過我們要警醒禱告，免得入了迷惑。我們如果意識到自己的軟弱，就不會自信自恃，不顧危險，卻要感到必需尋求我們能力的源頭，就是耶穌──我們的義。我們應當存著悔罪改過的心前來，帶著對自己有限軟弱的失望感覺，認明我們必須天天靠賴基督寶血的功勞，才能成為主合用的器皿。

我們這樣倚賴上帝，就不至於與真理相抗衡，而終能為正義堅持自己的立場。我們理應固守聖經的教訓，而不隨從世界的風俗與傳統，盲從世人的言論與行徑。當錯誤興起，還被當成聖經真理來教導的時候，那些與基督有聯絡的人不會信賴傳道人所說的，而當像賢明的庇哩亞人一樣，天天查考聖經，要曉得這道是與不是。當他們發現主的話怎麼說時，就會站在真理的立場上。他們會聽見真牧者的聲音說：「這是正路，要行在其間。」（賽30：21）這樣，你就會受訓把聖經當作顧問，而陌生人的聲音，你既不會聽從，也不會跟從。──《時兆》，1890年5月19日。

10月13日　　兩個重要的教訓

召集我的聖民，就是那些用祭物與我立約的人，到我這裏來。

（詩50：5）

心靈若要得以淨化高貴從而適合進入天庭，就要學習兩門功課——自我犧牲和自制。有些人學習這些重要的功課比別人容易，因為他們本著主溫柔慈愛的精神，對賜給他們的簡潔訓練進行運作。有些人則需要在受苦中得着慢慢的管教，這樣，煉淨的火才能淨化他們驕傲自恃的心，以及屬世的情慾和愛自己的心，真金的品格才會出現，他們才會靠著基督的恩典成為得勝者。上帝的愛會堅固我們的心靈。靠著基督寶血的功勞，我們可以站在試探和試驗的烈火中而不受損傷。惟有基督——我們的義才能救我們，除祂以外別無拯救。祂是我們的智慧、聖潔和救贖。

真正的成聖就是全心愛上帝，行在祂誡命律例中，無可指摘。成聖不是一種情感，而是一種從天而生的原則，使一切的熱愛和願望都處在上帝聖靈的支配之下；而這項工作是藉著我們的主救主完成的。

虛假的成聖不榮耀上帝，反而使那些自稱成聖的人高舉自己，榮耀自己。我們一切的經驗，無論是喜是憂，如果不能反照基督，不能指出祂是那經驗的創始者，……就不是真正的基督徒經驗。

當聖靈將基督的恩典根植於人的心中時，蒙恩的人就會變得在靈裏謙卑，願意尋求與那些談論屬天之事的人作伴。於是聖靈就會把受於基督的事告訴我們，並會榮耀施予者，而非接受者。所以，如果你心中有基督的神聖平安，你口中就會對上帝充滿讚美和感恩。你的禱告，你盡的義務，你的慈善，你的捨己，便不再成為你思想和談論的主題，而會頌揚在你還是罪人的時候，就為你捨己的主。你就會說：「我把自己獻給耶穌。我已找到摩西在律法上所寫和眾先知所記的那一位。」你在讚美祂時，就會得到寶貴的福惠，而藉著你成就之工的一切讚美和榮耀都將歸給上帝。——《時兆》，1890年5月19日。

你願意擁有平安嗎？ 10月**14**日

你要細察那完全人，觀看那正直人，因為和平的人有好結局。

（詩37：37）

基督的平安，並沒有表現在大聲喧嘩，和身體運動上的喧鬧不羈。基督的平安是一種理智上的平安，擁有這種平安的人，不會帶有狂熱和放縱的情形。它不是漫無限制的衝動，而是一種發自上帝的精神力量。當救主把祂的平安賜給人時，人心就會與上帝的話完全和諧，因為聖靈與上帝的話是一致的。主在與人一切的交往中，都尊榮祂的聖言。聖經向他們所啟示的，是祂自己的心意和聲音，在祂向自己兒女所展開的聖言之外，再沒有新的旨意和真理。你若有一個奇妙的經驗，是與上帝聖言明確的指示不一致，那麼你最好懷疑那個經驗；因為它不是從上頭來的。基督的平安來自於認識聖經所啟示的耶穌。

幸福若是取自外源而非神泉，就會隨境而遷；但基督的平安卻是一種恆常持久的平安。它不依賴於人生的任何境遇，不取決於屬世財物或朋友的數量。基督是活水的泉源，取自祂的幸福和平安永不會斷絕，因為祂是生命之源。凡信賴祂的人可以說：「上帝是我們的避難所，是我們的力量，是我們在患難中隨時的幫助。」（詩46：1）

我們有理由不住地感謝上帝，因為基督藉著自己完全的順從，取回了亞當因不順從而喪失的天國。因為亞當犯了罪，所以亞當的兒女都與他的罪及其後果有分。但耶穌擔當了亞當的罪，亞當的兒女都可到基督——第二個亞當那裏，便可逃脫犯罪的刑罰。耶穌藉著忍受住亞當沒能經得起的考驗，而為我們重新獲得了天國，因為祂完全地順從了律法。凡對救贖計畫有正確概念的人，都會看明，他們在進行違背上帝聖潔律例的事情時是無法同時得救的。他們必須停止干犯律法，並且持定我們因基督的功勞，才能得到的上帝應許。

我們的信心不是靠人的能力，而是靠上帝的大能。……基督必是我們的力量和避難所。……純潔活潑的宗教在於順從上帝口中所出的每一句話。——《時兆》，1890年5月19日。

沒有信，就不能討上帝的喜悅，因為到上帝面前來的人必須信有上帝，並且信祂會賞賜尋求祂的人。（來11：6）

當我們藉著悔改和信心接受基督為我們個人的救主時，主就赦免我們的罪，免除我們因干犯律法而應受的刑罰。於是罪人就可成為一個義人站在上帝面前，得蒙上天眷愛，藉著聖靈與聖父聖子相交。然後就有另一項工作要完成，而這項工作具有漸進的性質。心靈要藉著真理而成聖。而這也是藉著信心完成的；因為我們只有靠著因信領受的基督恩典，才能改變品格。

我們清楚信心的性質是很重要的。有許多人相信基督是世人的救主，福音是真實的，顯明了救恩的計畫，可是他們並不具有得救的信心。他們在理智上信服真理，但這還不夠。罪人要被稱義，就必須有信，而這信是把基督的功勞接到心中的信。我們讀到「鬼魔也信，且怕得發抖」（雅2：19）；他們的信不能使他們稱義。那些僅僅在理智上同意聖經真理之人的信，也不能使他們受益於救恩。這種信仰沒有達到要點，因為真理沒有作用於心，也沒有改變品格。

在使人得救的真信心裏，有一種因相信上帝的兒子，在髑髏地作出的偉大贖罪犧牲，而對上帝產生的信賴。在基督裏，稱義的信徒看到了他們唯一的盼望和拯救者。人可以相信而不信賴，但因信賴而生的信任，若無信心就不能存在。凡明瞭基督拯救之能的罪人，必表明這種信賴是隨他們的經驗而加增的。

使徒的話說明了何為真信心。他說：「你若口裏宣認耶穌為主，心裏信上帝叫祂從死人中復活，就必得救。因為，人心裏信就可以稱義，口裏宣認就可以得救。」（羅10：9-10）心裏相信不僅僅是信服，不僅僅是同意真理。這種信是真誠的，懇切的，滲入人的所有情感，是生發仁愛並且潔淨心靈的信。──《時兆》，1890年11月3日。

對上帝誠實 10月16日

因為人所做的事，連一切隱藏的事，無論是善是惡，上帝都必審問。
（傳12：14）

上帝把基督顯示給罪人，罪人就看到祂在髑髏地，為祂所造之人的罪而死。於是他們就會明白，為什麼會被上帝的律法定罪，因為聖靈運行於他們的良知，也使他們明瞭，得執行違背律法所作之要求。於是他們就獲得機會，要麼，違抗律法，拒絕救主；要麼，順從律法的要求，接受基督為他們的救贖主。上帝雖不強迫罪人，但祂會向他們顯明他們的義務，說明祂聖潔律法的要求，並將他們所做選擇的結果擺在他們面前——要麼，順從而得生；要麼，悖逆而滅亡。

來自上天的命令乃是：「你要盡心、盡性、盡力、盡意愛主你的上帝，又要愛鄰如己。」（路10：27）當人明白這個要求時，良心就會知罪，罪人就被定罪。屬肉體的心既不服上帝的律法也是不能服，就起來反抗律法的聖潔要求。但是當罪人看到基督掛在髑髏地的十字架上，為他們的罪過受難時，他們就會對罪的極端可憎性有所領悟。

罪人對上帝律法的屬靈性質和聖潔有了真正的概念，就會處在定罪之下，他們罪的真相大白於他們面前。律法是叫人知罪，根據律法，他們便明白了隱祕思想和暗昧行為的罪惡。

上天試驗並記錄品格，主要是按照內在的精神，隱藏的動機，過於外在的表現。人可能有悅人的外觀，表面上看起來很優秀，但他們不過是粉飾的墳墓，充滿了敗壞和污穢。他們的行為被記錄為未成聖、不聖潔的。他們的禱告和工作缺乏基督的義，沒有像馨香之氣升達上帝面前。他們在主看來是可憎的。對於凡願意睜開眼睛的人，律法便照出心靈的全景，內在的寫真；而當這幅畫面揭示在罪人面前時，他們就被迫承認自己是賣給罪了，但律法卻是聖潔、公義、良善的。——《時兆》，1890年11月3日。

耶和華的靈必住在祂身上，就是智慧和聰明的靈，謀略和能力的靈，知識和敬畏耶和華的靈。（賽11：2）

「我們若靠著聖靈而活，也要靠著聖靈行事。」（加5：25）我們的生活和品格若不純正，若不將各樣的計謀，各樣攔阻我們認識上帝的那些自高之事一概攻破了，又將我們所有的心意奪回，使之都順服基督，就不能在屬靈上洞悉上帝的品格，憑信接受耶穌基督。

主甚願把聖靈賜給切望得到祂的人，過於地上的父母把好東西給兒女。基督已應許聖靈要引我們進入一切真理公義和聖潔。對於凡懇切尋求聖靈，憑信依靠上帝應許的人，聖靈的賜下是沒有限量的。他們以上帝所保證的話為理由，說：「你已說過了。我照你的話接受你。」

上帝賜下保惠師，是要祂將受於基督的事告訴我們。聖靈會提出基督口中所出話語的豐富保證，並用活潑的能力將之傳達給順從而倒空自己的人。於是人心便接受了上帝的形像和印記，耶穌基督便在他們裏面成了榮耀的盼望。

食物是我們所攝取的物質，用以加強並建造我們的身體。照樣，我們也要吃會造就我們靈性的東西。耶穌說：「聖靈賜人生命，肉體毫無用處。我對你們所說的話就是靈，就是生命。」（約6：63）我們的身體是由我們所吃的東西構成的，照樣，我們屬靈的生命也要由我們所吃的東西構成。我們若藉著思想基督和順從祂的話語來進食祂這生命的糧，我們就在祂裏面被建造，並在恩典和真理的知識上長進，直到在基督耶穌裏滿有男人和女人的身量。

當我們心裏因上帝運行而立志時，我們要與上帝合作，決心像但以理一樣實行上帝的旨意，與神聖的媒介和諧同工，於是我們就會在上帝裏得享安息。——《時兆》，1893年12月25日。

聖靈運行的憑據

10月18日

上帝啊，求你為我造清潔的心，使我裏面重新有正直的靈。

（詩51：10）

聖靈是一個自由、活躍、獨立的媒介。天上的上帝按著自己的旨意使用祂的靈。人的思想，人的判斷和人的方法，都不能為祂的活動立下界線。……正如他們不能對風說：「我吩咐你向某個方向吹，並按某種方式運作。」風按照自己的方式吹拂，沿途拗彎或折斷高大的樹木，聖靈也照樣感化人心；任何有限的人類，都不能限制祂的工作。

內心的泉源必須先被淨化，然後流動的河水才會純淨。人僅依靠律法的宗教和敬虔的外貌是不安全的。基督徒的人生不是舊生活的修正或改善，而是本性的改變。要向罪和自我死，並有一種全新的人生。這種改變只有在聖靈的運作下才能產生。

上帝的靈在不同的人身上，以不同的方式顯現。有些人在這能力的運行之下，會在上帝的聖言之前戰慄。他們的悔悟是如此地深切，以致於在他們的心中似乎激盪起一股熱望，使他們整個人完全在真理的感化力之下。

有些人是以一種比較溫和的方式被帶到基督面前的。死在罪惡和過犯中的男男女女，在聖靈的運作下，會感到自己有罪而轉變過來。輕率任性的人變為莊重認真；鐵石心腸的人痛悔己罪；不信的人也相信了。賭徒、醉漢、放蕩不羈之輩，變為穩健、清醒與純潔的人；叛逆與固執倔強的人，也變成溫和像基督的人了。

聖靈感動人的內心，直至它察覺到上帝的神能，以致喚醒全部屬靈的才能而採取積極的行動。在心靈中所做的深切而徹底的工作，是世人看不到的。

那些真愛上帝的人有內在的證據，證明他們是上帝所愛的。他們與基督相交，他們的心因熱愛祂而溫暖，以便他們能在基督裏得以完全，藉著愛他們的主而得勝有餘。——《時兆》，1910年3月8日。

10月19日　照在黑暗中的光

你們都是光明之子，都是白晝之子。（帖前5：5）

「聖靈降臨在你們身上，你們就必得着能力。」（徒1：8）凡能拯救罪人脫離撒但網羅的任何事情，上帝沒有留下一樣不做。祂沛降聖靈給門徒，以便他們能夠與神合作，重塑人的品格。

一個罪人悔改，在天上就有歡喜，較比九十九個認為自己不用悔改的義人，歡喜更大。當我們聽說在任何地方真理獲得勝利時，全教會就當一齊唱快樂的詩歌，同聲讚美上帝。但願主的名因我們得榮耀。

完全獻身事奉上帝，這會向人顯明聖靈在沿路每一步的塑造性影響。當你的道路上出現明顯不可能的事時，要把聖靈隨時隨在的完全效能呈現在你不信的心之前，這樣，你過於謹慎的精神就會羞慚而去。當你信心軟弱，力量微薄時，要談論偉大的保惠師，天國的大能者。當你懷疑上帝是否在用祂的聖靈藉著人作工時，要記住上帝已經，並且正在使用教會來榮耀祂的名。我們若不阻塞道路，上帝就會感動更多人的心積極為祂服務。

萬物的結局近了。上帝會在每一個開啟心門領受祂聖靈感動之人的心中作工。祂派出使者，到每一個地方發出警告。上帝正在考驗祂的教會，查驗他們是否甘願順服聖靈的引導。知識要增長，天國的使者要來往奔跑，千方百計把即將來臨的審判警告世人，並藉著我們主耶穌基督傳揚救恩的好信息。公義的旗幟必要高舉。上帝的靈正在打動罪人的心，凡是響應祂的人，必成為世上的光。他們到處傳達所接受的亮光，就像五旬節聖靈沛降一般。當他們讓自己的光照耀出來時，便多而又多地領受聖靈的能力，使全地因上帝的榮耀發光。——《評閱宣報》，1895年7月16日。

聖靈的恩賜

弟兄們，關於屬靈的恩賜，我不願意你們不明白。（林前12：1）

基督在離開門徒之前，向他們吹一口氣說：「領受聖靈吧！」祂又說：「我要將我父所應許的降在你們身上」（約20：22；路24：49）。但要到祂升天之後，門徒才豐豐盛盛地獲得了這種恩賜。直到門徒藉著信心與祈禱完全順服了聖靈的運行，他們才領受沛然降下的聖靈。

「祂升上高天的時候，擄掠了俘虜，將各樣的恩賜賞給人。」（弗4：8）這些恩賜在基督裏已經給了我們，但真正擁有這諸般的恩賜，則是端賴於我們如何領受上帝的靈。……

基督所交託給教會的銀子，特別象徵聖靈所賜了的恩賜與福惠。……主雖沒有將各樣恩賜都賜給每一個信徒，但主的每一個僕人都蒙應許要按照其為主作工的需要，承受某些聖靈的恩賜。

在主一切的安排中，最美妙的莫過於祂給予男男女女有各種不同恩賜的計畫。……許多人只受過有限的宗教及聰明才智方面的訓練，但他們若肯存心謙卑，信靠祂去作工，上帝也有一項工作要這等人去做。

不同的恩賜，賜給不同的人，好使眾工人感到彼此的需要。上帝賜下這些恩賜，用在祂的聖工上，不是要榮耀擁有恩賜的人，或高舉人，而是要高舉世界的救贖主。

可能有些人認為他們的恩賜與同工的恩賜之間差異太大，不容他們在協力同工中團結起來；但是如果他們記得，他們要接觸的是有不同心思的人，而且一個工人所講的真理，一些人會拒絕，但當另一個工人用不同的方式講述之時，那些人就會敞開心門接受真理，他們就會盼望團結合作一同做工了。他們的才幹無論如何不同，都可在同一個聖靈的管理之下。在每一言行中，良善與慈愛將自然流露；當所有同工都忠實地去履行他們所指派的職務時，基督為門徒所作合一的禱告將得着答允，而世人也要認出這些人是祂的門徒了。——《時兆》，1910年3月15日。

在猶太制度下，上帝聖靈的感化力曾有顯著的表現，但不充分。歷代以來，都有人向上帝祈求，實現祂賜下聖靈的應許。這樣誠懇的祈求沒有一次被遺忘。

基督決定在祂升天時，要送給當時和以後相信祂的人一件禮物。祂有什麼禮物可以象徵和增進祂升到中保之位的光彩呢？這件禮物必須與祂的偉大和王權相稱。所以祂決定差派真神中的聖靈作為祂的代表。這是無比優越的禮物。

聖靈一直在等待基督的被釘，復活和升天。一連十天，門徒為聖靈的沛降獻上禱告。基督在天上又為他們代求。

聖靈照基督所應許的賜下了。祂像一陣大風吹過，落在那些聚集的人身上，充滿了整個屋子。祂帶著豐盛和能力而來，彷彿抑制已久。

在五旬節那天，基督許多的見證人傳揚了真理，把藉著基督得救的奇妙信息告訴他人。真理就像發火焰的兩刃之利劍，使人深深信服，得人歸於基督的名下。喜信傳遍了天涯地極。教會得見歸信的人從各方蜂擁而來。那使禮物成聖的十字架的祭壇得以重建。已信的人也再次經歷轉變。罪人和信徒聯合起來尋找重價的珠子。以下的預言便應驗了：軟弱的人「必如大衛」，而大衛的家必如「耶和華的使者」（亞12：8）。每一個基督徒在他弟兄的身上，都可看出上帝慈悲仁愛的樣式。那時眾人都有同一的興趣，一個共同的目標，消除了彼此之間的分歧。大家同心同德。信徒的唯一志向，乃是要看誰能最完全地表現與基督相似的品格，誰最能為擴展祂的國度而勞碌。⋯⋯基督的靈振奮了全會眾，因為他們已經找到了那顆重價的珠子。——《時兆》，1898年12月1日。

五旬節的成果

他們見彼得、約翰的膽量，……認出他們曾是跟耶穌一起的。

（徒4：13）

門徒在基督被釘十字架之後，成了一群沮喪無助的人，好像沒有牧人的羊。他們的主已被人所棄、定罪、甚至被釘在可恥的十字架上。猶太的祭司和官長恥笑祂說：「祂救了別人，不能救自己。」（太27：42）

但這十字架，這羞辱主，折磨主的刑具，卻為世人帶來了希望與拯救。門徒重新振作起來；不再絕望和無助。他們在性格上有了改變，並在基督的愛裏緊密地結合在一起。他們不過是卑微的人，既無財富又無兵器，只有上帝的道和祂的靈。在猶太人看來，他們不過是漁夫而已。但是他們卻靠著基督的力量，出去為真理作見證，並戰勝一切的反對。他們穿戴上帝的全副軍裝，前去宣講有關馬槽與十字架的奇妙故事。他們雖不受世人的尊崇與認可，卻是信心的英雄。他們口中傳揚了震撼世界的大好信息。

那些棄絕救主，並將祂釘死在十字架上的人，原以為門徒會因此灰心氣餒垂頭喪氣，準備否認他們的主。但他們卻驚訝地聽見，眾門徒居然在聖靈所賜的能力之下勇敢地向人作見證。門徒的言行有如他們的主一般，因此凡聽他們講道的人都說：「認明他們是跟過耶穌的。」

當門徒出去到處傳揚耶穌時，他們行了許多猶太官長所禁止的事。群眾將那些患病的和被污鬼折磨的人，帶到街上來。眾人圍在門徒的四周。而那些得了醫治的人，則大聲讚美上帝，並榮耀那位被猶太人定罪，頭戴荊棘冠冕、身受鞭傷，且釘死在十字架上的耶穌的聖名。耶穌受的讚揚超過了祭司和官長，拉比的信條有名譽掃地的危險，因為使徒們甚至宣布基督已從死裏復活了。……

「他們就每日在聖殿裏，在家裏，不住地教導人，傳耶穌是基督的福音。」「主將得救的人天天加給他們」（徒5：42；2：47）。——《時兆》，1899年9月20日。

何況天父，祂豈不更要把聖靈賜給求祂的人嗎？（路11：13）

基督升天時，留給門徒最光榮的盼望和最有力的安慰，就是祂賜下聖靈的應許。上帝之道的真理，被埋在誤解的垃圾堆裏；人的格言，有限之人的諺語，被高舉於永活上帝的真理之上。使徒在聖靈的啟示之下，將真理和謬論分開，並把生命之道傳給眾人。

上帝的靈默示了祂的僕人，他們便不顧人的懼怕或寵愛，宣講那交付他們的真理。在聖靈大能的明證之下，猶太人看明自己棄絕上帝所賜的證據是有罪的。但他們不願放棄自己邪惡的頑抗。

我們需要為患罪病的人，領受聖靈而禱告。啟示的真理在表面上是簡明易懂的。許多人以為這就足夠了。然而聖靈運行於人心中，就會喚醒人追求未被錯誤敗壞的真理。凡真正渴望知道何為真理的人，絕不會留在無知之中。因為寶貴的真理，乃是殷勤尋求之人的報償。我們需要感受上帝恩典轉變人心的能力。我力勸所有關起心門抗拒上帝之靈的人，打開心門，懇切請求說：與我同住。

主希望祂的每一個兒女都在信心上富足。信心乃是聖靈運行在人心中的結果。祂居住在每一個願意接受它的人裏面。

聖靈從未讓仰望耶穌的人得不著幫助。祂將受於基督的事告訴尋求的人（約16：14－15）。人若定睛在耶穌身上，聖靈的工作就不會停止，直到把人改變成祂的形像。藉著聖靈的優美感化力，罪人的心靈和宗旨皆被改變，直到他們與基督合而為一。他們愛上帝的心增長了。他們饑渴慕義。藉著仰望基督，他們得以改變，榮上加榮，品格愈加美好，愈來愈像他們的主。──《時兆》，1899年9月27日。

所以，要站穩了，用真理當作帶子束腰。（弗6：14）

上帝已在聖經中為裝備我們免受欺騙，早作了充分的準備。我們若因忽視上帝的道而不能抵抗那惡者的謬論，就無可推諉。我們需要警醒禱告。我們需要天天殷勤查考聖經，以便不被某種看似真理的欺人謬論所迷惑。

約翰寫下了與我們的時代有關的場景。他說：「上帝天上的聖所開了，在祂聖所中，祂的約櫃出現了。」（啟11：19）約櫃裏有銘刻著上帝律法的石版。約翰在拔摩島預言的異象中，看到了上帝的子民，看到此時真正忠心跟從基督之人，他們的注意力被吸引到天上至聖所那敞開的門。他看到他們憑信心跟著耶穌進入幔內，祂在上帝不變律法的約櫃前供職。先知描繪忠心之人說：「遵守上帝命令和堅信耶穌真道的聖徒要有耐心」（啟14：12）。這就是那班激起龍之忿怒的人，因為他們順從上帝。

各種教義之風會在我們四圍猛烈地颳起，但我們不應為之所動。上帝已賜給我們一個公義與真理的正確標準——律法和證言。有許多人自稱愛上帝，但是當在他們面前打開聖經，提出證據說明上帝律法的要求時，他們就顯出了龍的精神。他們恨惡亮光，不願來就光，免得自己的行為受責備。他們不願將自己的信仰和教條與訓誨和法度相對照。他們轉耳不聽真理，不耐煩地宣稱他們所想聽的，乃是在基督裏的信心。……他們不肯承認第四誡，這條誡命要求我們守安息日為聖日。他們宣稱主已指教他們，他們不必遵守祂律法的安息日。

聖經宣布：「人若說我認識祂，卻不遵守祂的命令，就是說謊話的，真理就不在他裏面了。」（約一2：4）我們的任務乃是高舉上帝的律法；因為基督說過：「那些洗淨自己衣服的有福了！可得權柄能到生命樹那裏，也能從門進城」（啟22：14，英文欽定本，此段經文係根據和合本）。——《時兆》，1889年4月22日。

聖靈明說，在末後的時期必有人離棄信仰，去聽信那誘惑人的邪靈和鬼魔的教訓。（提前4：1）

在背道的活動最後展開之前，必發生信仰的混亂現象。人對上帝的奧祕將沒有清晰明確的認識。各項真理也會相繼遭到敗壞。……許多人會否認基督自古就在，從而否認了祂的神性。他們不接受祂為個人的救主。這是對基督的完全否認。祂是上帝的獨生子，從起初就與父原為一。諸世界是藉著祂造的。

許多人既否認基督是道成肉身這奇妙的事，就轉離了源於天上的其他真理，接受撒但發明的虛言。他們喪失了屬靈的辨識力，實行撒但的差役灌輸在他們心中的道理。……

招魂術要把世界擄去。許多人認為招魂術是藉著欺騙和假冒被舉起來的，但事實遠非如此。超人的能力正在以各種不同的方式運行著，而且很少人知道招魂術將來的各種表現會是怎樣。招魂術成功的基礎，乃是我國講壇上的各種主張。傳道人把那大騙子所發明的各種謬論，作為聖經要道傳講。人死後有知覺、死人的靈與活人有聯絡的教義，在聖經中是沒有任何根據的。可是這些理論卻被確認為真理。這個假道理為鬼魔的靈開了路，讓他們假扮死人去欺騙人。撒但的差役假扮成死人去擄掠人。撒但有一種宗教，他有會堂和熱誠敬拜他的人。

招魂術的神蹟奇事會愈來愈昭彰顯著，因為公開表明信仰基督的基督教界竟棄絕聖經顯明的真理，不肯受清楚明白的「耶和華如此說」所指導，反而接受人的道理和吩咐。

邪惡的聯盟必站立不住。主說：「要尊萬軍之耶和華為聖，祂才是你們所當怕的，所當畏懼的。祂必作為聖所。」（賽8：13－14）——《時兆》，1894年5月28日。

招魂術及其結局　　10月**26**日

他們本是鬼魔的靈，施行奇事，到普天下眾王那裏去。（啟16：14）

伴隨著招魂術的大能力，乃源自反叛的魁首撒但。因著他的詭計，惡天使假扮成死人，透過謊言假冒，使男男女女與鬼魔交通。那些自以為與死人的幽靈交通的人，實際是在與那些敗壞混亂人心智的鬼魔交通。基督命令我們不可與術士及交鬼的人來往。……

多年以來，招魂術一直在加強勢力，博取眾望。他們提倡對基督的某種信心，從而使許多改正教徒醉心於這種不法的隱意。他們受迷惑是不足為奇的，因為他們堅持保留錯誤的觀點，以為人一斷氣，靈魂就立即進入天堂或下地獄。他們既堅持這種教義，就為那空中掌權者的首領，施行欺騙鋪好了道路。

隨著上帝的靈從地上收回，撒但的能力會愈來愈顯著。他因作遮掩約櫃的基路伯與上帝聯絡而獲得的知識，而今會用來使他從高位墮落的臣民順從。他會用他卓越的智能誤表上帝，鼓動人反對天庭的統帥耶穌基督。在撒但的會中，他使那些能用來促進對他的崇拜的黨羽歸他的權下，聽從他的指導。我們發現那些受墮落天使授意的人，在生活和品格上顯出溫文爾雅才智卓越，這並不奇怪。撒但能給人科學知識和哲學理論。他熟悉歷史，精通世間的智慧。……

撒但必利用他的爪牙貫徹邪惡的計畫，逼迫上帝的聖徒，可是上帝的子民能平靜地面對邪惡的全軍，而得出勝利的結論說：因為基督活著，我們也要活著。……邪惡的聯盟最終必遭摧毀。——《時兆》，1894年5月28日。

當今社會的狀況，與以色列地之前的外邦人所行可憎之事時一樣。同樣的警告對餘民來說也是必要的。招魂術正在地上節節推進。「鬼魔的靈，施行奇事，到普天下眾王那裏去，召集他們全能者上帝的大日子作戰。」（啟16：14）男男女女在尋找交鬼的人。但上帝的子民絕對不可隨從世人的做法。他們必須遵守主的誡命。在順從的人和不順從的人之間，明確標出界線。教會與蛇之間，她的後裔與他的後裔之間，必有公認的仇視。

撒但決意要保住他對迦南地的控制。當以色列人居住在迦南地，有上帝的律法代替當地的律法時，撒但就以殘忍和惡毒的仇恨對待以色列人，並圖謀造成他們的毀滅。他利用惡靈為工具，帶來了外邦的假神；最後選民因犯罪而從應許之地分散了。

同樣的經驗正在上帝子民的歷史中重演。……

現在特別需要聽從救主的吩咐：「總要警醒禱告，免得陷入試探。」（可14：38）要信靠上帝，無論你的處境多麼複雜。要尋求祂的忠告，不要轉去尋求交鬼的人，被他們玷污。那曾捨命救贖你的主應許要引導你，並用祂自己的義遮蓋你，只要你憎惡罪惡，潔淨自己脫離一切罪惡，在羔羊的血裏洗淨自己品格的衣袍，使之潔白。

上帝竟容忍祂子民的剛愎，並施以援手幫助每一個樂願實行祂的旨意並棄絕罪惡的人，這是何等的愛，何等奇妙的愛！只要我們肯與天上合作，就能得勝有餘。我們雖然是墮落的族類，曾犯下最可厭的罪行，我們仍可藉著基督恩典的能力成為得勝者，並在祂永遠的國度裏有一個地方，與祂一同作王，直到永遠。──《時兆》，1889年8月26日。

最後的準備 10月28日

所以，你們也要預備，因為在你們想不到的時候，人子就來了。

（太24：44）

基督不久就要降臨的信息已經傳給我們。我們的主升天時，天使站在門徒旁邊，與他們一起注視著救主升到天上。然後他們轉身對門徒說：「這離開你們被接升天的耶穌，你們見他怎樣升上天去，祂也要怎樣降臨。」（徒1：11）

惟有穿上基督親自所預備的外衣，我們才有資格來到上帝的面前。基督要將這外衣──祂自己的義袍──披在每一個悔改相信的人身上。

這一件由天上機杼織成的衣袍，沒有一絲一縷出自人的心裁。基督在祂的人性上已成就了完全的品格，並將這品格分賜給我們。「我們……所行的義都像污穢的衣服。」（賽64：6）凡靠我們自己能力所行的每一件事，都受到罪的玷污。

祂已藉著祂完全的順從，使每一個世人都可遵行上帝的誡命。當我們歸順基督時，我們的心便與祂的心聯合起來，我們的意願便合併在祂的旨意之中，我們的心思就和祂的心思合而為一，我們的思想也降服於祂；我們就度基督所度的生活了。這就是穿上祂義袍的真正意義。這樣，當主來察看我們時，祂所見到的既不是無花果樹葉子編成的衣服，也不是罪惡赤裸的醜態，而是祂自己公義的衣袍，就是完全順從耶和華的律法。

不會有第二個寬容時期，給人為永恆作準備。我們必須在今生穿上基督的義袍。現在乃是我們唯一的機會，可以造就品格，準備進入基督為凡遵守祂誡命的人所預備的家鄉。

我們的恩典時期很快就要結束了。末日近了。我們的主從橄欖山發出的警告歷經各代嚴肅地傳給了我們：「你們要謹慎，免得……那日子……忽然臨到你們。」（路21：34）「你們要時時警醒，常常祈求，使你們能逃避這一切要來的事，得以站立在人子面前。」（路21：36）──《時兆》，1905年11月22日。

10月29日　末日臨近

> 那時，……米迦勒必站起來，並且有大艱難，自從有國以來直到此時，未曾有過這樣的事。（但12：1）

艱難的日子將要臨到我們。各項時兆的應驗都證明主的大日迫近了。每天的報紙滿載著將來可怕鬥爭的徵兆。大膽的劫掠不時發生。罷工之風盛行。竊盜凶殺隨處皆是。人被惡魔附著，傷害男女老幼的生命。這一切事都證明基督降臨的日子不遠了。

那宣稱世人不必順從上帝要求的教義，已經削弱了道德的義務，並且在全世界打開了犯罪作惡的洪流。

法庭腐敗。官吏利慾熏心，貪愛宴樂。不節制的生活蒙蔽了許多人的才能，以致撒但幾乎完全控制了他們。執法者顛倒是非、貪贓枉法、擅行欺騙。在司法界中，常見酗酒喧飲、放縱情慾、嫉妒紛爭、與各種不誠實的行為。「公平轉而退後，公義站在遠處，誠實仆倒在廣場上，正直不得進入。」（賽59：14）人正在貪得和自私放縱的瘋狂競賽中猛衝，好像沒有上帝，沒有天國，沒有來生似的。

「從有國以來直到此時」所沒有過的大艱難，很快就要在我們面前展開了，所以我們需要一種我們現今還沒有，而許多人懶於獲得的經驗。世間往往有一些艱難，實際上並不像所預料的那麼嚴重，但這一個擺在我們面前的危機卻不是這樣。最生動的言語也不足以形容這一次的大考驗於萬一。在這個時期中，每一個人必須單獨站立在上帝面前。

現今我們的大祭司，還在為我們贖罪。我們應當追求在基督裏得以完全。我們的救主就是在一個念頭上，也從來沒有屈服於試探的勢力。撒但在人的心中總能找到立足之地，在那裏總保留有一點罪惡的慾望，使撒但能發揮他試探的力量。但基督論到自己說：「這世界的統治者將到，他在我身上一無所有。」（約14：30）撒但在上帝兒子裏面，找不到什麼可以使他勝過基督的餘地。基督已經遵守了天父的誡命，所以在祂裏面，沒有罪惡可供撒但利用。這種條件乃是一切要在大艱難時期中站立得住的人所必須具備的。——《評閱宣報》，1912年3月14日。

定睛未來

上帝要擦去他們一切的眼淚；不再有死亡，也不再有悲哀、哭號、痛苦，因為先前的事都過去了。（啟21：4）

上帝的教會在與罪惡作持久鬥爭的最黑暗的日子裏，獲得了有關耶和華永恆計畫的啟示。祂的子民得以看破當前的考驗，展望到將來的勝利。那時戰爭已經停止，而贖民將進入應許之地。上帝親手所描述的這種光榮的遠景，應該是祂今日的教會所珍視的，因為那歷代以來的鬥爭即將結束，而上帝所應許的福樂將要豐豐滿滿地實現。

教會的戰士必然時常經受考驗和苦難，因為教會的最後勝利必須在艱苦的鬥爭中獲得。上帝要「以艱難給你當餅，以困苦給你當水。」（賽30：20）這是每一個人所要經歷的。但凡是信靠全能之主拯救的人，絕不會被困難所壓倒。

教會要以基督之義的盔甲，投入最後的鬥爭之中。她「美麗如月亮，皎潔如太陽、威武如展開旌旗的軍隊」（歌6：10），出發到普天下，勝了又勝。

教會與邪惡勢力鬥爭的最黑暗時刻，乃是在她得蒙拯救之前的最後一刻。但是凡依賴上帝的人都不必懼怕。……

自從我們的始祖離開伊甸園以來，上帝的兒女常為這些事警醒、等候、渴望並祈禱，而我們今日竟已臨到這一切事情實現的時候，這些描述即將來臨之事的經文，對於我們應該有何等重大的意義，何等深切的關係啊！

除了天國的律法之外，得救的贖民將不知道其他的律法。大家要組成一個快樂團結的大家庭，以讚美和感恩為衣。在這種情景之中，晨星必一同歌唱，上帝的眾子也要歡呼，上帝和基督要同聲宣布：「不再有罪惡，也不再有死亡。」——《評閱宣報》，1915年7月1日。

你們要時時警醒，常常祈求。（路21：36）

這節經文以嚴肅的語氣，指出了每一個人，無論老幼每日當盡的義務。這義務是要警醒。我們現今和永恆的命運，都有賴乎我們現在對這事的忠誠。

我們生活在一個重要的時期。當「要敬畏上帝，把榮耀歸給祂，因為祂施行審判的時候已經到了」（啟14：7）的信息在1844年傳揚出來時，曾深深打動每一個人的心。凡聽到這信息的人都覺得極其嚴肅。我們曾何等懇切地藉著我們的行為表明我們的信心，並使我們的言行給世人留下有利的印象啊！

現今天使正在注意品格的發展。不久我們的生活就在要上帝面前受審閱。不久我們就要被稱在聖所的天平上，在我們的名下要記錄所做的判決。而我們則是，要麼將領受永生的無上恩賜；要麼受懲罰，從主面前永遠滅亡。我們現在可能不情願地仔細省察自己，看看我們的屬靈狀況如何，我們的心是否適合受試驗人的真理信息所感動。但這不會給審判的工作帶來任何影響，作出的判決還是一樣。

「你們要時時警醒，常常祈求。」我們必須時刻警醒，並非只為我們自己的緣故，也是為了我們在他人身上的影響力。我們影響力的範圍實屬深遠。我們可能以為只會影響到自己的家庭，只有我們自己家裏的人，才知道我們是怎樣的，我們在做什麼。在有些情況下，或許似乎是這樣。但家庭生活的影響，必以某種方式傳到家庭之外。

我們若願在所應許給得勝者的榮耀獎賞中有分，就必須打那信心美好的仗。這就是使徒保羅所做的，他說：「從此以後，有公義的冠冕為我存留，就是按著公義審判的主到了那日要賜給我的。」（提後4：8）但願我們成為那些「在好事上富足」的人，「為自己積存財富，而為將來打美好的根基，好使他們能把握那真正的生命。」（提前6：18-19）——《時兆》，1886年1月7日。

11
November

我們是這些事的見證人；
上帝賜給順從的人的聖靈也為這些事作見證。
（徒5：32）

From
the
Heart

上帝的選民

因為你是屬於耶和華——你上帝神聖的子民；耶和華——你的上帝從地面上的萬民中揀選你，作自己寶貴的子民。（申7：6）

這句話是基督隱藏在雲柱中，叫摩西傳達給上帝子民的。主並非沒有給世界留下見證人。祂有自己忠心的選民。他們不以這個世界為家，在世上為上帝作見證。只要恩典時期持續下去，這些忠心的使者就都會做活潑的見證。……

上帝用真理的利斧，從世界的採石場分別出了一班人，帶到祂自己的工場。這位大工程師能用斧鑿削磨他們，使他們光亮，讓他們在祂國中有一個地位。他們不再像採出來的亂石，而像高貴的柱石，用來榮耀上帝。

上帝所收納之兒女，將來的榮耀現在還不為人所知。上帝的子民受到世人的嘲笑和輕視。但他們得到更美世界的同情，就是天上世界的同情。

聖經所記載的上帝之道，乃是我們信仰的根據。那道乃是先知更確切的預言，要求凡自稱相信它的人絕對相信。它乃是權威，本身就含有其源自上帝的證據。

我們自稱要與基督合而為一的人是做什麼的呢？「我們是上帝的同工。」（林前3：9）在真信徒和不信的人之間始終會有衝突，就如基督與拒絕祂的人之間的衝突一樣。凡與基督的苦難有分的人，也必與祂的榮耀有分。但那些在今生規避十字架的人，否認以無限的代價買了他們的主，在審判的日子主也必不認他們。許許多多的人在用基督教的低標準誤表和否認基督。凡真正信靠基督的人，必藉秩序井然的生活，和敬虔的言談顯明他們的信心。他們必按基督的方針作工，表明他們已被接納到天上的家庭。論到所有這樣的人，上帝說：「我住在至高至聖的所在，卻與心靈痛悔謙卑的人同住；要使謙卑的人心靈甦醒，也使痛悔的人內心復甦。」（賽57：15）——《時兆》，1898年6月2日。

特殊的子民

11月2日

祂為我們的緣故捨己，……又潔淨我們作祂自己的子民，熱心為善。

（多2：14）

耶和華已將敬虔的人分別出來歸祂自己；《舊約》和《新約》都清楚而明確地吩咐我們要這樣獻身並與世界分離。主已親自在這世界的事，和祂從世界揀選出來歸祂自己的事這二者之間，建立了一道隔牆。上帝子民的使命和品格都是特殊的，他們的前途也是特殊的。這些特性使他們與其他人迥然有別。從開始到末了，上帝在地上的子民都是一體。他們有一個「元首」指導並支配著他們。上帝吩咐祂現今的子民與世人分別，就像吩咐古代以色列人一樣。教會偉大的元首，在祂並沒有改變。基督徒在末日的經驗很像古代以色列人所走的道路。

我們閱讀上帝的話，就會明白祂的子民應當成為特殊的人，與周圍不信的世人迥然有別。我們的立場既吸引人又叫人害怕。我們生活在末後的日子，多麼需要效法基督的榜樣並照祂所行的去行啊！

基督眾僕人的家鄉和財寶都不在此世。但願他們都能明白，只是因為主在作王，我們才得以平安穩妥地住在我們的眾敵人中間。我們的特權並不是要求世人特別的恩待。我們必須願意在他們中間處貧窮受輕視，直到戰爭結束，贏得勝利。基督的肢體蒙召要從世界出來，與世上的精神和友誼有所分隔；他們的力量和能力，乃在於成為蒙上帝悅納的選民。

基督在世上如何，跟隨祂的人也要如何。他們是上帝的兒女，與基督同為後嗣；國度與權柄也屬於他們。世人不明瞭他們的品格和聖召，也不清楚他們被納入上帝的家庭。世人看不清他們與聖父和聖子的聯合，既看到他們蒙羞受辱，就不知道他們將來如何。他們是外人。世界不認識他們，也不知道他們行為的動機。──《評閱宣報》，1875年7月5日。

11月3日　　與世界分離

你們要作我的兒女。這是全能的主說的。（林後6：18）

我奉命叫我們的人注意上帝指示以色列人與世界分別的重要性。在大衛的統治下，以色列百姓藉著順從上帝的律法獲得了力量和正義。但是以後的諸王卻努力高抬自己。

上帝對他們長久忍耐，時常呼籲他們悔改，他們卻不聽。最後，上帝就下了判決，向他們指出，若沒有祂，他們必是何等軟弱。祂看到他們決意行走己路，就將他們交在仇敵手中。

以色列民與異邦鄰國結盟，喪失了他們作為上帝選民的特徵。他們受了那些不可結盟之人惡行的影響。與世俗之徒聯合，失去了起初的愛心和為上帝服務的熱心。他們出賣了自己，所收的只是失望和許多靈命的喪失。

以色列人的經驗，就是一切轉離永生的上帝，向世界求力量之人的經驗。那些離棄大能的主，就是一切力量之源頭，與世俗之徒聯合並倚賴他們的人，將在道德上與他們所依靠的人一樣軟弱。

上帝帶著請求和保證來到那些犯錯誤的人那裏，設法指出他們的罪，引導他們悔改。但是如果他們不肯在上帝面前謙卑，只是企圖高抬自己過於祂，祂必要向他們下判決。凡倚賴世俗能力的膀臂，而堅持侮辱上帝的人，假裝與上帝接近，聲稱與祂結合，是不可能得到認可的。

現今上帝對祂的子民說：「你們務要從他們中間出來，跟他們分別；不要沾不潔淨的東西，我就收納你們。我要作你們的父，你們要作我的兒女。」（林後6：17－18）

上帝的子民必須與世人分別，成為全心全意專一事奉上帝的百姓，不求自己的尊榮，並記住自己與上帝所立的嚴肅誓約，作上帝的僕人，單單事奉祂。──《評閱宣報》，1904年8月4日。

上帝子民的標誌

且以我的安息日為聖。這日必在我與你們中間作記號，使你們知道我是耶和華——你們的上帝。（結20：20）

耶和華對摩西說：『你要吩咐以色列人說：你們務要守我的安息日，因為這是你我之間世世代代的記號，叫你們知道我是耶和華，是使你們分別為聖的。』」（出31：12-13）

這句話難道不是指出我們是上帝所稱呼的子民嗎？不是明說我們應該永久珍愛教會所賦有的莊嚴特質嗎？安息日絲毫沒有失去它的意義，現在仍是上帝和祂子民之間的證據，現在是如此，以後也是如此。

上帝正在試驗祂的百姓，要察看研究誰忠於祂真理的原則。我們的任務是向世人宣傳第一、第二和第三位大使的信息。我們在履行任務時既不要畏敵，也不要輕敵。和不信之人在婚盟或商業聯盟上締交定約，是與上帝的命令不合的。我們固然應當對那般拒絕效忠上帝的人謙恭有禮，但絕對不能在上帝聖工的重大利害關係上，與他們聯合。

我們要完全信靠上帝，毅然決然地向前邁進，大公無私地辦理祂的事，……將我們自己以及我們的現在和未來，都交託於祂明智的安排，將我們起初確實的信心堅持到底；時常記得我們得蒙上天的福佑，並非因為自己是配得的，而是由於基督的美德，並且藉著相信祂，才得以承受上帝豐盛的恩典。

惟願我的眾弟兄認清楚：第三位天使的信息對於我們關係至為重要；同時，遵守真安息日，要作為辨別事奉上帝和不事奉上帝之人的標記。……我們原是蒙召成聖的，故此當謹防給人留下一種印象，認為保持我們信仰的特色與否，是一件無足輕重的事。其實不然，我們身負嚴肅的職責，要為真理和正義採取較諸以往更為堅定的立場。那守上帝誡命和不守上帝誡命之人的界線，應該毫無疑問地顯示出來。——《評閱宣報》，1904年8月4日。

> 我們是這些事的見證人；上帝賜給順從的人的聖靈也為這些事作見證。
>
> （徒5：32）

真正的基督徒必然是基督化的。救贖主用人性披覆了祂的神性來到我們的世界——這是一個被罪的咒詛烙印損毀的世界，一個黑暗與禍患的幽谷——要成就一項偉大的工作，就如祂在拿撒勒的會堂裏所宣布的：「主的靈在我身上，因為祂用膏膏我，叫我傳福音給貧窮的人。」（路4：18）

每一個信徒都要在品格和精神上作基督的代表，言傳身教地表明真實、健康、有影響力的基督教之要素。應該向人表現基督為生命、憐憫與仁愛的泉源。

我們藉著仰望而改變。同時透過仔細研究和認真默想基督的品格，祂的形像就反照在我們自己的生活中，並給教會的屬靈狀況以更高的品質。上帝的真理若沒有把我們的品格改變得像基督，我們一切自稱對祂和真理的認識都只不過像鳴的鑼，響的鈸一般。

但願所有自稱遵守上帝誡命的人，認真思考這個問題，以找著他們沒有領受更多聖靈的緣由。有多少人是因為心高氣傲而偏向虛妄啊！他們自以為得上帝恩待高舉，卻忽視貧苦的人，轉耳不聽受欺壓者的呼求，並以尖酸刻薄的話，對待那些需要以溫柔體恤的話相待的人。他們就這樣因剛硬的心日復一日地激怒上帝。其實，這些受苦受難的人，應該是他們關懷和同情的對象。這些人有權利期望獲得幫助、安慰和基督化的愛。但他們所受到的待遇卻不是這樣。每一項忽略苦難中上帝子民的作為，都會被寫在天國的冊子中，像是對待基督一般。願教會的全體成員都能省察己心，並省察自己的言行舉動，以便確定自己的作風，是否和耶穌的精神與作為相符；如不，他們將如何站在審判台前，向那位審判全地的主交代呢？主豈能對他們說：「你們這蒙我父賜福的，可來承受那創世以來為你們所預備的國」（太25：34）呢？——《評閱宣報》，1913年4月24日。

與基督同工

因為上帝並非不公義，竟忘記你們的工作和你們為祂的名所顯的愛心，就是你們過去和現在伺候聖徒的愛心。（來6：10）

基督把受苦之人的福利，看為自己的利益；假如祂因苦難中的人被忽視而受苦，那我們所有的集會、所有特別的聚會，以及所有推廣上帝聖工的努力，都不會帶來多大的成果。

凡想在天國成為聖徒的人，必須先在世上成為聖徒。他們不會隨從自己所點的火把（賽50：11），不會為了得人的稱讚而作事，不會講虛妄的話，也不會指摘人，壓迫人。但他們會跟隨生命的光，分贈真光、安慰、盼望和鼓勵給那些需要幫助的人，而不是批判與指責。

豐富清晰的亮光業已照耀在我們的道路上，使我們處於有利的境地。我們應該善用每一個機會去行善。基督從天庭來到世上，正是要尋找拯救失喪的人，而這要成為我們的工作。我們在這方面表現的熱心，會顯明我們對耶穌和他人有多少愛，表明我們有多少效能和宣教的精神。

主交給了教會的每一個肢體一份工作。他們的成聖將表現在他們做工的效率、無私、熱心、純正和聰明中。慈善和宗教事業不可後退。上帝期望那些領受了大光，並有許多特權的人取得進步。

教會要成為有生命的教會，就必須是一個作工的教會。教會不應滿足於只單單地能固守陣地，抗禦異端和罪惡的反對勢力，也不應滿足於以緩慢的步伐徐徐前進，而應負起基督的軛，與元帥邁步前進，同時也在前進的路途上招募新的生力軍。

當我們確實歸主之時，我們的心就必充滿謙卑、溫柔與親切，因為耶穌已經赦免了我們的罪。我們既是順命的兒女，就當領受並重視祂所惠賜的訓誨，遵照祂所設立的制度。我們也當不住地尋求獲得有關祂的知識。——《評閱宣報》，1913年5月1日。

教會要推進上帝的聖工

做傳福音的工作，盡你的職分。（提後4：5）

基督的門徒必須肩負起祂所留下的工作，奉祂的名予以推進。他們必須效法祂的言語、精神和作風；他們也當定睛在他們救恩元帥的身上。祂的旨意是他們的律法。他們在向前邁進時，必獲得有關祂的聖顏、品格和榮耀更多更清晰的認識。他們不依靠自己，而依靠祂的聖言。祂的話就是靈，就是生命。「你們若繼續遵守我的道，就真是我的門徒了。你們將認識真理，真理會使你們自由。」（約8：31-32）他們將關於祂心意的知識實踐出來；除此之外，他們也聆聽並遵行耶穌所教導的事。

在教會裏，就是為愛上帝並遵守祂誡命的人作工的所在。眾人所表白的信仰並不能證明他們是基督徒。他們所說的話也並不能證明他們已經經歷了生命的轉變。且聽基督的話：「你們為什麼稱呼我『主啊，主啊。』卻不照我的話做呢？」（路6：46）我們日常的生活若不符合基督的心意和作為，就不能自稱是上帝的兒女，天國的後嗣。有一種律法主義的宗教，是法利賽人所擁有的。但這種宗教並不給世人一個基督化的榜樣，不代表基督的品格。那些有基督住在心裏的人，自會做基督的工。這樣的人才有資格享有祂聖言的一切應許。他們既與基督合而為一，就實行上帝的旨意，彰顯祂豐盛的恩典。「那時你求告，耶和華必應允；你呼求，祂必說：『我在這裏。』」（賽58：9）這是多麼寶貴的應許啊！「向飢餓的人施憐憫，使困苦的人得滿足；你在黑暗中就必得著光明，你的幽暗必變如正午。耶和華必時常引導你，在乾旱之地使你心滿意足，又使你骨頭強壯。你必如有水澆灌的園子，又像水流不絕的泉源。」（賽58：10-11）

上帝的僕人會歌唱道：「我要一心稱謝你，……耶和華雖崇高，仍看顧卑微的人；驕傲的人，祂從遠處即能認出」（詩138：1、6），這種優美的景況，正好與惡人的牢騷抱怨形成鮮明的對比。所以不要懷存一絲驕傲或自重的跡象，因為這會把耶穌擠到心外，讓撒但佔據空間。——《評閱宣報》，1913年5月1日。

蒙啟迪的教會

並且知道你從小明白聖經，這聖經能使你因在基督耶穌裏的信有得救的智慧。（提後3：15）

男男女女若不具有謙卑受教的精神，主就不能使用他們，在祂聖工的任何部門服務。凡蒙上帝在祂聖工中使用的人必須忠於原則，但他們一方面不可因任何自私的利益背離本分的坦途，另一方面也不可因自尊而固執張狂。他們的心若不與一切智慧之源相連，對主的工作就不會有持久感。為基督作工的人，必須從上帝得到一切生命和靈感。他們必須追求順從祂的旨意和祂的道路，而不是追求自己的心意和道路。凡希望成為活的通光管道的人，必須接受此習慣或意見的更高原則所管理。他們必須時時有意識地與上帝交通，在生活中實踐真理與公義的原則，變得與上帝的性情有分。

上帝的僕人必須不斷地追求智力，一切心得均用來榮耀上帝。關於上帝對祂子民的要求，我們的觀念必須擴大。

我們若得不到宇宙中心亮光的神聖光照，就不應心滿意足。當我們得到這種光照時，就會看到必須努力上進，提高標準，培養最崇高的志向，達到最高的造詣。我們要不斷地從一切智慧之源汲取智慧，並過宛如在主面前的生活。

你的才幹是主託付給你的，將要為如何使用而向主交帳。……我們必須彰顯上帝的榮耀，這是我們生存的崇高目的。我們所處的狀況，必須能賞識上帝使別人經歷過的亮光。我們的生活和品格是受以往各世代在身體、理智和道德上的造詣所影響的。我們若留在無知之中，就只能怪自己。我們若竭盡所能，充分發揮各種才幹，眼睛專注上帝的榮耀，就會為上帝做有價值的工作。——《時兆》，1888年11月30日。

我們所生活的時代極其嚴肅而重要。沒有什麼，比人在青春年少天真活潑之時，便定意獻身事奉上帝更蒙祂悅納的了。他們的才幹若得到適當的培養，就可為上帝服務。他們的品格可以為上天所悅納，但必須令上加令，律上加律地形成，照著上帝的樣式去塑造。

在救人的工作中，我們要知道自己說什麼，做什麼。約翰的話意義深長：「我們把所看見、所聽見的傳揚給你們。」（約一1：3）

當你的心靈成為救主的靈居住的殿時，你本性粗劣的成分就會消滅，你整個人就會活生生地行出祂的旨意。凡真正屬於基督的人，必有但以理那樣的經驗，聖靈的果子也會顯明在他們的生活中。在我們裏面有被罪麻木的權勢，需要基督恩典復甦的影響力來恢復。來自賜生命之主的大能必使這些能力復甦，行動起來。當你有了這樣的經驗時，就能照耶穌給你樹立的榜樣作工。上帝的光明與仁愛會反照在那些感到自己身心都患病的人身上。耶穌邀請你把祂接到心中。祂說：「看哪，我站在門外叩門，若有聽見我聲音而開門的，我要進到他那裏去，我與他，他與我一起吃飯。」（啟3：20）我們難道不向這位神聖的來賓打開心門嗎？

參加上帝聖工的人，必須心地純潔，舉止謹慎。上帝子民的心不應如不毛的荒地，像如今許多人的心地一樣。上帝已賜給每一個人某種才能用來為祂服務。上帝計畫讓這些才能用來榮耀祂並造福他人。許多人正在蒙受巨大的損失，因為他們不願在基督的門下學習。他們原可以獲得永恆的財寶，但他們既轉離了那神聖的教師，就違背並麻痺了他們的良知，上帝之道的告誡就沒有力量打動他們的心了。但是我們不必這樣失敗。基督會來到你的心裏並住在那裏，只要你潔淨心靈的殿，清除一切污穢。——《時兆》，1888年11月30日。

> 聖父啊，求你因你的名，就是你所賜給我的名，保守他們，使他們像我們一樣合而為一。（約17：11）

聖靈會與獻身的人同工，因為這是上帝的旨意。上帝已在天和地之間打開了一扇門。……當上帝的子民與祂之間，及與人彼此之間都有正常的關係時，就會有聖靈的沛降，使全身可以聯絡得合適。

削弱教會力量的，顯然是不和與紛爭。這種精神是與基督和真理作對的。

我們只有與基督聯合，才能彼此聯合。……許多人雖然詳細探討教義，卻沒有學基督的樣式，無法控制自己。他們需要聖靈的能力。我們應該追求明白何謂完全與基督聯合。祂為我們的罪，也為全世界的罪作了挽回祭。我們的生命應該與祂的生命息息相關。

當上帝的子民有同一個心志時，自私的藩籬就會不可思議地消失，許許多多的人就會因信徒之間的團結而轉變。他們同有一個身體，一個靈。那些建起識別的地界，豎起種族與階級隔牆的人，最好快快把它們拆除，更要超過他們建造的速度。

凡有基督住在心裏的人，會認出住在別人心裏的基督。基督從不與基督作對。基督從不發揮反對基督的影響力。基督徒的工作無論是什麼，都要在聖靈的協調下，為整體而做。教會是要得到潔淨，純煉和提升的。教友要棄絕心中的偶像，那些偶像阻礙他們在屬靈上長進。藉著聖靈的感化，最不和諧的也可變得和諧。無私會用堅實溫柔的紐帶，把上帝的子民聯繫在一起。當教友的精力都在聖靈的控制之下，集思廣益，教育、培訓和訓練自我時，教會裏就會大有能力。這樣，就是將一個強有力的組織獻給上帝，上帝就可透過教會為罪人的生命轉變而作工。這樣，天與地便相連，神力便與人力一起合作了。——《時兆》，1900年2月7日。

我又看見另一隻獸從地裏上來，牠有兩個角如同羔羊，說話好像龍。

（啟13：11）

主在拔摩島上向使徒約翰展示的場景，顯示了教會經歷深奧且驚心動魄的事。重要的主題以表號和象徵的方式呈現在他面前，使上帝的子民可以明白他們前面的危險和衝突。

約翰看到，象徵著地上政權的大紅龍，豹狀獸和兩角像羊羔的獸，專門踐踏上帝的律法，迫害祂的子民。這場爭戰一直要進行到末日。聖潔的婦人及其兒女所象徵的上帝子民人數極少。在末日只剩下一些餘民。……

撒但先是藉著異教，然後藉著羅馬教施展他的權勢，數千年來努力從地上消除上帝忠心的見證人。異教徒和羅馬教徒都是受龍的精神鼓動的。他們的區別僅在於羅馬教假裝事奉上帝，卻是更危險更殘忍的仇敵。撒但藉著羅馬教把世界擄去了。自稱信奉上帝的教會被悉數掃入了這種欺騙中，上帝的子民在龍的忿怒之下受苦害達一千多年之久。

當羅馬教喪失權柄，被迫停止逼迫時，約翰看見一個新的權勢上來，附和龍的聲音，做同樣殘忍而褻瀆的事。這個要與上帝的教會和律法作戰的最後權勢，是用兩角如同羔羊的獸象徵的。在牠以前的獸是從海中上來的，而牠則是從地中上來的，說明牠所象徵的那個國家是和平興起的。那「有兩個角如同羔羊」充分表達了美國政府的特徵，體現在它的兩個基本原則：共和主義和新教教義。這兩個原則乃是美國力量與興旺的祕訣。那些最先在美國海岸找到庇護的人，曾經高興自己到了一個脫離羅馬教驕橫和君主暴政的國度。他們決心在公民和宗教自由的基礎上建立一個政權。——《時兆》，1899年11月1日。

上帝最後的警告

11月12日

若有人拜那隻獸和獸像，…他也必喝上帝烈怒的酒。（啟14：9－10）

但是先知的嚴謹筆觸，描述了這個（公民和宗教自由）的和平畫面，發生了變化。那兩角如同羔羊的獸說話好像龍，「牠在第一隻獸面前施行第一隻獸所有的權柄。」（啟13：12）預言宣稱它要對住在地上的人說，當給那獸作個像。「牠又使眾人，無論大小、貧富、自主的、為奴的，都在右手上，或是在額上，打一個印記；這樣，除了那有印記，有了獸名或有獸名數目的，都不得作買賣。」（啟13：16－17）基督教就這樣步了羅馬教的後塵。

此時，第三位天使飛在空中宣布說：「若有人拜那隻獸和獸像，在額上或在手上受了印記，他也必喝上帝烈怒的酒；這酒是斟在上帝憤怒的杯中的純酒。」「在此，遵守上帝命令和堅信耶穌真道的聖徒要有耐心。」（啟14：9－10、12）那一小群堅持效忠上帝的人與世人形成了鮮明的對比。……

第三位天使的信息中含有賜給人類最嚴肅最可怕的警告。致使上帝傾降祂純一不雜憤怒的罪必定是最可憎的。世人會被拋棄在黑暗中不知道這罪的性質嗎？絕對不會。上帝不會這樣對待祂所造的人。祂的忿怒從不報應無知的罪。在祂的刑罰臨到世界之前，關於這種罪的亮光必須呈現在世人面前，使人人都知道為什麼要遭受這些刑罰，好使他們有機會逃脫。

含有這個警告的信息，是在人子顯現之前最後要傳揚的。祂親自賜下的兆頭，說明祂的降臨已近。因為第三位天使的信息已經傳了幾乎四十年了（到1899年時）。時候到了，凡關心自己靈命得救的人，都應懇切而嚴肅地詢問：「什麼是上帝的印？什麼是獸的印記？我們如何才能避免受獸的印記呢？」——《時兆》，1899年11月1日。

第四條誡命含有上帝的印（The seal of God），是祂權威的象徵或標誌。在十誡中，只有這條誡命指出上帝是天地的創造者，清楚地區分了真神和一切假神。聖經自始至終都引用上帝的創造之能，作為祂高於外邦諸神的證據。

第四條誡命所吩咐的安息日，是叫人記念創造之工，從而使人心始終專注於又真又活的上帝。要是安息日一直被人遵守了，就不會有拜偶像的、無神論者和不信的人了。莊嚴地遵守上帝的聖日，會把人心引向他們的創造主。自然界的事物會使他們想起上帝，會給祂的權能和仁愛作見證。第四誡的安息日是永生上帝的印記。它指明上帝為創造主，它是上帝對祂所造之人有合法權威的標記。

那麼，什麼是獸的印記（the mark of beast）呢？如果不是因為偽安息日的話，世人早就接受真安息日了。

預言指出羅馬天主教時時想要高抬自己，超過一切稱為神和一切受人敬拜的（帖後2：4），這預言已驚人地應驗，乃在把安息日從每週的第七日，改變到第一日上。何處羅馬天主教的安息日受到尊敬，而不是上帝的安息日受到尊敬，那大罪人就會在何處得到高舉，超過天地的創造主。

那些聲稱基督改變了安息日的人，是與祂自己的話背道而馳的。祂在登山寶訓中宣布：「不要以為我來是要廢掉律法和先知。我來不是要廢掉，而是要成全。」（太5：17）

羅馬天主教承認是他們的教會改變了安息日，且引用這個改變作為他們教會至上權威的證據。他們宣布，新教教徒既遵守每週的第一日為安息日，就是承認她有權在上帝的事上立法。……星期日的制度既受人喜愛，他（羅馬教徒）就歡喜快樂了，感到有把握最終會把整個基督教界帶到羅馬教會的旗幟之下。──《時兆》，1899年11月1日。

> 迷惑住在地上的人，告訴他們要為那受過刀傷還活著的獸造個像。
>
> （啟13：14）

更改安息日乃是羅馬天主教權威的標誌或印記。那些明白第四誡要求的人，選擇遵守偽安息日來代替真安息日，因而就向那唯獨制定了偽安息日的權力致敬了。

現今在每個教會之中都有真基督徒，連羅馬天主教也不例外。在他們得到了亮光，看明第四誡的義務之前，不會有人被定罪。但及至命令發出，強迫推行偽安息日之時，第三位天使的大呼聲就要警告世人不要拜獸與獸像，把真偽的界線分得一清二楚。屆時，那些仍然繼續犯罪的人就要受獸的印記。

我們現今正在快步走近這個時期。新教的許多教會（Protestant Churches）將要與屬世的權力聯合，支持虛偽的宗教，反對他們曾經歷過最嚴重迫害的先祖。那時教會與政府的掌權者將要合力執行羅馬教的偽安息日。屆時將有全國性的離經叛道出現，結果只會造成全國的毀滅。

新教的基督徒所作的種種妥協與讓步，實際上已參與並贊助了羅馬天主教，這連羅馬教徒都不禁驚訝而感莫名其妙。需要喚醒整個新教，去抵制這個政治與宗教自由最陰險敵人的進攻。

何時美國政府要執行教會的法令，以支持教會的制度，那時信奉新教（Protestant）的美國，就會為羅馬天主教作一個像。那時，真的教會便要受逼迫，正如上帝古時的子民一樣。幾乎每個世紀都有人心被憤怒和惡意所控制，以保護教會和政府的權利，好事奉上帝而行的事。基督教界已步了羅馬天主教的後塵，與世俗的權勢聯合，表現出要限制良心自由的願望。多少不信奉英國國教的信徒，曾在國教的權勢之下受苦啊！世上政府對宗教自由的限制總是導致逼迫的。——《時兆》1899年11月8日。

因為時候將到，那時人會厭煩健全的教導，耳朵發癢，就隨心所欲地增添好些教師。（提後4：3）

許多人說，中世紀學識與道德方面的黑暗，有利於羅馬教教義、迷信與壓迫的滋長，但現在知識普及、宗教自由原則幾乎普遍為人接受，不容許迷信與暴政再度發生。現今固然是在學識、道德和宗教方面有大光照耀的世代。自從1844年以來，來自諸天之天的亮光，已從上帝的殿敞開的門戶照耀出來。但也要記住，上帝所賜的亮光愈多，那些拒絕上帝的道並接受虛謊，把人的吩咐當作道理教導人的人，所面臨的欺騙與黑暗也就愈深。

撒但將激起背道的基督教，對謙卑餘民的憤怒。這些餘民本著良心拒絕接受虛假的風俗和遺傳。受歡迎的宗教家既被黑暗之君弄瞎了心眼，就只會與撒但的觀點相同，感受相同。……那曾以極重的犧牲換來的良心自由，便不再為人所尊重了。教會和世界要聯合起來，世界會給教會權柄去壓迫眾人，得按照上帝的道敬拜祂。

那將要發出攻擊上帝子民的命令，與以斯帖時代亞哈隨魯所頒佈攻擊猶太人的命令十分相似。波斯王的敕令，是因哈曼對末底改的惡念而起。末底改對他並無危害，只是拒絕向他跪拜，因為他只向上帝跪拜。……

歷史正在重演。那在歷代以來發動陰謀攻擊忠心之人的主腦，現仍設計控制基督教各教會，以便藉著他們定罪並處死凡不願尊崇偽安息日的人。我們不是僅僅要與人爭戰，雖然看似如此。我們不是與屬血氣的捽跤，而是與執政的，掌權的，管轄這幽暗世界的，空中屬靈氣的惡魔爭戰。但上帝的子民若是信靠祂，憑著信心依賴祂的能力，就會擊敗撒但的詭計，如同在末底改的時代一樣顯著。——《時兆》，1899年11月8日。

終於勝利了！　　11月16日

我又觀看，看見羔羊站在錫安山，和祂在一起的有十四萬四千人，都有祂的名和祂父親的名寫在額上。（啟14：1）

法令將要發出，凡不接受獸印記的人，就不得買也不得賣，最終還要被處死。但上帝的子民不接受這印記。拔摩島的先知看到那些勝了獸和獸像和獸名數目的人，站在玻璃海上，手拿上帝的琴，唱摩西和羔羊的歌。

每一個人都要受到這種鑒察人心的考驗：我是否要順從上帝，不順從人呢？作決定的時辰即將來到。撒但在竭盡全力與基督和跟從基督的人，在最後的激戰中殊死搏鬥。假教師們正在千方百計慫恿心硬的人大膽背叛，使疑惑不信的人更加頑固，用歪曲和謊言去欺騙人，倘若可能，連選民也要迷惑了。誰準備好堅定地站在那題有「上帝誡命和耶穌真道」的旗幟之下呢？

基督絕不藉著與罪惡妥協來換得和平與友誼。祂的心雖然向人類洋溢著愛，但祂不能寬容他們的罪惡。正因為祂愛人，祂才嚴厲地責備他們的惡行。祂受苦的一生，祂因一個悖逆的民族而受的羞辱，向祂的信徒說明：務必不可犧牲原則。上帝受試驗的子民必須保持警醒，熱切祈禱，免得因急於防止不和而放棄真理，以致羞辱真理的上帝。若是藉著向撒但的黨羽稍作讓步來獲得和平，代價就太大了。在原則上稍作讓步，都會使我們陷入仇敵的網羅。

保羅寫信給羅馬的信徒說：「若是可行，總要盡力與眾人和睦。」（羅12：18）然而有一個界限，過了那個界限，若要保持團結和睦，就會犧牲原則。於是就必須分離。各國的法律在與上帝的律法沒有衝突時，是應受到尊重的。但若有衝突，基督的每一個真門徒，就會像彼得在受命不得再奉耶穌的名講道時說：「我們必順從上帝，勝於順從人。」（徒5：29）——《時兆》，1899年11月8日。

11月17日　公義日頭的通道

所以，我們作基督的特使。（林後5：20）

自稱屬上帝的教會可能擁有財富、教育和真道的知識。她的態度是在說：「我是富足的，已經發了財，一樣都不缺。」（啟3：17）但教會的信徒若缺乏內在的聖潔，就不能作世上的光。教會當將亮光反照在世界的道德黑暗中，就像眾星將亮光反照在夜間的黑暗中一樣。這些有敬虔的外貌，卻背了敬虔實意的人，不將亮光反照在世上，也不會有能力感動未得救之人的心。他們既與基督沒有生命的連結，就不能使真理的價值在世上顯出善果。但基督若是在他們心裏成了榮耀的盼望，祂救人的恩典就會在對將亡之人的同情與仁愛中表現出來。

每一個真正轉向上帝的人，必是世上的光。來自公義日頭清晰明亮的光線，會透過那些使用受託之才能行善的人照耀出來。因為他們會為了人的生命轉變，而與天上的媒介合作並與基督同工。他們願意分散基督照在他們身上的亮光。那在他們心中照耀的公義日頭，會照耀、啟迪並造福他人。

從人身上所照耀出來的天上光芒，會發揮一種影響力，折服那些基督正在吸引歸祂自己的人。除非教會透過信徒，向人彰顯那使將亡的人生命轉變的能力，否則在天使面前就是軟弱的。教會若不是世上的光，就是黑暗的。經上論到跟從基督之人說：「因為我們是上帝的同工，而你們是上帝的田地、上帝的房屋。」（林前3：9）

教會是由一群貧窮且沒有受過教育的人組成。但如果他們向基督學過禱告的學問，教會就有力量移動全能者的膀臂。上帝的真子民將會有感化人心的影響力。教會信徒的效能並不在於他們所擁有的財富或受過教育的才幹。……當公義日頭的光線從上帝的子民身上照耀出來時，基督就得到榮耀，祂的國度就得到推進。那時他們才是合乎主用的器皿，也是祂用來揀選作為救人的器皿。——《時兆》，1893年9月11日。🔖

一切真理之源 11月**18**日

我就是道路、真理、生命。（約14：6）

如果在我們世上所建立的各教會願意跟從基督，他們就會像基督那樣祈禱，而他們祈禱的結果將會表現在靈命的轉變中。因為人與上帝一開始交通，神聖的感化力就會影響世界。當教會的成員們住在基督裏時，他們就在自己的生活上作出有效的見證，從而實現基督的話：「你們是我的見證。」（賽43：10）他們終日藉著自己的影響力，藉著言傳身教說：「來！」「看哪，上帝的羔羊，除去世人的罪的。」（啟22：17；約1：29）

耶穌是知識的源頭，真理的寶庫。祂渴望在自己的門徒面前，展示價值無限的財寶，好讓他們再向別人敞開。但是因為他們的盲目，祂就不能向他們展示天國的奧祕。祂對他們說：「我還有好些事要告訴你們，但你們現在擔當不了。」（約16：12）門徒的思想在很大程度上，受了法利賽人的遺傳和學說的影響。他們將上帝的誡命置於自己的發明和道理的水準之下。文士和法利賽人沒有按著聖經原有的純正領受或教導聖經，而是把聖經的話解釋成上帝從未發佈的觀點和命令。他們對舊約聖經加以神祕的解釋，使無限之上帝說得清清楚楚的話，反而變得難於理解了。這些飽學的人把他們自己的觀點擺在人面前，把先祖與眾先知從未說過的話硬說成是他們講的。這些假教師把真理的珠寶，埋在了他們自己的解釋和學說的垃圾之下，掩蓋了關於基督之預言最清楚的說明。

當真理的創始者來到我們的世界，以自己的言行來詮釋祂的律法時，聖經在祂的聽眾面前就像是一個新的啟示。因為祂教訓他們，正像一個有權柄的人，完全知道自己所說的內容。眾人的心思已經被假道理擾亂了，無法充分領會神聖真理的意義，可是當他們被吸引到大教師那裏時，便要說：「從來沒有像祂這樣說話的。」（約7：46）——《時兆》，1893年9月11日。

我又看見另一位天使在空中飛翔，有永遠的福音要傳給住在地上的人。

（啟14：6）

《啟示錄》第十四章歸納了，上帝的子民在我們的救主復臨之前，需要完成的工作。有三個信息必須傳給地上的一切居民。

約翰寫道，他看見一位天使「在空中飛翔，有永遠的福音要傳給住在地上的人，就是各邦國、各支派、各語言、各民族。……另有第二位天使接著說：『傾覆了！那曾叫列國喝淫亂、烈怒之酒的大巴比倫傾覆了！』另有第三位天使接著他們，大聲說：『若有人拜那隻獸和獸像，在額上或在手上受了印記，他也必喝上帝烈怒的酒；……。』」（啟14：6、8－10）

這三位天使代表，那些接受上帝信息的亮光，並作為祂的代表出去在全地傳揚警告的人。基督對跟從祂的人說：「你們是世上的光」（太5：14）。髑髏地的十字架對每一個接受耶穌的人說：「請看靈命的價值。『你們往普天下去，傳福音給萬民聽。』（可16：15）」不要讓任何事物阻礙這項任務。這是當今最重要的工作，影響深遠，直到永恆。

上帝如今已呼召祂的教會，在世上如同明光照耀，就如祂呼召古時的以色列人一樣。祂用真理的利斧，就是第一、第二和第三位天使的信息，從眾教會和世上分別出了一班子民，使他們與祂親近。祂使他們成了祂律法的保管人，並把有關當代預言的偉大真理交給了他們。就像曾交給古以色列人的上帝聖言一樣，這些神聖的信息也是要傳達給世人的。

爭論的結果是基督教界要分成兩大陣營。一邊是守上帝誡命與耶穌真道的，另一邊是拜獸與獸像並受獸的印記的。……拔摩島的先知「看見那些勝了那獸……的人，……拿著上帝的豎琴，他們唱上帝僕人摩西的歌和羔羊的歌。」（啟15：2－3）──《時兆》，1910年1月25日。

結束的工作

看哪，我必快來！賞罰在我。（啟22：12）

看看今天的世界，在混亂喧囂當中能聽到祈禱的聲音嗎？祭壇是建立了，但祭牲不是獻給上帝的。騙子、強盜、兇手為數眾多。家世的驕傲和財富的炫耀正在促成靈命的滅亡。貪婪、淫蕩、惡意——這些在左右人。成千上萬的人瀕臨毀滅的邊緣。你難道沒有看到他們許許多多的人在淪喪，永遠地淪喪嗎？自稱為基督徒的人豈可漠不關心，酣然大睡呢？

現今需要誠懇而自我犧牲的男女。他們要到上帝面前大聲哀哭，流淚禱告（來5：7），為那些瀕於毀滅的人哀求。……基督捨命乃為要拯救罪人。祂對跟從祂的人說：「你們往普天下去，傳福音給萬民聽。」「我天天與你們同在，直到世代的終結。」（可16：15；太28：20）祂已把要完成的工作擺在我們面前，並宣布說，祂必賜能力完成這工作。

工作很快就要結束。在各方面都可以看到罪惡與日俱增。我們只有很短的時間可以作工了。上帝不願任何一個人滅亡。祂已為人人得救作了充足的預備。若是祂的子民照著所應當前去發送仁慈的邀請，諒必會得到許多人歸於基督。但願我們從靈性的昏睡中醒起，將已有及現有的一切奉獻給主。祂的靈將與真實的佈道士同在，提供他們服務的力量。上帝是湧流不竭的效能與力量之源。福音乃是上帝的大能，要救一切相信的。這能力何時得到運用，就會發現對付仇敵的勢力是綽綽有餘的。

對我們這些相信基督的人來說，看到工作需要完成，自己卻無所事事，那是不可能的。教會每天都要從上天領受上帝恩典的醫治香膏，好分給需要的人和受苦的人。上帝的教會負有最莊嚴的責任和最光榮的特權。凡相信基督快要復臨的人，都要前來為主有所作為。……他們在實際順從上帝的命令時，信心就會增長，才幹就會增多。——《時兆》，1906年11月28日。

11月21日　　　饒恕並非不可能

你們若饒恕人的過犯，你們的天父也必饒恕你們。（太6：14）

基督教導我們要禱告說：「免我們的債，如同我們免了人的債。」（太6：12）但是要饒恕人像基督饒恕我們一樣，實在是一件非常困難的事，甚至連那班自稱為耶穌門徒的人也難辦到。很少人實行真正饒恕的精神，而對於基督的要求所加的解釋又太多，以致看不到其能力和優美。我們對上帝偉大憐憫與仁慈的認識很膚淺。祂滿懷仁慈與饒恕。當我們真誠地悔改認罪時，祂就必全然地赦免。……我們必須把表現在基督生活中的仁愛與同情帶入我們的品格中。

我們若已接受上帝的恩賜，對耶穌基督有了認識，就會有一項為他人作的事工。我們必須效法上帝對我們的恆久忍耐。主囑咐我們要對待凡跟從祂的人，像祂對待我們一樣。我們要存心忍耐，雖然他們在各方面與我們所期望的不符，仍應以仁慈為懷。主希望我們充滿同情和仁愛，有惻隱之心。祂希望在我們彼此相待的行為舉止上，看到上帝恩典的果子。基督並沒有說要容忍你的鄰舍，而是說：「要愛你的鄰舍如同自己。」其中的意義遠超過於自稱為基督徒之日常生活的行為。

基督進而教導說，上帝律法的原則甚至深達人心的意願和計畫。祂明說，我們若是忠心遵守十誡，就要愛我們的鄰舍如同自己了。

始終如一的宗教生活、聖潔的言談、敬虔的榜樣、真誠的善行，乃是基督代表的標誌。他們必勞苦作工搶救罪人，像從火中抽出來的一根柴來一樣。他們必忠心地盡到每一本分，成為一座燈塔。

讀者啊！我們正在靠近審判的當兒。主已把才幹託付我們。但願我們每一個人，不要被定為懶惰的僕人。要把生命的道傳給在黑暗中的人。但願教會忠於她的委託。唯願教會懇切謙卑的祈禱，會使真理的傳講生效，以使基督得到榮耀。──《評閱宣報》，1910年5月19日。

在城市中的工作　　11月22日

> 到下一個安息日，全城的人幾乎都聚集起來，要聽主的道。
>
> （徒13：44）

在〈啟示錄〉第十四章中的第三位天使的信息，現在不僅要傳到遙遠的地方，也要傳到近處被忽略了的地方，那裏居住著大量未受警告、沒有得救的人。上帝此時正在呼召祂的子民去做一項久被耽延了的工作。要做出堅決的努力，光照那些還未聽到警告的人。現在要把城市中的工作看得特別重要。要仔細挑選工人，兩個兩個地在城市中作工，結合有經驗之負責人的勸勉，在耶穌基督的指示和佈置之下作工。

上帝希望祂的子民完全和諧地作工，努力把真理傳入各城。我奉命讓信徒一直關注這個問題，直到他們體認到這件事的重要性。不要讓魯莽的口舌說出灰心喪氣的話，而要讓每一個人都負起責任，制定計畫完成這項工作，知道主既然帶領祂的僕人直到如今，必不會在這個有特別需要的時候令他們失望。上帝的天使會行在眾工人前面，並要做他們的能力代表。天使將在聚會中使聽眾的心受感動。

在早期教會，使徒的工作是以上帝的大能在信徒生活中的奇妙顯示為特徵的。透過聖靈的啟示，大批的人認識了基督耶穌裏的真理。現今世界的需要不亞於使徒時代。凡在這個頑梗不信的世代作工的人，都必須完全獻身於上帝，並與天上的眾軍合力同工。聖靈的能力必伴隨著那些毫無保留地奉獻自己的精力和一切，以完成在末日必須完成之工的人。天使必與他們合作，使許多人認識真理。這些人會高興地與上帝守誡命的子民成為命運共同體。錢財會流入庫中，有能力的工人會興起來，進入那些未受警告的廣大園地，不久將勝利完工。——《評閱宣報》，1910年4月7日。

拒絕猜測

務要傳道；無論得時不得時。（提後4：2）

以往的經驗必然再現。將來，撒但的異端要改裝為新的花樣。種種謬誤將以悅人媚人的樣子出現。虛偽的理論也將披上光明的外衣，呈現在上帝子民之前。撒但要這樣嘗試欺騙，倘若能行，連選民也就迷惑了。最誘人的影響力要被運用；許多人的心會著迷。

各種的敗壞，猶如洪水之前一樣，都要被引進來俘虜人心。把自然界高舉為上帝，人類心意的放蕩不羈，以及不敬虔之輩的意見，這一切都是撒但所用達到某種目的之手段。他要利用以思想控制思想的能力來施行他的計畫。最不幸的是，人在他的欺騙勢力之下，仍具有敬虔的外貌，而實際上卻缺乏與上帝的真實連結。恰像亞當和夏娃吃了分別善惡樹上的果子一樣，現今有許多人正在食用那騙人的異端碎食。

撒但的爪牙正將虛偽的理論，掩藏在美麗動人的外衣裏面，猶如在伊甸園時，撒但藉由蛇來向我們的始祖說話，以隱蔽他自己一樣。這些爪牙將那實際上致命的謬誤，灌輸進人的心思中。撒但迷惑的勢力，將臨到那些轉離上帝簡明的道，而趨向悅耳謊言的人身上。

那得光最多的人；也就是撒但最積極陷害的人。他知道如果能迷惑他們，則他們在他的控制之下，將要用公義的外袍掩飾罪惡，而引領多人趨入迷途。

我要對大家說：當嚴謹防備；因為撒但正在裝做光明的天使，巡行在各教會和每一個為基督作工之人的聚會中，要爭取人心傾向於他那一邊。我蒙吩咐，要給上帝的子民發出警告說：「不要自欺；上帝是輕慢不得的。……」（加6：7）

你要用平安的福音，當作預備走路的鞋穿在腳上，穩健而堅決地邁進。你要明白，那清潔沒有玷污的宗教，並非是感情激動的宗教。上帝並沒有賦予任何人以責任，去鼓勵人追求那出自推測之道理及理論的慾望。我的眾弟兄，應當從你們的教訓中除掉這些東西，切不可容它們滲入你的經驗中，切莫讓你畢生的工作被它損毀。——《評閱宣報》，1904年3月3日。

聖靈與餘民

> 此後，我看見另一位有大權柄的天使從天降下，地由於祂的榮耀而發光。（啟18：1）

我們看到前面有一項特別的工作要做。我們現在應空前地祈求聖靈的指導。但願我們全心尋求主，好尋見祂。我們已接受三天使信息的亮光，現在需要堅決地來到前線，站在真理一邊。

上帝救人的知識，將完成其潔淨每一個相信之人的心思意念之工。經上說：「我必灑清水在你們身上，你們就潔淨了……。」（結36：25）這是指聖靈的降下，奉上帝所差去做祂本職的工作。以色列家要被聖靈充滿，並受拯救恩典的洗禮。

在一片「基督在這裏，基督在那裏！」的吶喊聲中，將傳出一個特別的見證，就是與時代相諧的特別信息。我們要接受，相信和執行這個信息。……上帝聖言的永恆真理，將永遠堅定，不受一切蠱惑性錯誤，與寓意化解釋的影響，也不受所有奇幻誘人的畫面所左右。有形形色色的錯誤要吸引上帝子民的注意力，但真理要披著美妙純潔的衣裳屹然而立。上帝聖言聖潔高尚的寶貴影響，不可降格，與尋常之物等同視之。當時常保持其不受撒但的錯謬所污染。撒但要利用這些錯謬進行欺騙，倘若可能，連選民也迷惑了。

傳揚福音是上帝用人作為工具，來拯救人的唯一手段。當男女老少傳揚福音的時候，上帝就會使瞎子看見祂的法則，並將祂的律法寫在真正悔改的人心中。上帝活潑的靈藉著人工作，引導信徒一心一意愛上帝和遵守祂的誡命，在今世預備變化升天。

要讓聖靈的力量，使傳揚基督福音的工作有效。但願不要有一個信徒，在已經開始的考驗與試煉的日子時，聽從仇敵的詭計。活潑的聖言乃是聖靈的寶劍。憐憫與審判將奉差從天而來。上帝天意的作為必在憐憫和審判中表明出來。——《評閱宣報》，1904年10月13日。

義人必因耶和華歡喜，並要投靠祂；凡心裏正直的人都必誇耀。

（詩64：10）

這節經文將要逐字應驗。凡能被搖動的，都要被搖動，使不能被搖動的長存。當我想到上帝子民的過去、現在和將來時，心中不勝驚訝。主將有一班純潔聖善的子民，一班能經得住考驗的子民。所有的信徒現在都需要省察己心，如同用明燈照亮。

擺在我們面前的，是與基督相似的奇妙前景——順服上帝律法的全部原則。但我們靠自己是完全不可能達到這種狀況的。我們裏面一切的善，都是藉著基督而來的。上帝的聖言宣布我們在得救之先，必須擁有的聖潔，乃是我們順服真理的聖靈之造就和抑制的感化力時，神聖恩典運行的結果。

由不聖潔變成聖潔的工作，是持續不斷的。上帝日復一日地在為我們的成聖而努力工作著。我們也要藉著孜孜不倦地培養正確的習慣而與祂合作。在〈彼得後書〉第一章清楚而詳細地，說明了我們做成自己得救工夫的方法。我們要不斷地恩上加恩。當我們如此行時，上帝就會加倍為我們作工。祂總是樂於垂聽那發自痛悔之心的祈禱，並將恩典與平安多多加給祂忠心的兒女。祂樂意賜給他們，在與困擾他們的罪惡作鬥爭時所需要的福惠。凡聽從祂聖言忠告的人，什麼好處都不缺。

上帝必充分有餘地滿足信靠祂之人的最高願望。祂切望我們牢記：我們一旦存心謙卑痛悔，就置身於祂之中，祂便會向我們顯現祂自己。當我們提說往時的恩眷與福惠，作為祂應惠賜我們更高更大之福惠的理由時，祂心裏甚是喜悅。我們若愛祂，並藉遵守祂的律法證明我們真正愛祂，祂便得了尊榮。當我們將第七日分別為聖且守為聖日時，祂也得了榮耀。對於凡如此行的人，安息日乃是一個成聖的記號。上帝宣稱：「讓他們知道我耶和華是使他們分別為聖的」（結20：12）。成聖意味著建立與上帝相交的習慣。再沒有什麼像上帝對祂兒女的愛，那樣偉大而有力的了。——《評閱宣報》，1906年3月15日。

完全的教會

祂是身體（教會）的頭；祂是元始，是從死人中復活的首生者，好讓祂在萬有中居首位。（西1：18）

基督「愛教會，為教會捨己，以水藉著道把教會洗淨，使她成為聖潔，好獻給自己，作榮耀的教會，毫無玷污、皺紋等類的缺陷，而是聖潔沒有瑕疵的。」（弗5：25-27）

當上帝將祂的兒子賜給這個世界時，祂使男男女女都能藉著運用自己的一切才能榮耀上帝而得以完全。祂在基督裏將祂豐盛的恩典，以及有關祂心意的知識賜給他們。

教會顯然處在午夜黑暗中，且是每下愈況的情形，然而教會是富於戰鬥能力的。教會中的屬世分子，雖然未注意簡明的「耶和華如此說」的要求，但上帝忠心僕人的聲音卻要加強，以發出嚴肅的警告信息。擁有現代真理亮光之教會的工作，與戰鬥中的教會應有的工作特色並不相符。主呼召教會信徒們披上基督之義的美麗衣袍。……

上帝需要本著基督的純樸作工的男男女女，把真理的知識帶到那些需要其轉變生命之能的人面前。基督之義的信息，必須傳到天涯海角。要喚醒我們的同胞為主預備道路。第三位天使的信息——給將亡世界最後憐憫的信息——是非常神聖、非常光榮的。要讓真理發出如明燈發亮（賽62：1）。眾天使所願意查考的奧祕，就是眾先知和君王及義人希望知道的奧祕，如今向上帝的教會顯明了。

基督為世人所做奇妙的犧牲，證明男男女女可以得救脫離罪孽。他們若與撒但絕交，並承認自己的罪，就有希望。有罪、瞎眼、困苦的人可以悔改，生命得以轉變，天天塑造像基督一樣的品格。人類可以重生再造，學習在世人面前過寶貴的、基督化的生活。——《評閱宣報》，1909年4月22日。

並且穿上新我；這新我是照著上帝的形像造的，有從真理來的公義和聖潔。（弗4：24）

上帝正等著要看到祂的子民表顯出生發仁愛並潔淨心靈的信心；因為唯有這種信心才能使他們適合不朽的來生。有一項大工要完成，而做工的時間很少。聖工需要生命經歷轉變而獻身的男男女女，就是那些會讓主成為他們倚靠的人。主願意藉著這樣的工人彰顯祂恩典的能力。

弟兄姐妹們，要讓上帝的真理藉著活潑聖潔的信心住在你們心裏。聖經真理須先得到充分地瞭解，才能折服良心、轉變生命。上帝的餘民必須是一班經歷過生命轉變的人。信息的傳講應導致靈命的轉變和成聖。我們應在這場運動中感受到上帝聖靈的能力。這是一道奇妙明確的信息；它對接受者來說意味深長，要用大呼聲傳揚開來。我們必須擁有真實永恆的信心，這信息必愈傳愈顯重要，直到世界歷史的結束。

基督希望見到祂的形像，反照在每一個重生的人身上。那些內心保持柔和謙卑的人，祂必使之成為上帝的同工。我們屬靈上的衝突往往源於我們屬靈上的背叛。缺乏順服上帝旨意的心，往往把我們帶入困境。我們想要走自己的路，常常意味著背叛上帝的道路。我們需要做基督所做過的——在祈禱中與上帝較力，祈求力量和能力，好在我們的言行中彰顯祂。

遵行主的吩咐並且推進祂在地上的工作，應該成為我們生活的唯一目標和宗旨。這樣我們才能進步。聖靈就會運行在我們的心裏，改變我們的品格。一種慷慨的精神，就會在仁慈溫柔地關心他人中顯明出來。自我就會與基督一同藏在上帝裏。我們既注視基督的品格，就會變成祂的樣式。

但願我們離棄自我，接受耶穌基督為道路、真理和生命。在祂裏面的信心才是唯一有價值的。祂是完美順從永生之道的活代表。——《評閱宣報》，1909年8月26日。

與世界分離

保守自己常在上帝的愛中，仰望我們主耶穌基督的憐憫，進入永生。

（猶大書第21節）

那些聽到基督親口說：「好，你這又善良又忠心的僕人」（太25：21），必是傳義道的英雄。他們可能從未在講臺上證過道，卻忠於上帝對他們的要求並且熱心於祂的尊榮。他們必照顧基督的寶血所買來的人。他們必認識到需要甘心樂意、懇切衷心、無私熱心地作工。他們不會研究當如何行，才能保持自己的尊嚴，而要謹慎周到地尋求贏得他們所服事之人的心。

使徒保羅敦促我們追求可以得到的利益，他說：「所以，親愛的，既然我們有這樣的應許，就當潔淨自己，除去身體和靈魂一切的污穢，藉著敬畏上帝，得以成聖。」（林後7：1）我們若希望成為上帝的兒女，就要在思想和行動上與世人有別。基督在為跟從祂的人祈禱時曾請求說：「我不求你把他們從世上接走，只求你保全他們，使他們脫離那惡者。他們不屬世界，正如我不屬世界一樣。求你用真理使他們成聖；你的道就是真理。」（約17：15－17）

這項嚴肅的工作擺在我們每一個人面前。正確的思想，純潔聖善的目的，對我們來說並非生來就有的。我們要努力追求才能得到。……凡受上帝聖靈管束的人，不會尋求自己的娛樂。基督若在祂教會的信徒心中作主，他們就會回應那呼召：「你們務要從他們中間出來，跟他們分別」（林後6：17），不與她的罪惡有分。

在捍衛真理的事業上，上帝有一項工作要祂忠心的哨兵去做。他們要警告人，懇勸人，藉著他們的行為表明自己的信心。他們要以高尚的、全心全意的忠誠，像挪亞一樣屹立，品格不因周圍之人的罪惡而黯然失色。他們要像基督一樣，成為救助他人的人。這樣忠於自己委託的工人，會遭受仇恨和羞辱。誣告會落在他們身上，想把他們從崇高的位置上拉下來。但他們的根基建在磐石上，所以他們必永不動搖，他們以自己道德上的正直和審慎的生活，警告人、勸勉人、斥責罪惡和愛宴樂的人。——《評閱宣報》，1899年11月28日。

上帝的殿

上帝的殿是神聖的，這殿就是你們。（林前3：17）

地上的教會是上帝的殿，應當在世人面前發揮其神聖的功能。這個殿宇要作世上的光，由活石築成，每一塊石頭緊緊相接，彼此切合，構成一座堅固的建築物。這些石頭的形狀大小不盡相同，有大的，也有小的。可是每一塊石頭各有其恰當的位置。在整棟建築物中不可有一塊畸形的石頭。每一塊都是完美的。而且每塊石頭都是活石，是閃爍發光的石頭。這些石頭的價值，乃視其向世界所反照的光亮而定。

現在便是將石頭從世界的採石場中，鑿出來運送到上帝工廠去的時候。在那裏要加以切磋琢磨，以致能發出光輝來。這是上帝的計畫。祂希望凡自稱相信真理的人，都要在現代重大的工作中，承擔起自己的責任。

上帝的計畫是要祂的教會在純正和知識上不斷長進，光上加光，榮上加榮。……祂的教會是聖潔生活的中心，充滿著各樣的恩賜，和聖靈的澆灌。上天託付地上的教會相應的任務；信徒要從他們所幫助、所造福之人的快樂中，找到他們的快樂。

在道德黑暗的時期，在這幾世紀的鬥爭和逼迫中，基督的教會像一座造在山上的城屹然而立。聖經純全的道理，世世代代在教會裏面逐步展開，直至今日。基督的教會縱然有軟弱或瑕疵，她卻是上帝特別關愛的對象。教會是上帝施展神恩的所在。祂樂意在這裏彰顯祂改變人心的大能。

教會是上帝在這個叛逆世界上所設立的堡壘——祂的逃城。任何出賣她神聖委託的行為，就是背叛了那位曾用自己獨生子的寶血來救贖她的上帝。從古以來，一直有忠心的人在地上組成教會。上帝讓他們與祂立約，使地上的教會與天上的教會合而為一。祂差遣天使為祂的教會服務。陰間的權柄從未勝過她。——《評閱宣報》，1900年12月4日。

與天上的教會同工

仰望我們信心的創始成終者耶穌。（來12：2）

今日猶如昔日一樣，全天庭都在注視著教會在救恩真科學上的發展。基督已用自己的血買了教會。祂渴望給她披上救恩。祂已使她成了神聖真理的保管者。祂希望她與祂的榮耀有分。但教會若要在世上成為一股教育人的力量之源，就必須與天上的教會合作。她的成員必須代表基督。他們的心必須敞開，每天接受上帝認為適於賜予的光線。他們在接受這亮光時，就能領受並分賜更多來自那公義日頭的光線。

教會中需要有更高的屬靈造詣，需要有內心的清潔。上帝呼召祂的子民到各自的崗位上。祂呼籲他們潔淨自己，脫離教會的明顯禍害——高抬那些處在負責地位的人。有一項重要的工作要做成。男男女女要本著信心屈膝尋求上帝，然後前去用來自上頭的能力宣講聖道。這樣的信徒是直接從至高者的接見室來到眾人面前的。他們的言語和行為能提升人的靈性。當他們接觸錯誤的原則時，會站穩在「經上記著說」的立場上。

今日的教會需要像以諾那樣與上帝同行的人，向世人顯示基督。教會的成員需要達到更高的標準。……我們對於公義日頭的認識，因自私自利而模糊了。有許多人因自我放任而讓撒但控制他們，重新將基督釘在十字架上了。教會需要獻身的男男女女，對世界傳講救恩的信息，向罪人指出上帝的羔羊。這些工人要藉著自己的義行和純潔真實的話語，將周圍的人從滅亡的深坑拉出來。

主滿懷同情和憐憫，溫柔的渴望和仁愛，看著祂受試探和考驗的子民。……在上帝的計畫中，眾人都要經受試煉與試驗，好讓祂發現他們是否忠於那統轄天國的律法。到了最後，上帝要讓撒但暴露出其撒謊者，控告者和殺人者的面目。這樣，祂子民的最後勝利就更加顯著、更加光榮、更加充分、更加完全了。——《評閱宣報》，1900年12月4日。

12
December

這人就是以賽亞先知所說的：
「在曠野有聲音呼喊著：預備主的道，修直祂的路。」
（太3：3）

科羅拉多的日落

其實他們所羨慕的是一個更美的，就是在天上的家鄉。所以，上帝並不因他們稱祂為上帝而覺得羞恥，因為祂已經為他們預備了一座城。
（來11：16）

當火車把我們這群人載入丹佛市時，我們因看到科羅拉多州的一次美妙日落而心醉神迷了。太陽落到積雪皚皚的群山後面。金黃的光線給天空染上了柔和的光芒。混合的色彩愈來愈深，帶著難以形容的美麗橫跨天空。天門似乎半開，讓其榮耀閃現了出來。金黃的色彩每一刻，都愈來愈使人神魂顛倒，彷彿邀請我們的想像力去描繪內中更大的榮耀。……既然這次日落都使我們的感官如此著迷，那麼，天國的榮美景象豈不會更令我們着迷嗎？

天國似乎很近。……當我們的眼目轉離日暮之光彩奪目的榮耀時，我們不禁想到若用信心的眼睛看到更多天國的榮耀，我們人生的道路便會有更大的亮光，更多的平安和喜樂。……我們若舉起信心的眼目透過將來的幔子，在所應許的來生中，看出上帝仁愛與榮耀的記號，就會有更加屬靈的心志，天國的榮美和喜樂就會融合在我們的日常生活中。我們就會裝備好在今生，並為更高尚的來生忠心地做我們的工。

我們的天父已在諸天的穹蒼中陳列了諸般榮耀，使我們可以從祂奇妙作為的表現中，看出祂所表達的愛。上帝不願我們對祂在諸天中無限權能的榮美標誌漠不關心。大衛喜愛默想這些榮美。他寫了希伯來歌手所吟唱的詩篇，讚美上帝。「諸天述說上帝的榮耀，穹蒼傳揚祂手的作為。……上帝在其中為太陽安設帳幕，太陽如同新郎步出洞房，又如勇士歡然奔路。」（詩19：1、4-5）

我們生命的一切能力，我們生活和幸福的一切方法，溫暖陽光和新鮮雨露的所有福惠，使菜蔬生長茂盛，今生的每一安慰和每一福樂，都來自上帝。祂降雨給義人也給不義的人。天國的財寶是傾倒給每一個人的。——《時兆》，1878年12月12日。

施洗約翰的榜樣

有一個人，是從上帝那裏差來的，名叫約翰。（約1：6）

眾先知預言了施洗約翰的出生。一位天使奉差去通知撒迦利亞。天上的使者明確吩咐那位父親要用嚴格的節制習慣養育孩子。

約翰覺得自己沒有足夠的力量對抗，他在社會所要遇到的重重試探。他擔心自己的品格會受猶太人流行的風俗所影響，所以他決定使自己與世界分隔，揀選曠野作為他的家。……他過得並非孤寂、陰沉鬱悶的生活，而是享受著簡樸退隱生活的快樂。他節制的習慣也使他一切的感官完好無損。

約翰要為上帝做一項特別的工作。他要對付人的罪惡和愚妄。為了配做這項重要的工作，他必須藉著追求天上的知識私下裝備自己。他必須默想祈禱，並藉著研究，熟悉預言和上帝的心願。他既遠離了繁忙的世界、世上的掛慮和誘人的娛樂，這樣就不會轉移他的心思，敗壞他的心思意念。他只與上帝和大自然同在。……他藉著嚴格的節制習慣、獲得了身體、心智和道德的健康。

約翰讓自己習慣了貧乏和艱苦，以便他能站在百姓中間而不為環境所動，就如他在其間生活了三十年的磐石和曠野的群山一般。一項大工擺在他面前。他必須養成一種不會因任何環境的影響，而偏離正義和本分的品格。

約翰是末世……上帝託以嚴肅重要真理之人的榜樣。上帝希望他們凡事節制，認識到必須克制食慾，將他們的情感控制在理智之下。這是必要的，好使他們獲得智力並清楚地分辨對與錯、真理與謬誤。有一項工作是人人……要到主的葡萄園裏去做的。祂希望他們使自己適宜做有益的工作。──《青年導報》，1897年1月7日。

這人就是以賽亞先知所說的：「在曠野有聲音呼喊著：預備主的道，修直祂的路。」（太3：3）

施洗約翰的講道引起了強烈的奮興。在他開始傳道的時候，百姓的宗教興趣很低。迷信、遺傳和寓言擾亂了人的思想，使他們不明白正路。他們既熱心追求屬世的財富和尊榮，就忘記了上帝。

約翰的教訓在許多人的心裏引起了極大的渴望，要分享基督將要帶來的福惠。他們接受了真理，看到了改革的必要。他們不僅必須努力進窄門，還必須奮鬥並歷經艱難，才能擁有福音的福分。只有強烈的渴望、堅決的心意和堅定不移的宗旨，才能抗拒那像樞衣一般遮蓋世界的道德黑暗。為了獲得他們有權擁有的福分，他們必須認真作工，還必須捨己。

施洗約翰的工作代表現代的工作。他的工作和那些本著以利亞的心志能力出來做工的人，共同喚醒眾人不再冷淡。施洗約翰的工作和這些人的工作，在許多方面是相同的。基督要再來秉公義審判世界。上帝的眾使者要向世界傳揚最後的警告信息，為基督的復臨預備道路，像約翰為基督的第一次降臨預備道路一樣。在約翰的日子，天國是努力的人才能得着的，如今也一樣。今天也要用同樣的方法獲得福音的福惠。形式和禮儀在當時怎樣毫無用處，而如今，有敬虔的外貌卻沒有敬虔的實意，也照樣毫無用處。

有兩種勢力在活動著。一方面是撒但在全力以赴抵消上帝作為的影響。另一方面是上帝在藉著祂的僕人做工，呼召罪人悔改。哪一個勢力將得勝呢？撒但既知道自己的時候不多，就帶著大能力下來，在那沉淪的人身上行各樣出於不義的詭詐。凡他能使用的媒介，他都用來阻止人追求亮光。我們戰勝自我和罪惡，就意味著仇敵的失敗，所以他要竭力反對我們，不讓我們享受上帝的福惠。──《青年導報》，1900年5月17日。

基督的先鋒　　　　　12月**4**日

> 他將有以利亞的精神和能力，走在主的前面，叫父親的心轉向兒女，叫悖逆的人轉向義人的智慧，又為主預備迎接祂的百姓。（路1：17）

　　施洗約翰是上帝所興起為主預備道路的使者。他要無畏地對世界作見證，責備和譴責罪惡。……約翰沒有在拉比學校受過教育，也沒有獲得人間的學問。

　　要在基督前面預備道路，就需要像古時的先知那樣，能呼籲墮落的民眾悔改。約翰揚起聲來，好像吹角。他的使命是：「向我百姓說宣告他們的過犯，向雅各家陳述他們的罪惡。」（賽58：1）

　　現在基督即將駕著天雲復臨了。上帝呼召工人預備一班人，在主的大日站立得住。在當前的末世，正是要進行約翰那樣的工作。主已藉著祂所揀選的工具把信息傳給祂的子民。祂希望人人都留心聽從祂所發出的勸誡和警告。在基督公開傳道之前的信息是：稅吏和罪人哪，要悔改；法利賽人和撒都該人哪，要悔改。「你們要悔改！因為天國近了。」（太4：17）我們的信息並非一道平安穩妥的信息。我們作為一班相信基督快要顯現的子民，有一道信息要傳——「當預備迎見你的上帝。」（摩4：12）我們要高舉旗幟並傳講第三位天使的信息。我們所傳的信息必須像約翰的信息一樣直截了當。他責備君王的罪惡，儘管有生命的危險，仍講述真理而不住口。我們必須忠心地完成當代的工作。

　　請看現今的世界所呈現的畫面。不誠實、詐欺、破產、暴力和流血處處可見。……人對正確的原則麻木不仁。……所賜予的亮光，是呼召人悔改的，卻遮擋在人的計畫和發明，所帶來的不信和反對的烏雲中。

　　全力以赴的使者，從心中所發虔誠懇切的呼籲會令人信服。……凡認識獨一真神上帝的人，也必認識天父的獨生子耶穌基督，傳講基督並祂所釘的十字架。——《評閱宣報》，1906年11月1日。

好像挪亞的日子

耶和華見人在地上罪大惡極。（創6：5）

聖經說現代世上的居民，就像是洪水時代的居民，並清楚地描述了當時世人的罪惡：「耶和華見人在地上罪大惡極，終日心裏所想的盡都是惡事。」（創6：5）上帝厭煩這些百姓，因為他們專注於罪惡的享樂和放縱，不請教創造他們的上帝，不願意實行祂的旨意。上帝譴責他們，因為他們任意妄為，讓地上滿了強暴。「耶和華就因造人在地上感到遺憾，心中憂傷……。」（創6：6）

基督在祂的教訓中提到了這件事。祂說：「挪亞的日子怎樣，人子來臨也要怎樣。」（太24：37）

洪水以前的居民在滅亡之前曾得到警告，他們卻置若罔聞，拒不聽從挪亞的話，反而譏笑他的信息。那世代並非沒有義人居住在他們中間。在洪水以前的世界遭到毀滅之前，以諾就曾堅定不移地作見證。他在預言的異象中，看到現代世界的狀況說：「『看哪，主帶著祂的千萬聖者來臨。要審判眾人，證實一切不敬虔的人所妄行一切不敬虔的事，又證實不敬虔的罪人所說頂撞祂的剛愎的話。』這些人喜出怨言，責怪他人，隨從自己的情慾而行，口說誇大的話，為自己的利益諂媚人。」（猶大書15－16節）

上帝此時需要活潑的熱情。傳道人可能少有書本學識，但他們若盡力利用自己的才幹，一有機會就作工，用最樸實最簡明的語言說話，謹慎謙卑地行事為人，尋求天上的智慧，衷心為上帝作工，為愛基督和祂替死之人的心所激勵，連那些具有卓越能力和才幹的人也會聽他們。他們所講的真理必帶有一種純樸的優美。──《評閱宣報》，1906年11月1日。

挪亞建造方舟

你要為自己用歌斐木造一艘方舟。（創6：14）

自從亞當初次犯罪以來，在多麼短的時間內罪惡就像大痲瘋一樣滋長蔓延。滋長乃是罪的特徵。罪惡像傳染病一樣代代相傳。憎恨上帝的律法及一切良善，乃成為普遍的現象。世界雖然被造不久，可是罪惡在初次進入之後就迅速滋長，直到氾濫全地。創造人類並用祂慷慨的手厚賜祂美意福惠的上帝，居然被領受祂恩賜的人所輕看藐視了。……雖然罪人忘了他們慈善的恩主，上帝卻沒有輕看他們、厭棄他們，任他們在他們的暴力和罪行中滅亡。祂把他們的邪惡及違背祂律法的結果擺在他們面前，將警告和懇勸的信息傳給他們。……

雖然男男女女都輕看和羞辱了上帝，又濫用了祂親切的愛和仁慈，但祂仍憐憫人類，本著祂的愛心，為凡願意接受的人提供了避難所。祂指示挪亞建一艘方舟，同時向世上的居民傳講上帝將要使洪水氾濫全地，毀滅惡人。他們若願相信這信息，藉著悔罪改過為那件事做準備，就會得到赦免和拯救。上帝若不警告人類干犯祂律法的結果，就不會從他們收回祂的靈。

上帝的靈繼續懇勸悖逆的人，直到上帝所定的時候即將來到，於是挪亞和他的家人就進入了方舟，上帝的手關閉了方舟的門。憐憫走下了黃金的寶座，不再為人類代求了。

儘管上帝用祂聖靈的感動吸引罪人歸祂自己，但罪人在背叛中還是遠離上帝，繼續拒絕無限慈愛的懇求。然而，挪亞在世人中屹然而立。世人則漠視上帝，沉湎於諸般導致各樣罪行和強暴的奢侈放蕩之中。……挪亞藉著順從與上帝連結，與世人形成了對比，也給世人留下了何等深刻的印象！——《時兆》1877年12月20日。

挪亞堅定不移的順從

挪亞是個義人，在他的世代中是個完全人。挪亞與上帝同行。

（創6：9）

挪亞的信心在不信的世界中，顯得何等單純和天真啊！……他的信因著他的行為得以完全。他給世人留下了一個相信上帝話語的榜樣。他開始按照上帝的指示建造方舟，在旱地上造一艘巨大的船。許多人從各方各處來觀看這一件希奇的事，……來聽這個獨特的人所講誠懇熱切的話；看來他相信自己所說的每一句話。……挪亞的話帶著能力，因為這是上帝藉著祂的僕人向人類發言。有一些人曾深受感動，原想聽從這警告；但是又有那麼多人，在那裏嘲笑譏諷這懇勸及警告人悔改的信息，所以他們就感染了這同樣的精神，竟抗拒了慈愛的邀請，……不久就列在那些最大膽、最傲慢的譏諷者之中；因為那些曾一度接受真光而後拒絕上帝聖靈感動的人，是最不受約束，最容易落在罪惡裏的。挪亞雖在當時盛行的輕視與嘲笑和普遍的罪惡與悖逆之中，卻因聖潔的純正和毫不動搖的順從而顯得與眾不同。……他雖在世界，卻不屬世界。挪亞因堅定地忠於上帝的話，而成了世人輕視嘲笑的對象。

一方面是上帝的聲音，在藉著挪亞懇勸人、警告人，譴責罪惡和罪孽。另一方面，撒但也沒有沉睡，而是在集結自己的勢力。……挪亞受到了試煉和考驗。世上的偉人反對他，所謂的哲學家和科學家反對他，設法向他說明他的信息不可能是真的，但他的聲音沒有止息。他繼續懇切地說出警告的話達一百二十年之久，他幹勁十足地建造方舟，也是對他警告的有力支持。……上帝的靈在懇勸人，要引導他們接受和相信真理，但是他們也聽到了撒但的建議。他們自己邪惡的心，更傾向於與謊言之父的詭辯產生共鳴，不願回應無限慈愛的呼求。他們在聽到警告之後，依舊我行我素，漠視和輕看上帝的嚴肅警告。

基督告訴我們，祂在天雲中顯現的日子，就像挪亞的日子。——《時兆》，1877年12月20日。

忍無可忍

耶和華說：「人既屬乎血氣，我的靈就不永遠住在他裏面。」

（創6：3）

挪亞時代的人並不都是真實完全的異教拜偶像者。……自稱認識上帝的那班人，發揮了最大的影響力，帶頭棄絕上帝藉挪亞對他們所說的話。他們不僅自己棄絕了那忠心傳義道者的信息，還像他們的老師魔鬼一樣，想方設法盡力阻止別人相信和順從上帝。……挪亞在發出那世代即將遭受毀滅的警告時，正是他們有機會和特權過得救智慧的日子。但他們把自己的心交給撒但控制，而不交給上帝。撒但就欺騙他們，像欺騙了我們的始祖一樣。

洪水以前的人認為，多少世紀以來自然律一向是固定不變的。春夏秋冬，循環不息。江河從來沒有漲過水，總是安然地流入大海。有固定的命令使江河的水不致漲出兩岸。但是這些擅長辯論的人，卻沒有在這些定律中看出上帝的作為，因為祂曾為諸水定界限，說：「你只可到這裏，不可越過。」（伯38：11）正如現代的人一樣，他們推論說，自然界本身是超乎自然界之上帝的；自然界的定律是穩定的，就是上帝也不能改變它。他們認為如果挪亞所傳的消息是可靠的，那麼，自然界就必越出常軌了。所以他們在世人面前宣傳說，上帝的信息乃是無稽之談，是一種最大的欺騙。

挪亞時代的人類不願受上帝聖靈的感動；我們的時代也一樣。耶穌在祂的主張和言論中承認〈創世記〉是受聖靈感動所寫下的書卷。許多人雖承認《新約》是上帝默示的，卻不怎麼尊重《舊約聖經》。然而這兩大部書是不能分開的。受聖靈感動撰寫《新約》的使徒，不斷讓查考的人想起《舊約聖經》。基督把現在和將來所有世代之人的心都帶到《舊約》。祂提到挪亞是真實存在的人。祂提到洪水是歷史的事實。祂說明那個世代的特徵，正是現在的特徵。真理和生命的主已預先看到人對《舊約》的疑問，便宣布它是上帝所默示的。——《時兆》，1877年12月20日。

上帝在創造大地並將人類安置在其上時，劃定了七日的週期。六日給我們自己使用，去做世間的事。一日留給祂自己。祂既在第七日休息了，就賜福給第七日，定為聖日。此後，第七日就被視為主的安息日，要嚴肅地遵守，作為祂創造之工的記念。那分別為聖之日，作為神聖用途的並不是第一日、第二日、第三日、第四日、第五日或第六日，也不是時間的七分之一，而沒有特別的一天，而是上帝曾用來休息的第七日。

當上帝在西奈山（譯者按：「西奈山」或按和合本譯為「西乃山」）頒佈律法時，安息日是置於道德律例之中的，並處於十誡的正中。但安息日的制度並非那時才第一次傳達給人。第四誡起源於創造的時候。伊甸園中的亞當，和先祖時代的上帝子民，都遵守創造主的安息日。以色列人在埃及長期為奴期間，在那些不認識上帝的監工管轄之下，他們是無法守安息日的；所以主就把他們從那裏帶出來，到他們能記念祂聖日的地方。

在西奈山頒佈律法之前，就有一個三重的神蹟來表明對安息日的尊重：第六日降雙倍的嗎哪，安息日不降嗎哪，而在第六日所保留的嗎哪，依然在安息日可以保持清甜。若有人在其他時間保存嗎哪，就會壞掉不能食用。這是一個明確的證據，說明安息日是在創世時設立的。那時立定了大地的根基，晨星一同歌唱，上帝的眾子也都歡呼。安息日的神聖性依然沒有改變，並將繼續不變直至時間結束。從創世以來，上帝律法的每一條律例，都是人類應當遵守的，也一直為那些敬畏上帝的人所遵守。撒但的詭計之一，就是散佈上帝的律法已經廢除，為要毀滅人類。

上帝的聖言特別交託給猶太人。不成為以色列人就不屬於上帝特別眷愛的人。……如今先知宣布熱愛並順從上帝的外邦人，也將享有唯獨屬於選民的特權。——《時兆》，1884年2月28日。

先知以賽亞展望福音的體制，以最感人的方式，說明了遵守安息日的義務及其福氣。

迄今，割禮和嚴格遵守儀文律法曾是外邦人得蒙允許加入以色列會眾中的條件，但福音廢除了這些條件。「凡謹守安息日不干犯，又持守我約的人，我必領他們到我的聖山，使他們在我的禱告的殿中喜樂。他們的燔祭和祭物，在我壇上必蒙悅納，因我的殿必稱為萬民禱告的殿。」（賽56：6-7）

主在責備了以色列的自私、強暴和欺壓，並勸他們行公義和憐憫之後，又宣布說：……「你若禁止自己的腳踐踏安息日，不在我的聖日做自己高興的事，稱安息日為『可喜樂的』，稱耶和華的聖日為『可尊重的』，尊敬這日，不走自己的道路，不求自己的喜悅，也不隨意說話；那麼，你就會以耶和華為樂。耶和華要使你乘駕於地的高處，又要以你祖先雅各的產業養育你；這是耶和華親口說的。」（賽58：13-14）

這個預言世代相傳，直到那大罪人企圖取消上帝律法中的一條。他把耶和華真正的安息日踐踏在腳下，高舉一個他自己所設立的日子。

安息日和婚姻是人類墮落之前，伊甸園中所設立的兩個制度。人類在樂園外繼續遵守。凡喜愛並遵守安息日，保持婚姻制度純潔的人，都藉此證明自己是人類和上帝的朋友。凡藉著自己的言行削弱這兩個神聖制度義務的人，都是上帝和人類的敵人，在用他們的影響和上帝賜給他們的才幹，去製造混亂和敗壞道德的。——《時兆》，1884年2月28日。

> 經上記著：『人活著，不是單靠食物，乃是靠上帝口裏所出的一切話。』（太4：4）

基督用祂十字架的精兵都可使用的唯一武器——「經上記著說」，以抗拒仇敵的試探。記在哪兒呢？在《舊約》和《新約》裏。我們要用這些話護衛我們自己，也用這些話警告他人，向他們提說生命之道。

許多人從未明白星期日並不是第四誡的安息日。撒但狡猾地掩蓋了這個事實，把一個普通的日子說成是聖日，使全世界都因過犯而在上帝面前有罪。許多人全然不知，他們不是在遵守第四誡。每一個人都必須從上帝給我們的指南中尋求真理，以便確定主在這個問題上是怎麼說的。人已經說了很多，但我們不能將自己的信仰建立在任何人的話語之上。這個問題有兩個方面。天上的上帝提出了祂的律法，而撒但則提出了他的偽安息日。

星期日是羅馬天主教的產物，卻得到基督教界養育著，當成是耶和華真實的要求。但它並沒有聖經的根據。基督教界因他們對這個問題的立場而受了試驗。上帝感動男男女女去查考聖經，尋找支持星期日的證據。那些以渴求真理的心查考的人，必看明他們過去一直在依賴遺傳，接受了羅馬天主教的一個制度。

我們只為那傳給我們的亮光負責。上帝的誡命及耶穌的真道正在考驗我們。我們若是忠心順從，上帝就必喜悅我們並賜福給我們，作祂所特選的子民。當完全的信、完全的愛及順從，瀰漫而又運行在基督徒的心中之時，他們就會有強大的感化力。他們要發出大光，驅散四圍的黑暗，使凡受其影響的人，成為文雅高尚，並使凡願受光照而追隨謙卑順從之道的人，認識真理。

有大福氣應許要給那些守上帝的安息日為聖的人。——《評閱宣報》，1897年7月13日。

在安息日做什麼是合法的？ 12月12日

又有一個安息日，耶穌進了會堂教導人·在那裏有一個人，他的右手萎縮了。（路6：6）

文士和法利賽人窺探耶穌會不會在安息日治病，為要找把柄告祂。耶穌卻知道他們的意念，就對那萎縮了手的人說：『起來，站在當中！』那人就起來，站著。耶穌對他們說：『我問你們，在安息日行善行惡，救命害命，哪樣是合法的呢？』」（路6：7-9）於是基督解決了自己所提的問題。祂宣布，行恩慈和必需的事是沒有錯的。祂說：「所以，在安息日做善事是合法的。」（太：12：12）

民間的教師經常說起的一個諺語是：有機會行善卻不去行，無異於作惡——有能力救人的時候卻不去救，無異於殺人。……他們跟蹤祂，想找機會誣告祂。他們心懷最惡毒的敵意想要謀害祂，而祂卻在救人的性命，給許多人的心帶來快樂。難道像他們所密謀的，在安息日殺人，要比像主那樣醫治病人更好嗎？難道在上帝的聖日起殺人之念，比用慈善和憐憫之舉對眾人表達愛心更加算為義嗎？

官長彼此商議如何除掉這個大膽宣揚正義，以言行吸引百姓離開以色列教師的人。他們儘管百般抵制，仍宣稱：「世人都隨著祂去了」（約12：19）。但他們想要用權柄和勢力來達到自己的目的。他們聚集商量怎樣殺害祂。

我們看到今天也發生同樣的事。那些違犯上帝的律法，想藉著他們的遺傳廢除上帝誡命的人，也在追蹤、指責和控告上帝所差遣傳信息糾正他們錯誤的僕人。他們決心要除掉這些上帝的僕人，止息他們的聲音，而不是放棄招惹上帝斥責的罪惡。——《評閱宣報》1897年8月10日

等候福樂的盼望，並等候至大的上帝和我們的救主耶穌基督的榮耀顯
現。（多2：13）

耶穌快要來臨。我們這些相信這則嚴肅真理的人，應當向世人發出警告。我們應該藉著我們的服裝、談吐和行為舉止，表明我們專注於比短暫今生的事業和娛樂更加美好的事物。我們不過是客旅，是寄居的，應該表現出證據來，證明我們是在準備等候我們神聖之主的顯現。親愛的讀者，要讓世人看見你們正從今世奔往那更美之地，承受永不衰殘的產業。你們不要把生命浪費在今生的事物上，而當集中精力為在上帝的國中等待著你們的家做準備。

我們如何進行準備呢？就是要讓我們的食慾和情慾順服於上帝的旨意，在生活中表顯出聖潔的果實。我們必須行公義、好憐憫、存謙卑的心行在上帝面前。要讓基督進入你們的心和家中。我們必須培養彼此間的仁愛、同情和真正的禮貌。

我們的人生要像我們的救主那樣，致力於為他人謀求利益和幸福。這是眾天使的快樂之源，是他們時常從事的工作。基督自我犧牲之愛的精神是瀰漫於天國的精神，也是天國快樂的泉源。如果我們要加入天軍的行列，也必須具有這種精神。基督的愛既充滿我們的心，管束我們的生活，我們就會克服自私和貪圖安逸之心。我們將樂意服事他人，實行我們主的旨意。我們不久就要面見祂。

我們應該為了正義而行義，而不是為逃避懲罰，或擔心有什麼大災難會臨到我們才去行義。我願意行義，是因為我在公義中所得到的快樂。在今生行義，會感受到非常的幸福；實行上帝的旨意，會獲得很大的滿足；接受祂的福惠，會得到莫大的快樂。我們務要表現出精明善斷來，不將自己的命運繫於今生，而是繫於來生。我們要堅守崗位，天天忠於職責，將生命與基督一同藏在上帝裏面。到了牧長顯現的時候，我們「必得那永不衰殘、榮耀的冠冕。」（彼前5：4）——《時兆》1887年11月10日。

每一個上帝真兒女，現在都有責任當耐心等候，警醒守候，忠心工作，直到主來，為這件嚴肅的大事做好準備。耶穌基督裏的完全人、基督真門徒的特徵，會表現在工作、警醒和等候主之中。他們不會專心致志，全神貫注於忙碌的工作，而忽略個人敬虔的操練。但是在一個性格均衡的基督徒身上，個人的虔誠與熱心的工作是結合在一起的。基督的門徒務必「殷勤，不可懶惰。要靈裏火熱；常常服侍主。」（羅12：11）他們要剔淨點亮燈火，好發出明亮的光芒，照入世界道德的黑暗。

主很快就要來了。因此我們需要建立學校，不是為了接受世界的教育，而是讓我們的學校更像先知的學校，好在其中學習上帝的心意，達到各門學科的顛峰，更清楚上帝和祂的作為，以及祂所差來之耶穌基督的品格。……上帝的子民應該獲得愈來愈多的經驗。因為每一個人將肩負更多的工作，特別是那些處於負責地位的人。我們接近末日之時，撒但將竭盡所能摧毀凡質疑他統治世界之權威的人。上帝的子民必須為爭戰作好準備。上帝要求我們充分運用祂賜給人的一切才幹，盡自己先天和後天的一切能力。……基督的門徒違背神聖的委託，離開自己的崗位，必然危害到他們自己靈命和他人靈命的得救。你務要忠於所託付給你的責任，不要喜新獵奇。

當基督向門徒展示需要完成的大工，應許他們聖靈的恩賜時，他們急於想知道是否能看見他們夙願的實現。他們問道：「主啊，你就要在這時候復興以色列國嗎」？」主倒反過來斥責他們的好奇心說：「父憑著自己的權柄所定的時候和日期，不是你們可以知道的。」（徒1：6-7）——《全球總會公報》1896年第四季，第764頁。

12月15日　反照基督

父憑著自己的權柄所定的時候和日期，不是你們可以知道的。

（徒1：7）

〔門徒無法得知基督復臨的時間。〕

但有一件事是他們可以知道的，那就是他們應當接受聖靈傾降於他們身上的能力，為基督作見證。所有為基督復臨設定日期的新奇之念都應予以斥責。這不該是我們知道的。主為自己保留，而不打算讓我們知道的事情，我們不可加以探索。但聖靈的恩賜是我們可以得到的。我們應該滿懷信心地指望，放心地領受，因為若沒有天上聖靈的幫助，我們在救人工作中將一事無成。人生非常短暫。我們應該利用一切機會向人宣揚福音的真理。

由於結局很快就要來到，我們應當牢記律法的屬靈意義，記住單靠在禮儀上順從律法的律法主義，這種宗教是毫無價值的。要崇尚真理的永恆原則。要告訴大家上帝慈父般的聖潔品格。要說明我們日常行為的責任，使我們明白我自己與上帝的關係和彼此之間的關係，因為我們要看守他人的靈命，像是要交賬的人。我們對人所傳揚的，不應是人的想像、計畫和結論，而是上帝的恩賜。祂賜下祂的獨生子，叫一切信祂的，不至滅亡，反得永生。我們應該高舉耶穌，讓祂吸引男男女女歸向祂。

讓他們明白不斷祈禱，真心悔改，品格日臻完善的重要性是何等艱難。這是基督徒經驗的要素，也是聖靈運行在心裏的證據。因為，聖靈要啟迪、更新和潔淨人心。

大家都要明白自己的責任，與耶穌基督積極配合。要用你基督徒虔誠的榜樣把耶穌表現出來，讓基督的恩典顯示出其美麗、吸引人、和諧與一致性。帶著聖潔之美的生活，絕不會懶散地作白日夢，而會積極為主作工。他們的光將愈照愈明，直到日午。——《總會公報》1896年第四季，第764－765頁。

果斷的行動

你們去做生意，直到我回來。（路19：13）

我們基督復臨安息日會信徒負有為基督作見證的職責。……既然主很快就要復臨，我們就當毅然決然，全力以赴地擴充各機構的設施，以便在短時間裏成就大工。

那些與世界結盟的人，應該留意主的邀請。祂說：「你們務要從他們中間出來，跟他們分別；不要沾不潔淨的東西。……」（林後6：17）要讓公義日頭的光線照耀你，使你獲得聖潔的美。

我們現在豈能說不需要諸多裝備了嗎？我們難道只需要信心嗎？真正的信心乃是一種工作的原則。行為將是心靈中信心的證據。你們需要加倍努力，擴大工作的力量。

有一項大工必須在全世界展開。任何人都不要因為結局已近，而自以為不需要作出特別的努力來建立聖工所需的各種機構。……大家都要成為工人。然而最重的負擔將落在最有才幹，最有財富，最有機會的人身上。我們要因信稱義，按我們的行為接受審判。

當主吩咐我們卸下盔甲，不再需要作出努力以建立學校、醫療機構、孤兒院、收容所、生病衰弱之傳道人的療養院時，那就是我們該放手讓主結束祂工作之際。但現在我們有許多機會可為上帝發熱心。

此外，上帝還呼召宣教士在自己國家工作。我們每一個人都要克己，高舉十字架，少為自我滿足而花費貲財，使各教會裏多有積極作工的人。信心若達不到這一點，就是對基督徒品德的否定。福音信仰的能力和恩典，乃出於上帝的權柄。當基督的聖工缺乏貲財，我們的會堂背負債務，我們的府庫空虛匱乏之時，我們應不可再把錢財浪費在衣飾和無用之物上，從而表現出基督住在我們心中。「憑著他們的果子，就可以認出他們來。」（太7：16）我們難道不願意效法主的榜樣嗎？祂曾為我們的緣故成為貧窮，叫我們因祂的貧窮反成為富足。——《總會公報》1896年第四季，第765－768頁。

12月17日　　　天國所充滿的生活

那些洗淨自己衣服的有福了！他們可得權柄到生命樹那裏，也能從門進城。（啟22：14，英文欽定版）

我們若要進入天國，就須盡一切力量，把天國帶到我們地上的生活中去。基督的宗教絕不會貶低接受的人。它會把屬天的影響施加於男男女女的思想和儀態上。上帝的道一旦進入人粗糙荒蕪的心中，就會開始一種提煉品格的過程。凡忍受這一過程的人，會變得像孩子那樣謙卑可教。……他們將成為上帝聖殿中的活石，經過雕琢打磨，而成為上帝建築的材料。本來自命不凡的人，會變得心裏柔和謙卑。他們的品格發生了變化，藉著聖靈的運行而洗心革面，獲得新生。

上帝在太初說：「我們要照著我們的形像、按著我們的樣式造人。」（創1：26）但罪惡幾乎完全抹去了人身上的上帝道德形像。要不是耶穌來到世界作我們的救主和榜樣，這種不幸的狀況將毫無改變的希望。祂屹立於道德墮落的世界之中，彰顯出佳美無瑕的品格，成為我們效法的典範。我們必須學習、仿效和跟隨主耶穌基督。這樣，我們才能把祂可愛的品格帶到我們的生活之中，將祂的榮美編織到我們的日常言行裏。……我們藉著耶穌基督可以獲得熱愛和順從上帝誠命的精神。靠著祂的功勞，使這種精神恢復在我們墮落的本性之中。當審判開始、案卷展開的時候，我們可以得到上帝的悅納。

約翰曾看見聖城新耶路撒冷由上帝那裏從天而降。它有十二道珍珠的門戶和十二根寶石的根基。……每一位進入這些門戶，行走在聖城街道上的人，都已在今生，因真理的能力而得到改變和潔淨。不朽榮耀的冠冕將戴在勝利者的額上。

遵守真理的各民族將要進去。上帝的兒子將發出歡迎的聲音說：「那些洗淨自己衣服的有福了！他們可得權柄到生命樹那裏，也能從門進城。」（啟22：14，英文欽定版）——《時兆》1887年12月22日。

尊榮福惠的施與者

他們在你家裏看見了什麼？（王下20：15）

我們研究一下希西家的事例。他在病入膏肓的垂死之際求告上帝。上帝就加給他十五年的壽命。「那時，巴比倫王……聽見希西家病而痊癒，就送書信和禮物給他。希西家聽從使者的話，就把他寶庫的金子、銀子、香料、貴重的膏油和他武庫的一切軍器，並他所有的財寶，都給他們看。他家中和他全國之內，希西家沒有一樣不給他們看的。於是先知以賽亞來見希西家王，問他說：『這些人說什麼？他們從哪裏來見你？……他們在你家裏看見了什麼？』希西家說：『凡我家中所有的，他們都看見了；我財寶中沒有一樣不給他們看的。』」（王下20：12－15，和合本）

這些使節的來訪，是對希西家感恩和奉獻之心的考驗。……上帝讓希西家在垂死之際康復，並加給他壽命。巴比倫聽說了他奇妙的復原。他們驚訝日頭怎麼會倒退十度，作為上帝話語應驗的徵兆。他們派遣使節去見希西家，對他的康復表示祝賀。這些使節的來訪，使他有機會高舉天上的上帝。他完全可以向他們指出萬神之神。但希西家心中充滿驕傲和虛榮。他在自我陶醉之餘，在對方貪婪的目光前，展示了上帝厚賜給祂子民的財寶。……他的不慎為民族的災難預備了道路。使節們回去彙報了希西家的財富，於是巴比倫的國王和他的謀臣們，就策劃用耶路撒冷的財富來充實自己的國家。

如果希西家利用他這次千載難逢的機會，為以色列上帝的權能、良善和憐憫作見證，使節的彙報就會像光明穿透黑暗。但他高抬自己過於萬軍之耶和華，未能將榮耀歸給上帝。

但願那些領教了上帝所行奇事的人都能讚美祂，並述說祂大能的作為。然而上帝所救援過的人，往往像希西家一樣，忘記了他們一切福惠的施與者。——《時兆》1902年10月1日。

12月**19**日　　　　個人的責任

人應該省察自己。（林前11：28）

這個世界是一所培訓的學校。人生的偉大目標就是獲得資格，進入耶穌去預備的榮耀住宅。我們務要記住，這項準備工作是一項個人的事。我們不是成批得救的。一個人的純潔和獻身，不能彌補另一個人在這方面的缺欠。每一個案件均需個別地審查。我們每一個人都必須接受測試，毫無玷污、皺紋等類的病。

我們生活在贖罪日所預表的偉大日子。耶穌正在天上的聖所為祂子民的罪孽進行調停。過世之義人的審判已經進行了約四十年了（到1884年5月時）。我們不知道還有多久會審到活人的案子。但我們知道我們正生活在地球歷史的最後幾幕，可以說是站在永恆世界的邊界上了。我們每個人都應該詢問：我的案子如何呈現於天上的法庭？我的罪孽會不會得到塗抹？我的品格有沒有缺陷？我有沒有因世界習俗和觀念的影響而無視這些缺點，以致不把罪孽看得像上帝眼中那麼可憎？我們現在沒有時間專注於屬世的事物，而只是偶然想到上帝，不為我們所前往的國度做認真的準備。

在預表性的贖罪日裏，所有的百姓都要在上帝面前刻苦己心。他們不是為了別人，而是為了自己的心靈與上帝之間的關係刻苦己心。我們每一個人同樣都要進行自省和自卑的工作。……本應用在追求溫柔安靜之心，作為內在裝飾的金子般寶貴光陰，竟浪費在衣著打扮和毫無益處的瑣碎小事上。

我們生活在多事之秋。我們快要回家。不久，我們救主去預備的許多住處將在我們面前展現。……我們現在可以擁有莫可言喻，充滿榮耀的內心平安和喜樂。不久，在基督降臨之時，我們將得享擺在基督徒賽程終點的獎賞，永世無疆。——《時兆》1884年5月29日。

晚雨

> 春雨的季節，你們要向耶和華求雨。耶和華發出雷電，為眾人降下大雨。（亞10：1）

東方的早雨是在播種的時候降下的。這對於種子萌芽很有必要。在甘霖的滋潤之下，嫩苗破土而出。晚雨是在季節快要結束的時候降下，催熟莊稼，預備收成。上帝用這些自然的活動象徵聖靈的工作。正如雨露和甘霖先賜下來幫助種子萌芽，然後催熟莊稼，聖靈也如此賜下來，一步一步促進靈命成長的過程。莊稼的成熟，象徵上帝恩典的工作在人心中的完成。

催熟地上莊稼的晚雨，象徵預備教會迎接人子降臨的屬靈恩典。但如果沒有早雨降下，就沒有生命，綠苗就不會萌芽。若沒有地上的早雨履行自己的職責，晚雨就無法使莊稼成熟。

基督在人心中，所開始賜下祂亮光和知識的工作必須繼續推進。我們大家都要認識到自己的需要。心中必須倒空一切污穢，打掃乾淨讓聖靈進來居住。早期的門徒藉著懇切的祈禱和獻身與上帝，透過認罪和得蒙赦罪，預備好在五旬節的日子接受聖靈的沛降。現在必須在更大的程度上進行同樣的工作。

只有那些實行已有亮光的人，才能領受更大的亮光。如果我們沒有每天在體現積極的基督徒美德上進步，就無法識別晚雨之聖靈的顯現。聖靈可能降在我們周圍的人身上，但我們卻未能認識和領受。

我們人生的任何時候，都離不開那促使我們邁出第一步的幫助。我們自始至終都需要在早雨之下所領受的諸般福惠。——《評閱宣報》1897年3月2日

在應邀到一位法利賽人的首領家裏，與耶穌一同坐席，聽耶穌宣布領受上帝豐盛恩典的人中，有一個人自滿地喊道：「在上帝國裏吃飯的有福了！」（路14：15）他想讓赴宴之人的心思，從他們的實際責任上轉移，不料他卻為耶穌提供了一個機會，讓祂講述一個更深意義的比喻，更加清楚地向在場的人展示了他們現有特權的性質和價值。

基督曾發出一份赴宴的請帖。這個宴席是祂付出巨大的代價預備的。祂曾差遣聖靈感動古代先知和聖人的心，邀請祂的選民來赴福音的盛宴。……那個試圖轉移在場者注意力的人說話很有把握，似乎以為他肯定能在上帝的國裏吃飯。但耶穌警告他和所有的在場者，他們有拒絕福音宴席邀請的危險。

上帝首先把祂的請帖發給祂的選民，但他們藐視和拒絕祂的使者。他們所提出的理由是多麼無足輕重。然而現代男男女女的推辭，難道比基督時代的人更加合理嗎？

一些受到邀請的人喊道：「求你准我辭了。如果我來了，我的鄰居就會嘲笑我。我受不了他們的蔑視。我生活在他們中間已經很久了。我不想讓我的鄰居不高興」。……還有一些人想要購買田地，建立自己屬世的事業。他們的心智能力、精神力量和體力專注於地上的事務。

末日寶貴的信息已經傳給我們。……邀請已經發出，「請來吧！樣樣都齊備了。」

基督已捨棄自己的性命來救贖祂的子民。祂希望他們考慮自己未來更高的永恆利益。——《評閱宣報》1895年11月5日。

對萬民作見證

你們……要在耶路撒冷、猶太全地和撒瑪利亞，直到地極，作我的見證。（徒1：8）

基督委託祂的門徒從耶路撒冷開始，著手做祂所交託給他們的工作。耶路撒冷曾是祂為人類奇妙屈尊的地點。祂曾在那裏受苦、被拒絕和被人定罪。猶太是祂的誕生地。在那裏，祂曾披著人性，與人同行共語。幾乎沒有人知道，當耶穌在他們中間的時候，天離地是多麼的近。門徒必須從耶路撒冷開始工作。

但是工作不可以停止在這裏，而必須擴展到天涯海角。基督對祂的門徒說：「你們已經看到我一生都是為世人犧牲的。你們已經看見我為以色列所費的心血。他們雖然不肯到我這裏來得生命，祭司和官長雖然任意對待我，他們雖然棄絕了我為聖經所預言的主，但他們還要得到一次承認上帝兒子的機會。你們也已看到我怎樣悅納那些到我這裏來承認罪過的人。凡到我這裏來的，我總不丟棄他。凡願意的，都可以與上帝和好，接受永生。我的門徒啊！我現在把這個慈悲的信息託付給你們。這信息要先傳給以色列，再傳給各族、各方、各民。」……

藉著聖靈的恩賜，門徒將領受神奇的能力。他們的見證將得到神蹟奇事的印證。

門徒要在他們所在之處開始工作。最艱難最沒有希望的園地也不可忽略。基督所有的工人也應照樣從他們所在之處開始工作。在我們的家庭裏，就可能有人渴望同情，需要生命之糧。可能有孩子需要為基督而進行訓練。在我們的門外就有不信的人。讓我們忠心地做好近在咫尺的工作。然後再把我們的努力延伸到上帝的聖手可能帶領我們去的地方。許多人的工作似乎受到環境所限制，但無論何處，只要憑著信心勤奮工作，其影響連地極也會感受得到。基督在世時的工作似乎侷限於狹小的地區，但全地的群眾卻都聽到了祂的信息。——《評閱宣報》1913年10月9日。

12月23日　　基督第一次和第二次降臨

祂要差遣天使，用大聲的號筒，從四方，從天這邊直到天那邊，召集祂的選民。（太24：31）。

猶太民族的領袖持有舊約聖經，其中清楚地預言了基督第一次降臨的方式。上帝藉著先知以賽亞，描述了基督的外貌和使命說：「祂被藐視，被人厭棄；多受痛苦，常經憂患。」（賽53：3）

他們把圍繞著基督復臨的所有奇妙事件，都看成是在祂第一次降臨時發生。所以當祂來臨時，他們沒有準備好接待祂。

基督第一次和第二次降臨是迥然不同的。人類的語言無法描述人子駕天雲復臨時的場景。祂要帶著祂自己、聖父和聖天使的榮耀來臨。祂要穿著從亙古就披覆的光明衣袍而來。有眾天使護衛著祂。……號筒要吹響，把睡了的死人從墳墓中召喚出來。

當猶太的領袖們看見祂的榮耀時，他們就回想起人子披覆人性的日子：他們曾如何對待祂，如何緊隨那大叛徒拒絕祂。基督生平的場景，一幕一幕清晰地浮現在他們眼前。祂所做的事、祂所說的話、祂為拯救他們脫離罪惡的屈尊降卑，這一切都要再現，以定他們的罪。

我們現在正處在末日的危險中。鬥爭的場面迫在眉睫。最嚴肅的日子即將來臨。我們為此做好準備了嗎？

人子將把永生的冠冕賜給義人。他們將「在上帝寶座前，晝夜在祂殿中事奉祂。那坐在寶座上的要用帳幕覆庇他們。他們不再饑，不再渴；太陽必不傷害他們，任何炎熱也不傷害他們，因為寶座中的羔羊必牧養他們，領他們到生命水的泉源，上帝必擦去他們一切的眼淚。」（啟7：15－17）──《評閱宣報》1899年9月5日。

了不起的聖誕禮物！

我……必再來接你們到我那裏去。（約14：3）

耶穌被賣、受苦和釘十字架的時候近了。當門徒聚集在主周圍時，主就告訴他們即將發生的悲慘事件，令他們傷心不已。為了安慰他們，祂就溫柔地對他們說：「你們心裏不要憂愁，……我……必再來接你們到我那裏去。」（約14：1、3）祂要他們把思想從悲慘的場面，轉移到天上的住處，和在上帝的國中團聚的時候。……雖然祂必須離開他們，到祂的父那裏去，但祂為愛祂的人所做的工作，卻不會停止。祂要去，為那些因祂的緣故，在地上寄居作客旅的人預備住處。

耶穌復活之後，「領他們出來，直到伯大尼附近，就舉手給他們祝福。正祝福的時候，祂離開他們，被帶到天上去了。」（路24．50-51）你能想像門徒在回耶路撒冷的路上彼此說什麼嗎？「主已經離開我們了。我們為耶穌招募門徒有什麼用處呢？讓我們回自己的家去吧。」經上沒有記錄這樣的談話，也絲毫沒有暗示他們想離開主的聖工，去為自己和世界服務。救主離別升天的時候，伸手祝福祂的門徒。他們看見了祂的榮耀。祂已去為他們預備住處。祂已為他們提供了救恩。只要他們忠心地遵從祂所說的條件，他們就一定能跟隨祂進入無盡快樂的世界。所以，他們的心中充滿歡樂和讚美的歌聲。

我們有著感恩的同樣理由。我們主的復活和升天，是上帝的聖徒戰勝死亡與墳墓的可靠保證。天門必定為那些用羔羊的血，將品格的衣袍洗淨潔白的人敞開。耶穌作為人類的代表升到父那裏去了。上帝將使那些反照出祂形像的人，瞻仰和分享祂的榮耀。

讓我們攜手前進，朝著偉大的報償前進，並加入贖民的歌唱。我們如果要在天上歌頌讚美上帝，就得先在地上歌頌讚美祂。——《時兆》1888年1月27日。

門徒凝視著天空，直到他們的主消失在視線之外。但他們並沒有看見圍繞著其親愛元帥的天使。耶穌率領著一群在祂復活時從墳墓裏出來的「俘虜」。當這光榮的隊伍臨近永久城邑的門戶時，眾天使唱道：「眾城門哪！要抬起頭來！永久的門戶啊，你們要被舉起！榮耀的王將要進來！」那些在門口守候的天使應聲說：「榮耀的王是誰呢？」護衛的天使回答說：「萬軍之耶和華，是榮耀的王！」（詩24：7－10）

在光榮的行列穿過城門，眾天使準備在榮耀的主面前屈膝敬拜時，祂卻揮手請他們讓開。祂在接受他們的尊崇之前，必須確知祂為墮落人類所作的犧牲，已蒙天父所悅納。祂必須確知，祂為救贖淪喪蒼生所支付的代價，是否足以拯救他們脫離罪惡和陰間的權勢。……在榮耀天庭的輝煌之中，在千千萬萬等著要把自己的冠冕，投放在祂腳前的天使面前，祂並沒有忘記，祂所留在地上忍受反對、辱罵和嘲諷的子民。在天父向祂保證接納了祂所付的贖價之後，祂依然為那些相信祂，並追隨祂腳蹤的人提出一項請求：「我在哪裏，願你所賜給我的人也同我在哪裏，使他們看見你所賜給我的榮耀，因為創世以前，你已經愛我了。」（約17：24）祂要求讓祂的門徒分享祂的喜樂和榮耀。主忠心的僕人最後將聽到快樂的話語：「進來享受你主人的快樂吧！」（太25：21）

祂提出了祂的請求之後，天父就下令：「上帝的使者都要拜祂」（來1：6）。於是喜樂仁愛的歌聲洋溢著整個天庭：「被殺、復活而得勝的羔羊，是配得讚美的！」這位受無數天使歡然尊崇的耶穌，快要再來實現祂的應許，把愛祂的人接到祂身邊。難道我們沒有快樂的理由嗎？……我們的希望即將實現。忠心的人不久將進來享受主人的快樂。──《時兆》1888年1月27日。

我們需要恆切努力，從上帝那裏獲得力量，在仇敵像洪水一樣襲來之時好抵擋他。克制自我是一個痛苦的過程，因為自我放鬆和自我放縱是最具欺騙性的罪惡，使人良心麻木，悟性蒙蔽。……我們需要有那位懇求不已的寡婦和敘利非尼基婦人那樣的迫切願望——就是一種不屈不撓的決心。

許多人因沒有注意到上帝天意的這個教訓，而犯下了致命的錯誤。平安與安息只能透過鬥爭而獲得。光明和黑暗的權勢已經列隊對峙。我們必須親自投入戰鬥。雅各曾整夜與上帝角力，然後才取得勝利。他在懇求上帝的時候，感到有一隻強壯的手抓住了他。他以為是仇敵的手，就竭盡全力進行抵擋。他掙扎了幾個小時，始終未能戰勝他的對手。他不敢片時放鬆他的努力，惟恐被制勝而喪失性命。……然後，這位陌生人結束了戰鬥。祂摸一下雅各的大腿，這位摔跤手立時就瘸了。雅各這才認出他對手的真面目。他瘸著腿，伏在祂的頸項上哭泣，求祂救命。

那位「使者」本來可以輕而易舉地掙脫雅各的糾纏。但祂沒有這麼做。祂要求說：「天黎明了，容我去吧！」雅各雖然痛苦，但他意志堅決，回答說：「你不給我祝福，我就不讓你走。」（創32：26）這位懇求者的眼淚和祈禱，為他獲得了他的掙扎所得不到的東西。天使問：「你叫什麼名字？」他說：「雅各。」天使說：「你的字名不要再叫雅各，要叫以色列，因為你與上帝與人較力，都得勝了。……於是他在那裏給雅各祝福。」（參閱創32：27-29）

決心、克己和努力獻身，是準備工作所必需的。只有藉著認真堅決的努力，信靠耶穌的功勞，我們才能取得勝利，獲得天國。我們可作工的時間很短；因為基督不久就要復臨。——《青年導報》1900年5月24日。

12月27日　　更換服裝

我勸你向我買從火中鍛鍊出來的金子，使你富足；又買白衣穿上。

（啟3：18）

主耶穌向老底嘉教會發出了一個非常嚴肅的信息。誠信真實的見證者，勸勉祂的子民穿上祂公義的白衣。每一位得蒙接納到羔羊婚宴的人，都要穿上這件毫無瑕疵的衣袍。但撒但決心不讓罪人穿上這無瑕的衣袍。他想獲得支配他們的無限權力。先知描寫了為基督的寶血所買來的人而發生的爭執。他說：「天使指給我看：約書亞大祭司站在耶和華的使者面前，撒但站在約書亞的右邊控告他。耶和華向撒但說：『撒但哪，耶和華責備你！揀選耶路撒冷的耶和華責備你！這不是從火中抽出來的一根柴嗎？』」（亞3：1-2）

約書亞代表那些在施恩的寶座面前悔改懇求的人。撒但作為他們的對頭，在基督面前指控他們。先知繼續說：「約書亞穿著污穢的衣服，站在那使者面前。使者吩咐那些侍立在他面前的說：『脫去他污穢的衣服。』又對約書亞說：『你看，我使你的罪孽離開你，要給你穿上華美的衣服。』」（亞3：3-4）

婚宴的禮服就是基督的義，代表那些得蒙接納為羔羊婚宴賓客之人的品格。他們曾違背律法，犯了罪，在定了他們罪的律法中，找不到得救之門，但基督已為全世界承擔了罪孽。

凡接受基督為個人救主的人，必順從祂的旨意和道路。他們把自己的罪投放在基督身上，接受祂所賜的義，並以此為樂。他們知道更換服裝的意義。「信子的人有永生」（約3：36）。——《青年導報》1897年10月21日。🔔

運用你所擁有的才幹　12月**28**日

無論做什麼，都要從心裏做，像是為主做的。（西3:23）

上帝賦予每一個人才幹，從最卑微、最默默無聞的人，到最偉大、地位最高的人，所以人人都要為他們的才幹對上帝負責。

但願商人以自己的誠信，按榮耀創造主的方式經商。但願他們把自己的信仰帶到所做的每一件事中，向別人表顯基督的精神。但願工人成為那位在猶太各城卑微的行業中操勞的主，勤奮和忠心的代表。但願所有信奉基督聖名的人，都這樣為別人服務，讓人看見他們的好行為，就把榮耀歸給創造和救贖他們的主。

凡具有卓越才能的人，不可低估才能不及他們之人服務的價值。即便是最小的責任，也是從上帝而來的。在上帝的祝福下，勤勞運用的一種才能，將會變為兩種，為基督服務的兩種才能，將會變為四種。最卑微的器皿，就這樣增加了能力和用途。

我們只對上帝所賜給我們的才幹負責。主不責備那盡己所能，增添了自己才幹的僕人。凡這樣證明了自己忠誠的人，能得到稱讚和報償。但那些在葡萄園裏閒逛，無所事事，或怠忽職守的人，從他們的行為，就可看明他們對待所託之工的真正態度。他們顯明自己的心，不在所從事的服務上。

任何人都不要怨歎自己沒有更大的才幹可為主所用。……要為你所擁有的才幹感謝上帝，求主賜你能力履行你所肩負的責任。你如果希望自己有更大的用途，就要投入工作之中，學習你所追求的東西。要以堅定忍耐之心從事工作，盡到自己最大的努力，不要介意別人做什麼。……不要牽掛或常想著要做更大的工作，佔據這樣或那樣的位置。要在你所在之處盡自己的責任。要在最能為上帝發揮效益的地方，對託付給你的才幹作最好的投資。——《評閱宣報》1911年10月26日。

在今世過克己、正直、敬虔的生活。（多2：12）

聖經勸勉我們，要在今世自守、公義、敬虔度日，等候至大的上帝和我們救主耶穌基督的榮耀顯現。有人反對我的工作，因為我教訓說，我們的責任是等候基督親自駕天雲顯現。他們說：「聽懷夫人關於基督復臨的講論，總讓人覺得主來的日子迫在眉睫。在過去四十年時間裏，她一直在傳講這個題目，但主仍沒有來。」這種異議實質上就是反對主自己的話。祂曾親口對蒙愛的門徒說：「是的，我必快來」。」約翰回答說：「主耶穌啊，我願你來！」（啟22：20）

基督說這些話，是對祂子民的警告和鼓勵，我們為什麼不聽從呢？主說過，忠心的人將警醒等候祂。不忠心的僕人則說：「我的主人會來得遲」，就動手打他的同伴，又與醉酒的人一同吃喝（太24：48－50）。

基督復臨的準確時間並沒有啟示。耶穌說：「那日子，那時辰，沒有人知道。」（太24：36）但祂已告訴我們祂來的預兆，說：「你們看見這一切，就知道那時候近了，就在門口了。」（太24：33）鑒於這些事，使徒寫道：「弟兄們，你們並不在黑暗裏，那日子不會像賊一樣臨到你們。」（帖前5：4）我們既不知道基督來臨的時辰，就必須在今世自守，敬虔度日，「等候福樂的盼望，並等候至大的上帝和我們的救主耶穌基督的榮耀顯現。」（多2：13）

基督為我們捨了自己，要贖我們脫離一切罪惡，又潔淨我們特作祂自己的子民，熱心為善。祂的子民應當保持自己作祂代表的特色。這是他們每一個要做的工作。使徒說：「我們不屬黑夜，也不屬幽暗。所以，我們不要沉睡，像別人一樣，總要警醒謹慎。」（帖前5：5－6）——《時兆》1889年6月24日。

為天國做準備

他們就把潔淨的冠冕戴在他頭上，給他穿上華美的衣服。（亞3：5）

當我們接近末日的危機時，仇敵的試探愈來愈強烈和堅決。撒但已帶著大能力下來。他知道自己的日子不多了，就「在那沉淪的人身上行各樣不義的詭詐。」（帖後2：10）聖經警告我們說，倘若能行，連選民也被他迷惑了（太24：24）。

不久，將有奇蹟在世人面前展示。萬物的結局近了。艱難的時期將臨到上帝的子民。然後就會頒發命令，凡遵守上帝之安息日的人，都不得做買賣。他們如果不遵守每週的第一日為安息日，就面臨刑罰，甚至死亡的威脅。

在艱難的時期中，撒但將慫恿惡人包圍上帝的子民，要消滅他們。但他不知道，在天上的冊子中，他們的名下已寫上「赦免」二字。他不知道命令已經下達：「脫去他污穢的衣服」，「穿上華美的衣服」，「把潔淨的冠冕戴在他頭上。」（亞3：3-5）

當我們講到需要與罪惡分離的時候，務要記住基督降到我們世上，是為了拯救罪人，「凡靠著祂進到上帝面前的人，祂都能拯救到底。」（來7：25）我們有權相信，祂的血能洗淨我們的每一點罪污。我們不可限制以色列聖者的權柄。祂要我們帶著自己罪惡敗壞的本相來到祂面前。祂的寶血大有功效。我懇勸你們不要因繼續留在罪中，而讓聖靈擔憂。你即便落到試探的權下，也不要灰心。以下的應許從古時一直流傳到現在：「若有人犯罪，在父那裏我們有一位中保，就是那義者耶穌基督。」（約一2：1）我認為，單憑這個應許，世人的口就應不斷發出感恩的歌聲。讓我們收集這些寶貴應許的寶石。當撒但指控我們犯有大罪，誘惑我們懷疑上帝拯救的大能時，讓我們重複基督的話語：「到我這裏來的，我總不丟棄他。」（約6：37）——《評閱宣報》1908年11月19日。

12月**31**日　　　地上和天上的國度

從前所寫的聖經都是為教導我們寫的，要使我們藉著忍耐和因聖經所生的安慰，得着盼望。（羅15：4）

我們只有一次寬容的時期，可以塑造品格。我們的命運取決於我們塑造品格的方式。那些在地上靠著基督的恩典，塑造了帶有天國模式之品格的人，必透過聖靈慈惠的感化力收永恆的報償。他們與上帝的性情有分，逃避了世上從情慾而來的敗壞。我們既形成了基督化的品格，就需要將讚美和感恩的詩歌獻給上帝和羔羊。凡欣賞基督的良善，憐憫和慈愛，仰望祂而變成祂形像的人，將承受永生。他們的品格與基督相像。他們必能享受為上帝的子民所存留的安息。

我們若想看見天上的國度，就必須先進地上的天國。我們需擁有天國，才能進入天國。我們要在家庭中建立天國，就得靠著基督不斷與上帝親近。基督乃是我們所關注的核心；隱藏在基督裏面的上帝兒女要與祂相會，並隱沒在祂神性之中。祈禱是心靈的生命；是以基督為糧；使我們的臉完全轉向公義的日頭。當我們的臉轉向祂時，祂的臉也轉向我們。……

藉著簡樸、真誠、悔悟的祈禱，我們屬天的心志會大大增強。只有這樣，我們才能領受恩惠，保持心靈的健康。祈禱會使人的心靈立時與生命的泉源接觸，並加強我們宗教經驗的屬靈力量；因為我們因信得生，看見了那一位看不見的主。

上帝的道是屬靈的糧倉，我們的心靈可以從中獲得生命的營養。我們透過閱讀聖經，發現了真理、教導、應許、勸勉、訓誡和鼓勵的話語，以應付每一個人所經歷的緊急狀況。上帝的兒女可以從中獲得充分的滋養，預備行各樣的善事，因為「聖經都是上帝所默示的，於教訓、督責、使人歸正、教導人學義都是有益的，叫屬上帝的人得以完全，預備行各樣的善事。」（提後3：16－17）──《時兆》1893年7月31日。

懷愛倫生平 | 1827-1915年

早年（1827～1860年）

懷愛倫於1827年秋末，出生在美國緬因州戈勒姆附近的一間農舍。她在波特蘭郊區，度過童年和青年時期。1846年，她和懷雅各結婚。婚後，這對奮鬥的青年夫婦先後住在新英格蘭的幾個地方，藉著探訪、傳道和出版，鼓勵和教導復臨信徒同道。他們在出版了11期不定期的《現代真理》期刊之後，於1850年在緬因州的帕里斯創辦了《復臨評論與安息日通訊》（**現名《復臨信徒評論》，是美國歷史最悠久的宗教期刊之一**）。後來他們一直往西搬遷——在1850年代初期，先到紐約州的薩拉托加斯普林斯，然後到羅賈斯特，最後於1855年來到密西根州的巴特爾克里克（Battle Creek），居住達二十年之久。

1827年11月26日：出生於緬因州戈勒姆。

1836年：在緬因州波特蘭傷了鼻子和腦震盪。

1840年3月：初次聽到威廉·米勒耳傳講基督復臨的信息。

1842年6月26日：受洗加入衛理公會。

1844年10月22日：因基督未降臨而失望。

1844年12月：初次見異象。

1845年春：前往緬因州東部訪問信徒，遇見懷雅各。

1846年8月30日：與懷雅各結婚。

1846年秋：接受第七日為安息日。

1847～1848年：在緬因州的托普瑟姆從事家務。

1847年8月26日：長子亨利·尼克爾斯出生。

1848年4月20-24日：出席在康乃狄克州羅基希爾舉行的守安息日之復臨信徒的第一次集會。

1848年11月18日：見異象開始出版工作——「傳播真光」。

1849年7月：因1848年11月的異象，出版了11期《現代真理》的首期。

1849年7月28日：次子雅各·愛德生出生。

1849～1852年：隨從事出版的丈夫到處搬家。

1851年7月：第一本書《經歷與目睹》出版。

1852～1855年：隨丈夫在紐約州的羅賈斯特出版《評閱宣報》和《青年導報》。

1854年8月29日：三子威廉·克拉倫斯出生。

1855年11月：隨出版部遷往密西根州的巴特爾克里克。

1855年12月：出版11頁的小冊子《教會證言》第一輯。

1856年春：遷往伍德街自置的住宅。

1858年3月14日：在俄亥俄州的拉維特格拉夫見有關善惡大鬥爭的異象。

1860年9月20日：四子約翰・赫伯特出生。

1860年12月14日：約翰三個月夭亡。

教會發展時期（1860～1868年）

　　1860年代，懷愛倫夫婦帶頭致力於把基督復臨安息日會組建成一個穩定的組織。這十年也是本會開始強調健康原理的重要時期。教會回應懷愛倫的呼籲，開始認識到健康生活在基督徒人生中的重要性。為了回應她在1865年所見的「聖誕節異象」，本會第一所保健機構「西部健康改良院」於1866年開辦，後發展成為巴特爾克里克療養院。

1860年9月29日：確定「基督復臨安息日會」的會名。

1861年10月8日：組建密西根州區會。

1863年5月：組建基督復臨安息日會總會組織。

1863年6月6日：在密西根州奧特斯戈見有關健康改良的異象。

1863年12月8日：長子亨利在緬因州的托普瑟姆夭折。

1864年夏：《屬靈的恩賜》第四卷，以及30頁的健康論文出版。

1864年8月、9月：在前往麻薩諸塞州波士頓的途中，參觀傑克遜在紐約州丹士維爾的希爾賽
　　　　　　　　德所辦的醫療機構「我們的家」。

1865年：六本《論健康》或《怎樣生活》出版。

1865年8月16日：懷雅各中風。

1865年12月25日：得見呼籲建立醫療機構異象。

1865年12月：懷愛倫將懷雅各送到密西根州北部調養康復。

1866年9月5日：巴特爾克里克療養院的前身「西部健康改良院」成立。

1867年：在密西根州的格林維爾購置農場，建築農舍，從事農作和寫作。

帳棚聚會時期（1868～1881年）

　　懷愛倫分別在密西根州的格林維爾和巴特爾克里克居住，直到1872年下半年。然後把她的時間在密西根州和加利福尼亞州之間分配，冬天從事寫作和出版，夏天去參加各地的帳棚年會，達28年之久。現在包括在《教會證言》第二卷至第四卷中的《證言》第14－30輯，就是在這段時間裏發表的。

1868年9月1－7日：出席在密西根州賴特市魯特弟兄的楓園舉行的基督復臨安息日會第一次
　　　　　　　　的帳棚大會。

1870年7月28日：次子愛德生結婚，時年21歲。

1870年：《先祖與先知》的前身《預言之靈》第一卷出版。

1872年7月至9月：前往加利福尼亞州途中，在洛磯山停留和寫作。

1873～1874年：分別在巴特爾克里克和加利福尼亞州參加帳棚年會，1873年有幾個月時間
在科羅拉多州停留和寫作。

1874年4月1日：得見聖工在加利福尼亞州、俄勒岡州和海外進展的異象。

1874年6月：與懷雅各在加利福尼亞州的奧克蘭，創辦太平洋出版社和《時兆》雜誌。

1875年1月3日：在巴特爾克里克為巴特爾克里克學院舉行奉獻禮。得見有關外國出版社的異象。

1876年2月11日：三子——太平洋出版社經理威廉結婚，時年21歲。

1876年8月：在麻薩諸塞州格羅夫蘭的帳棚年會上向二萬人演講。

1877年：《歷代願望》的前身《預言之靈》第二卷出版。

1877年7月1日：在巴特爾克里克向五千人講論節制問題。

1878年：《歷代願望》的最後部分及《使徒行述》的前身《預言之靈》第三卷出版。

1878年11月：在德克薩斯州過冬。

1879年4月：離開德克薩斯州，前往參加夏天帳棚聚會工作。

1881年8月1日：在巴特爾克里克陪伴患病的丈夫。

1881年8月6日：懷雅各去世。

1881年8月13日：在巴特爾克里克懷雅各的喪禮中作十分鐘的發言。

一八八〇年代（1881～1891年）

1881年8月懷雅各去世以後，懷愛倫定居加利福尼亞州，有時住在希爾茲堡，有時住在奧克蘭，忙於寫作和演講，直到1885年8月，應全球總會的邀請前往歐洲。她在歐洲的兩年時間裏，除了三次訪問斯堪的那維亞各國、英國和義大利之外，常住在瑞士的巴塞爾。1887年8月她回到美國，不久就前往西部希爾茲堡她自己的家。她出席了1888年10月、11月間在明尼阿波利斯舉行的總會代表大會。會後住在巴特爾克里克，在中西部和東部各地教會中工作。她在東部逗留了一年後，回到加利福尼亞州。但到了1889年10月，她又應邀去參加在巴特爾克里克舉行的總會代表大會。她留在巴特爾克里克附近，直到1891年9月前往澳大利亞。

1881年11月：參加在薩克拉曼多舉行的帳棚聚會，並參與計畫在西部建立一所大學。該大學
於1882年在希爾茲堡開辦。

1882年：編輯她三本早年作品的《早期著作》出版。

1884年：在俄勒岡州的波特蘭見最後一次記錄發表的異象。

1884年：《善惡之爭》的前身《預言之靈》第四卷出版。

1885年夏：離開加利福尼亞州前往歐洲旅行。

1888年夏：《善惡之爭》出版。

1888年10月、11月出席在明尼阿波利斯舉行的總會代表大會。

1889年：《教會證言》第五卷出版，包括第31－33輯《證言》，共746頁。

1890年：《先祖與先知》出版。

1891年9月12日：乘船經檀香山前往澳大利亞。

在澳大利亞年間（1891～1900年）

懷愛倫應全球總會的邀請訪問澳大利亞，協助開展教育工作，於1891年12月8日到達悉尼。她在接受這個邀請時有些作難，因為她希望完成她有關基督生平的巨著。到達之後不久，她就患上風濕性關節炎，臥病在床約八個月。她雖病得厲害，仍堅持寫作。1893年初，她前往紐西蘭，工作到年底。12月末她回到澳大利亞，參加在那裏舉行的第一次帳棚大會。在這次帳棚聚會中，計畫建立一所設在鄉間的學校，後來成為位於悉尼北面145公里庫蘭邦的阿馮代爾學院。懷愛倫也在附近買了一塊地，於1895年蓋了她的「當陽居」，定居下來，專心從事寫作和到各教會的巡行，直到1900年8月返回美國。

1892年6月：在墨爾本租來的兩座房舍中，為澳大利亞聖經學校開學典禮演講。

1892年：《喜樂的泉源》和《傳道良助》出版。

1894年1月：參加制定在澳大利亞建立固定學校的計畫。

1894年5月23日：參觀庫蘭邦校址。

1895年12月：遷居庫蘭邦「當陽居」。《歷代願望》大部分是在這裏寫成的。

1896年：《福山寶訓》出版。

1898年：《歷代願望》出版。

1899～1900年：鼓勵建立悉尼療養院。

1900年：《基督比喻實訓》（又名《天路》）出版。

1900年8月：離開澳大利亞返回美國。

定居榆園時期（1900～1915年）

懷愛倫自定居在加利福尼亞州北部聖赫勒那附近的榆園新居之後，希望用大部分的時間來寫作。這時她已72歲，但她還有好幾部書想要完成。她沒有意識到自己有許多旅行，指導和演講的任務需要承擔。巴特爾克里克的種種爭論所引起的危機，也需要她用光陰和精力去解決。雖然如此，她還是利用清晨的時間寫作，在她定居榆園期間，完成了9部著作。

1900年10月：定居榆園。

1901年4月：出席在巴特爾克里克舉行的總會代表大會。

1902年2月18日：巴特爾克里克療養院失火。

1902年12月30日：《評閱宣報》出版社失火。

1903年10月：應付泛神論的危機。

1904年4月至9月：前往東部協助開創在首都華盛頓的工作，探視在納什維爾的次子愛德生，
並出席幾次重要的會議。

1904年11月、12月：參加樂園谷療養院的尋地和建院。

1905年5月：出席在首都華盛頓舉行的全球總會大會。

1905年：《服務真詮》出版。

1905年6月至12月：參加羅馬林達療養院的尋地和建院

1906～1908年：在榆園忙於寫作。

1909年4月至9月：81歲，仍前往首都華盛頓出席全球總會代表大會。這是她最後一次東部之行。

1910年1月：在羅馬林達醫療佈道學院的開辦工作中發揮重要作用。

1910年：專心從事完成《使徒行述》的寫作和《善惡之爭》的再版，至1911年。

1911～1915年：因高齡之故，只有幾次前往加利福尼亞州南部。留在榆園從事寫作，完成
《先知與君王》和《基督教育之研究》。

1915年2月13日：在榆園家中跌倒摔斷髖骨。

1915年7月16日：結束了她多結果子的一生，享年87歲。她最後的遺言是：「我深知我所信
的是誰。」《教會證言》第六卷至第九卷，也是在她定居榆園期間出版的。

經文索引 |

50：12	3月4日	56：2	12月10日	5：3	6月23日
51：10	10月18日	58：12	7月31日	5：4	6月24日
64：10	11月25日			5：5	6月25日
68：19	5月5日	**以西結書**		5：6	6月26日
84：5	6月30日	16：49	5月21日	5：7	6月27日
92：12	1月9日	20：20	11月4日	5：8	6月28日
104：33－34	6月5日	36：26	1月23日	5：9	6月29日
119：27	1月19日			5：14	3月18日
119：40	1月18日	**但以理書**		6：7	1月11日
119：44	10月2日	1：8	1月5日	6：14	11月21日
119：105	1月25日	6：4	9月24日	6：20－21	1月22日
119：126	1月24日	6：16	9月25日	6：24	3月25日
119：130	1月3日	12：1	10月29日	6：33	5月2日
				7：13　14	5月18日
箴言		**彌迦書**		7：20	3月11日
3：9－10	3月2日	7：18	6月3日	7：29	1月26日
11：24	3月7日			8：20	6月21日
11：25	5月3日	**撒迦利亞書**		10：34	2月11日
		3：5	12月30日	11：29	6月8日
傳道書		10：1	12月20日	12：28	6月15日
12：14	10月16日			12：30	3月27日
		瑪拉基書		13：5	4月6日
以賽亞書		3：7	2月17日	13：7	4月7日
11：2	10月17日	3：8	6月22日	13：8	4月8日
26：3	1月16日			13：45－46	4月18日
42：2－3	8月5日	**馬太福音**		14：16	8月25日
45：22	7月1日	1：21	8月3日	15：9	1月13日
45：25	7月9日	2：1－2	9月2日	18：12	4月24日
49：16	2月13日	3：3	12月3日	18：15	2月5日
51：3	2月27日	4：4	12月11日	18：22	4月19日
53：2	6月20日	4：10	8月16日	19：21	3月1日

20：1－2	4月11日	2：49	8月7日	1：12	2月21日
21：28－31	4月2日	2：52	8月9日	1：14	6月1日
21：33	4月22日	4：32	6月19日	1：46	8月13日
22：2－3	4月20日	5：5	9月20日	3：3	9月3日
22：11	4月21日	6：6	12月12日	3：5	2月6日
24：31	12月23日	8：5	4月5日	3：7	9月4日
24：42	10月27日	8：15	4月9日	3：14－15	6月12日
24：44	10月28日	8：21	8月8日	3：21	2月18日
25：1	4月13日	9：56	9月26日	3：36	3月12日
25：21	12月25日	10：25	4月27日	4：7	8月23日
25：24－25	4月14日	10：34	4月28日	4：10	3月20日
25：29	4月15日	11：1	1月7日	4：15	8月24日
26：60－61	8月30日	11：13	10月23日	4：50	2月26日
28：19	3月29日	12：16－17	4月10日	5：6	8月20日
28：20	3月18日	14：16－1	4月1日	5：15	8月21日
		14：23	12月21日	5：24	3月23日
馬可福音		15：11－1	4月25日	5：38	8月19日
8：36－37	6月14日	15：28	4月26日	5：46	6月11日
10：45	3月28日	18：4－5	4月29日	6：11	3月17日
12：30－31	2月2日	18：11	4月30日	6：35	6月17日
12：37	8月14日	18：24	2月22日	6：37	1月29日
14：6	9月28日	19：13	12月16日	6：60	2月1日
14：31	9月29日	19：46	6月9日	7：46	4月16日
14：32	8月29日	21：36	10月31日	9：3	8月22日
		24：32	1月17日	8：31－32	4月12日
				10：27－28	6月18日
路加福音				13：15	6月13日
1：17	12月4日	**約翰福音**		13：21	9月27日
2：8－10	8月4日	1：4－5	6月7日	14：3	12月24日
2：40	8月10日	1：6	12月2日	14：6	11月18日
2：40	8月11日	1：10	8月6日	14：9	8月18日
2：47	8月12日	1：11	8月17日		

14：12	8月28日	12：1	3月19日	4：4	8月1日
14：14	1月28日	12：8	1月21日	5：22－23	2月12日
14：31	3月24日	12：11	12月14日	5：25	2月19日
15：1	4月17日	14：12	5月31日	6：15	10月8日
15：5	5月28日	15：4	12月31日		
15：7	1月10日	15：6	10月3日		

15：16	3月26日
16：12－13	4月4日
17：3	4月23日
17：4	8月31日
17：6	1月20日
17：11	11月10日
17：17	2月16日
17：24	6月6日
21：15	9月30日

哥林多前書

3：6－7	8月26日
3：9	3月16日
3：16	5月20日
3：17	11月29日
11：28	12月19日
12：1	10月20日
15：22	7月5日
15：31	5月29日
16：2	2月10日

腓立比書

2：5－7	3月15日
2：6	8月2日
3：8	10月6日
3：14	2月9日
3：14	9月7日
4：6	1月8日

使徒行傳

1：7	12月15日
1：8	12月22日
2：1－4	10月21日
4：13	10月22日
5：32	11月5日
13：44	11月22日
24：25	2月20日

哥林多後書

5：17	6月16日
5：20	11月17日
5：21	10月1日
6：17	5月15日
6：18	5月17日
6：18	11月3日
9：6	3月14日
9：7	1月30日
13：5	1月1日

歌羅西書

1：10	5月16日
1：18	11月26日
2：6	10月12日
3：16	3月8日
3：23	12月28日

羅馬書

1：20	3月22日
3：20	5月11日
5：8	6月10日
6：4	9月1日
7：12	10月11日

加拉太書

3：21	10月4日

帖撒羅尼迦前書

1：9－10	2月7日

國家圖書館出版品預行編目資料

從心出發 / 懷愛倫(Ellen G White)著；吳滌申，
李少波譯.-- 初版.-- 臺北市：時兆, 2012.10
　　　面；　　　公分
譯自：From the heart
ISBN 978-986-6314-31-5(精裝)

1. 基督徒　2. 靈修

244.93　　　　　　　　101017426

從心 From
出發 the
Heart

作　　　者	懷愛倫（Ellen White）	
編 譯 者	吳滌申、李少波	

董 事 長	伍國豪
發 行 人	周英弼
出 版 者	時兆出版社
客服專線	0800-777-798
電　　話	886-2-27726420
傳　　真	886-2-27401448
地　　址	台灣台北市105松山區八德路2段410巷5弄1號2樓
網　　址	http://www.stpa.org
電　　郵	service@stpa.org

主　　編	周麗娟
文字校對	宋道明、蔡素英、趙志誠、陳美如
封面設計	時兆設計中心、林俊良
美術編輯	時兆設計中心、林俊良
法律顧問	統領法律事務所　電話：886-2-23212161

商業書店	總經銷　聯合發行股份有限公司 TEL.886-2-82422081
基督教書房	總經銷　TEL.0800-777-798
網路商店	http://store.pchome.com.tw/stpa

I S B N	978-986-6314-31-5
定　　價	新台幣430元　美金16元
出版日期	2012年10月　初版1刷

Original English edition copyhight ©2010
by Review and Herald Publishing Association

若有缺頁、破損、裝訂錯誤，請寄回本社更換。
版權所有，未經許可，禁止翻印或轉載。
本書所採用之「經文均引自《和合本修訂版》，版權屬香港聖經公會所有，蒙允准使用。」

時兆讀友回函

謝謝您購買時兆的出版品，希望您看了很滿意。也請費心填寫此回函卡，讓我們可依此提升服務品質，我們並將不定期寄上最新出版訊息，以饗讀者。

您購買的書名：＿＿＿＿＿＿＿＿＿＿＿＿＿＿＿＿＿＿＿＿

姓名：＿＿＿＿＿＿＿＿＿ 性別：□男 □女

生日：＿＿＿年＿＿＿月＿＿＿日

地址：□□□＿＿＿＿＿＿＿＿＿＿＿＿＿＿＿＿＿＿＿＿

聯絡電話：＿＿＿＿＿＿＿＿＿＿ 傳真：＿＿＿＿＿＿＿＿＿＿

若您願意收到時兆不定期的新書資訊或優惠活動，請留下您的E－mail：

＿＿＿＿＿＿＿＿＿＿＿＿＿＿＿＿＿＿＿＿＿＿＿＿＿＿＿＿

學歷：□高中及高中以下 □專科及大學 □研究所以上

職業：□學生 □軍公教 □服務 □金融 □製造 □資訊 □傳播
　　　□自由業 □農漁牧 □家管 □退休 □其他

您覺得本書價格：□偏低 □合理 □偏高

您對本書的整體評價：（請填代號1.非常滿意2.滿意3.普通4.不滿意5.非常不滿意）

書名＿＿＿ 內容＿＿＿ 封面設計＿＿＿ 版面編排＿＿＿紙張質感＿＿＿＿＿＿

您從何處得知本書消息？

□教會 □文字佈道士 □書店（店名：　　　　）□親友推薦

□網站（站名：　　　　　）□雜誌（名稱：　　　　）

□報紙 □廣播 □電視 □其他：

您通常透過何種方式購書？

□教會　　　□文字佈道士　　□逛書店　　　□網站訂購　　　□郵局劃撥

□電話訂購 □傳真訂購　　　□團體訂購　□其他：

您喜歡閱讀哪些類別的書籍？

□宗教：　　□靈修生活 □見證傳記 □讀經研經 □慕道初信 □神學教義

□醫學保健 □心靈勵志 □文學　　□歷史傳記 □社會人文

□自然科學 □休閒旅遊 □科幻冒險 □理財投資 □行銷企劃

□其他：

對我們的建議：

＿＿＿＿＿＿＿＿＿＿＿＿＿＿＿＿＿＿＿＿＿＿＿＿＿＿＿＿

＿＿＿＿＿＿＿＿＿＿＿＿＿＿＿＿＿＿＿＿＿＿＿＿＿＿＿＿

＿＿＿＿＿＿＿＿＿＿＿＿＿＿＿＿＿＿＿＿＿＿＿＿＿＿＿＿

＊請放大影印傳真至本社，傳真熱線：（02）2740-1448

＊請上時兆臉書www.facebook.com/stpa1905 按「讚」參加最新活動，即有機會獲得好禮！

1 0 5 - 5 6

台北市松山區八德路三段410巷5弄1號2樓

財團法人基督復臨
安息日會台灣區會　時兆出版社　收

貼　票
請　郵

請沿虛線對摺，謝謝！

從心出發